ワークシートで見る社会

全単元・全時間の授業のすべて

中学校 地理

池下 誠 編著

東洋館
出版社

はじめに

2017年に学習指導要領が改訂され、2021年から完全実施になった。グローバル化の進展、気候変動や天然資源の枯渇、伝染病の広がり、絶え間ない技術革新などで世界が大きく変わってきた。国内においても少子高齢化、過疎過密の問題、自然災害の頻発などで、先の見えない予測困難な時代になってきた。このような時代に、よりよい人生や持続可能な社会を創造することのできる能力が求められるようになり、従来のような知識・理解を重視する学力から、資質・能力の育成を目指す学力が求められるようになってきた。

そのため、「何ができるか」「理解していること・できることをどう使うか」「どのように社会や世界と関わりよりよい人生を送るか」ということが重視されるようになり、従来のような講義型の学習ではなく、「課題の発見と解決に向けて、主体的・対話的で深い学び」が求められるようになった。その鍵として、「見方・考え方」を働かせる学習指導がすべての教科等に位置付けられることになった。すなわち、課題解決的な学習に「主体的・対話的（協働的）」に取り組み、そのプロセスを通して「見方・考え方」を働かせ、「深い学び」に高めること。さらにそこで学んだことを、よりよい人生や持続可能な社会づくりに生かすことのできる資質や能力を育成することが、求められるようになってきたのである。

このような資質・能力を育成するには、従来のような学習ではなく、単元や題材、時間配分などを教師一人一人がどうデザインするかが、これまで以上に問われることになってきた。しかし、理想とは裏はらに、現実の中学校の教員は、部活動や生徒会活動、進路や行事など授業以外の指導が多く忙しい。その上、地理的分野の学習は授業内容も多く、年間指導計画どおりに進めることも容易ではない。また、同じ内容の授業を何クラスか指導することにもなるため、板書するよりもワークシートを活用した指導のほうが効率的で、しかも生徒主体の学習指導が展開しやすくなる。

本書は、「理論編」と「実践編」とで構成され、「理論編」には、「新学習指導要領における地理的分野の学習指導」「主体的・対話的で深い学び」「社会的事象の地理的な見方・考え方」「ワークシートのポイント」「課題解決的な学習」「学習評価」など、新学習指導要領に対応した学習指導がどうあるべきかを示した。「実践編」では、課題解決的な学習指導が行えるよう「単元を貫く問い」を位置付け、構造的な授業が展開できるよう単元計画を工夫した。また、「ICTの活用」や「対話の場面」を設定するとともに、社会的事象の地理的な見方や考え方を働かせて、「深い学び」である概念となる知識を獲得できるような問いを設けた。「振り返り」については、生徒にとっても、それを確認して指導・評価する教員にとっても負担が少なく、持続可能な「振り返り」が行えるよう工夫した。評価に関しては、ワークシートを活用し指導と評価の一体化を図る学習指導を毎時間行い、形成的評価を行うことができるようになっている。

ぜひ「理論編」を熟読し、その上で「実践編」で示したワークシートを活用し、「主体的・対話的で深い学び」が実現できるような学習指導を展開されたい。なお、本書のワークシートは板書計画としても活用できるようにしており、それぞれ工夫してよりよい授業実践が行われることを期待したい。

令和４年３月吉日

池下　誠

本書活用のポイント

本書は、ワークシートを軸として全単元・全時間の授業の目標・評価、具体的な展開方法、ICT 活用や対話のアイディアなどを一目で分かるように構成しています。活用のポイントは次のとおりです。

単元の構造

すべての単元において、「単元を貫く問い」を設定し、この「問い」のもとに「大観する」→「多面的・多角的に考える」→「まとめる」という 3 つの流れで単元を構成しています。そこで、本時がどの段階に位置付くのかを明示しています。

本時の目標と評価

何をねらいとして授業を行うのか、また生徒の学習活動をどのような観点からどのように見取るのか、本時における目標と評価を簡潔に示しています。

本時の授業展開

本時の授業をどのような視点からどのように進めていくのかについて、「導入」→「展開」→「まとめ」ごとに解説しています。また、生徒の「地理的な見方・考え方」が働くように、資料のどこに着眼し、思考を促すかについても適宜触れています。

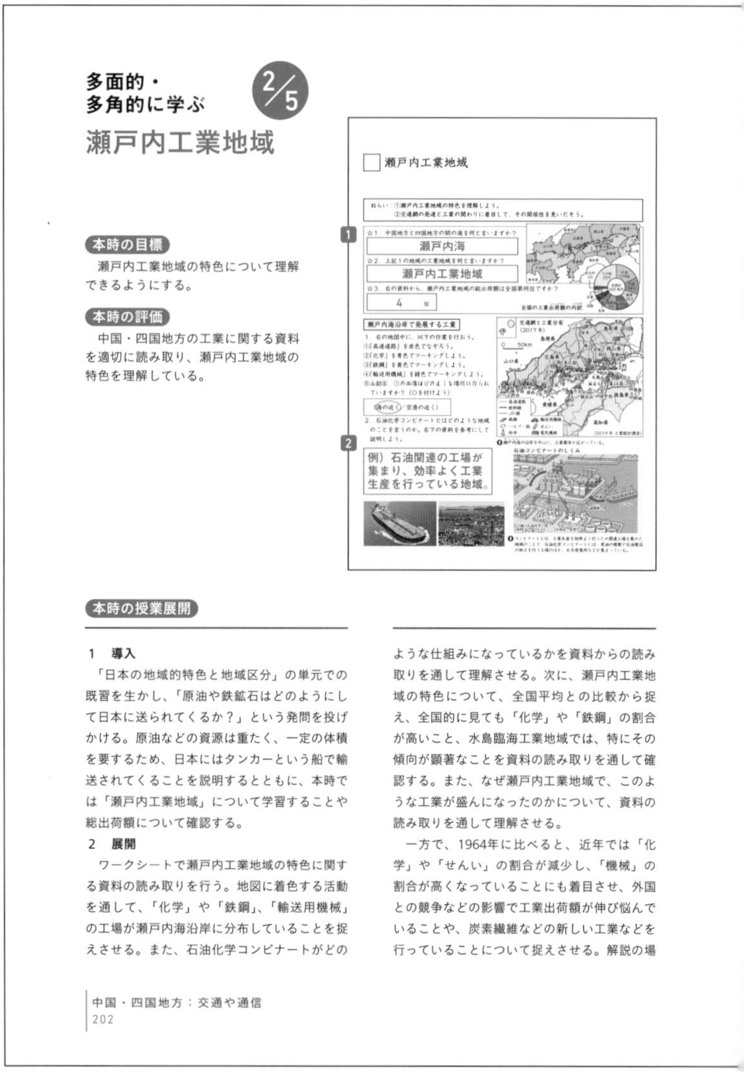
多面的・
多角的に学ぶ 2/5

瀬戸内工業地域

本時の目標
瀬戸内工業地域の特色について理解できるようにする。

本時の評価
中国・四国地方の工業に関する資料を適切に読み取り、瀬戸内工業地域の特色を理解している。

瀬戸内工業地域

1 瀬戸内海
瀬戸内工業地域
4 位

2 例）石油関連の工場が集まり、効率よく工業生産を行っている地域。

本時の授業展開

1 導入
「日本の地域的特色と地域区分」の単元での既習を生かし、「原油や鉄鉱石はどのようにして日本に送られてくるか？」という発問を投げかける。原油などの資源は重たく、一定の体積を要するため、日本にはタンカーという船で輸送されてくることを説明するとともに、本時では「瀬戸内工業地域」について学習することや総出荷額について確認する。

2 展開
ワークシートで瀬戸内工業地域の特色に関する資料の読み取りを行う。地図に着色する活動を通して、「化学」や「鉄鋼」、「輸送用機械」の工場が瀬戸内海沿岸に分布していることを捉えさせる。また、石油化学コンビナートがどのような仕組みになっているかを資料からの読み取りを通して理解させる。次に、瀬戸内工業地域の特色について、全国平均との比較から捉え、全国的に見ても「化学」や「鉄鋼」の割合が高いこと、水島臨海工業地域では、特にその傾向が顕著なことを資料の読み取りを通して確認する。また、なぜ瀬戸内工業地域で、このような工業が盛んになったのかについて、資料の読み取りを通して理解させる。

一方で、1964年に比べると、近年では「化学」や「せんい」の割合が減少し、「機械」の割合が高くなっていることにも着目させ、外国との競争などの影響で工業出荷額が伸び悩んでいることや、炭素繊維などの新しい工業などを行っていることについて捉えさせる。解説の場

中国・四国地方：交通や通信
202

ワークシートの活用法

本時の目標の実現や授業展開に即したワークシートを全時間分掲載しています。そのため、ワークシートを活用することで 1 時間の授業を行うことができますが、ワークシートを板書計画と見立てることもできます。どのようなタイミング・手順で資料を提示するのか、資料を通して生徒に何を気づかせたいのかを考える際、ワークシート上の各種資料やレイアウトが参考になるでしょう。生徒の記入例の入っていないワークシート（PDF）はダウンロードできるので、そのまま活用することができるとともに、画像レタッチソフトなどの PDF を加工できる専用ソフトを使って必要な資料だけを抜き出しておけば、電子黒板に映したり、ICT 端末で共有することもできます（ダウンロード方法は、巻末参照）。

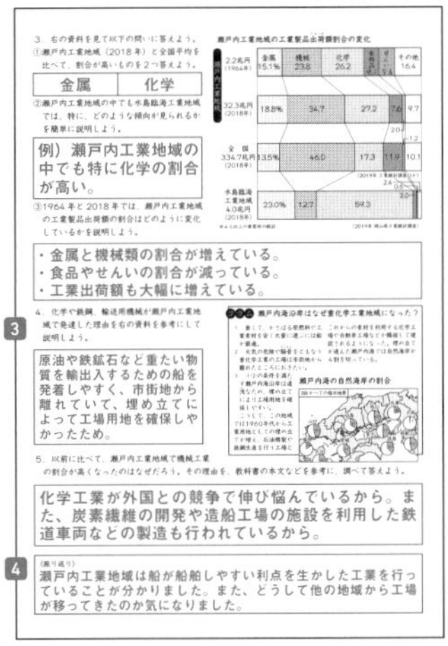

3．右の資料を見て以下の問いに答えよう。
①瀬戸内工業地域（2018年）と全国平均を比べて、割合が高いものを2つ答えよう。

金属	化学

②瀬戸内工業地域の中でも水島臨海工業地域では、特に、どのような傾向が見られるかを簡単に説明しよう。

例）瀬戸内工業地域の中でも特に化学の割合が高い。

③1964年と2018年では、瀬戸内工業地域の工業製品出荷額の割合はどのように変化しているかを説明しよう。

・金属と機械類の割合が増えている。
・食品やせんいの割合が減っている。
・工業出荷額も大幅に増えている。

3 4．化学や鉄鋼、輸送用機械が瀬戸内工業地域で発達した理由を右の資料を参考にして説明しよう。

原油や鉄鉱石など重たい物質を輸出入するための船を発着しやすく、市街地から離れていて、埋め立てによって工場用地を確保しやすかったため。

瀬戸内海沿岸はなぜ重化学工業地域になった？

瀬戸内海の自然海岸の割合

5．以前に比べて、瀬戸内工業地域で機械工業の割合が高くなったのはなぜだろう。その理由を、教科書の本文などを参考に、調べて答えよう。

化学工業が外国との競争で伸び悩んでいるから。また、炭素繊維の開発や造船工場の施設を利用した鉄道車両などの製造も行われているから。

4 （振り返り）
瀬戸内工業地域は船が船舶しやすい利点を生かした工業を行っていることが分かりました。また、どうして他の地域から工場が移ってきたのか気になりました。

面では、瀬戸内工業地域の移り変わりが分かる写真や映像資料を用いて、重化学工業が発達していった過程について捉えさせたい。

3　まとめ

瀬戸内工業地域の地域的特色についてまとめた後、交通網と工業の関係について確認する。瀬戸内工業地域では、塩田の跡地や遠浅の海岸を埋め立てた広大な土地を生かして重化学工業が発達してきたこと、近年では広島県などを中心に、自動車関連工場の進出も著しいことを分布図を提示して気付かせる。また、近年の高速道路の発達に伴い、これまで工業が発達していなかった中国地方の山間部にも工場が建設されていることにも着目させ、交通網と工業の関係についての理解を深めさせたい。

ICT 活用のアイディア

1 授業の導入で、プレゼンテーションソフトを用いて、石油化学工場やタンカーなどの写真を提示して、世界や日本のエネルギーについて学んだことを復習する。

2 石油化学コンビナートの仕組みについては生徒が理解しづらいため、スライドに詳細な関連資料を提示し、理解を深めさせる。

3 瀬戸内工業地域の移り変わりが分かる新旧マップをタブレット内で共有して、瀬戸内海の埋め立て地の様子や工場が移転してきた様子を捉えさせる。

4 石油化学コンビナートの仕組みや瀬戸内工業地域の特色について、動画で確認する。

対話のアイディア

1 瀬戸内工業地域の工業の特色を、これまで学習してきたことを基に予想し、それを全体に共有する。

3 以前に比べて、瀬戸内工業地域の割合が高くなった理由を、近くの人と話し合い、瀬戸内工業地域の移り変わりについての理解を深めさせる。

ワークシートの評価ポイント

・瀬戸内工業地域では石油化学工業や鉄鋼業が盛んなことを資料からの読み取りを通して捉えることができている。
・瀬戸内工業地域が外国との関わりから、近年では機械工業が盛んになっていることなどについて適切に捉えることができている。

C　日本の様々な地域　(3)　日本の諸地域

第2時
203

ワークシートの評価ポイント

ワークシートは、本時の目標や生徒の学習状況の見取りと連動しています。そのため、「ワークシートの評価のポイント」を基にすれば生徒の記入例から学習状況を適切に見取ることができます。ただし、ワークシートの評価は形成的評価に資する参考資料としての位置付けであり、毎時間の授業で総括的評価に類する評価を行うわけではない点に留意が必要です。

ICT 活用のアイディア

ワークシートの囲みに番号を連番で振っており、この番号の脇の資料等に対応する「ICT 活用のアイディア」を明記しています。電子黒板や ICT 端末の活用例、プレゼンテーションソフトなど各種ソフトの活用例などを掲載しています。

対話のアイディア

ワークシートの囲みに番号を連番で振っており、この番号の脇の資料等に対応する「対話のアイディア」を明記しています。ペア、グループ、全体交流など、各資料の性質や教師の意図に基づき生徒にどのような対話を促せばよいかを掲載しています。

本書に基づく授業づくりのヒント

本書では、１時間の学習展開をイメージしやすくすることを目的として、全時間にわたりワークシートを軸として構成していますが、50分授業のすべての時間を使って、ワークシートに記入するだけの授業にしない工夫が必要です。

そこで、実際の授業では、ワークシートを軸とする場合においても、板書やノート、ICT 機器などを上手に併用することがポイントとなります。自分の力で調べ考える、クラスメートと意見を交わす、こうした活動を通して、一人一人の生徒が自らの学びを深めていけるようにすることが肝要です。

ワークシートで見る全単元・全時間の授業のすべて

中学校地理

もくじ

はじめに …… 001
本書活用のポイント …… 002
地理的分野における指導のポイント …… 009
　新学習指導要領における地理的分野の学習指導 …… 010
　主体的・対話的で深い学びを実現する授業の工夫 …… 012
　社会的事象の地理的な見方・考え方を働かせる授業の工夫 …… 014
　ワークシートのポイント …… 016
　課題解決学習を取り入れるポイント …… 018
　学習評価のポイント …… 022
　単元を構造化するポイント …… 026
　主体的・対話的で深い学びを実現する「振り返りの指導」の工夫 …… 028

A　世界と日本の地域構成 …… 031

第1時　世界の姿①私たちの住む地球を眺めて …… 034
第2時　世界の姿②いろいろな国の国名と位置 …… 036
第3時　世界の姿③緯度と経度 …… 038
第4時　世界の姿④地球儀と世界地図の違い …… 040
第5時　日本の姿①世界の中での日本の位置 …… 042
第6時　日本の姿②時差で捉える日本の位置 …… 044
第7時　日本の姿③日本の領域とその特色 …… 046

B　世界の様々な地域 …… 049

(1) 世界各地の人々の生活と環境 …… 050

第1時　暑い地域の暮らし …… 052
第2時　寒い地域の暮らし …… 054
第3時　乾燥した地域の暮らし …… 056
第4時　高い地域の暮らし …… 058
第5時　暖かい地域の暮らし …… 060
第6時　世界の気候区分 …… 062
第7時　世界の食文化 …… 064
第8時　人々の生活と宗教 …… 066

(2) 世界の諸地域 ……… 068

オセアニア州：多文化主義 ……… 068
第1時　オセアニア州とはどのような地域か ……… 070
第2時　オセアニア州の自然環境 ……… 072
第3時　オーストラリアの移民政策と多文化主義 ……… 074
第4時　オセアニア州の農業 ……… 076
第5時　オーストラリアの工業と経済的な結び付き ……… 078
第6時　太平洋の島々と日本との関わり ……… 080
第7時　オセアニア州のまとめ ……… 082
ヨーロッパ州：EU のメリットとデメリット ……… 084
第1時　ヨーロッパ州の基礎知識 ……… 086
第2時　EU について知る ……… 088
第3時　ヨーロッパ州の自然環境と農業① ……… 090
第4時　ヨーロッパ州の自然環境と農業② ……… 092
第5時　ヨーロッパ州の工業 ……… 094
第6時　EU の課題 ……… 096
北アメリカ州：資本主義的経営 ……… 098
第1時　北アメリカ州の学習課題の設定 ……… 100
第2時　北アメリカ州の自然環境 ……… 102
第3時　北アメリカ州の農業 ……… 104
第4時　北アメリカ州の工業 ……… 106
第5時　北アメリカ州の生活・文化 ……… 108
第6時　北アメリカ州のまとめ ……… 110
南アメリカ州：開発と環境保全 ……… 112
第1時　南アメリカ州の大観 ……… 114
第2時　南アメリカ州の文化・産業 ……… 116
第3時　南アメリカ州の開発と環境保全 ……… 118
第4時　4 つの立場でロールプレイ ……… 120
第5時　南アメリカ州の単元レポート・発表 ……… 122
アフリカ州：モノカルチャー経済 ……… 124
第1時　アフリカ州の自然環境 ……… 126
第2時　アフリカ州の地域の特色 ……… 128
第3時　アフリカ州の歴史と文化 ……… 130
第4時　アフリカ州の産業の特色 ……… 132
第5時　よりよいアフリカ州にするために ……… 134
アジア州：経済発展と居住・都市問題 ……… 136
第1時　アジア州の自然環境① ……… 138

第２時　アジア州の自然環境② …… 140
第３時　アジア州の農業の分布と食 …… 142
第４時　人口が増加するアジア州 …… 144
第５時　西アジアや中央アジアの人口増加とその背景 …… 146
第６時　人口増加が続く南アジアの工業発展 …… 148
第７時　東南アジアの工業・経済発展と課題 …… 150
第８時　人口増加地域の経済発展（小まとめ） …… 152
第９時　東アジアの経済発展と課題① …… 154
第10時　東アジアの経済発展と課題② …… 156
第11時　東アジアに見られる課題の解決に向けて …… 158

C　日本の様々な地域 …… 161

(1) 地域調査の手法 …… 162

第１時　身近な地域のイメージを共有し、関心を高める …… 164
第２時　地形図の読み方の基礎を理解する …… 166
第３時　地形図を活用し、地域の特色を読み取る …… 168
第４時　基本的な GIS の活用方法を身に付ける …… 170
第５時　学校周辺の野外調査を行う …… 172
第６時　調査の成果から、地域の特色や課題を考える …… 174

(2) 日本の地域的特色と地域区分 …… 176

第１時　山がちな日本の地形 …… 178
第２時　川がつくる地形と海岸の地形 …… 180
第３時　日本の気候 …… 182
第４時　自然災害の多い日本の国土 …… 184

(3) 日本の諸地域 …… 186

九州地方：自然環境 …… 186
第１時　九州地方の自然環境 …… 188
第２時　火山とともに生きる人々の知恵 …… 190
第３時　自然環境を生かした九州地方の農業 …… 192
第４時　工業の移り変わりと環境保全 …… 194
第５時　沖縄県の観光開発と環境保全 …… 196
中国・四国地方：交通や通信 …… 198
第１時　中国・四国地方の自然環境 …… 200
第２時　瀬戸内工業地域 …… 202
第３時　交通網を生かして発展する農業 …… 204
第４時　交通網の整備と人々の生活の変化 …… 206
第５時　よりよい中国・四国地方にするために …… 208

近畿地方：環境問題 210
第１時 近畿地方の学習課題の設定 212
第２時 近畿地方の自然環境や人口の分布 214
第３時 近畿地方の農業の発展と環境保全 216
第４時 近畿地方の工業の発展や都市の発達と環境保全 218
第５時 近畿地方の自然環境保全 220
第６時 近畿地方のまとめ 222
中部地方：産業 224
第１時 異なる自然環境が見られる中部地方の３領域 226
第２時 北陸で盛んな稲作と伝統産業・地場産業 228
第３時 中央高地の果樹栽培と野菜栽培 230
第４時 東海の農業の工夫 232
第５時 東海で盛んな自動車、楽器づくり 234
第６時 中部地方のまとめ 236
東北地方：人口・都市・村落を中核として 238
第１時 東北地方を眺める 240
第２時 東北地方の自然環境と産業の関わり 242
第３時 東北地方の伝統的な生活・文化 244
第４時 東北地方の人口構成 246
第５時 過疎化を考える 248
第６時 活性化か、集住か 250
北海道地方：自然環境と中核とした考察 252
第１時 北海道地方の大観 254
第２時 北海道地方における単元を貫く問いの追究 256
第３時 北海道地方の歴史的背景とアイヌ文化 258
第４時 北海道地方の産業 260
第５時 北海道地方における観光プランづくり 262
関東地方：人口や都市・村落 264
第１時 関東地方を眺める 266
第２時 東京はどんな役割の地域か 268
第３時 東京の都市問題 270
第４時 盛んな近郊農業 272
第５時 変化する工業地帯 274
第６時 変化する東京大都市圏 276
第７時 関東地方のまとめ 278

(4) 地域の在り方 280

事前準備 事前のアンケートの実施、及び教師による事前準備 282
第１時 テーマとする地域の課題を決め、必要な調査方法を考える 284
第２時 幅広い GIS の活用を身に付ける 286
第３時 地形図や GIS、その他資料を活用し地域の課題を調べる 288
第４時 調査テーマに沿って、野外調査を実施する 290
第５時 地域的課題の要因を考察する 292

第６時　地域的課題の解決策を構想する …… 294
第７・８時　調査や考察・構想した内容を、提案資料としてまとめる …… 296
第９時　各班で制作したまとめを互いに発表する …… 298
第10時　単元の学習を振り返り、まとめる …… 300

編著者・執筆者紹介 …… 302
『ワークシートで見る全単元・全時間の授業のすべて　社会　中学校　地理』付録資料について …… 303

地理的分野における
指導のポイント

新学習指導要領における地理的分野の学習指導

1 内容重視の学習指導から、資質・能力を重視した学習指導へ

2017年に学習指導要領が改訂された。新学習指導要領は、これまでの内容主導で能力を従属させるコンテンツ・ベースのカリキュラムから、育成を目指す資質・能力主導で内容を従属させるコンピテンシー・ベースのカリキュラムに大きく転換された（大杉、2017)。また、すべての教科等で、「主体的・対話的で深い学び」の実現に向けた授業改善を推進するとともに、「深い学び」の鍵として、「見方・考え方」を働かせることが重視されるようになった。そのため、学習指導要領の目標も分野を総括した目標が柱書に記述され、その後に、「(1)知識及び技能」「(2)思考力、判断力、表現力等」「(3)学びに向かう力、人間性等」の三つの資質・能力に沿った目標が位置付けられるようになった。

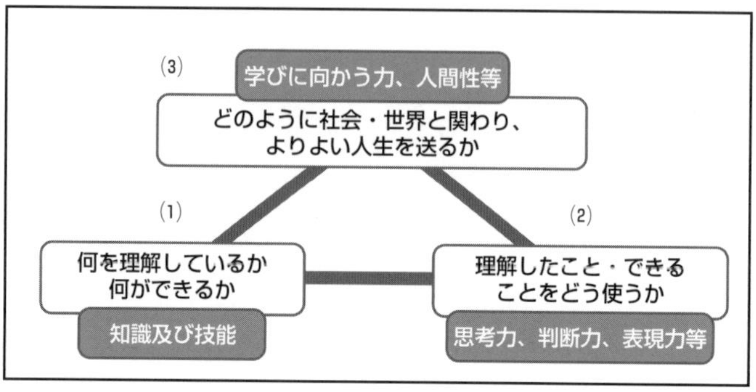

2 地理的分野の目標

社会科は、「社会認識を通して、公民的資質を育成する教科」だと言われている。地理（地理的分野）も社会科の一部を構成する教科（分野）であるため、同様に公民的資質を育成することが目的であるべきだと考える。しかし、これまで地理（地理的分野）の学習は、地理的認識にとどまり、価値判断・意思決定といった公民的資質に関わる視点は、目標と位置付けられていなかった。しかし、新学習指導要領では、地理的分野の目標が「社会的事象の地理的見方・考え方」を働かせることが示されるとともに、「よりよい社会の実現を視野に主体的に課題を解決しようとする態度」など、公民的資質（公民としての資質）の視点が位置付けられるようになった。すなわち、地理的分野の学習が社会科の一部であり、地理的認識を通して公民的資質（公民としての資質）を育成する教科（分野）であることが明確に示されることになったといえる。

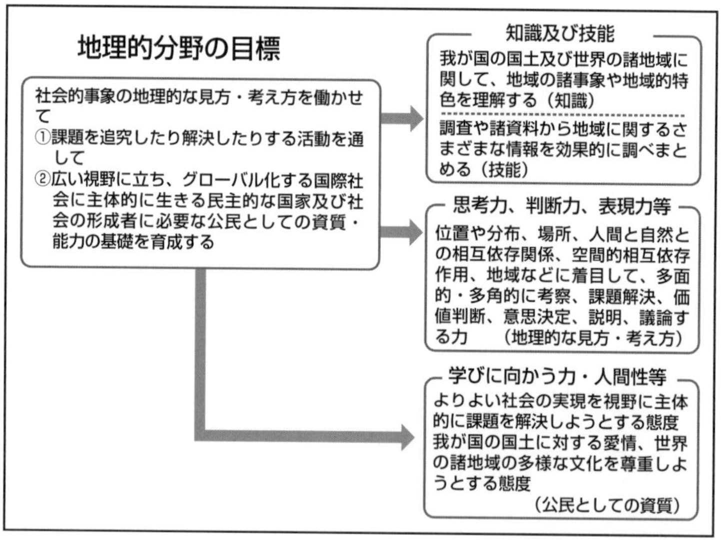

（筆者作成）

また、三つの資質・能力の育成については、問題解決的な学習（課題解決的な学習）を通すことと

され、その際、社会科固有の「見方・考え方」を働かせることや「主体的・対話的な学習」活動を位置付けることが求められるようになった。すなわち、地理的分野の学習においては、「社会的事象の地理的な見方・考え方」を働かせる「課題解決的な学習」を通すとともに、「主体的・対話的で深い学び」の学習のプロセスを踏まえて、資質・能力を育成することになったのである。

また、これまで内容知か方法知かといった二者択一の議論がなされてきたのが、知識も技能も一体的に育成することが重視されるようになった。

3 ESD の視点を入れた地理的分野の学習内容

少子高齢化、グローバル化の進展、気候変動や天然資源の枯渇、自然災害の頻発、伝染病の広がり、絶え間ない技術革新などで、先の見えない予測困難な時代になってきた。このような時代に、社会の変化に主体的に関わり、持続可能な社会や幸福な人生の創り手となる力を身に付けることが求められるようになり、新学習指導要領では、持続可能な開発のための教育（ESD〈ESD=Education for Sustainable Development〉）の視点が全面的に位置付けられるようになった。特に、地理的分野の学習は、下の図のように、「世界の諸地域」「日本の諸地域」「地域の在り方」に、ESD の視点が位置付けられている。

ESD は地域を学習対象とし、それぞれの地域が持続可能であるためには個々の地域における課題をどう追究し解決したらよいかを考え、価値判断したり意思決定したりするような課題解決的な学習指導が求められている。「世界の諸地域」は地球的課題を、「日本の諸地域」は地域の課題を取り上げることとされている。そのため、それぞれの地域ごとに、どのような課題を位置付けたらよいかを考えて、指導計画を立てることが必要となる。

世界の様々な地域の年間指導計画

	大項日	中・小項日		主題	価値判断・意思決定
第一学年 55時間	A 世界と日本の地域構成				
	B 世界の様々な地域	(1)世界の人々の生活と環境			
		(2)世界の諸地域	オセアニア	多文化主義 ■各国内及び各国間の不平等の是正	白豪主義から多文化主義への移行をどう考えるか
			ヨーロッパ	EU 統合 ■各国内及び各国間の不平等の是正	EU 統合についてどう考えるか
			北アメリカ	資本主義的経営 ■持続可能な生産と消費	アメリカからの農作物輸入についてどう考えるか
			南アメリカ	熱帯林の伐採 ■陸の生態系の保護 ■気候変動への対策	熱帯林の伐採問題をどう解決したらよいか
			アフリカ	モノカルチャー経済 ■貧困の克服 ■飢餓の克服と食料供給 ■パートナーシップ	貧困や紛争問題をどう解決したらよいか
			アジア	経済発展 ■都市と人間居住	環境問題や人口問題についてどう考えるか

＊（網掛け）：ESD の視点を位置付けた単元、文字囲は SDGs に関する内容

価値判断・意思決定 → 地球的課題

日本の様々な地域の年間指導計画

	大項日	中・小項日		中核考察	価値判断・意思決定
第二学年 60時間	C 日本の様々な地域	(1)	地域調査の手法		
		(2)	日本の地域的特色と地域区分		
		(3)日本の諸地域	九州地方	自然環境	自然災害に対してどう生活したらよいか
			中国・四国地方	交通や通信	ストロー現象についてどう考えるか
			近畿地方	その他 (環境問題や環境保全)	歴史的景観の保全、原発問題をどうしたらよいか
			中部地方	産業	グリーンツーリズムを意識した町づくり
			東北地方	交通や通信	東日本大震災からの復興をどうしたらよいか
			北海道地方	自然環境	自然を生かしてどう地域を活発化したらよいか
			関東地方	人口や都市・村落	過密問題を解決するにはどうしたらよいか
		(4)地域の在り方			環境を重視した町づくりをどう考えるか

＊（網掛け）：ESD の視点を位置付けた単元

価値判断・意思決定 → 地域の課題

（筆者作成）

主体的・対話的で深い学びを実現する授業の工夫

1 なぜ、「主体的・対話的で深い学び」が求められるのか

新しい学習指導要領では、従来の内容中心のカリキュラムとともに、育成を目指す資質・能力を重視している（大杉、2017）。具体的には、①生きて働く知識や技能、②未知の状況にも対応できる思考力、判断力、表現力等、③学びを人生や社会に生かそうとする学びに向かう力、人間性等である（文部科学省、2019）。また、これらの資質・能力を身に付ける方法として、「主体的・対話的な学び（アクティブ・ラーニング）」を行うことを求めている。

もともと、アクティブ・ラーニングは、「課題の発見と解決に向けて、主体的・協働的に学ぶこと」とされ、大学等の高等教育改革の一貫として示されたものである。その後、知識・技能を定着させる上でも、また子供たちの学習意欲を高めるという観点からも、効果的な学習方法であるとされ、初等中等教育においても、重視されるようになった（2014年の文部科学省「初等中等教育における教育課程の基準等の在り方についての諮問」）。

このような活動を中心とした学習は、戦後まもなく行われた初期社会科や、学び方を学ぶことを重視した平成10年版学習指導要領でも求められていた。しかし、これらの活動を重視した学習に対しては学力低下を指摘する声があがったことから、学習内容重視への揺り戻しがあったと捉えることができる。

このような懸念から、文部科学省は、「課題の発見と解決に向けて主体的・協働的に学ぶこと（アクティブ・ラーニング）」に加えて、「学びの質や深まり」を重視することとし、そのための授業改善の視点として、「主体的・対話的で深い学び」を打ち出したのである。では、「主体的・対話的で深い学び」とは、どのような学びなのだろうか。

2 主体的な学び

ラーニングピラミッド

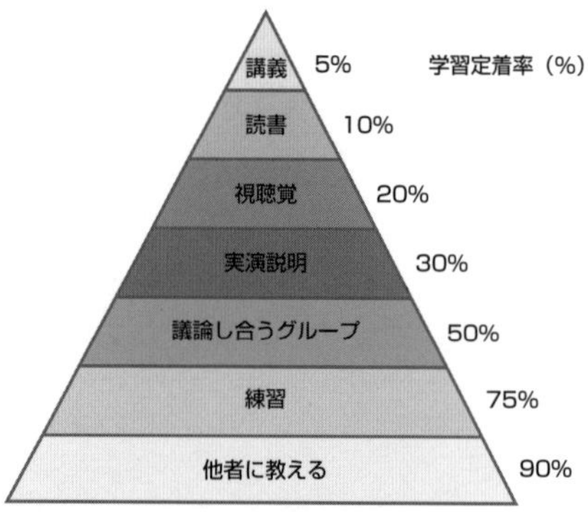

もともと、知識や理解を重視していた日本の中学校では、効率よく知識を身に付けさせる方法として、講義式の学習指導が行われることが多かった。

しかし、右図のように、講義式などの受け身の学習は学習の定着率が低く、主体的で活動型のほうが定着率が高いことが示された。そこで、生徒の学力を高めるためには受け身の学習ではなく、生徒が主体となる能動的な学習を行うことが求められるようになった。主体的な学習には、以下のような方法がある。

○ワークシートによる課題解決型の学習
○地図や資料集などを中心の調べ学習
○図書館やインターネットでの調べ学習
○調べたことを白地図や表、グラフにまとめる学習
○景観写真などから気付いたことをまとめるフォトランゲージ

3 対話的な学びとは何か

上記のラーニングピラミッド（図）から分かるように、一人で学習するよりも、発表したり議論したり、他の人に教えたりするほうが学習の定着率が高いことから、新学習指導要領では、対話的な学習を求めている。対話的な学習には、隣の人と二人で話し合うペアワーク、前後左右の人と話し合うバズセッション、班ごとに図書館やインターネットを使った調査学習、調べたことを発表し合うポスターセッション、班員がそれぞれ調べてきた内容を発表し合うジグゾー法などがあるが、いずれも共通することは、相互に学んだり発表し合ったりする点である。

しかし生徒相互の話し合い活動を取り入れた学習を行ったからといって、必ずしも学びが深まるとは限らない。例えば班を構成する生徒の理解力が低いときなどは学びが深まらないことも少なくない。学びを深めるための対話的な学習は、人と人との対話だけではない。過去の文化遺産や自然現象との対話、実験を通した真理との対話、読書などを通して古典や先人との対話なども含まれる。このような幅広い視点から対話を捉えることが、学びの深まりには欠かせないのである。

4 深い学びとは何か

地理は、地名やどこで何がとれるのか、といったことを一つ一つ覚える暗記中心の学習が多く行われ、“地名物産地理”などと揶揄されてきた。言うまでもなく、このような学習である限り学力の転移は起きず、学ぶ内容だけが際限なく広がってしまう。そのうえ変化の激しい今日の社会では、せっかく覚えた知識も、すぐに役立たなくなってしまうといったことも少なくない。

そこで、新学習指導要領では、社会的事象の地理的な見方・考え方を働かせて、個々バラバラの知識ではなく、過去や他の地域の地理的事象と比較することによって、一般化した理論や法則といった汎用性のある概念的知識を身に付けさせることを求めているのである。

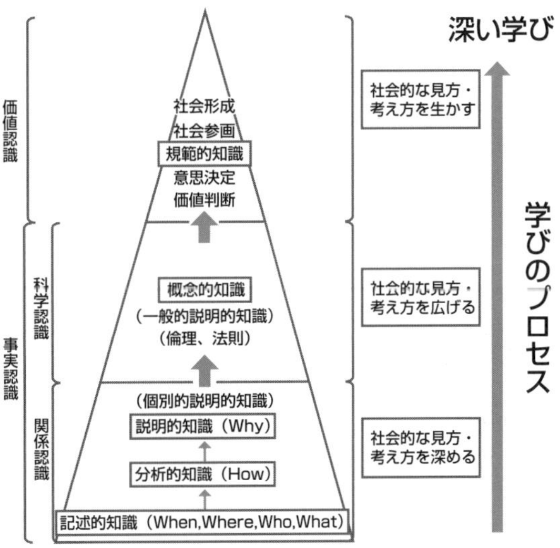

※池下（2020）を一部修正

また、文部科学省『中学校学習指導要領（平成29年告示）解説　社会編』においても、次の学習過程を通して、深い学びを実現する授業改善を求めている点に留意したい。

> 中学校社会科においては、各分野の特質に応じた見方・考え方を働かせて学ぶことにより、事実等に関する知識を相互に関連付けて概念に関する知識を獲得したり、社会的事象からそこに見られる課題を見いだしてその解決に向けて多面的・多角的に考察、構想し、表現できるようにし、主体的に社会に関わろうとする態度を養うようにしたり、生徒同士の協働や学習の内容に関係する専門家などとの対話を通して自らの考えを広め深めたりするなどして、深い学びを実現するよう授業改善を図ることが大切である。

社会的事象の地理的な見方・考え方を働かせる授業の工夫

1 新学習指導要領における中学校社会科地理的分野の目標

中学校社会科の目標は、「社会認識を通して、公民的資質を育成することである」と言われてきた。それに対して、井田（2000）は、地理の学習は地理的事象の解説や空間認識の獲得に重点が置かれ、価値判断や意思決定は地理の学習になじまないと考えられてきた、と述べており、これまで学習指導要領の目標には、地理的認識のみが記述され、価値判断、意思決定といった公民的資質に関する視点は位置付けられていなかった。

学習指導要領における地理的認識は、世界像の構築、日本の国土認識と概念探究（地理的な見方・考え方）から構成されている。世界像の構築と日本の国土認識は、ともすると事実認識中心の網羅的な学習になりがちなため、昭和33年版から、網羅的で受動的な学習になることを避け、変動する社会に対応できるようにするために、地理的な見方や考え方が示されるようになり、昭和44年版からは、学習指導要領の目標にこの文言が一貫して位置付けられるようになったのである。

それに対して、平成29年版学習指導要領では、地理的な見方や考え方とされていたのが、社会的

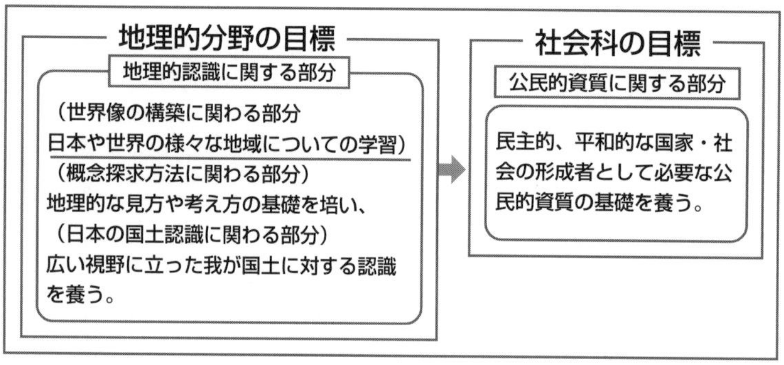

昭和52年版学習指導要領　（筆者作成）

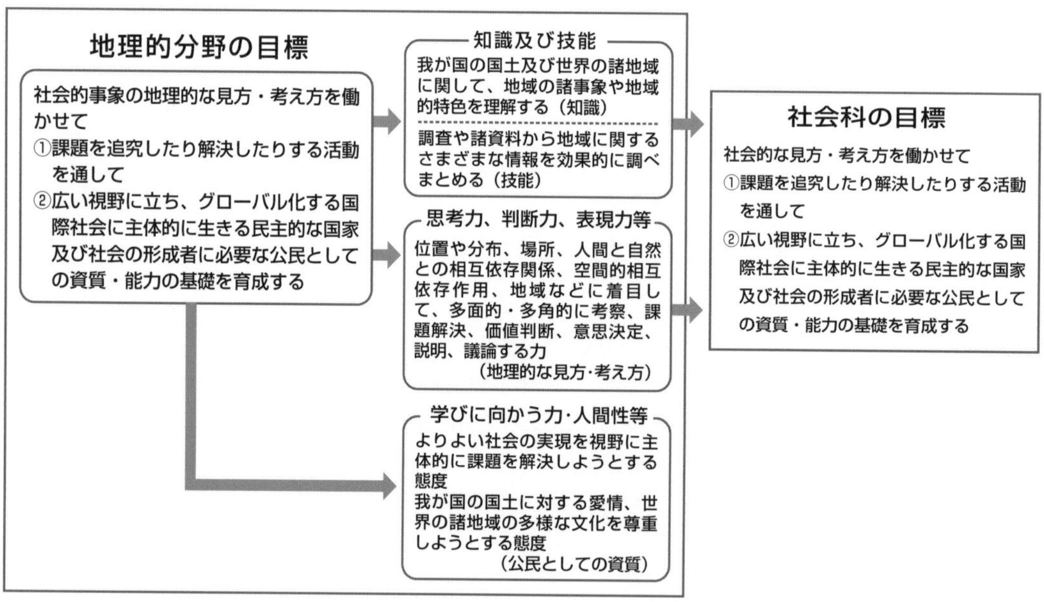

平成29年版学習指導要領　（再掲）　（筆者作成）

事象の地理的な見方・考え方と記述されるようになり、地理が単に地理的認識を明らかにするだけでなく、それらの認識を踏まえて、価値判断したり意思決定したりするなど、公民的資質を育成する社会科の一部分であることが明確に示されることとなった。また、知識と技能が不可分とされ、それらが一体として位置付けられるようになった。

社会的事象の地理的な見方・考え方については、「①位置や分布、②場所、③人間と自然環境との相互依存関係、④空間的相互依存作用、⑤地域など」という視点を通して、地域を捉えるとしている。その際、地理教育国際憲章で示された、右の表のような問いを通して、社会的事象の地理的な見方・考え方を深めることが求められているのである。

◎地表面上に展開する諸現象を分布を通して以下のことを説明、解釈する

①それは、どこにあるのか
②それは、どのような状態か
③それは、なぜそこにあるのか
④それは、どのように起こったのか
⑤それは、どのような影響をもっているのか
⑥それは、人間と自然環境の相互便益のためにどう対処されるべきか

↓ 探究的学習

中山訳（1992）より筆者作成

2 社会的事象の地理的な見方・考え方を働かせた学習

右の写真はどこの景観を示したものか（位置）

⬇⬅ 東京の中心部

東京の中心部はどのような景観になっているか（場所）

⬇⬅ 高層ビルが多い

なぜ中心部には高層ビルが多いのか（構造）

⬇⬅ 集約的な土地利用が進んでいるから

なぜ集約的な土地利用が行われているのか（機能）

⬇⬅ 地価が高いため土地を有効に活用するため

なぜ東京の中心部の地価が高いのか（機能）

⬇⬅ 国の政治、経済、文化などの重要な機関が集中し利用したい人が多いから

地価が高いとどのような問題が起きるのか

⬅
・東京の中心部に住むことができず地価の安い周辺に住む人が多くなる
・朝夕の通勤、帰宅ラッシュが起こる
・公共交通が止まってしまうと、帰宅困難者が大量に発生する

⬇

問題を解決するにはどうしたらいいか（意思決定）

⬅
・東京に集中している機能を分散させる
・首都（首都機能）を移転させる
・企業を地方に誘致する
・大学を地方に誘致する

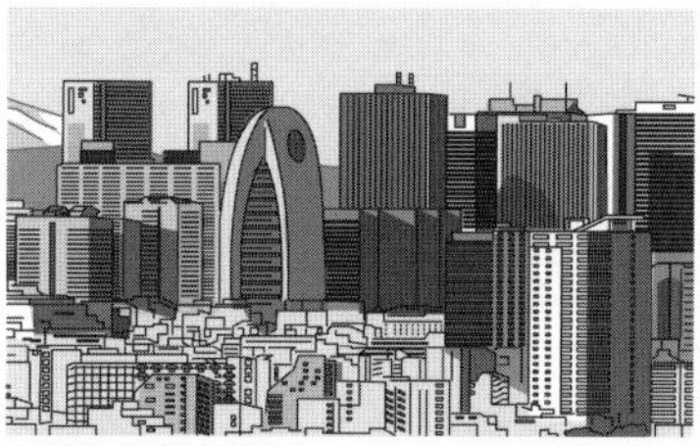

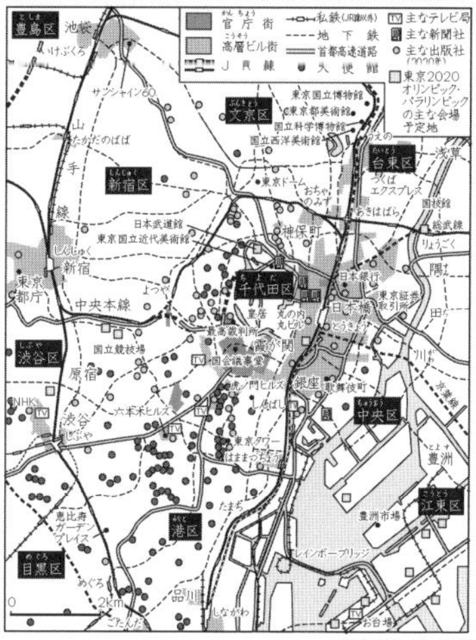

※帝国書院（2021）

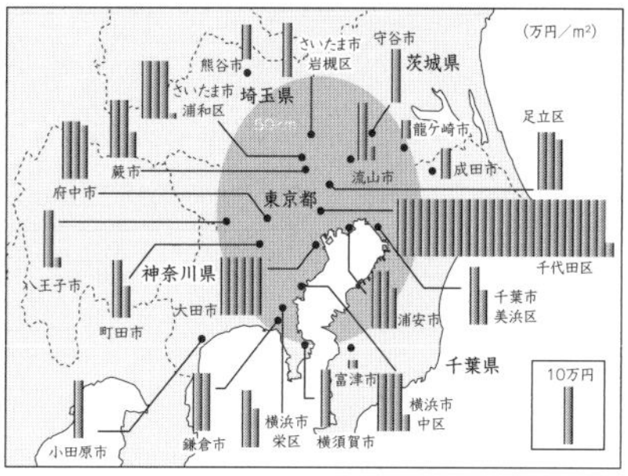

（2018年1月1日／国土交通省資料）

1 教える学習から学ぶ学習へ（指導と評価の一体化）

これまで社会科の学習では、教師主導の講義型（一斉形態）の授業が多く行われてきた。このような学習では、生徒は発言したり板書を写したりすることが学習の中心となる。しかし全ての生徒が発言するとは限らず、中学校では学年が上がるにつれて発言も少なくなる。したがって発言しない生徒にとっては、ただ板書を写すことが学習活動の中心となる。

教師は、板書を丁寧にしている生徒のノートを見て、評価を高くする傾向がある。しかし、その生徒が必ずしもきちんと学習しているとは限らない。すなわち、一斉形態の学習指導が多く行われてきた中学校では、生徒の学習状況を把握することは難しく、形成的評価が十分に行われてこなかったと言える。

形成的評価を行うためには、教師主導の講義形式の学習から、生徒主体の学習への転換を図ることが必要である。生徒主体の学習に転換する方法の一つとして、ワークシートを活用した学習指導がある。ワークシートを活用することによって、教師は生徒が主体的に学習に取り組んでいる状況を把握できるようになる。つまずいている生徒に対しては適宜指導や助言を行い、学力の高い生徒に対しては発展的な課題を与えるなど、指導と評価を一体化した学習指導を行うことが可能になるのである。

2 ワークシートの活用の仕方

(1) 学習目標の明確化

授業のはじめにワークシートの学習目標（めあて、ねらい）に色ペンでアンダーラインを引き、学習目標を明確にする。学習の目標（めあて、ねらい）を生徒と共有することによって、一単位及び一単元の授業の中で何を学ぶべきかを、教師だけでなく生徒もともに理解することができ、一単位時

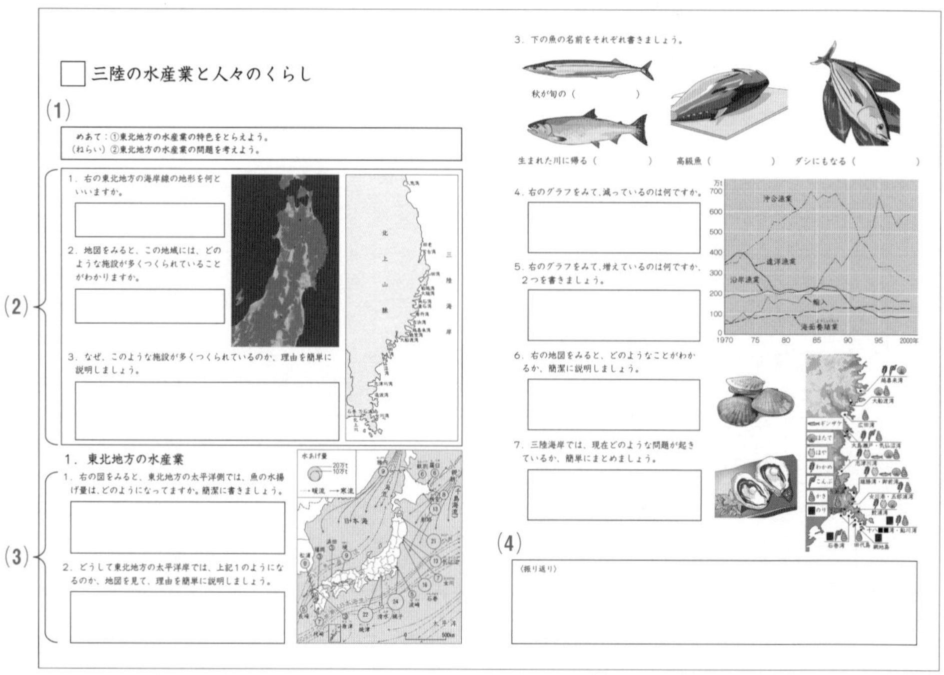

□ 三陸の水産業と人々のくらし

(1)

めあて：①東北地方の水産業の特色をとらえよう。
(ねらい) ②東北地方の水産業の問題を考えよう。

(2)

1．右の東北地方の海岸線の地形を何といいますか。

2．地図をみると、この地域には、どのような施設が多くつくられていることがわかりますか。

3．なぜ、このような施設が多くつくられているのか、理由を簡単に説明しましょう。

1．東北地方の水産業

(3)

1．右の図をみると、東北地方の太平洋側では、魚の水揚げ量は、どのようになってますか。簡潔に書きましょう。

2．どうして東北地方の太平洋岸では、上記1のようになるのか、地図を見て、理由を簡単に説明しましょう。

3．下の魚の名前をそれぞれ書きましょう。

秋が旬の（　　　）

生まれた川に帰る（　　　）　高級魚（　　　）　ダシにもなる（　　　）

4．右のグラフをみて、減っているのは何ですか。

5．右のグラフをみて、増えているのは何ですか、2つを書きましょう。

6．右の地図をみると、どのようなことがわかるか、簡潔に説明しましょう。

7．三陸海岸では、現在どのような問題が起きているか、簡単にまとめましょう。

(4)

〈振り返り〉

間、及び単元全体を見通した学習指導を行うことができるようになる。

⑵ 一単位時間、及び単元を貫く課題に関わる導入

導入には、一単位時間及び単元を貫く課題意識をもたせることができるような、問いを設定する。導入の設問を3分ほどで解かせ、解答と解説を行う。例えば、ワークシート例に見られる「導入」の中で、三陸海岸には港が多いことが分かる。そこで、「なぜ三陸海岸には港が多いのか」という課題を考えさせることを中心にして、授業を展開できるような問いを設けるのである。

⑶ 地理的な見方・考え方を働かせ、課題解決的な学習を展開するワークシートの活用

地理学者は、フィールドワークを行ったり、聞き取り調査を行ったりした結果を地図化し、それを考察することを通して地域的特色を捉える。中学校では、学校周辺の「身近な地域」や自分が住んでいる地方ならば、フィールドワークを行い、生徒自らその地域の特色を捉えることも可能である。しかし、他の地方や日本全体、外国のことを学習する際には、実際にフィールドワークなどの直接的な調査を行うことはほとんど不可能である。

しかし、地理学者が地域的特色を捉える際に活用したのと同じような地図や統計資料であるならば、生徒も活用することが可能となる。そういった地図や統計資料を使って考察するような活動を行えば、地理学者が地域を捉える際にたどったプロセスを追体験でき、地域を捉える生徒の能力を育成し、地理的な見方や考え方を鍛えることにもなる。こうしたことから、地図や景観写真、グラフなどの資料を中心に、地域を捉える問いを位置付けたワークシートを作成し、活用することが大切なのである。

また新学習指導要領では、ESDの視点を位置付けることも求めている。それぞれの地域では、ESDの視点を位置付けることによって、地域的特色だけでなく、地域の課題やその解決策を考える学習指導を行うことになる。そのため、それぞれの地域における事実認識を明らかにするだけでなく、各地域における課題やその解決策を考え、価値判断したり意思決定したりするような問いを設けることが大切である。さらに、単元の終わりには、それぞれの地域における課題やその解決策を班やクラス全体で考えたりするような問いを設けることがよりよい解決策を見いだすことにつながるのである。

⑷ 学習の最後の振り返り（自己評価やグループ内評価）の実施

授業のはじめに、明確にした学習目標（めあて、ねらい）が、達成できたかどうかを自ら振り返り、自己を評価することのできる力を身に付けることが求められている。授業の最後に、自己評価やグループ内評価を行うと、生徒は学習目標に照らして、自分自身の取組や目標の達成度を確認することができる。また、自己評価や他者からの評価を行うことによって、次の学習への課題を生徒自身が気付きやすくなる。このように授業の最後には振り返りを継続して行うことが、生徒自身の学習への取組を改善することにつながるのである。

3 長期的な視点に立ったワークシートの活用

ワークシートを活用し、指導と評価の一体化を図ることにより、授業の中で生徒のよさに気付いたり、学習につまずいた生徒に素早く対応したりすることができるようになり、個々の生徒への適切な指導が可能になる。さらにワークシートを活用した学習指導を継続的に行い、それをきちんとファイルしておくと、学習に対する取組の変化や成長を長期的なスパンで捉えることができるようになる。また、課題解決型のワークシートを活用した主体的な学習を繰り返すことによって、地図やグラフ、統計資料などを適切に活用する技能や、それらを考察する思考力、考えたことを文章にまとめる表現力なども身に付けさせることが期待できる。

課題解決学習を取り入れるポイント

1 問題解決的な学習（課題解決的な学習）が求められる背景

新学習指導要領では、グローバル化の進展、急激な技術革新、気候変動や自然災害など、解決しなければならない様々な問題が露呈し、先の見えない予測困難な時代になってきたと言われる。このような時代に際して、異なる他者と協働して問題を解決できる能力を育成することが求められるようになってきた。

2 課題解決的な学習を行うには

新学習指導要領では、「社会的事象の地理的な見方・考え方」に着目して、「課題を追究したり解決したりする活動を通して」「知識」「思考力、判断力、表現力等」を身に付けることとされている。これらの「知識」や「思考力、判断力、表現力等」を身に付けるためには、「社会的事象の地理的な見方・考え方」を働かせる、課題解決的な学習のプロセスが必要となる。そのためには、以下のような授業展開が必要であることを関（2021）は述べている。

① 課題把握（生徒の興味・関心を高めさせ、「なぜ、～」などの疑問を抱かせる）
② 課題設定（生徒の疑問を発問や話し合いを通して、さらに深める学習課題とする）
③ 課題追究（情報の収集、調べる、確かめる、グループでの話し合いなど）
④ 課題解決（追究した内容を発表するため、まとめる）
⑤ 課題発展（さらに新しい課題を見付けて、新たな学習課題として追究していく）
＊⑤の活動は、あまり行われていない。

山口（2011）は、「C　日本の様々な地域　⑶日本の諸地域―関東地方―」の単元は、動態地誌的な学習であるため、「大観」「追究」「まとめ」の展開が必要であるとしている。そこで、関（2021）の示した課題解決的な学習の視点を、山口（2011）が示す動態地誌的な学習の展開に位置付け、「東京大都市圏を中心とした過密問題を解決するにはどうしたらいいか」を考える学習指導を行ったので、以下に示す。

3 単元の指導計画

⑴ 単元の指導計画

		学習項目	主な学習活動	評価規準
大観	第1時	単元を貫く問い：東京大都市圏を中心とした過密問題を解決するにはどうしたらいいだろうか		
		関東地方を眺めて	・関東地方の面積の割合や人口の割合を捉える。	・関東地方が日本の10％に満たない面積の所に1／3の人口が集中していることを捉えることができる。
			関東地方には、なぜ多くの人口が集中しているのだろう	
			・関東地方の位置や地形の特色を捉える。 ・雨温図から関東地方の気候の特色を捉える。	・関東地方の位置や地形の特色を捉えることができる。［知識］ ・関東地方には日本海岸の気候の地域がないことを捉える。［技能］

追究	第2時	東京の都市機能と土地利用	・東日本大震災の時の渋谷の様子を見て、気付いたことを発表する。 ・なぜ渋谷や新宿の駅前に帰宅困難者が多かったのかを考える。	・東日本大震災のとき、大量の帰宅困難者がいたことを捉える。 ・渋谷や新宿から鉄道やバスを利用して帰宅する人が多かったことに気付くことができる。
			なぜ東京では大量の帰宅困難者が発生したのだろう	
			・どうして、東京には帰宅困難者が多いのかを考える。 ・なぜ、都心部には帰宅困難者が多いのかを地価との関係で考える。	・東京の都心部に他の地域から通勤・通学する人が多いことに気付く。【技能】 ・地価の高い都心部に住んでいる人が少なく、地価の安い地域から鉄道などを使って来る人が多いことが分かる。【思考】
	第3時	東京の中心部の都市構造	・帰宅困難者が多い都心部には、どのような施設があるかを調べる。	・皇居、国会議事堂、官庁街、オフィス街、デパートや商店街などがあることに気付くことができる。
			都心部の高層ビルは、どのような構造になっているのだろう	
			・新宿の超高層ビルの中がどのように利用されているのか、またなぜそうなっているのかを捉える。 ・新宿駅がどのように利用されているのかを調べる。 ・なぜ新宿では、地下鉄や超高層ビルが多いのかを考える。	・超高層ビルの内部は、地下は駐車場、地下一階や低層階には店舗や飲食店、中層から高層までがオフィス、最上階は飲食店などになっていることが分かる。【思考・判断】 ・新宿駅が地下深く、何層にもわたって鉄道が通っていることに気付く。 ・地価が高い都心などでは、集約的な土地利用が進んでいることに気付く。【知識】
	第4時	近郊農業の発達と地域の変容	なぜ、東京大都市圏では多くの人口が生活することができるのだろう	
			・地図帳の巻末の「都道府県別の統計」資料の地方別野菜の出荷額をみて、最も多い地方を調べる。 ・なぜ関東地方が地方別野菜の出荷額が最も多いのかを関東地方の農業の主題図を見て考える。 ・関東地方の農業の主題図や野菜の出荷割合のグラフと地形の主題図とを比較し、どこでどんな農産物の生産が多いのかを調べる。 ・新旧の東京の土地利用を比較し、土地利用がどう変化したかを読み取る。	・関東地方が野菜の出荷が最も多いことに気付く。 ・関東地方は台地が多いこと、大消費地に近く新鮮な野菜を生産し販売するのに都合がいいことを気付く。 ・台地上で野菜、利根川沿いの低地では米を多く栽培していることを捉えることができる。【技能】 ・新旧の土地利用の変化から、近郊農業地が減少し、市街地が増えていることを捉えることができる。【知識】
	第5時	京浜工業地帯の発展と地域の変容	なぜ、東京大都市圏では多くの人口が働く場があるのだろう	
			・地図帳の「工業地域別の出荷額の割合の変化」をみて、京浜工業地帯の出荷額の割合がどう変化したのかを捉える。 ・京浜工業地帯の主題図を見て、都心部、臨海部、内陸部、それぞれどのような工業の生産が多いのかを捉える。 ・なぜ、そういった工業の生産が多いのかを考える。 ・なぜ日本一だった京浜工業地帯の出荷額の割合が低下したのかを考える。	・1990年まで京浜工業地帯の出荷額が日本一だったが、2013年になると低下し、第二位になったことが捉えられる。 ・都心部は出版・印刷が、臨海部は鉄鋼業や石油化学工業、内陸部の高速道路や鉄道沿いは機械工業が盛んなことが捉えられる。【技能】 ・都心部と臨海部、内陸部では、なぜそれぞれの工業が盛んなのかを考えることができる。【思考・判断】 ・地価の高騰に伴い、京浜工業地帯の中で広い土地を必要とする工業の工場などが地価の安い土地に移転していることを捉えることができる。
	第6時	帰宅困難者問題の解決策	どうしたら帰宅困難者の問題を解決することができるだろう	
			・帰宅困難者が多く発生する背景に、都心部に多くの機能が集中（一極集中）していることを踏まえ、帰宅困難者の問題をどう解決したらよいかを考える。 ・個人で考えた解決策を班にもち寄り、班で話し合いを深める。 ・班で話し合った帰宅困難者問題の解決策を班ごとに発表し、それを学級全体で議論し、よりよい解決策を見いだす。	・帰宅困難者が多く発生する背景に、都心部に多くの機能が集中（一極集中）していることを踏まえ、帰宅困難者の問題をどう解決したらよいかを考えることができる。 ・生徒一人一人が考えた帰宅困難者問題の解決策を班ごとに話し合い、考えをまとめることができる。 ・班ごとに話し合った帰宅困難者の問題の解決策を班ごとに発表し、それを学級全体で議論し、よりよい解決策を導くことができる。【思考・判断】
まとめ	第7時	持続可能な関東地方のまとめ	・関東地方の位置や自然環境を記入する。 ・東京には、日本の首都としての機能だけでなく、経済や文化、情報など、様々な機能の中心としての役割を果たしている。 ・帰宅困難者の問題の解決策をまとめる。	・関東地方は日本の中心に位置し、関東平野には多くの人口が集中していることが分かる。 ・都心部を中心に多くの機能が集中している（一極集中している）ことが分かる。 ・帰宅困難者の問題の解決策をまとめることができる。【思考・判断・表現】

関東地方は、日本の３分の１の人口が集中する我が国で最も人口の多い地方である。なかでも東京を含む南関東には、その８割が集中し、日本の政治、経済、文化の中心として重要な役割を担っている。そこで、関東地方を「人口や都市・村落を中核とする考察」の仕方で取り上げ、過密問題を中心に、関東地方や日本全体が持続可能であるためには、人口や都市・村落がどうあるべきかを考える学習指導を行うことを考えた。

2011年３月に東日本大震災が起きたとき、首都圏の電車が止まり、大量の帰宅困難者が発生した。今後、首都直下型地震が起こることが予想される中、東日本大震災と同じような規模の地震が起きたら、東京ではもっと大きな被害が起こることが予測されている。そのため、東京は帰宅困難者の問題をどう解決するかが大きな課題となっている。東京都では、学校を避難拠点とし、水や食料を確保すること、企業でも社員を帰宅させるのではなく、会社に宿泊できる態勢を整えるなどの対策を講じようとしている。

また、東京は都心部に多くの機能が集中しているために都心の地価が高騰し、都心周辺に人が住むことを難しくしている。そのため、多くの人々は比較的地価の安い東京の郊外や近県に住み、鉄道などの公共交通機関を使って、日々、自宅と都心周辺にある職場とを行き来している。こうしたことも、交通機関が止まってしまうと大量の帰宅困難者が発生する一因である。他方、大都市における機能の集中により、深刻な過疎化で消滅の危機に瀕している自治体も少なくない。すなわち、これらの問題は、関東地方を含む東京大都市圏の問題だけでなく、危機管理や国土の均衡ある発展という観点からも、日本全体の問題でもある。そのためこの問題の解決策を考えることは、東京大都市圏の持続可能な社会づくりという視点だけでなく、日本全体の持続可能な国土づくりを考えることにもつながる。そこで、帰宅困難者の問題をきっかけにして、なぜ東京では帰宅困難者が大量に発生するのかを、日本全体という広い視野から考えることが大切になる。

⑵　第６時の指導内容

	学習項目	主な学習活動	評価規準
導入	１．帰宅困難者問題	・首都直下型地震が襲ったときの帰宅困難者の区別の人数のグラフをみて、気付いたことを発表する ・帰宅困難者が特に多い、三区がどこかを捉える。 ・上記の三区をワークシートの地図に印を付け、東京のどこに位置しているのかを捉える。 ・なぜ都心三区の帰宅困難者が多いかを考える。	・東京では帰宅困難者が390万人以上発生することが分かる。 ・千代田、港、中央の三区であることが分かる。 ・上記の三区が東京の中心部（都心部）に位置していることに気付く。 ・都心三区からの帰宅困難者が多い理由を考える。
		課題把握　なぜ都心三区の帰宅困難者が多いのだろうか	
展開	２．帰宅困難者が多いのはなぜか	・都心三区の昼間人口と夜間人口とを比較する。	・都心三区は、昼間人口がとても多いが、夜間人口は非常に少ないことに気付く。
		課題把握　なぜ都心三区の昼間人口が多く、夜間人口がとても少ないのだろうか	
		・都心三区の昼間人口が多く、夜間人口がとても少ないとは、どういうことか考える。 ・東京23区にどこから通勤している人が多いのかを調べる。	・都心三区には、通勤・通学に来ている人は多いが、住んでいる人はとても少ないことに気付く。 ・東京の郊外や、神奈川、埼玉、千葉など、東京近県から多くの人が通勤していることに気付く。
		課題把握　なぜ東京の郊外や近県からわざわざ通勤している人が多いのだろうか	
		・なぜ、東京の郊外や近県からわざわざ通勤している人が多いのかを考える。 ・東京を中心とした地価を見て、東京周辺の地価がどのようになっているのかを考える。 ・東京の中心部は、なぜ地価が高いかを考える。	・東京の郊外や近県からわざわざ通勤している人が多いのかを考える。 ・東京の中心部は地価が高く、住むことができないため、多くの人は地価の安い東京の郊外や近県から通勤していることに気付く。 ・東京の中心部は、国の政治、経済、文化の中心となる機能が集中しているため、便利で利用したいと考える人が多いから。
		・東京の中心部に住んでいる人が少なく、郊外や近県から通勤している人が多いと、どんな問題があるかを考える。	・通勤ラッシュ、交通渋滞、帰宅困難者の問題、長い通勤時間の問題、災害や戦争などで、都心部が攻撃されると日本の多くの機能が失われる。
		課題把握　帰宅困難者問題を解決するにいはどうしたらいいだろうか	
		・帰宅困難者が多く発生する問題を解決するには、	・帰宅困難者が多い問題を、どう解決したらよいかを考える。

		どうしたらよいかを考える。 ・個人で考えた解決策を班にもち寄り、班で話し合いを深める。 ・班で話し合った帰宅困難者問題の解決策を班ごとに発表し、それを学級全体で議論し、よりよい解決策を見いだす。	・帰宅困難者が多く発生する背景に、都心部に多くの機能が集中（一極集中）していることを踏まえ、帰宅困難者の問題をどう解決したらよいかを考えることができる。 ・生徒一人一人が考えた帰宅困難者問題の解決策を班ごとに話し合い、考えをまとめることができる。 ・班ごとに話し合った帰宅困難者の問題の解決策を班ごとに発表し、それを学級全体で議論し、よりよい解決策を導くことができる。 思考・判断
まとめ	3．本時のまとめ	・帰宅困難者の問題の解決策をまとめる。 ・本時の振り返りを行う。	・都心部に集中している企業を地方に分散させるために、補助金を出す。都心部にある企業からは、高い税金を取って、地方への移転を促す。都心の地価を下げ、都心部にもマンションなどの住宅の供給を促す。東京に多くの機能が集中しすぎているため、過疎化している地方に都心の機能を分散し、その地域も発展できるようにする。首都機能を移転する。首都を移転する。今のままでは、災害が起きたときに困るので、首都を別の地域にもつくる。 ・本時の振り返りを行うことができる。

都心部の昼間人口と夜間人口とを比較させ、都心部に昼間は多くの人が通勤などで来ているものの、実際に住んでいる人はきわめて少ないことを捉えさせる。さらに、都心に通勤している人の平均所要時間を読み取らせ、１時間から１時間半までの人が多いことに気付かせる。次に、なぜこのように１時間半近くも時間をかけて都心に通勤しているのかを、都心からの距離に応じた地価を示した地図から考えさせる。地価の高い都心部に住んでいる人は少なく、地価の安い都心から離れた郊外や近県から通勤している人が多いことを気付かせる。

ひとたび鉄道が止まってしまうと、大量の帰宅困難者が発生してしまう。そこで、この問題を解決するにはどうしたらよいかを話し合わせる。まず生徒一人一人がこの問題の解決策を考え、それを班で議論し、班ごとに解決策を発表させる。次に班ごとに出された解決策を学級全体で議論し、よりよい解決策を見いださせるようにする。

生徒一人一人が解決策を考えたときは、「会社の中に帰宅困難者が宿泊できる施設を設ける」「食料などを会社に備蓄しておく」「通勤を公共交通に頼らないで、自転車で通勤する」といった、現状の都市構造のままで帰宅困難者を減らす方策を考えている生徒が多かった。

次に、各自が考えた解決策を班にもち寄り、それを議論しその結果を班ごとに発表させた。班ごとに話し合うと、「都心部に住めるように地価を下げる」「会社や大学などを都心でないところに移転する」「都心部にも高層マンションなどを建てて住めるようにする」といった、都心部に多くの機能が集中している問題や、都心にも住める環境をつくり職住近接を目指すといった考えも出された。

最後に、班ごとに出された解決策を中心にクラスで議論し、よりよい結論を見いだせるようにした。「都心部に集中している企業を地方に分散させるために、補助金を出す」「都心部にある企業からは高い税金を取り、地方への移転を促す」「都心の地価を下げ、都心部にもマンションなどの住宅の供給を促す」「東京に多くの機能が集中しすぎているため、過疎化している地方に都心の機能を分散し、その地域も発展できるようにする」「首都機能を移転する」「首都を移転する」「今のままでは、災害が起きたときに困るので、首都を別の地域にもつくる」というように、東京や東京大都市圏の持続可能性を考えるだけでなく、危機管理や過疎過密の問題など、日本全体という広い視野からもこの問題の解決策が出された。

4 課題解決的な学習

新学習指導要領では、「主体的な学習」に加えて、「対話的な学習」を位置付けている。そこで、「課題解決」の場面では、個人で考えたことを班やクラス全体で考える学習指導を位置付けることによって、多くの生徒が多様な考えを知るとともに、それぞれの考えを深めたことが捉えられた。

1 新学習指導要領における中学校における評価の考え方

義務教育の最終段階に位置する中学校では、ほとんどの生徒が高等学校へ進学する。評価・評定は、その際の重要な資料として使われるため、中学校では大きな意味をもつ。評価は、診断的評価、形成的評価、総括的評価の3つに大別される。中学校の社会科では、定期考査やノート点検、ワークの確認、レポートなどの結果で評価を行う総括的評価が多く見られる。しかし、これらの評価は、単元の終わりや学期末に行うことが多いため、その間、教師は生徒の学習状況をほとんど把握しないまま授業を行っていることが少なくない。

そもそも、評価は高校入試のために行うのではなく、生徒一人一人の学力を向上させたり、学習状況を改善させたりするために行われるべきものである。単元の終わりや学期末に行う総括的評価では、そのときどきの生徒の学習状況を把握することに適していないため、学習につまずいた生徒がいても、それを把握することは容易ではない。学習につまずいた生徒は、そのままにされると、社会科への興味や関心を失いかねず、一度、失ってしまうと、学力を向上させることは難しくなる。一方、学習への取組のよい生徒には、学習に取り組む姿勢を褒めたり、発展的な課題を与えたりするなどして、より一層学力の向上に資することができる。

すなわち、生徒の学力を向上させるためには、社会科への興味や関心を持続させることが必要であり、そのためには日々の生徒の学習状況を把握し、その都度適切なアドバイスを行うことが大切である。したがって、そこで行う評価は総括的評価ではなく、学習のプロセスを評価し、それを次の指導に生かしやすい形成的評価を行うことが大切なのである。

2 指導と評価の一体化を図る学習指導

これまで多く行われていた教師主導の講義型の学習指導では、生徒の学習状況を把握することは容易ではないため、形成的評価を行えない。では、どうすればよいか。それは、教師主導の一斉形態の学習指導を改め、生徒主体の学習指導を行い、授業と学習の一体化を図ることである。さらに、生徒一人一人の学習状況を把握し、つまずいている生徒に対しては、適切に指導・助言を行ったり、学力の高い生徒には発展的な課題を与えたりするといった、指導と評価の一体化を図り個に応じた指導を行うことが有効である。

指導と評価の一体化を図ることができれば、生徒のよい点を見付けてそれを褒めたり、つまずいている生徒に対しては、素早く指導・助言を行うことを通して、生徒の授業への取組を評価したりすることができるようになる。このような生徒一人一人に対するきめ細かな指導によって、生徒の興味や関心は持続され、学力の向上にも資することになる。また、生徒の学習状況を捉えることは、教師自身の指導方法を改善するきっかけにもなる。

3 新学習指導要領における観点別学習状況の評価

平成29年に改訂された新学習指導要領には、変化が激しく、予測困難な時代を生き抜く児童・生徒に育成を目指す資質・能力（「知識及び技能」「思考力、判断力、表現力等」「学びに向かう力、人間性等」の三つの柱）が示されている。こうしたことから、評価の観点についても3観点に再整理された。また、「学びに向かう力、人間性等」の「人間性」については、段階別の評価にはなじまないとされ、個人内評価として、生徒一人一人のよい点や可能性、進捗の度合いなどを評価することになっている。こうしたことから、観点別学習評価については、「学びに向かう力」に相当する「主体的に学習に取り組む態度」についてのみ評価を行うことになっている。

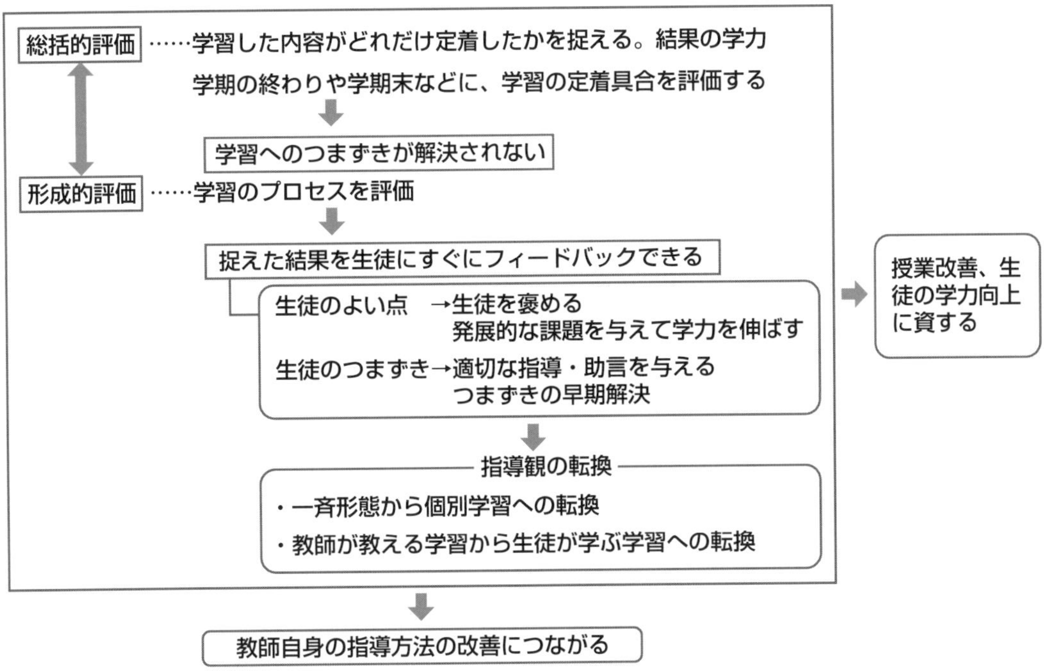

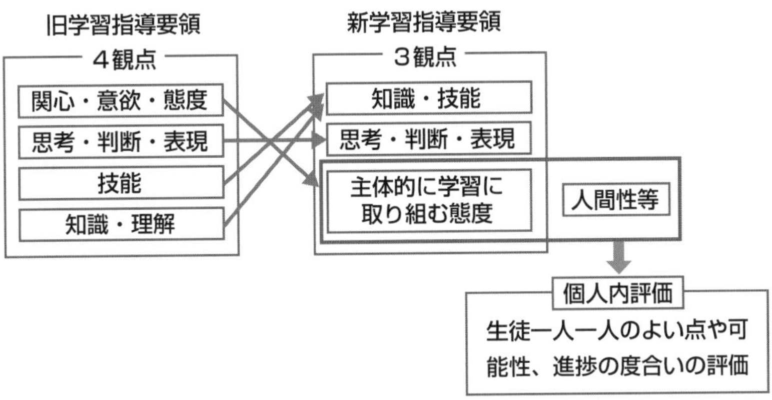

4　学力の三層構造を意識した評価

新学習指導要領は、育成を目指す資質・能力を、「何を理解しているか、何ができるか（生きて働く「知識及び技能」の習得）」「理解していること・できることをどう使うか（未知の状況にも対応できる「思考力、判断力、表現力等」の育成）」「どのように社会・世界と関わり、よりよい人生を送るか（学びを人生や社会に生かそうとする「学びに向かう力・人間性等」の涵養）」の３つの柱に整理している。一方、教科における学力の質的レベルについて、石井（2017）は、個別の知識・技能の習得状況を問う「知っている・できる」レベルの課題。概念の意味理解を問う「解る」レベルの課題。実生活・実社会の文脈における知識・技能の総合的な活用力を問う「使える」レベル。といった三層構造で示している。

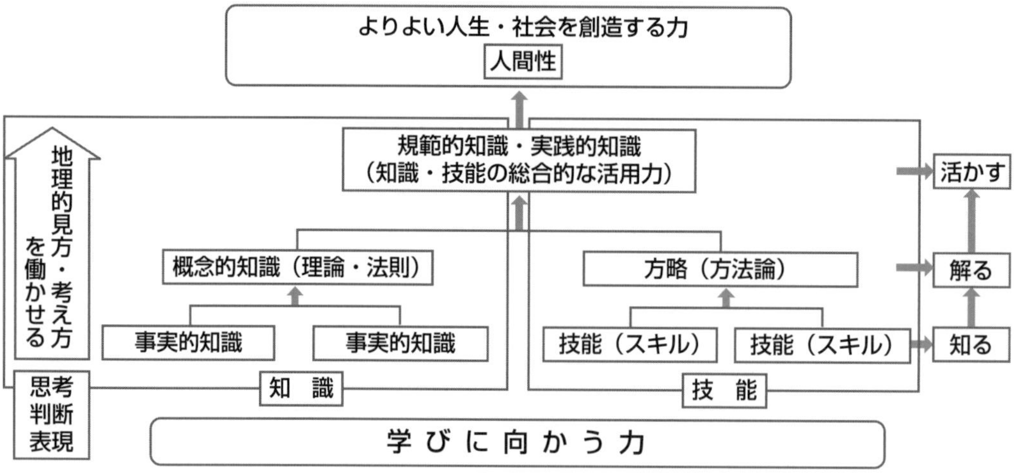

石井(2017)より筆者加筆

5 「知識・技能」と「思考・判断・表現」をどう評価するか

「知識・技能」の評価は、「各教科における学習の過程を通した知識及び技能の習得状況について評価を行うとともに、それらを既習の知識及び技能と関連付けたり活用したりする中で、他の学習や生活の場面でも活用できるように概念等を理解したり、技能を習得しているかについて評価するもの」とされている。概念的知識や価値的知識などは、「見方・考え方」を働かせるという思考プロセスを経ることによって獲得できる高度な知識である。また、このような思考を駆使するには、地図やICTを自由に活用できる技能が必要となる。

新学習指導要領で重視しているESDで求めている資質・能力には、「批判的思考力(代替案的思考力)」「システム思考(どうなっているのか、なぜそうなっているのか)」「未来思考力(将来は～なるであろう)」「参加協働型の意思決定(価値判断・意思決定:～すべきである)」などが挙げられる。概念的知識や価値的知識などを獲得するには、これらの思考を働かせることが必要であり、「知識・技能」と「思考・判断・表現」は密接に関連していると言える。そのため、細かく評価するのではなく、単元ごとに重点を決めて評価を行うことが大切である。

次に実際の学習例を挙げながら、評価について考えていく。

(1) 下の地図中のAのコンビナートの名前を書きなさい。
(2) 下の地図は、石油化学工場の分布を示しています。石油化学工場は、どのようなところに立地しているか。また、なぜそのような場所に立地しているのか、理由を説明しなさい。
(3) 2020年の国連の気候変動枠組み条約締約国会合(COP25)で、日本の環境大臣が「化石賞」という不名誉な賞を贈られ批判されました。なぜ日本が不名誉な賞を贈られたのか、下のグラフを見て根拠を示して理由を説明しなさい。またあなたが環境大臣だったとしたら、2030年に向けて日本の電力をどうすべきだと考えますか、実現可能な方法を根拠を示して述べなさい。

上の設問の(1)は、これまで多く見られた「知る」レベルの事実的知識を問う問題である。しかし、ここで求めていることは、転移性のない個別的・事実的知識で、地図帳を見取れる技能があれば、すぐに答えを導くことができる。新学習指導要領では、(1)のような事実的知識や技能を求めているのではない。

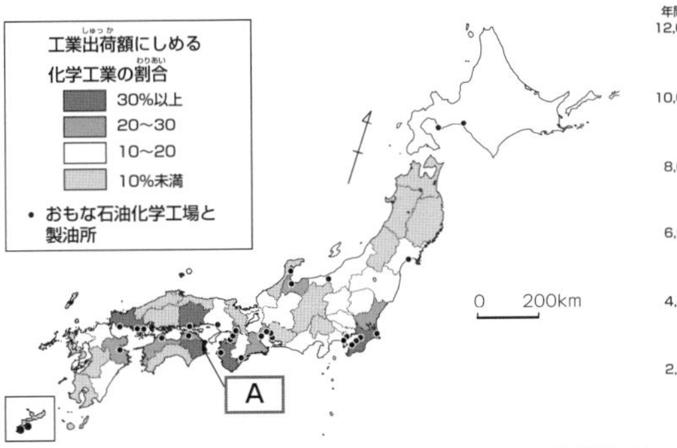

石油化学工場の分布（2002年）〈平成14年　工業統計表〉

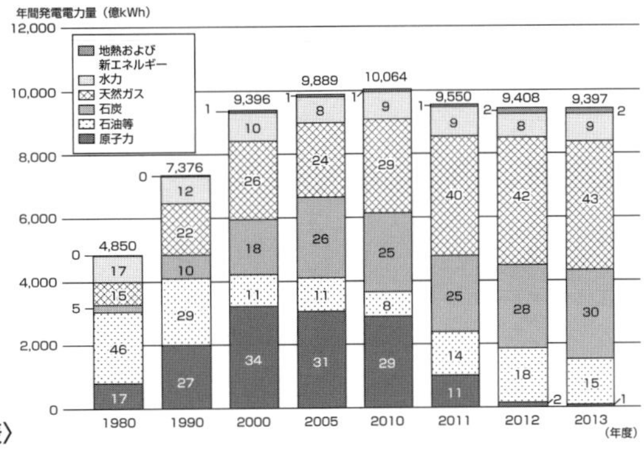

⑵の問いの一つめは「石油化学工場がどのような場所に立地しているか」という、地図を読み取る技能を問う問題である。地図を見ると石油化学工場が立地しているのは、すべて海沿いであることが分かる。問いの二つめは、「なぜ石油化学工場が海沿いに立地しているのか」という「解る」レベルの概念的知識を問う問題である。「原油を海外からの輸入に依存している我が国では、原油はタンカーで運ばれてくる。そのため、海沿いに石油化学工場が立地しているほうが、輸送するにも製品化するにも効率がいいからである」といった汎用性のある概念的知識を問う問題になっている。

さらに、⑶の設問は、「日本の電力が石炭火力や天然ガスといったCO2を多く排出する化石燃料に90%近く依存しており、地球温暖化に悪影響を及ぼしている国とされたから」で、グラフを読み取る技能や、それを踏まえて将来を予測し、価値判断したり意思決定したりするなど、「使える」レベルの規範的知識や技能、思考・判断・表現等を問う問題である。このような評価は、様々な資質や能力を総合して行うため、ペーパーテストにはなじまない。そのため、ルーブリックという評価基準を示し、レポートなどによるパフォーマンス評価を行うことが有効である。

6 主体的に学習に取り組む態度（学びに向かう力）をどう評価すべきか

文科省の通知によると、「観点別学習状況の評価になじまず個人内評価の対象となるものについては、児童生徒が学習したことの意義や価値を実感できるよう、日々の教育活動等の中で児童生徒に伝えることが重要であること。特に『学びに向かう力、人間性等』のうち『感性や思いやり』など児童生徒一人一人のよい点や可能性、進歩の状況などを積極的に評価し児童生徒に伝えることが重要であること」を示している。

こうしたことを踏まえ、ワークシートの取組や自己評価などを、ポートフォリオとして長期的なスパンで蓄積し、生徒の学習への取組がどう変化したかを見取ることによって、それぞれの生徒の「主体的に学習に取り組む態度（学びに向かう力）」を評価することが可能になる。

単元を構造化するポイント

1 なぜ、単元の構造化が必要なのか

これまで、地理の学習は地名物産地理などと揶揄され、個々バラバラの知識の暗記に終始する学習指導が多かった。このような断片的知識の詰め込みが多く行われてきた背景には、知識の構造化が明示できなかったからであるとし、岩田（2001）は「学習内容を構造化することが不可欠である」と指摘している。幸い、学び方を学ぶことを重視していた平成10年版学習指導要領から、内容知を重視する平成20年版や平成29年版学習指導要領に転換し、世界の諸地域も日本の諸地域も動態地誌的な学習が求められるようになっている。動態地誌的な学習は、多様な事象の中から特徴的な事象を取り上げて中心とし、他の事象と有機的に関連付けて地域を捉える方法である（鳥海、2006）。そのため、地域の特徴的な事象を中心に他の事象と有機的に関連させて捉える動態地誌的な学習は、地域を構造的に捉えるのに有効だと言える。

2 動態地誌的な学習と単元の構造化

平成29年版学習指導要領における「世界の諸地域」は、主題を設けて各州を取り上げ、課題を追究したり解決したりする活動（課題解決的な学習）を通して、地域的特色を明らかにするとともに、地域で見られる地球的課題の解決策を考える学習である。また、「日本の諸地域」では、①自然環境を中核とした考察の仕方、②人口や都市・村落を中核とした考察の仕方、③産業を中核とした考察の仕方、④交通や通信を中核とした考察の仕方、⑤その他の事象を中核とした考察の仕方、の５つの考察の仕方を基にして、地域の特色を端的に示す地理的な事象を選択し、それを中核として内容を構成する学習である。すなわち、平成29年版学習指導要領における「世界の諸地域」も「日本の諸地域」も、核となる地理的事象を中心に他の事象と有機的に関連付け、地域を地誌的に捉えることになっており、共に動態地誌的方法と言える（山口、2011）。

例えば、「世界の諸地域」において、南アメリカ州を取り上げる際に、「熱帯林の開発と保全」を主題として、「南アメリカ州」を構造化して捉える学習指導について取り上げたい。

3 単元の構造化をどのように行うか

「主体的・対話的で深い学び」を実現するには、単元や題材な内容や時間のまとまりをどうデザインするかを考えることが必要である。澤井（2017）は、これからの教師に求められている指導力とは、「子供の学びを軸に授業をデザインする力、それを効果的に運営する力」であると述べている。地理的分野において授業をデザインするとは、授業を構造化することにほかならない。

○構造を図化し、構造図として端的にその内容と関連を示す。
○生徒が思考力を身に付けるには、教師自身が学習展開の中で、「どこで」「何を」考えさせるかを明確化しておくことが必要である。
○社会科は究極的には社会に関する総合的認識能力を兼ね備える必要であり、そのためには学習の構造化が必要である。
○単元構造図を示すことが、指導と評価の一体化を図るのに有効である。

【単元の構造化例】

「(2)世界の諸地域　⑤南アメリカ州」において、「熱帯林の開発と保全」を主題として、以下のように単元を構造化した。

アマゾンの熱帯林の開発と保全

単元を貫く問い：アマゾンの熱帯林の開発と保全をどう考えたらよいだろうか

1. 南アメリカの自然環境と成り立ち

問：南アメリカ州はどこに位置し、どのような自然環境の中で人々は暮らしているのだろう

・南アメリカ州の位置
・地形と気候
・言語と民族構成
・プランテーション農業における奴隷と移民（日系人）　知技

2. ブラジルの農業と熱帯林

問：なぜ熱帯林は減少しているのだろうか①

・ブラジルコーヒー栽培（プランテーション）
・サトウキビの生産とバイオ燃料
・牧場経営と熱帯林
・大豆栽培と熱帯林
・鶏の飼育
→熱帯林の減少　知技

3. ブラジルの工業発展と熱帯林

問：なぜ熱帯林は減少しているのだろうか②

・木材の伐採
・カラジャス鉄山
・鉄道や道路の開発
・日系自動車工場の進出
・ブラジルの工業の発展
→熱帯林の減少　知技

4. 熱帯林の役割と減少の影響

問：熱帯林の減少によってどのような問題が生じるだろう

・地球の肺としての役割 → 地球温暖化の原因
・生物多様性の宝庫 → 生物多様性の消失
・先住民の生活 → 先住民の生活環境の悪化、先住民の死滅　知技

5. 熱帯林の減少問題をどう解決したらよいか

問：熱帯林の減少問題をどう解決したらよいか

・熱帯林伐採の制限
・植林を行う
・世界全体で考える（環境サミットを行う）
・学校の授業で熱帯林の大切さを考える授業を行う
・地産地消を考える（国産材の使用、国産鶏の消費）
→個人→班→学級での話し合い

・アグロフォレストリー
・フェアトレードを行う
→一斉

まとめ（個人）

パフォーマンス評価……………思・判・表

主体的・対話的で深い学びを実現する「振り返りの指導」の工夫

「主体的・対話的」な学びを通して、生徒自身が「深い学び」を実感するためには、授業の終末における「振り返り指導」は不可欠であり、毎時間の終末に振り返りを行うことは理想である。しかし、毎時間ごとに「振り返り」を行うことは、生徒にとっとも、それを評価する教師にとっても負担が大きい。そこで、授業前に作成した単元の構造図を使った「振り返り」を行うことを提案したい。

毎時間の終末に、分かったことを３点新聞の見出しのようなキーワードを記入する。そして、単元の最後に、「分かった（できた）こと」を３つ程度記入することとする。この方法ならば、授業を構造化して深く学べるとともに、生徒にとっても教師にとっても少ない負担で、「振り返り」を行うことができると考える。

単元を貫く問い：アマゾンの熱帯林の開発と保全をどう考えたらよいだろうか

1．南アメリカの自然環境と成り立ち
問：南アメリカ州はどこに位置しどのような自然環境の中に人々は暮らしているのだろう

（例）・西にアンデス山脈、赤道直下にアマゾンの熱帯林
・スペイン、ポルトガルの植民地化
・プランテーション農業における奴隷と移民労働

分かったことを3点キーワードを記入する。

2．ブラジルの農業と熱帯林
問：なぜ熱帯林は減少しているのだろうか

（例）・森林伐採と焼き畑
・大豆畑・サトウキビ畑の増加
・牧場開発と鶏の飼育

3．ブラジルの工業の発展と熱帯林
問：なぜ熱帯林は減少しているのだろうか

（例）・カラジャス鉄鉱の開発
・鉄道・道路開発
・工業の発展と工場の進出

4．熱帯林の役割と減少の影響
問：熱帯林の減少によってどのような問題が生じるだろう

（例）・生物多様性の喪失
・先住民の死滅
・地球温暖化の促進

5．熱帯林の減少問題の解決策
問：熱帯林の減少問題をどう解決したらよいか

（例）・世界中のあらゆる機関でESDの推進
・アグロフォレストリー
・国連環境サミット

（例）できるようになった（深く学べた）ことを3つ書きなさい
①熱帯林の開発が先住民や生物の死滅、温暖化を促進
②アグロフォレストリーで人々の生活と環境を維持
③地球規模で対策のための会議や教育の推進
④地産地消の促進（自給率を高める）

分かった（できた）ことを3つ程度記入する。

〈参考文献〉

○池下誠（2020）：ESD の視点を入れた社会科の授業開発に関する研究―「社会的な見方・考え方」の考察を通して―、広島大学大学院人間社会科学研究科紀要、教育学研究、第 1 号、pp.391–400
○井田仁康（2000）：意思決定を担う地理教育の学習構造．新地理、47– 3・4 、pp.45–53
○石井英真（2017）：市川伸一編、『速解 新指導要録と資質・能力を育む評価』、ぎょうせい、pp.38–41
○大杉昭英（2017）：『平成28年版 中央教育審議会答申全文と読み解きと解説』、明治図書、p.455
○加賀美雅弘ほか（2020）：『社会科 中学生の地理 世界の姿と日本の国土』、帝国書院、p.300
○国立教育政策研究所 教育課程研究センター（2020）：『「指導と評価の一体化」のための学習評価に関する参考資料【中学校 社会】』、東洋館出版社、p.120
○関裕幸（2021）：澤井陽介・唐木清志編著、『小中社会科の授業づくり』、東洋館出版、pp.149–151
○鳥海公（2006）：日本地理教育学会編、『地理教育用語辞典』、帝国書院、p.120
○中山修一訳（1993）：地理教育国際憲章1992年 8 月制定 国際地理学連合・地理教育委員会編、地理科学、48– 2 、pp.104–119
○文部科学省（1978）：『中学校指導書　社会編』．大阪書籍、p.201
○文部科学省（2018）：『中学校学習指導要領（平成29年告示）解説』、東洋館出版社、p.237
○山口幸男（2011）：『動態地誌的方法によるニュー中学校地理授業の展開』、明治図書、p.126

A

世界と日本の地域構成

A 世界と日本の地域構成

7 時間

単元の目標

世界の地域構成の特色を、大陸と海洋の分布や主な国々の名称や位置などに着目して理解するとともに、緯度や経度などを使って説明できるようにする。

日本の地域構成の特色を、周辺の海洋の広がりや国土を構成する島々の位置などに着目して説明できるようにする。

単元を貫く問い

世界や日本を地図で表現するためには何が必要だろう。

1・2時	3・4時
大観する	多角的・多面的に
〔第1時〕 地球儀や各種の世界全図、大陸別の地勢図などを活用して、地球規模の位置関係を捉える手掛かりとなる六大陸と三大洋の大まかな形状と位置関係を理解できるようにする。 〔第2時〕 世界の地域構成を大観する上で必要な、地球上の位置関係を捉え、表現するための手掛かりとなる主な国々の名称や位置を理解できるようにする。また地理学習の基礎・基本として主な国々の名称や位置を繰り返し学習し定着させたり、地図帳や統計資料を活用したりすることができるようにするために、面積の広い国、人口の多い国、日本と関わりの深い国、ニュースで頻繁に扱われる国などを取り上げて学習を行う。	〔第3時〕 地球上の位置を緯度・経度を用いて表すことができるようにする。また、赤道、本初子午線、北半球・南半球などの意味を理解して、地球上の位置を表す際に用いることができるようにする。 〔第4時〕 大陸と海洋の分布や主な国の位置を、緯度や経度などに着目して、地球儀と世界地図を、その違いを考察したり、世界の主な国が日本とどのような位置関係にあるかを考察したりするなどの学習を通して、地球儀で地球上の位置関係や陸地面積、形状などを正しく捉える学習を行う。

単元を構造化する工夫

単元を構造化するために、「世界地図・日本地図を描けるようにする」という単元の学習課題を設定し、単元の最初と最後に「世界地図・日本地図を描く」学習課題に取り組む場面を設けた。単元の学習課題を設定することによって「見通し」と「振り返り」ができるようになり、生徒が単元全体のまとまりを感じながら学習をすすめられるように工夫をした。

また、この単元は中学校に入学して最初に学ぶ学習であるため、地図を描くことができた自分の成長を実感し、学ぶ意欲をもつことができるように構成した。その中で、「世界はどのようになっているのだろう」「日本にはどんな課題があるのだろう」と生徒が感じたことを、今後の地理学習の学びにつなげられるようにしていく。

単元の評価

知識・技能	思考・判断・表現	主体的に学習に取り組む態度
○緯度と経度、大陸と海洋の分布、主な国々の名称と位置などを基に、世界の地域構成を大観し理解している。 ○我が国の国土の位置、世界各地との時差、領域の範囲や変化とその特色などを基に、日本の地域構成を大観し理解している。	○世界の地域構成の特色を、大陸と海洋の分布や主な国の位置、緯度や経度などに着目して多面的・多角的に考察し、表現している。 ○日本の地域構成の特色を、周辺の海洋の広がりや国土を構成する島々の位置などに着目して多面的・多角的に考察し、表現している。	○世界と日本の地域構成について、主体的に学習課題に取り組み、その解決に努めている。

5・6時	7時
学ぶ	まとめる
〔第5時〕 我が国の国土の位置については、緯度と経度を使って同緯度、同経度の国々に着目するなどして国土の絶対位置を捉えたり、様々な国や地域との関係で位置（相対位置）を説明したりできるようにする。 〔第6時〕 日本と世界各地の時差から、地球上における我が国と世界各地の位置関係を理解できるようにする。等時帯や日付変更線を示す地図と地球儀を見比べて時差の意味を理解したり、時差を調べたりできるようにする。また時差のある海外の様子を衛星中継する映像を活用するなど、生活場面と結び付けて時差の概念を理解できるようにする。	〔第7時〕 「領域」については、領土だけでなく、領海、領空から成り立っており、それらが一体的な関係にあることを捉える。我が国の国土は、多数の島々からなり、広大な広がりを有する海洋国家としての特色をもっていることを捉えさせる。また日本の略地図に国土の東西南北端などの島々を描き加えたり、他の国々と領海や排他的経済水域を含めた面積などを通して比較したりする。 また日本を取り巻く領土をめぐる問題について理解を深める。

課題解決的な学習展開にする工夫

まず、生徒自身が自発的に学習課題を捉える必要がある。そのために、第1時の導入で「世界地図を描く」活動を位置付け、生徒一人一人様々な世界地図が描かれることに気付かせる。

そこで、「世界地図を描くために必要なことは何だろうか？」とこれまで曖昧だった世界地図や世界の国々についての疑問を抱かせる。この導入により、「世界地図・日本地図を描けるようになる」という単元を貫く問いを自発的に捉えられるようになる。

第2時以降には、世界や日本の地域構成についての理解を深めることに重点を置いた。単元の最後に自分自身で世界地図や日本地図を描けるようにしてそれらの地図を通して世界や日本を多面的・多角的に考察し、理解するためのきっかけづくりとしたい。

大観する

1/7

世界の姿①　私たちの住む地球を眺めて

本時の目標

世界の六大陸と三大洋、六つの州を地図帳から探すことができるようにする。

世界の六大陸と三大洋、六つの州を白地図に書き、位置と名称を理解できるようにする。

本時の評価

世界の六大陸と三大洋の位置と名称を地図帳から探すことができている。

世界の六大陸と三大洋、六つの州を白地図に描くとともに、位置や名称を理解している。

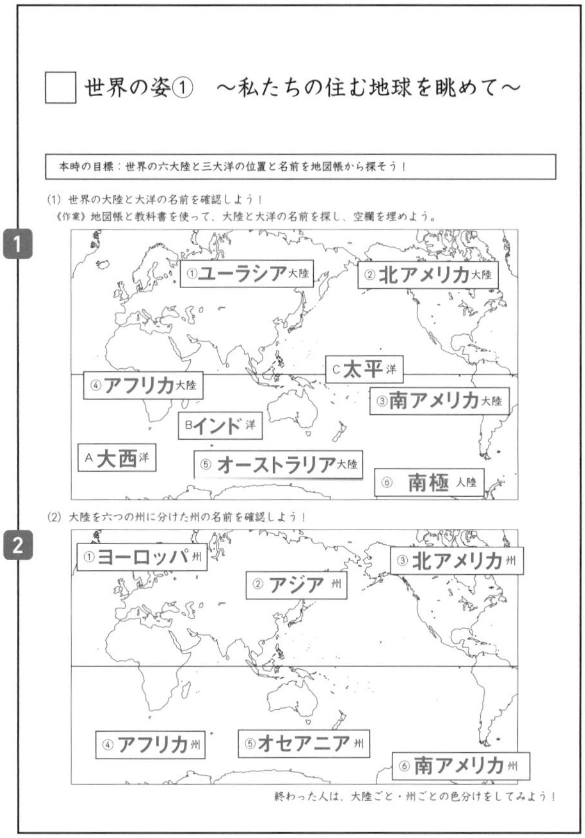

本時の授業展開

1　導入

小学校の授業や日々のニュースを見て、世界について関心の高い生徒もいれば、ほとんど知らない生徒もいるなど、様々である。そこで、地図を見ない状況で、「今から３分間でこの紙に世界地図を描きなさい」と白紙の紙を配布する。この段階では、大まかに大陸の位置を描くことのできる生徒がいなくてもよいとする。

３分後に世界地図を提示し、改めて赤鉛筆で、各自が描いた世界地図の上に正確に描かせる。その難しさを実感した生徒たちに、世界地図を描くためには何が必要かの意見を出させる。主な大陸や海洋がどこにあるのかを、頭の中に位置付けておくことの大切さを気付かせたい。単元の終わりに、もう一度世界地図を描くことを伝え、授業の見通しをもたせる。

2　展開

本時の目標を確認し、生徒に「地球の形」「陸と海、広いのはどちらか」「大陸の数はいくつあるか」について予想させる。

続いて、４人班に１つの地球儀を配り、前述した３つの課題について検証した結果を発表させる。検証中には３つの課題に加えて、真ん中（赤道）より上（北）と下（南）とでは、どちらのほうが海の面積が広いかということや、北極と南極の違いについても考えさせたい。

ここで、教科書や地図帳を活用してワークシートに取り組ませる。六大陸・三大洋、州の正しい位置と名称を確認させたい。支援の必要な生徒には、そのつど声かけをして、全員が

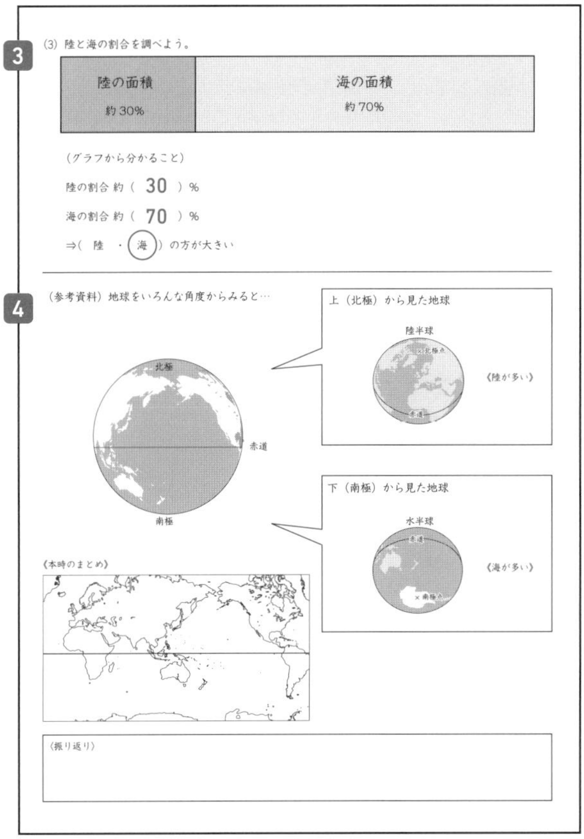

ワークシートを活用しながら理解できるようにしてきたい。

地球儀を使って検証した陸と海の割合についても、グラフを見て数値を知ることや、北半球と南半球とで地球の姿が大きく変わることも確認させる。

3　まとめ

本時の目標を振り返り、世界の六大陸・三大洋と六つの州を白地図に書いてまとめさせる。

地球の陸と海の面積を比較すると、海のほうが面積が広いことを確認させる。

また、本単元の学習課題である「地図を描く」ことを再確認させ、これからはそのために必要な学習をしていくことを伝え、次回以降の学習につなげていく。

ICT 活用のアイディア

1 の地図を提示し、教科書や地図帳を参考に、六大陸・三大洋の名前を捉えさせる。このとき、北極と南極の違いについて説明する。

2 の地図を提示し、州の名前を捉えさせる。色がついたものを提示することでユーラシア大陸がヨーロッパとアジアに分かれることを理解させる。

3 のグラフを示し、海の面積の大きさを数値で感じさせる。

4 の地球を示し、回すことで北半球と南半球とで地球の姿が変わることを捉えさせる。

対話のアイディア

1 「北極と南極の違いは何だろうか」という設問について近くの人と相談して答えさせる。

2 「“Eurasia（ユーラシア）” 大陸は2つの州からできているが、どの州とどの州か」については近くの人と話し合わせる。

ワークシートの評価ポイント

- 地図帳を見て、六大陸（ユーラシア大陸、アフリカ大陸、北アメリカ大陸、南アメリカ大陸、オーストラリア大陸、南極大陸）と三大洋（太平洋、大西洋、インド洋）と六つの州（ヨーロッパ州、アジア州、北アメリカ州、アフリカ州、オセアニア州、南アメリカ州）を白地図に書いてまとめることができている。
- 地球の陸と海とでは、海の面積のほうが大きいことを理解できている。

大観する

2/7

世界の姿②
いろいろな国の国名と位置

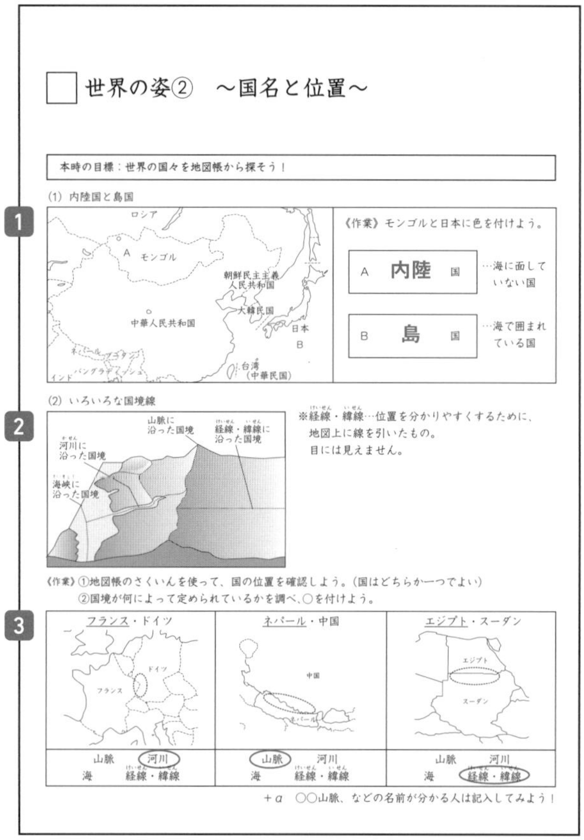

本時の目標

世界の国々を地図帳から探すことができるようにする。

地図帳の統計資料からそれぞれの国の特色を読み取ることができるようにする。

本時の評価

世界の国々を様々な方法で地図帳から探している。

地図帳の統計資料から、人口の多い国や面積の大きい国を捉えている。

本時の授業展開

1　導入

世界のいろいろな国の学習をはじめるに当たり、世界各国への関心を高めたい。プレゼンテーションソフトを用いて、様々な国の写真を掲示していく。

写真は「景観」「食べ物」「民族衣装」「世界遺産」「スポーツ」など、多様なものを用意し、生徒の興味・関心を高めていきたい。

2　展開

教科書や地図帳を活用してワークシートに取り組ませる。

モンゴルと日本に着色させ、内陸国と島国を理解させる。地図帳を開かせ、内陸国や島国には、ほかにどのような国があるかを確認させておく。

続いて、国と国との境（国境）はどのようになっているのかを問い、様々な国境線があることを気付かせる。

地図帳を見て、２つの国の国境線が何によって定められているかを調べさせる。このとき、地図帳の赤い線が国境線を示すことを理解させるとともに、山脈や川などの地形が国境線になっていることが多いことに気付かせる。

それぞれの国境線を調べた後、Google earthを使って、実際の衛星写真でどのようなものが国境になっているのかを確認させる。特に、エジプトとスーダンの間にある国境をズームしても、砂漠しか広がっておらず、まっすぐな国境線がなぜそこに引かれたのかを考える。国境を

(3) 地図帳の統計資料を使ってみよう！
《作業》地図帳の「①世界の国別統計」を見て、ランキング表を完成させよう。

4

統計資料から探す

人口の多い国ランキング（2018年）	
国名	人口（万人）
1	万人
2	万人
3	万人
4	万人
5	万人

面積の大きい国ランキング（2018年）	
国名	面積（万km²）
1	万km²
2	万km²
3	万km²
4	万km²
5	万km²

《本時のまとめ》
《作業》今日の授業で探した国に色をぬり、国名を書こう！　10か国以上の国が書ければOK！

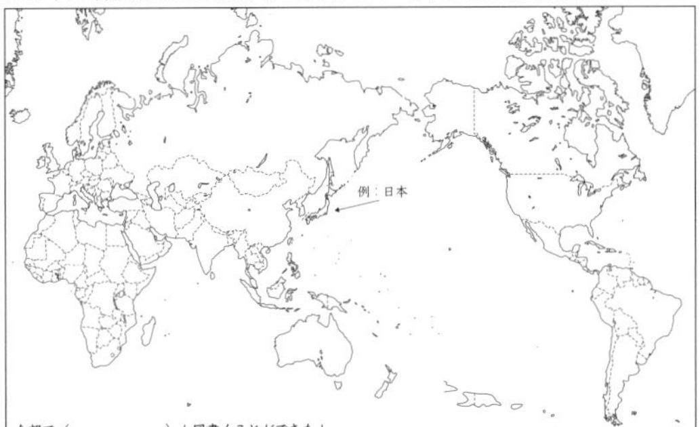

全部で（　　　　　）か国書くことができた！

〈振り返り〉

明確にする地形がないために、緯線や経線などに沿って国境を定めたことを理解させ、世界の諸地域学習につなげていきたい。

次に、統計資料を使ってランキング表を作成する。人口の多い国ランキング、面積の大きい国ランキングを完成させ、統計資料の見方などのスキルも身に付けさせたい。

3　まとめ

本時の目標を振り返り、授業で学習した国を白地図に記入させる。進度の早い生徒には、課題で示した数以上の国を書いてもよいことを指示する。また、進度の遅い生徒や支援の必要な生徒には、少なくとも10か国以上は記入するよう働きかける。

ICT 活用のアイディア

1の地図を提示し、内陸国と島国について捉えさせる。さらに、ほかにも内陸国はどのような国があるかを考えさせる。

2の資料を提示し、いろいろな国境線があることを説明する。

3Google earth を使って生徒の調べた結果を確かめる。3Dにするとより立体感が出て分かりやすくなる。

対話のアイディア

2「生徒が住む街と隣の街とが何によって分けられているか」を近くの人と話し合わせる。
（例：川によって分かれているなど）

3の3種類の地図を見て、国境が何によって定められているかを、近くの生徒と協力して調べるよう促す。

4の地図帳の統計資料を見て答える設問は、近くの人と協力して調べるよう促す。

ワークシートの評価ポイント

- 世界の国々の位置や名称を地図帳を見て探すことができている。
- 内陸国や島国にはどんな国があるかを地図から探すことができている。
- どのように国境が定められているかを地図から調べることができている。
- 地図帳の統計資料を見て人口が多い国や面積の大きい国を探すことができている。

多面的・
多角的に学ぶ

3/7

世界の姿③
緯度と経度

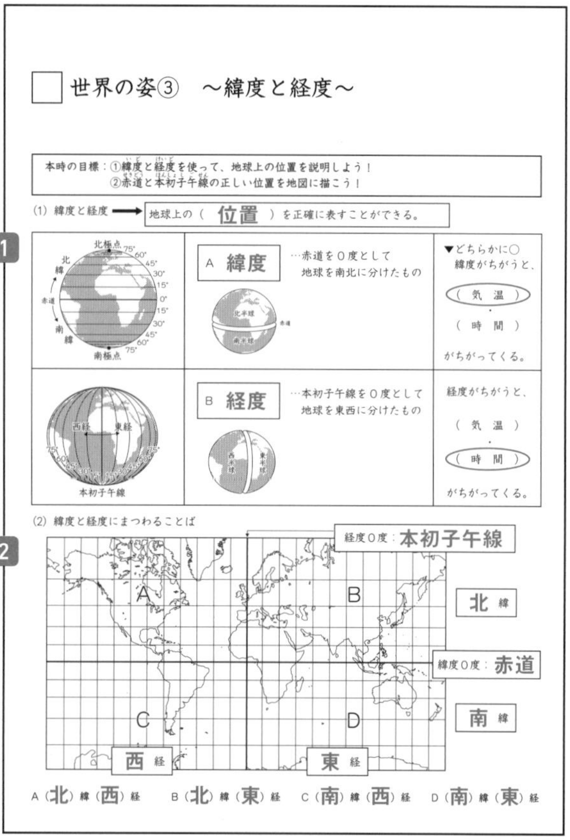

本時の目標

赤道と本初子午線の正しい位置を地図に描けるようにする。

緯度と経度を使って、地球上の位置を説明できるようにする。

本時の評価

赤道と本初了午線の正しい位置を地図に描いている。

緯度と経度を使って、地球上の位置を説明している。

本時の授業展開

1　導入

緯度と経度を理解する学習を始めるに当たり、生徒の関心を高めるために、プレゼンテーションソフトを用いて様々な場所の写真を掲示していく。

写真は「海外サッカーの試合の写真」「ニューイヤーを迎える瞬間の写真」「暑い地域の写真」「寒い地域の写真」など多様なものを用意し、生徒の関心を高めたい。

生徒の中に、世界のスポーツ大会を夜中や明け方に見たことのある生徒がいたら、それが何時くらいだったかを確認するなどして、世界には時差があることを理解させたい。

2　展開

教科書や地図帳を活用してワークシートに取り組ませる。

まず、緯度と経度に関する語句を確認する。地球儀を用いて、緯度と経度が変わると時間や気候が変化することに気付かせる。

緯度や経度が変わると時間や気候なども変化することについてはNHK for Schoolなどの動画を視聴して、視覚的に捉えさせたい。

また、本初子午線が通るイギリスのグリニッジ天文台や赤道が通るエクアドルの写真も掲示し、本初子午線や赤道についても理解させたい。

続いて、地図を使ってニューオーリンズの位置を説明する。緯線・経線が引いてある地図と、引いてない地図のどちらかを選ばせ、ニューオーリンズの位置を説明させる。

緯線や経線の引いていない地図だと、曖昧な

3

(3) 下の地図はアメリカ合衆国の地図です。次の課題に取り組もう。

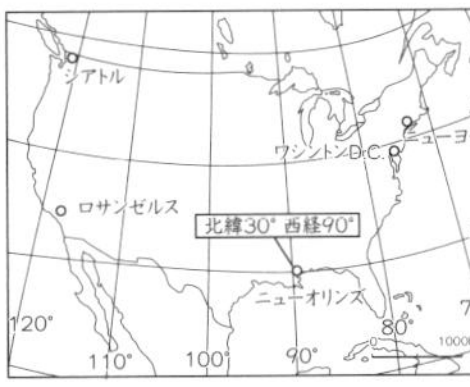

指定された地図を使って、ニューオーリンズの位置を説明してみよう！
ニューオーリンズは、

(左) ニューオーリンズはアメリカ合衆国の南に位置している。
(右) ニューオーリンズは北緯30度、西経90度に位置している。

の位置にあります。

《本時のまとめ》
《作業》下の地図に、【赤道】と【本初子午線】を正確に描こう！地図帳をよく見よう！

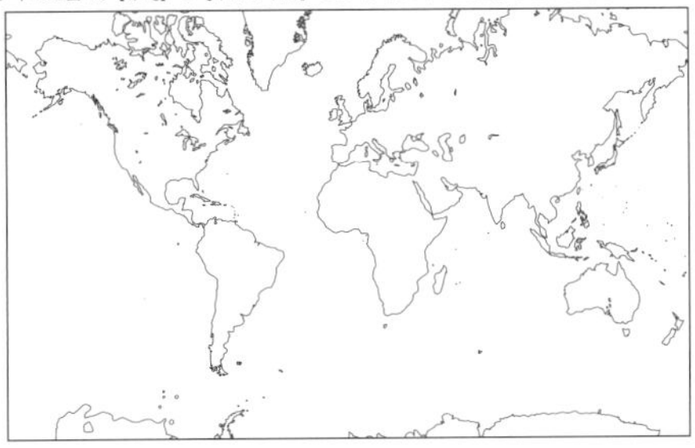

〈振り返り〉

位置しか説明することができないこと、緯線や経線があると、正しい位置を正確に示すことができることを実感させたい。

3 まとめ

本時の目標を振り返り、ヨーロッパ中心の世界地図の中に赤道と本初子午線を記入させる。また、このとき、ヨーロッパ中心の世界地図を提示することによって、いつも見ている日本中心の地図とイメージが大きく異なることにも触れておきたい。

ヨーロッパ中心の世界地図を使って、緯度と経度を示すことによって、世界の中の位置を示すことができることを確認する。

ICT 活用のアイディア

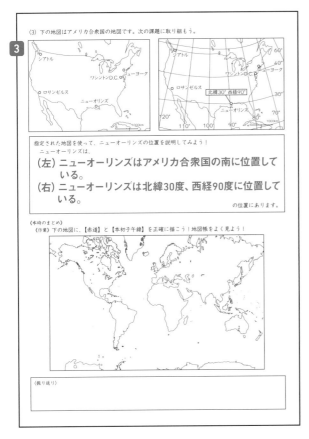

1 の緯度と経度については NHK for school の動画を確認し説明する。
2 の地図を提示し、緯度と経度を使って４つのエリアが作られることを捉えさせる。
3 の地図を提示し、ニューオーリンズの位置を説明するには緯線・経線があると分かりやすいことに気付かせる。

対話のアイディア

3 隣の生徒とのペアワークでアメリカ合衆国の地図を使って、ニューオリンズの位置を互いに説明させる。左側の地図では色々な方法で説明させたい。

ワークシートの評価ポイント

・本初子午線と赤道を世界地図の中に記入することができている。
・緯度と経度を使って、世界の中の位置を示すことができている。

多面的・
多角的に学ぶ

4/7

世界の姿④ 地球儀と世界地図の違い

本時の目標

地球儀と世界地図の長所と短所を理解できるようにする。

本時の評価

地球儀は、距離や面積、形、方位などを正しく表しているが、持ち運びが不便なことを理解している。

世界地図は、距離や面積、形、方位などを一度にすべてを正しく表すことができないが、世界全体を一度に見渡すことができることや持ち運びに便利なことを理解している。

□ 世界の姿④　～地球儀と世界地図の違い～

本時の目標：地球儀と世界地図の違いを探そう！

(1) 地球儀と世界地図の違い
①検証の記録をしよう。

1

	考えたい問題	地球儀と世界地図で違うこと
	①【地球儀】の東京を自分の目の前に置いた場合、見えない州がある。	①地球儀は一度に全体をみることが（　できる　・　できない　）
面積	②【地球儀】と【世界地図】グリーンランドと南アメリカ大陸を比べて、大きい方はどちら？	②面積を正しくあらわしているのは（　地球儀　・　世界地図　）
方位	③【地球儀】と【世界地図】の真東はどこ？	③方位を正しくあらわしているのは（　地球儀　・　世界地図　）
まとめ	④国の面積や方位が正しく表されているのは、【地球儀】と【世界地図】のどちらだろう。	④（　地球儀　・　世界地図　）

②地球儀と世界地図のそれぞれの長所と短所を一つずつ、考えてみよう！

【地球儀】		【世界地図】	
長所 方位や距離が正確に示されている。	短所 持ち運びにくい。	長所 持ち運びやすい。一度に全体を見ることができる。	短所 すべてを正確に示すことができない。
（友だちの考え） ・	（友だちの考え） ・	（友だちの考え） ・	（友だちの考え） ・

《本時のまとめ》

地球は球体のため、すべてを正確に世界地図に示すことはできない。地球儀は地球を小さくした模型で、距離・面積・形・方位などが正しく表されている。など

本時の授業展開

1　導入

「地球儀と世界地図にはどのような違いがあるか」と問いかけ、生徒に考えさせる。

生徒は、「紙」や「立体的」などと答えることが予想されるが、他にもどのような違いがあるかを探してみようと本時の目標を確認する。

2　展開

４人班に１つの地球儀を配り、与えられた課題について検証させる。課題は、「地球儀の東京を自分の目の前に置いた場合、見えない州がある」「地球儀と世界地図のグリーンランドと南アメリカ大陸を比べて、大きいほうはどちらか」「地球儀と世界地図の真東はどこか」「国の面積や方位が正しくあらわされているのは地球儀と地図のどちらか」の４つである。

課題検証用に、トレーシングペーパーや紙テープを用意し、どのように使ってもよいこととする。また、４つ目の「正しいのはどちらか」という課題には、理由も発表させたい。

続いて、班での検証結果をクラスで発表させる。その際、それぞれの班とではどのようなものを使って検証したかも発表させていく。

その検証結果をワークシートに記入させておく。地球儀と世界地図にはそれぞれ長所や短所を考えさせる。地球儀は距離や面積、形、方位などを正しく表すことができるが、世界全体を一度に捉えることや持ち運びが不便なことを気付かせる。一方、世界地図は距離や面積・形や方位を一度に正しく表すことができないが、世

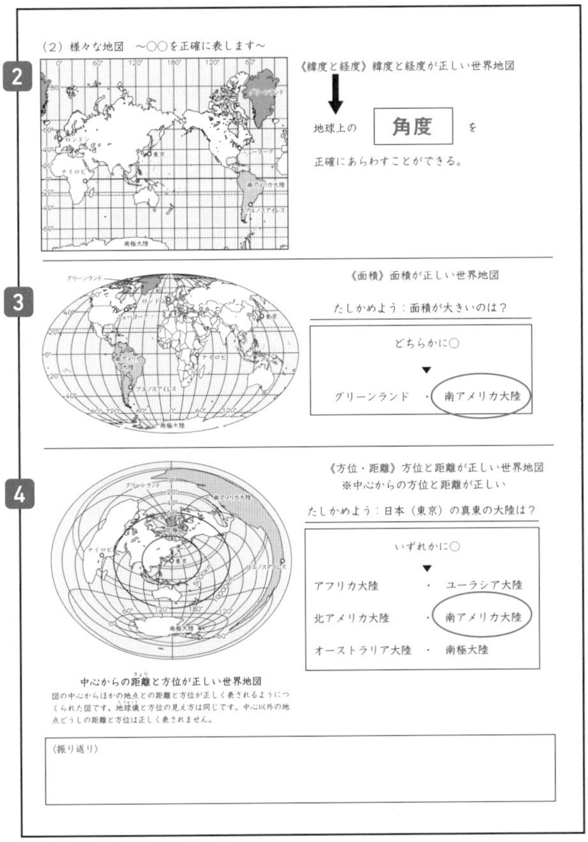

ICT 活用のアイディア

1 球体の地球儀の表面を切り開いて平面にした地図を提示する。
すきまに加筆するために両極近くの面積が大きくなることを捉えさせる。

2 3 4 の地図を提示し、様々な種類の地図があることに気付かせる。どれも全て、日本の位置に丸を付けさせることで地球の全体像を捉えさせる。

対話のアイディア

1 4人一組の班で地球儀と世界地図とを比較し、それぞれの長所と短所を考えさせる。

2 3 4 の地図は「どんなよいところがあるか」を考えさせる。地図帳には同じ方法で描かれたページがあるか、探させる。

界全体を一度に見渡すことができることや持ち運びが便利なことを理解させる。

また、用途に応じた様々な世界地図があることを紹介する。3種類の地図を用意し、それぞれの世界地図の用途を調べさせる。

3　まとめ

本時の目標を振り返り、地球儀と世界地図の長所と短所を文章にまとめ、表現させる。また、用途に応じた世界地図があることを理解させる。ここまでで、世界の姿の学習が終わることを説明し、これまで学んできた学習を踏まえて、もう一度世界地図を描かせる。単元全体の振り返りを行うことで、生徒自身の成長を実感させたい。

ワークシートの評価ポイント

- 地球儀は距離や面積、形、方位などを正しく表しているが、世界全体を一度に捉えることができないことを理解している。
- 世界地図は、距離や面積、形、方位を一度に正しく表すことができないが、世界全体を一度に捉えることができることを理解している。

多面的・多角的に学ぶ　5/7

日本の姿① 世界の中での日本の位置

本時の目標

緯度・経度を用いた方法や、他の国や地域との関係で、日本の位置を説明できるようにする。

本時の評価

日本の位置を緯度・経度を用いた絶対位置や他の国や地域との相対的関係で示す相対位置を説明している。

□ 日本の姿①　～世界の中での日本の位置～

本時の目標："日本は、どこにある？"　日本の位置を説明しよう！

NO3《復習》緯度と経度　➡　地球上の位置を正確に表すことができる。

1

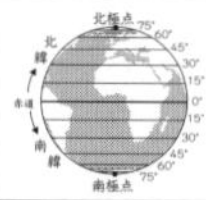	A 緯度 …赤道を０度として地球を南北に分けたもの	どちらかに○ ▼ 緯度が違うと、（気温）・（時間）がちがってくる。
	B 経度 …本初子午線を０度として地球を東西に分けたもの	経度が違うと、（気温）・（時間）がちがってくる。

(1) 日本の位置を緯度と経度を使って説明しよう！

《作業》教科書を見て、日本の位置を緯度と経度を使って説明しよう！

2　北 緯 約20 度～ 45 度　　東 経 約123 度～ 154 度

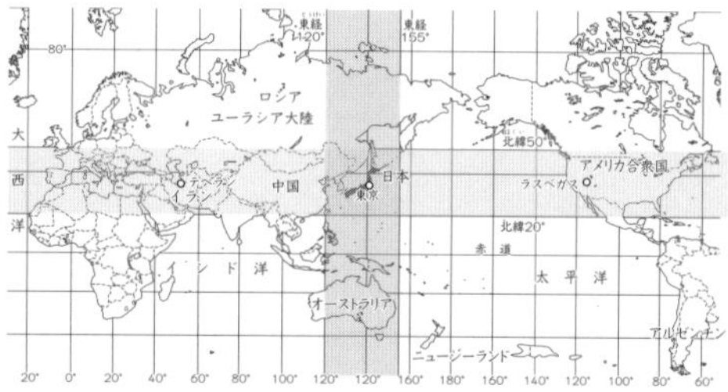

＋α　できる人は地図帳を見て、正確な緯度と経度を調べよう。

本時の授業展開

1　導入

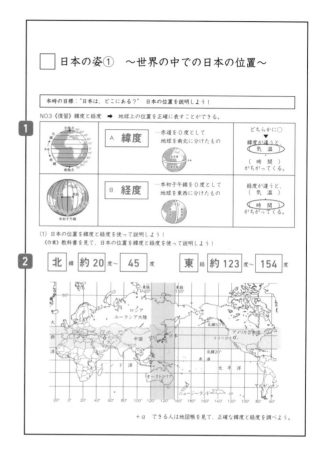

白紙を配布し、「今から３分間でこの紙に日本地図を描きなさい」と指示する。３分後に終了し、「この地図を使って、日本はどこにあるかを隣の人に説明しなさい」と指示する。

2　展開

プリントを配布し、緯度と経度に関する言葉を復習する。次に、教科書や地図帳を使って、日本の範囲を緯度と経度を用いて説明する。地図帳や地球儀を使って、同緯度・同経度の国を探す。２人１組に地球儀を配り、同緯度・同経度の国をなるべく多く探させる。

・日本と同緯度にある国には、アメリカ、中国、韓国、トルコ、スペイン、イタリア、イラン、アフガニスタンなどがあることを気付かせる。

・日本と同経度にある国には、ロシア、オーストラリア、パプアニューギニア、パラオ、インドネシア、北朝鮮、韓国などがあることを気付かせる。

ユーラシア大陸、オーストラリア、太平洋との関係で日本の位置を説明する。緯度・経度・方位・大陸・海洋などの名称を用いて様々な表現方法で説明させたい。

地図を通した見方や考え方を変えるために、ロシアのウラジオストクから見て、日本がどのように見えるかを考えさせる課題を設けた。

もともと「ウラジオストク」は「ウラジ」はロシア語で「征服する」という動詞で、「ヴォストーク」は「東」という名詞で、「東を征服

地球儀を使って、日本と同じ緯度の国を５か国見付けよう！

例）	アメリカ	中国	韓国	トルコ	スペイン など

まだまだ書ける場合はこちらへ　**地球儀から探す**

地球儀を使って、日本と同じ経度の国を５か国見付けよう！

例）	ロシア	オーストラリア	パプアニューギニア	パラオ	インドネシア など

まだまだ書ける場合はこちらへ　**地球儀から探す**

（2）他の国や地域から見た日本の位置を説明しよう！

①ユーラシア大陸から見た日本の位置

例）**ユーラシア大陸の東**　の位置にあります。

②オーストラリアから見た日本の位置

例）**オーストラリアの北**　の位置にあります。

③太平洋から見た日本の位置

例）**太平洋の北面**　の位置にあります。

(3)《発展》地図中の印のウラジオストクはロシア極東最大の軍港である。ウラジオストクから見て日本はどのように見えるか

3

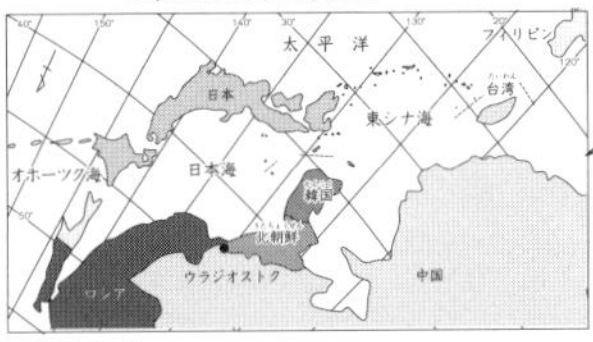

（　　　）からみた日本は、

(例)
- 日本はロシアのウラジオストクから太平洋に出るのを阻んでいる。
- ウラジオストクから見ると、日本海側の地域がとても近い
- 日本海が湖のように見える　など

《本時のまとめ》

日本は、
- およそ北緯 20 度～ 45 度、東経 123 度～ 154 度
- アメリカ合衆国と同緯度で、オーストラリアと同経度
- ユーラシア大陸の東　など

の位置にあります。

〈振り返り〉

せよ」という名前の軍事都市である。

3　まとめ

日本の位置を様々な方法で説明し、自分の言葉でまとめる。

・日本は、北緯20度～45度、東経123度～154度に位置している（絶対位置）。また、ユーラシア大陸の東、オーストラリアの北、太平洋の北西に位置する（相対位置）。

・日本と同緯度には、アメリカ、中国、韓国、トルコなどがある。また同経度にはロシア、オーストラリア、パプアニューギニア、パラオ、インドネシアなどがある。

・ウラジオストクから見ると、日本は太平洋に出ていくための障害、日本海側の地域はとても近い、日本海は湖のようだ、など。

ICT 活用のアイディア

1の画像を提示して、緯度は赤道を中心に地球を南北に分けるもので、経度は本初子午線を中心に、地球を東西に分けるものであることを捉えさせる。

2の地図を提示して、日本の南北の範囲と東西の範囲を示す。併せて、日本の東西南北の端を示す地図を提示する。

また、日本と同緯度の範囲にある国、同経度の範囲にある国を捉えさせる。

ユーラシア大陸やオーストラリア、太平洋との関係で日本の相対位置を説明させる。

3の地図を提示して、ロシアの極東最大の軍港であるウラジオストクから日本を見ると、日本はどのように見えるかを考えさせる。

対話のアイディア

3のウラジオストクから見て、日本はどのように見えるのかを近くの人と考えさせる。

ワークシートの評価ポイント

- 日本の絶対位置や相対位置を説明することができている。
- 地図帳などを使って日本と同緯度、同経度の国を捉えることができている。
- ウラジオストクから見て、日本がどのように捉えられるかを説明することができている。

多面的・
多角的に学ぶ

6/7

日本の姿②
時差で捉える日本の位置

本時の目標

本子午線、日本の標準時子午線、日付変更線の位置を確認できるようにする。また、時差の概念を理解できるようにする。

本時の評価

本子午線、日本の標準時子午線、日付変更線の位置を確認している。

時差の概念を生活と関連付けて理解している。

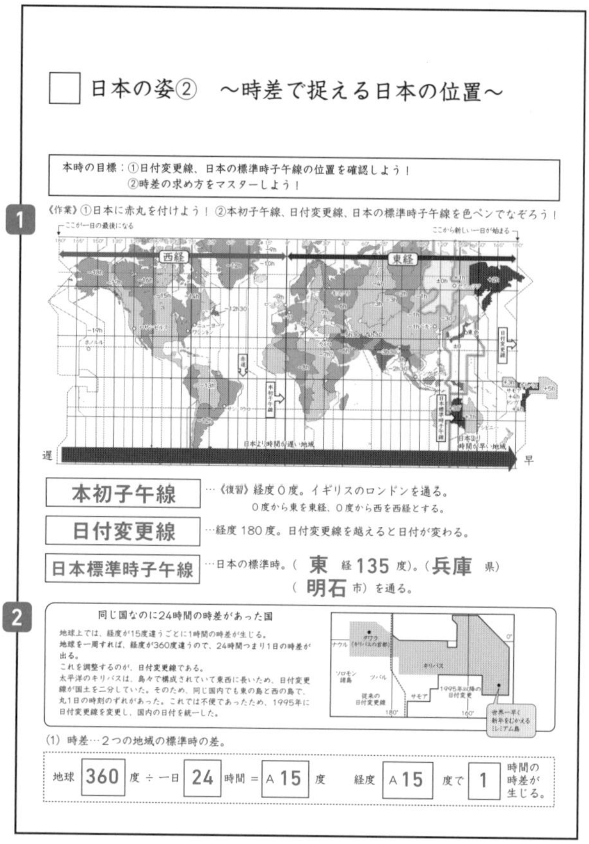

日本の姿② ～時差で捉える日本の位置～

本時の目標：①日付変更線、日本の標準時子午線の位置を確認しよう！
②時差の求め方をマスターしよう！

1 《作業》①日本に赤丸を付けよう！ ②本初子午線、日付変更線、日本の標準時子午線を色ペンでなぞろう！

本初子午線 …《復習》経度０度。イギリスのロンドンを通る。
０度から東を東経、０度から西を西経とする。

日付変更線 …経度 180 度。日付変更線を越えると日付が変わる。

日本標準時子午線 …日本の標準時。（ 東 経 135 度）。（兵庫 県）
（ 明石 市）を通る。

2 同じ国なのに24時間の時差があった国

地球上では、経度が15度違うごとに1時間の時差が生じる。
地球を一周すれば、経度が360度違うので、24時間つまり1日の時差が出る。
これを調整するのが、日付変更線である。
太平洋のキリバスは、島々で構成されていて東西に長いため、日付変更線が国土を二分していた。そのため、同じ国内でも東の島と西の島で、丸1日の時刻のずれがあった。これでは不便であったため、1995年に日付変更線を変更し、国内の日付を統一した。

(1) 時差…２つの地域の標準時の差。

地球 360 度 ÷ 一日 24 時間 ＝ A 15 度　　経度 A 15 度で 1 時間の時差が生じる。

本時の授業展開

1　導入

日本の１月１日（元旦）の午前７：00と同時刻のロンドンとニューヨーク、シドニーの映像（写真資料）を示し、日本が元旦のとき、それぞれの国の時間がどのようになっているかを捉えさせる。

世界時計の写真を用いて、世界の各地には時差があることを確認する。

2　展開

プリントを配布し、課題に取り組む。

地図で本初子午線・日本の標準時子午線・日付変更線の位置を確認する。このとき、本子午線、日本標準時子午線、日付変更線など、それぞれの語句の意味も確認させる。

なぜ日付変更線が直線ではないのかを考えさせる。世界地図や Google earth を使って、国の中で日付けが異なるのを防ぐために直線になっていないことを理解させる。

次に、なぜ時差が生じるのかを考えさせる。

地球が、１日（24時間）で１回自転（360度回転）するために、１時間では15度回転することを理解させる。

東経135度にある日本と本初子午線（０度）を通るロンドンとの時差を計算させる。

日本とロンドンとが、135度 ÷15度＝７時間の時差があることに気付かせる。

余力のある生徒は、ニューヨークや、シドニーと日本との時差を考えさせる。

しかし、時差を計算させることが目的ではな

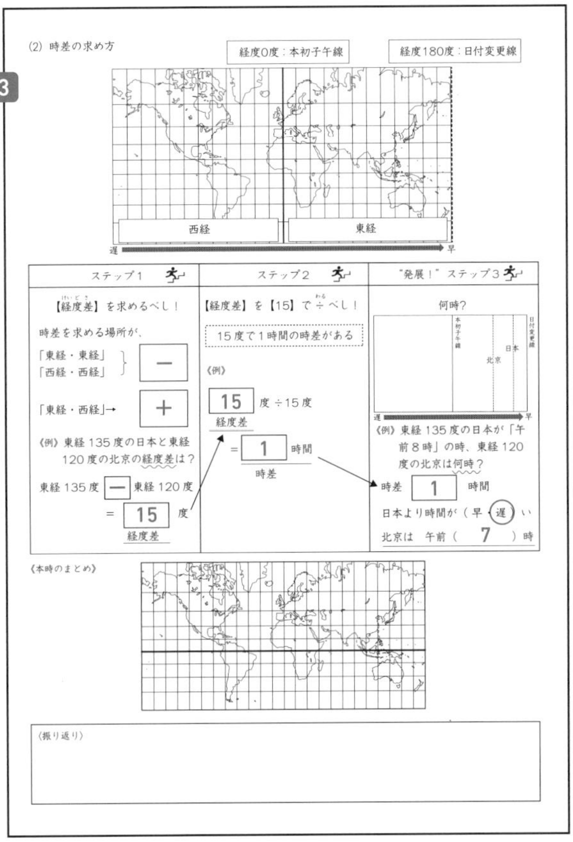

いので、経度が15度違うと１時間の時差が生じることを気付かせる程度にとどめる。

3　まとめ

本初子午線、日本の標準時子午線、日付変更線を地図に記入する。

地球は１日（24時間）で、１回自転（360度回転）する。したがって、経度が15度違うと１時間の時差が生じることを理解させる。

その際、時差の計算には深入りしない。

ICT 活用のアイディア

1 日本の１月１日（元旦）の午前７時と同時刻のロンドン、ニューヨーク、シドニーの映像（写真資料）を示し、どのような違いがあるのかを考えさせる。

世界時計の写真を用いて、世界の各地には時差があることを捉えさせる。

2 の世界地図や Google earth を提示して、経度180度の部分を示す。経度180度の部分の日付変更線が直線になっていない理由を考えさせる。

国の中に日付けが異なるのを防ぐために直線になっていないことを捉えさせる。

対話のアイディア

2 の時差の計算の仕方や日付変更線がなぜ直線でないのかを班の人と相談して考えさせる。

ワークシートの評価ポイント

- 本初子午線、日本の標準時子午線、日付変更線の位置を理解している。
- 経度が15度違うと時差が生じることを理解している。

まとめる

7/7

日本の姿③ 日本の領域とその特色

本時の目標

日本の領域や排他的経済水域を確認し理解できるようにする。

周囲を海に囲まれた日本には、近隣の国々と領土をめぐって問題になっていることがあることを理解できるようにする。

本時の評価

日本の領域や排他的経済水域を理解している。

北方四島の帰属についてはロシアとの交渉により解決すること、韓国に不法占拠されている竹島は日本固有の領土であること、中国などが領有権を主張している尖閣諸島は日本固有の領土であり領有権の問題はそもそも存在していないことを理解している。

日本の姿③　～日本の領域とその特色～

本時の目標："日本" はどこからどこまでかを確認しよう！日本の領域の特色を説明しよう。

（1）日本の領域

1

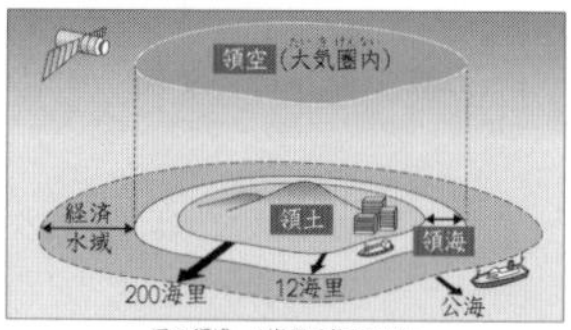

国の領域…1海里は約1852m

D 領域
A 陸地 領土
B 海（12海里）領海
C 空 領空

E 排他的経済水域（EEZ）…海岸線から200海里（約370キロ）水域内の資源（水産・鉱産）は、その国のもの。

2

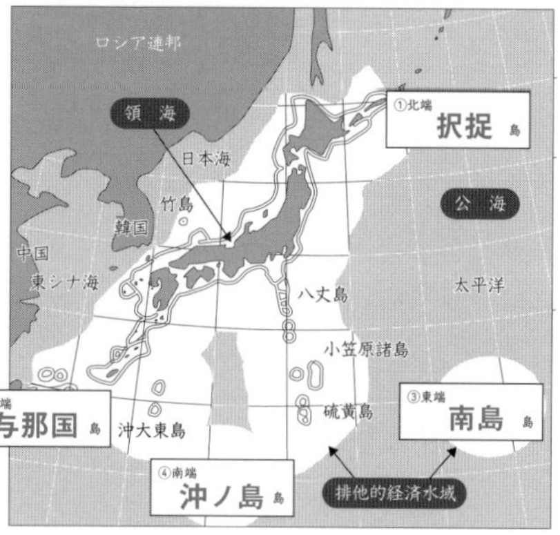

本時の授業展開

1　導入

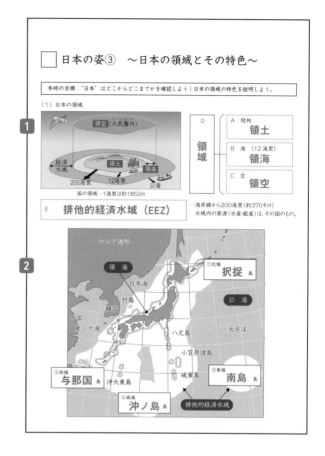

日本の白地図が印刷された別紙プリントを配布する。「日本はどこからどこまで？」と問いかけ、自分が考える日本の範囲を記入させる。

2　展開

プリントを配布し、課題に取り組む。まず、領域に関する語句を確認する。

・主権が及ぶ範囲を領域といい、領域は領土と領空と領海とからなることを理解させる。

・領海は沖合12海里までをいい、沖合200海里までをその国が自由に経済活動できる範囲で、排他的経済水域ということを理解させる。

次に、日本の東西南北の端を地図帳から調べる。

・北端が択捉島、南端が沖ノ鳥島、東端が南鳥島で、西端が与那国島であることを地図帳などから捉えさせる。

実際に東西南北の端の島がどのようなところかを、Google earth を見せて示す。

日本の排他的経済水域の特徴を資料を見て考える。

・日本の領土は38万㎢とそれほど大きくないが、排他的経済水域は国土面積の10倍以上にもなることを気付かせる。

次に、沖ノ鳥島がなくなってしまったらどうなってしまうのかを考える。沖ノ鳥島を守る取組について理解させたい。

日本の領土問題について知る。外務省の動画を視聴し、日本の領土に関する問題を理解させる。北方領土がロシアと、竹島が韓国、尖閣諸

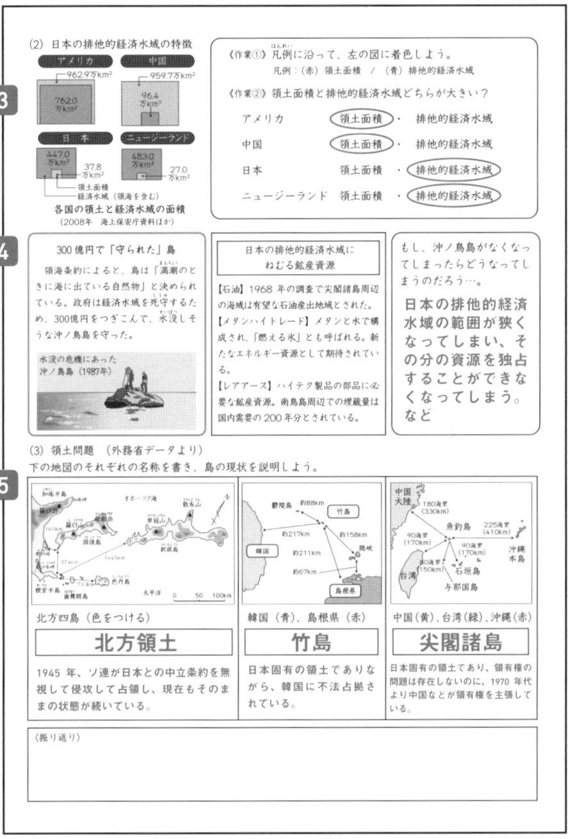

3

(2) 日本の排他的経済水域の特徴

各国の領土と経済水域の面積
（2008年　海上保安庁資料ほか）

《作業①》凡例に沿って、左の図に着色しよう。
凡例：（赤）領土面積　/　（青）排他的経済水域

《作業②》領土面積と排他的経済水域どちらが大きい？

アメリカ	（領土面積）・	排他的経済水域
中国	（領土面積）・	排他的経済水域
日本	領土面積・	（排他的経済水域）
ニュージーランド	領土面積・	（排他的経済水域）

4

300億円で「守られた」島

領海条約によると、島は「満潮のときに海に出ている自然物」と決められている。政府は経済水域を死守するため、300億円をつぎこんで、水没しそうな沖ノ鳥島を守った。

水没の危機にあった沖ノ鳥島（1987年）

日本の排他的経済水域にねむる鉱産資源

【石油】1968 年の調査で尖閣諸島周辺の海域は有望な石油産出地域とされた。
【メタンハイトレード】メタンと水で構成され、「燃える氷」とも呼ばれる。新たなエネルギー資源として期待されている。
【レアアース】ハイテク製品の部品に必要な鉱産資源。南鳥島周辺での埋蔵量は国内需要の 200 年分とされている。

もし、沖ノ鳥島がなくなってしまったらどうなってしまうのだろう…。

日本の排他的経済水域の範囲が狭くなってしまい、その分の資源を独占することができなくなってしまう。など

(3) 領土問題　（外務省データより）
下の地図のそれぞれの名称を書き、島の現状を説明しよう。

5

北方四島（色をつける）	韓国（青）、島根県（赤）	中国（黄）、台湾（緑）、沖縄（赤）
北方領土	**竹島**	**尖閣諸島**
1945 年、ソ連が日本との中立条約を無視して侵攻して占領し、現在もそのままの状態が続いている。	日本固有の領土でありながら、韓国に不法占拠されている。	日本固有の領土であり、領有権の問題は存在しないのに、1970 年代より中国などが領有権を主張している。

〈振り返り〉

島が中国と、領土をめぐる問題になっていることを理解させる。

3　まとめ

導入で使った日本の白地図が印刷された別紙プリントに、正しい日本の領域と排他的経済水域を記入する。

日本の領域の特徴をまとめる。

- 日本の東西南北の端の島の名前を確認する。
- 日本は領土の割に排他的経済水域が領土の10倍以上も広い。
- 北方四島はロシアの占領下にあり、竹島は韓国の不法占拠されていること、尖閣諸島については日本固有の領土でありながら中国などが領有権を主張するようになった。

ICT 活用のアイディア

1の領域を示す模式図を提示し、主権が及ぶ範囲は領土、領空、領海とからなっていることを理解させる。

2の日本の範囲を示す主題図を提示するとともにGoogle earthで、日本の東西南北の端の島々の様子を示す。

3日本の排他的経済水域の特徴を示す資料を提示し、排他的経済水域の範囲が広いことを捉えさせる。

4沖ノ鳥島を守る取組を映像資料を示して理解させる。

5北方領土や竹島、尖閣諸島がどのようになっているかを映像等で示す。

対話のアイディア

4の沖ノ鳥島がなくなってしまったらどうなってしまうのかを隣の人と話し合う。

ワークシートの評価ポイント

- 領域とは領土、領海、領空からなっていることを理解できている。
- 沖合200海里を排他的経済水域といい、排他的経済水域が日本の領土の10倍以上も広いことを理解できている。
- 日本の東西南北の端の島々の位置や名前を理解している。
- 北方四島はロシアの占領下にあること、竹島も尖閣諸島も日本固有の領土でありながら、竹島は韓国に不法占拠され、尖閣諸島は中国などが領有権を主張していることを理解している。

B

世界の様々な地域

8 時 間

(1) 世界各地の人々の生活と環境

単元の目標

世界各地の人々の生活は、自然環境や社会環境とどのような関わりがあるのかを捉える。また、世界の気候帯が、自然環境との関係でどのように分布しているのかを理解する。加えて、世界の主な宗教と人々の生活との関連を捉える。

単元を貫く問い

世界各地の人々の生活は、自然環境とどのように関連しているのだろう。

1・2時	3・4時
大観する	多面的・多角的に
〔第1時〕 暑い地域の暮らし 東京の雨温図の作成を通して、雨温図とはどのようなものなのかを理解する。ジャカルタと東京の雨温図との比較やジャカルタの人々の衣服、伝統的な住居などの写真資料を通して、暑い地域の気候の特色を捉える。暑くて雨が多い地域では、通気性のよい衣服や住居が多く見られることに気付くとともに、その理由を考える。 **〔第2時〕** 寒い地域の暮らし ヤクーツクと東京の雨温図との比較やヤクーツクの人々の衣服、住居などの写真資料を通して、寒い地域の気候の特色を捉える。寒い地域では、冬は厚手の服を着ており、伝統的な住居は窓が小さく、近代的な住居は高床になっていることに気付くとともに、その理由を考える。	**〔第3時〕** 乾燥した地域の暮らし リヤドと東京の雨温図との比較やリヤドの人々の衣服や住居などの写真資料を見て、乾燥した地域の気候の特色を捉える。伝統的な住居は窓が小さく、日干しレンガでできた家が多い。衣服は長袖で、丈が長く全身を包み込むような服装が多いことを捉え、その理由を考える。 **〔第4時〕** 高い地域の暮らし クスコと東京の雨温図との比較やクスコの人々の衣服や食事、住居などの写真資料を通して、高い地域の人々の生活を捉えるとともに、その背景にある自然環境を理解する。

単元を構造化する工夫

景観写真や雨温図の読み取り、気候帯の着色などを通して、世界各地域の気候帯がどのように分布しているのかを捉える。

暑い地域や寒い地域など、生徒が捉えやすい自然環境の地域から学習する。

世界の気候帯の分布を着色することを通して、赤道周辺が暑く赤道から遠ざかるにしたがって、気温が低くなる傾向がある。温帯は中緯度にあり、標高が高くなるにつれて、気温は低くなることを捉える。また世界は、赤道を中心に南北に対称的な気候になっていることを気付く。

単元の評価

知識・技能	思考・判断・表現	主体的に学習に取り組む態度
○世界各地の人々の生活は、それらの人々が生活している自然環境や社会環境の影響を受けていることを理解している。 ○世界各地の人々の生活の背景にある自然環境や社会環境を地図や景観写真、雨温図などから捉えることができている。	○世界各地で見られる多様な特色が、なぜ見られるのか、またなぜ変容するのかを、それぞれの生活が見られる場所の自然環境や社会環境などに着目して、多面的・多角的に考察し、表現している。	○世界各地の人々の生活が、それらの人々が生活している自然環境や社会環境の影響を受けていることを、主体的に追究しようとしている。

5・6時	7・8時
学ぶ	まとめる
〔第5時〕 暖かい地域の暮らし 熱帯や亜寒帯の雨温図と東京の雨温図とを比較し、東京が暑くも寒くもない気候の地域であることを捉える。また、温帯は中緯度に多く分布していることを捉え、その理由を考える。 〔第6時〕 世界の気候区分 雨温図や景観写真などを通して、世界の人々の生活の背景にある自然環境を捉える。世界は赤道を中心に、南北対称の気候になっており、両極に向かうにつれて、寒くなっていることや、温帯は中緯度にあることを捉える。また、標高が高くなるほど気温が低くなることに気付く。	〔第7時〕 世界の食文化 世界の人々がどのようなものを主食としているかを知るとともに、その背景にある自然環境の特色を捉える。米は雨が多く暖かい地域、小麦は気温が低くても、雨が少なくても育つことに気付く。イモ類は、熱帯や農業のしにくい環境で多く栽培されている。家畜は、自然環境が厳しく農業ができない地域などで、多く飼育されていることを捉える。 〔第8時〕 人々の生活と宗教 世界では、どこでどのような宗教が信仰されているかを理解するとともに、宗教と人々の生活との関連を捉える。

課題解決的な学習展開にする工夫

世界各地の衣食住などの特徴を捉えさせるとともに、それぞれの地域では、なぜそのような衣食住になっているのかを、自然環境や社会環境との関連で理解させる。

世界各地の衣食住などの特徴が、どう変化しているのかを、理由を含めて考えさせる。

大観する

暑い地域の暮らし

1/8

本時の目標

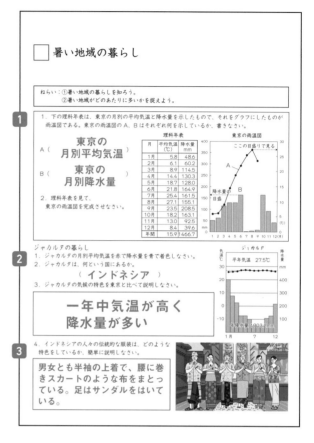

暑い地域の暮らしを知り、暑い地域がどんなところにあるのかを捉えられるようにする。

本時の評価

雨温図や景観写真などを見て、暑い地域の人々の暮らしを捉えている。

暑い地域が赤道付近に分布していることを捉えている。

□ 暑い地域の暮らし

ねらい：①暑い地域の暮らしを知ろう。
②暑い地域がどのあたりに多いかを捉えよう。

1

1．下の理科年表は、東京の月別の平均気温と降水量を示したもので、それをグラフにしたものが雨温図である。東京の雨温図のA、Bはそれぞれ何を示しているか、書きなさい。

A（ 東京の月別平均気温 ）

B（ 東京の月別降水量 ）

2．理科年表を見て、東京の雨温図を完成させなさい。

理科年表

月	平均気温（℃）	降水量 mm
1月	5.8	48.6
2月	6.1	60.2
3月	8.9	114.5
4月	14.4	130.3
5月	18.7	128.0
6月	21.8	164.9
7月	25.4	161.5
8月	27.1	155.1
9月	23.5	208.5
10月	18.2	163.1
11月	13.0	92.5
12月	8.4	39.6
年間	15.9	1466.7

東京の雨温図

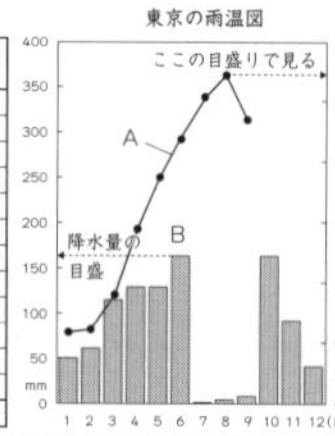

2

ジャカルタの暮らし

1．ジャカルタの月別平均気温を赤で降水量を青で着色しなさい。

2．ジャカルタは、何という国にあるか。

（ インドネシア ）

3．ジャカルタの気候の特色を東京と比べて説明しなさい。

一年中気温が高く
降水量が多い

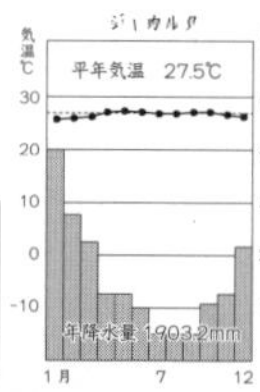

3

4．インドネシアの人々の伝統的な服装は、どのような特色をしているか、簡単に説明しなさい。

男女とも半袖の上着で、腰に巻きスカートのような布をまとっている。足はサンダルをはいている。

本時の授業展開

1 導入

東京の月別平均気温と降水量とを示した理科年表と雨温図とを比較し、Aの折れ線グラフは何を表したものか、またBの棒グラフは何を表したものなのかを考える。Aは東京の月別平均気温で、Bは東京の月別降水量を示していることを捉える。

理科年表を見て、Aの月別平均気温とBの月別降水量のグラフを完成させる。

2 展開

ジャカルタの月別平均気温を赤で、月別降水量を青で着色する。ジャカルタの気温を東京の気温と比較し、どのような特色かを考える。東京と比べて、一年中気温の変化がなく、気温が高いことを捉える。

ジャカルタの降水量を東京の降水量と比較し、どのような特色かを考える。東京と比べて、降水量が多いことを捉える。

暑い地域の人々の生活を考えることが、今日の学習のねらいであることが分かる。

インドネシアの伝統的な民族衣装を見て、どのような特色なのかを考える。

男女とも半袖の上着で、腰に巻きスカートのような布をまとっている。足はサンダルをはいている。

なぜ上記のような服装をしているのかを考える。一年中高温多湿なので、通気性のよい服装をしていることを捉える。

インドネシアの伝統的な住居の特色を考え

5．インドネシアでは、なぜ上記4のような服装をしているのか、説明しなさい。

一年中、高温で湿度が高いので、通気性をよくするため。

4

6．右の写真は、インドネシアの伝統的な住居である。どんな特色があるか説明しなさい。

高床で窓が広く、木材でつくられている。

7．なぜ上記6のような住居が多いのか、理由を説明しなさい。

一年中高温多湿なため、通気性をよくし熱や湿気がこもらないようにするため。また、暑くて雨が多いので、熱帯雨林がよく育つから。

8．暑い地域を赤で着色しなさい。

5

9．暑い地域は、どのあたりに分布しているか、簡単に説明しなさい。

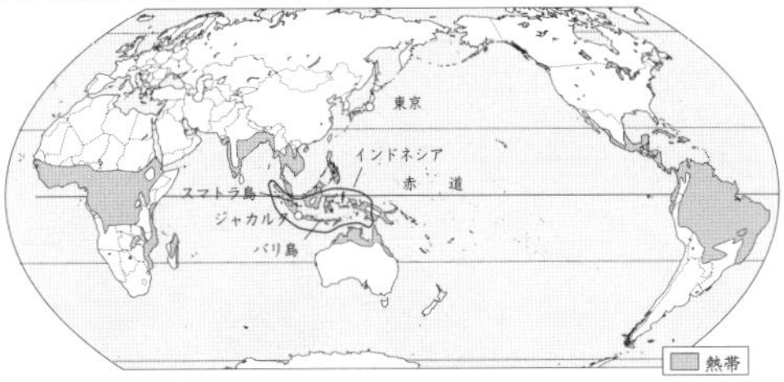

赤道付近

〈振り返り〉

る。高床で窓が広く、木材でつくられている。

なぜ、インドネシアでは、高床で窓の広い家が多いのかを考える。インドネシアは、一年中高温多湿なため、通気性がよく熱や湿気がこもらないようなつくりになっていることを捉える。

暑い地域を赤で着色し、どのような場所に分布しているのかを考える。また、暑い地域は、赤道周辺に多く分布していることに気付く。

3　まとめ

暑い地域は、赤道周辺に分布している。暑い地域では、一年中高温で湿度も高いため、衣服や住居も開放的で、通気性がよいものが多い。

ICT 活用のアイディア

1 理科年表の「平均気温」の10月、11月、12月の表を赤で着色して示す。「降水量」の7月、8月、9月の表を青で着色して示す。10月～12月の平均気温を赤色の折れ線グラフで示す。7月～9月の降水量を青色の棒グラフで示す。

2 ジャカルタの雨温図と作成した東京の雨温図とを並べて示し、インネシアの気候の特色を捉えさせる。

3 インドネシアの人々の写真を提示する、上着、腰に身に付けているもの、履いているものが何かを捉えさせる。

4 インドネシアの伝統的な住居の画像を提示し、その特徴を捉えさせる。また、なぜそのような住居のつくりになっているのかを考えさせる。

5 の地図を提示し、熱帯がどのあたりに分布しているのかを捉えさせる。

対話のアイディア

2 のジャカルタの雨温図を踏まえて、3 の「インドネシアの人々の伝統的な服装の特色」や「なぜそういった服装の特色なのか」を話し合わせる。

4 の「伝統的な住居の特色」や「その理由」を考えさせるのに、近くの生徒と話し合わせる。

ワークシートの評価ポイント

・暑い地域では、人々は通気性のよい服を着ている。伝統的な住居は、高床で窓が広く、通気性をよくし、熱や湿気がこもらないようにしていることを捉えている。

・暑い地域が赤道付近に分布していることを捉えている。

大観する　2/8

寒い地域の暮らし

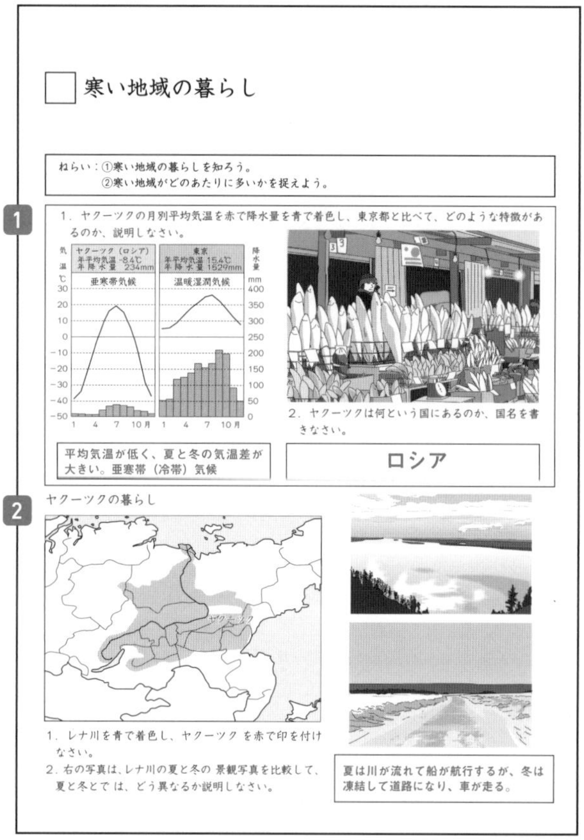
□ 寒い地域の暮らし

ねらい：①寒い地域の暮らしを知ろう。
②寒い地域がどのあたりに多いかを捉えよう。

1

1．ヤクーツクの月別平均気温を赤で降水量を青で着色し、東京都と比べて、どのような特徴があるのか、説明しなさい。

平均気温が低く、夏と冬の気温差が大きい。亜寒帯（冷帯）気候

2．ヤクーツクは何という国にあるのか、国名を書きなさい。

ロシア

2

ヤクーツクの暮らし

1．レナ川を青で着色し、ヤクーツク を赤で印を付けなさい。

2．右の写真は、レナ川の夏と冬の 景観写真を比較して、夏と冬とで は、どう異なるか説明しなさい。

夏は川が流れて船が航行するが、冬は凍結して道路になり、車が走る。

本時の目標

寒い地域の暮らしを知り、寒い地域がどんなところに分布しているのかを捉えられるようにする。

本時の評価

雨温図や景観写真などを見て、寒い地域の人々の暮らしを捉えている。

寒い地域が両極近くの高緯度や標高の高いところに分布していることを捉えている。

本時の授業展開

1　導入

ヤクーツクの月別平均気温を赤で、降水量を青で着色する。ヤクーツクがどこの国かを調べて記入する。ヤクーツクの雨温図や景観写真を見て、ヤクーツクの気候の特色を考える。景観写真や雨温図から、非常に寒い気候であることを捉える。

2　展開

レナ川を青で着色し、ヤクーツクを赤で印を付ける。レナ川の夏と冬の景観写真を比較し、夏と冬とではどのように異なるかを考える。

夏は川の水が流れているが、冬は凍ってしまい、道路になっていることを捉える。

夏は川の水が流れているが、冬は凍ってしまい、道路になっていることを捉える。

景観写真などから、ヤクーツクの人々が、どのような服装をしているかを考える。厚手の毛皮のコートを着て、帽子を被って手袋をしている。

ヤクーツクの集合住宅が、どのようなつくりになっているのかを考える。ヤクーツクの集合住宅は高床になっていることに気付く。暖房の熱が永久凍土を溶かし住居が傾いてしまうので、高床にして熱が伝わらないようにしている。

寒帯を紫色、亜寒帯の地域を青で着色する。

寒い地域は、どんな所に分布しているのかを捉える。寒い地域は両極の近くや、地形が高いところに分布していることに気付く。

3 ヤクーツクの人々は、どんな服装をしているか、説明しなさい。

3 毛皮のコートを着て、毛皮の帽子を被り、手袋をはめている。

4 右の写真は、ヤクーツクの集合住宅である。どのような特色なのか、説明しなさい。

4 高床になっている。

5 なぜ、上記4のようなつくりになっているのか、理由を説明しなさい。

暖房の熱が永久凍土を溶かし住居が傾くのを防ぐため、地中深く杭を打って高床にして、熱が伝わらないようにしている。

6 右の地図の寒帯を紫色で亜寒帯を青で着色しなさい。

7 寒い地域はどんなところに分布しているか、簡潔に説明しなさい。

5

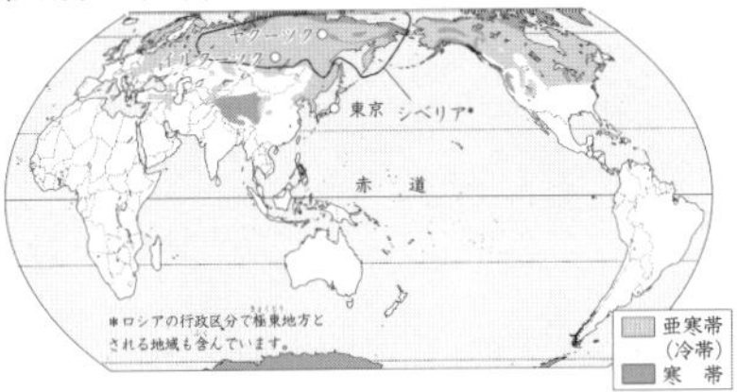

両極に近いところ（赤道から遠いところ）や標高の高いところ

〈振り返り〉

3　まとめ

赤道から遠い両極近くや標高の高いところは、寒帯や亜寒帯などの寒い地域が多い。ヤクーツクでは、気温が低く冬は川が凍ってしまい、道路になる。服装は毛皮のコートや帽子、手袋などの防寒対策がとられている。

冬は暖房の熱で永久凍土が溶けて家が傾いてしまうのを防ぐため、高床にして熱が直接地面に伝わらないようにしている。

ICT 活用のアイディア

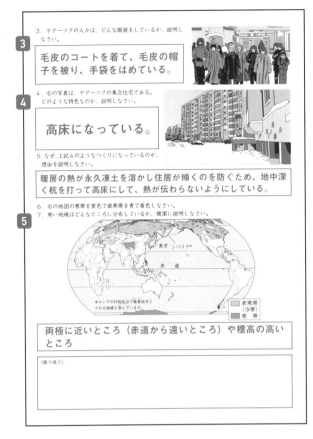

1 のヤクーツクと東京の雨温図を提示して、ヤクーツクの平均気温や年降水量がどうなっているのかを、東京との比較で考えさせる。
また、市場の景観写真を提示して、どんなものが売られているのかを捉えさせる。

2 のシベリアの地図を提示し、レナ川とヤクーツクの位置を確認させる。
レナ川の夏と冬の写真や映像を示し、夏は川が流れているが、冬は凍結して道路として利用されていることを気付かせる。

5 の地図を提示し、寒い地域がどのあたりに分布しているのかを捉えさせる。

対話のアイディア

1 のヤクーツクと東京の雨温図を比較したり、ヤクーツクの景観写真を見たりして、ヤクーツクが、どんな気候の特色なのかを周囲の人と話し合わせる。

2 のレナ川の夏と冬の写真を比較して、どう違っているのか、**3** の景観写真から、冬に人々はどんな服装をしているのか、**4** の住居の写真から、どんな家に住んでいるのか、理由も含めて周囲の人と話し合わせる。**5** の地図を見て、寒い地域が、どこに分布しているのかを周囲の人と話し合わせる。

ワークシートの評価ポイント

- レナ川は、夏は流れているが冬は凍結して道路になっていることを捉えている。
- ヤクーツクでは、厚手の毛皮のコートや帽子、手袋を身に付けていること。人々は、高床の集合住宅に住んでいる人が多いことを捉えている。
- 寒い地域が両極付近や、標高の高いところに位置していることを捉えている。

多面的・
多角的に学ぶ
3/8

乾燥した地域の暮らし

本時の目標

乾燥した地域の暮らしを知り、乾燥した地域がどのあたりに多いかを捉えられるようにする。

本時の評価

雨温図や景観写真などを見て、乾燥地域の人々の暮らしを捉えている。

乾燥地域が回帰線付近や内陸、寒流の近くなどに分布していることを捉えている。

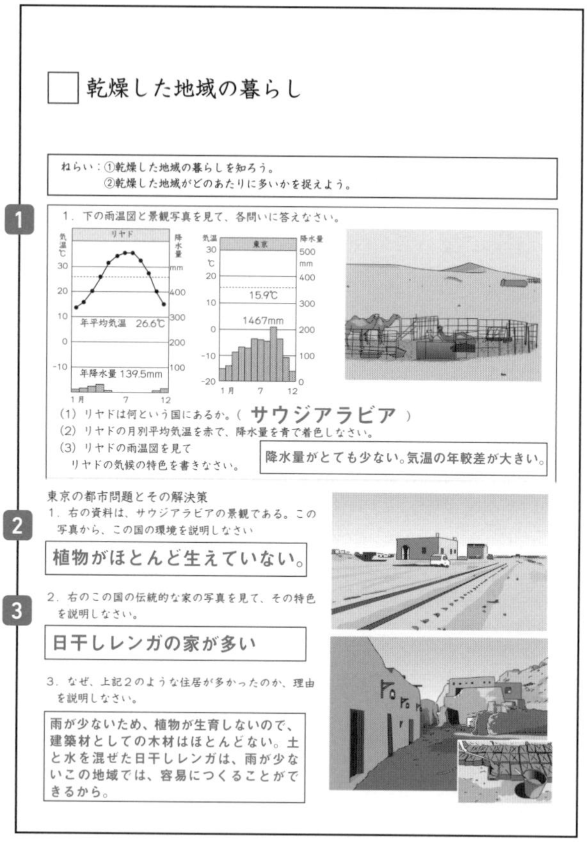

乾燥した地域の暮らし

ねらい：①乾燥した地域の暮らしを知ろう。
②乾燥した地域がどのあたりに多いかを捉えよう。

1

1．下の雨温図と景観写真を見て、各問いに答えなさい。

(1) リヤドは何という国にあるか。（ サウジアラビア ）
(2) リヤドの月別平均気温を赤で、降水量を青で着色しなさい。
(3) リヤドの雨温図を見て
リヤドの気候の特色を書きなさい。
降水量がとても少ない。気温の年較差が大きい。

東京の都市問題とその解決策

2

1．右の資料は、サウジアラビアの景観である。この写真から、この国の環境を説明しなさい
植物がほとんど生えていない。

3

2．右のこの国の伝統的な家の写真を見て、その特色を説明しなさい。
日干しレンガの家が多い

3．なぜ、上記2のような住居が多かったのか、理由を説明しなさい。
雨が少ないため、植物が生育しないので、建築材としての木材はほとんどない。土と水を混ぜた日干しレンガは、雨が少ないこの地域では、容易につくることができるから。

本時の授業展開

1　導入

リヤドがどこにあるのかを、地図帳を見て確認する。リヤドの雨温図の月別平均気温を赤で、降水量を青で着色する。

リヤドの雨温図や景観写真を見て、気候の特色を捉える。平均気温が高いのに、降水量が非常に少ないことに気付く。

2　展開

景観写真を見て、この地域がどのような環境の地域かを考える。植物が生えていないことから、雨が非常に少ない地域であることを捉える。

サウジアラビアの伝統的な住居の写真を見て、どんな特色をもった住居かを考える。屋根が平らで、レンガでできた家であることに気付く。

サウジアラビアの人々が、どのような衣服を着ているのかを考える。強い日差しや砂ぼこりから肌を守るため、全身を覆うようなゆったりとした衣服であることに気付く。男性は白で、頭は布を被っている。女性は黒で、スカーフで頭や顔を覆っている。

砂漠などの乾燥した地域で、水が湧いているところを何というかを書く。砂漠などの乾燥した地域で、水が湧いている場所をオアシスということに気付く。

乾燥した地域を黄色で着色する。

乾燥した地域が、どのような場所に分布しているのかを捉える。

4

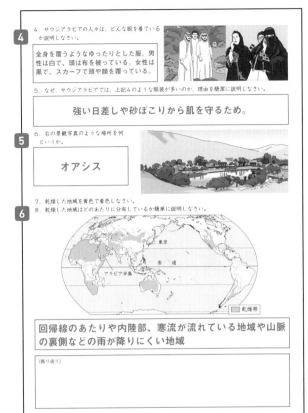

4．サウジアラビアの人々は、どんな服を着ているか説明しなさい。

全身を覆うようなゆったりとした服。男性は白で、頭は布を被っている。女性は黒で、スカーフで頭や顔を覆っている。

5．なぜ、サウジアラビアでは、上記4のような服装が多いのか、理由を簡潔に説明しなさい。

強い日差しや砂ぼこりから肌を守るため。

5

6．右の景観写真のような場所を何というか。

オアシス

7．乾燥した地域を黄色で着色しなさい。

6

8．乾燥した地域はどのあたりに分布しているか簡単に説明しなさい。

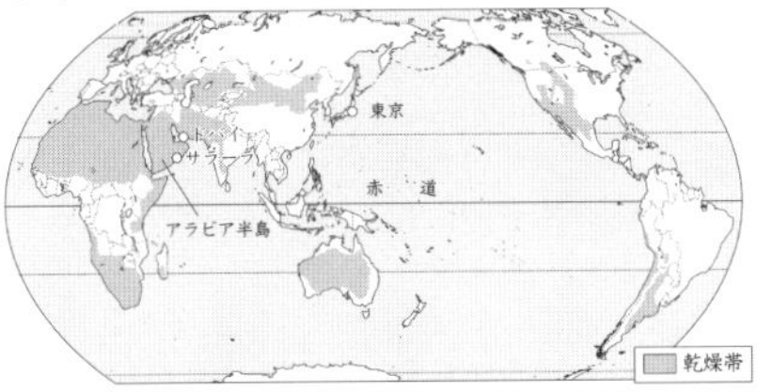

回帰線のあたりや内陸部、寒流が流れている地域や山脈の裏側などの雨が降りにくい地域

〈振り返り〉

乾燥した地域は、回帰線のあたりや内陸部、寒流が流れている地域や山脈の裏側など、雨が降りにくい地域であること理解する。

3　まとめ

乾燥地帯では、雨がほとんど降らないため、植物が生育しない。建築材としての木材がないため、日干しレンガの家が多い。強い日差しや砂埃を防ぐため肌が露出しない衣服を着ている。乾燥帯は、回帰線付近や海から遠い内陸、寒流の近く、山脈の裏側など、雨が少ないところに位置している。

ICT 活用のアイディア

1のリヤドと東京の雨温図やリヤドの景観写真を提示して、リヤドの平均気温や年降水量がどうなっているのかを、東京との比較で考えさせる。

2の景観写真を提示し、サウジアラビアの環境を考えさせる。

3のサウジアラビアの伝統的な家の写真を示して、どんな家が多いかを捉えさせる。また、なぜそのような家が多いのかを考えさせる。

4のサウジアラビアの人々の服装を提示し、どんな服装の人々が多いかを捉えさせる。

5の景観写真を示して、この写真がどのような場所なのかを考えさせる。

6の地図を提示し、乾燥した地域がどのような地域にあるのかを考える。

対話のアイディア

2 3 4 5の写真資料を提示し、サウジアラビアの自然環境、伝統的な住居や服装の特色を周囲の人と話し合わせる。

6の地図を提示し、乾燥した地域がどのような場所に分布しているのかを、周囲の人と話し合わせる。

ワークシートの評価ポイント

- 景観写真から、サウジアラビアが雨が少なく乾燥地域であること。雨が少なく木がほとんど生えないため、日干しレンガでできた家が多いことが捉えられている。
- 衣服は、強い日差しや砂ぼこりから肌を守るため、男性は全身を覆う白い衣服で、女性は黒い衣服を着ていることが捉えられている。
- 乾燥地帯があるのは、回帰線付近や内陸部、寒流が流れている地域や山脈の裏側などであることが、一つでも捉えられている。

多面的・
多角的に学ぶ

4/8

高い地域の暮らし

本時の目標

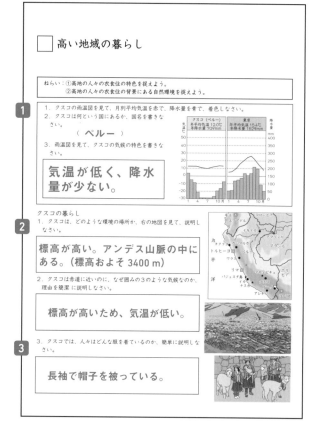

高地の人々の衣食住の特色を捉えられるようにする。

高地の人々の衣食住の背景にある自然環境を捉えられるようにする。

本時の評価

雨温図や景観写真などを見て、高地で暮らす人々の暮らしを捉えている。

高地で暮らす人々の衣食住の背景にある自然環境を捉えている。

□ 高い地域の暮らし

ねらい：①高地の人々の衣食住の特色を捉えよう。
②高地の人々の衣食住の背景にある自然環境を捉えよう。

1

1．クスコの雨温図を見て、月別平均気温を赤で、降水量を青で、着色しなさい。

2．クスコは何という国にあるか、国名を書きなさい。

（ ペルー ）

3．雨温図を見て、クスコの気候の特色を書きなさい。

気温が低く、降水量が少ない。

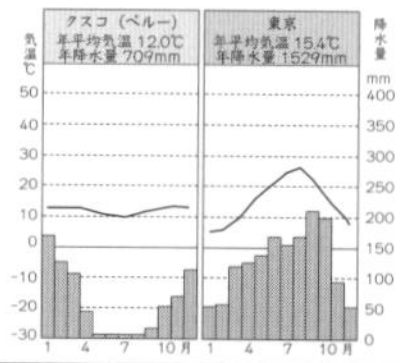

クスコの暮らし

2

1．クスコは、どのような環境の場所か、右の地図を見て、説明しなさい。

標高が高い。アンデス山脈の中にある。（標高およそ 3400 m）

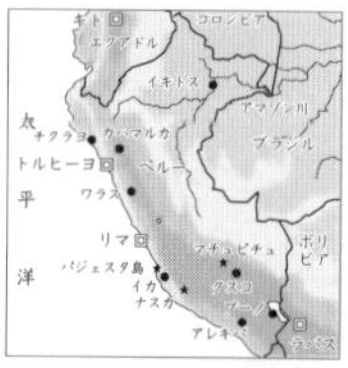

2．クスコは赤道に近いのに、なぜ囲みの3のような気候なのか、理由を簡潔に説明しなさい。

標高が高いため、気温が低い。

3

3．クスコでは、人々はどんな服を着ているのか、簡単に説明しなさい。

長袖で帽子を被っている。

本時の授業展開

1 導入

クスコの雨温図を見て、月別平均気温を赤で、月別降水量を青で着色する。

地図を見てクスコがペルーにあることを知る。

クスコと東京の雨温図とを比較して、クスコのほうが降水量が少なく気温が低いことを捉える。

2 展開

クスコがどんな環境にあるのかを、地図から捉える。クスコがアンデス山脈の中にあり、標高3400 m ほどの所に位置していることに気付く。

クスコが赤道に近いのに、なぜ気温が低いのかを考える。標高 3400 m ほどの所に位置しているため、赤道に近くても気温が低いことを捉える。

クスコの人々が、どんな服を着ているのかを写真資料などから考える。クスコの人々は、アルパカの毛でつくった長袖の服を着て、帽子を被っていることを捉える。

なぜ、長袖の厚手の服を着て、帽子を被っているのかを考える。標高が高く気温が低いために、長袖の厚手の服を着ている。また、紫外線が強いため、帽子を被っていることを捉える。

写真資料から、ペルーで主食になっている農作物が何かを考える。ジャガイモを主食にしていることに気付く。

ペルーでは、なぜジャガイモを主食にしているのかを考える。ジャガイモは気温が低く少雨でも育つため、標高の高いアンデス山脈では多

4 4. クスコでは、人々はなぜ上記3 のような服を着ているのか、理由を簡単に説明しなさい。

気候が寒いのと強い日差しを防ぐため

5 5. 右のイラストは、ペルーで主食になっている産物である。それは何か。

ジャガイモ

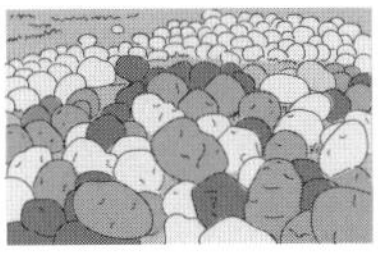

6 6. なぜ、ペルーでは上記5の作物を主食にしているのか、右の図をみて、理由を説明しなさい。

気温が低く雨が少ないため、他の作物が育たないから。ジャガイモは、雨が少なく気温が低いところでも育つから

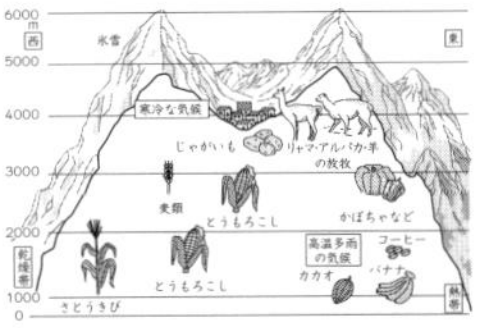

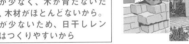

7 7. ペルーでは、どんな住居が多く見られるか、簡単に説明しなさい。

日干しレンガ

8. なぜ上記7のような住居が多いのか、理由を簡潔に説明しなさい。

雨が少なく、木が育たないため、木材がほとんどないから。雨が少ないため、日干しレンガはつくりやすいから

〈振り返り〉

く栽培されていることを捉える。

景観写真から、ペルーの住居が何から作られているのかを考える。日干しレンガでつくられていることを捉える。

標高が高いため、木材が生育しないため、日干しレンガの家が多いことを捉える。

3 まとめ

高地では、気温が低いことや強い紫外線から肌を守るため、長袖の厚手の服を着たり、帽子を被ったりしている。また高地では、作物が育たないため、家畜を飼ったり、雨が少なく低温でも育つジャガイモを栽培したりしている。高地では樹木が生育しないため、日干しレンガで家を建てている。

ICT 活用のアイディア

1のクスコと東京の雨温図を提示して、東京との比較でクスコの気候の特色を捉えさせる。

2の地図や景観写真を示し、クスコがどんな地形の地域かを捉えさせる。

3の写真から、クスコの人々はどのような特色の衣服を着ているかを捉えさせる。

4の景観写真から、クスコの人々がなぜ上記3のような衣服を着ているのかを考えさせる。

5の写真を示して、ペルーでは何を主食にしているのかを捉えさせる。

6の図を示して、なぜペルーでは上記5の作物を、主食にしているのかを考えさせる。

7の景観写真を示して、ペルーの伝統的な住居は、何でつくられているのか、また、なぜそのような住居が多いのかを説明させる。

対話のアイディア

2 3 4 5 6 7の資料について、どうなっているのか、またなぜそうなっているのかを近くの人と話し合わせる。

ワークシートの評価ポイント

- 赤道に近くても標高が高いと気温が低いことが捉えられている。
- 標高の高いところでは、気温が低く紫外線が強いため、寒さを防ぎ紫外線から肌を守るため、長袖の厚手の服や帽子を身に付けていることを捉えている。
- 高地では米や野菜が育たないため、家畜を飼ったりジャガイモを育てたりして、食料を得ていることが捉えられている。
- 標高が高いと木が育たないので、日干しレンガの家を建てていることが捉えられている。

多面的・
多角的に学ぶ

5/8

暖かい地域の暮らし

本時の目標

暖かい地域の暮らしを理解し、暖かい地域はどのあたりに多いかを捉えられるようにする。

本時の評価

雨温図や景観写真などを見て、暖かい地域で暮らす人々の生活を捉えている。

暖かい地域が中緯度付近に分布していることを捉えている。

□ 暖かい地域の暮らし

ねらい：①暖かい地域の暮らしを理解しよう。
②暖かい地域はどのあたりに多いかを捉えよう。

1

1．下の３つ雨温図の月別平均気温を赤、降水量を青で着色しなさい。

2．Ａはどのような気候か

一年中暑くて、雨が多い。
(熱帯気候でも可)

3．Ｃはどのような気候か。

夏は短く冬の寒さが厳しい。
年平均気温が低い。亜寒帯気候

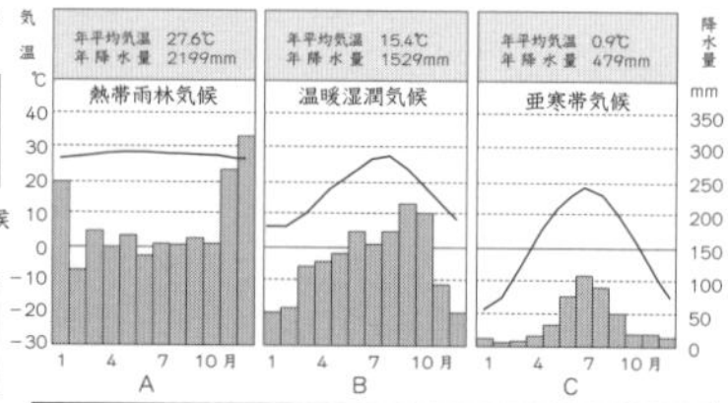

4．ＢはＡやＣと比べるとどんな気候か。

暑くも寒くもない。温暖な気候。

2

暖かい地域の暮らし

1．上のＡのグラフの気温は、どんな特色か、簡単に説明しなさい。

一年中、ほぼ一定の30度近い気温。

2．右の資料はＢの地域の景観を示している。どんな気候の特色か、説明しなさい。

冬は寒く、春は暖かく、夏は暑く、秋は涼しい。春夏秋冬(四季)がある。

3．Ｂの雨温図は、どこの地域のものか、書きなさい。

東京(温帯でも可)

本時の授業展開

1　導入

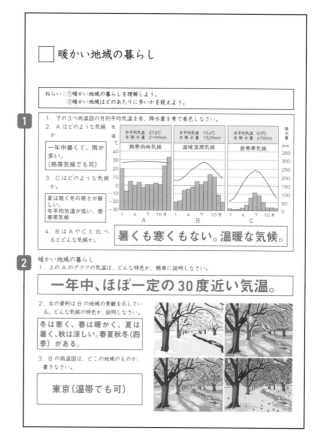

Ａ～Ｃの雨温図の月別平均気温を赤で、降水量を青で着色する。Ａの雨温図を見て、どのような気候の地域のものかを考える。Ａの気温と降水量から暑い地域のものであることに気付く。Ｃの雨温図を見て、どのような気候の地域のものかを考える。Ｃの気温から、寒い地域のものであることに気付く。

ＡやＣの雨温図とＢの雨温図とを比較し、Ｂの地域がどのような気候の地域のものであるかを考える。Ｂの地域の気候は、寒くもなく、暑くもない気候の地域のものであることに気付く。

2　展開

上のＡの雨温図の気温に着目し、どのような特色になっているのかを考える。Ａは一年中気温が高く、暑い地域であることが分かる。Ｃの雨温図の気温がどのようになっているかを考える。Ｃの地域は、気温が低く、夏は短く冬が長いことに気付く。Ｂの地域は、春は暖かく夏は暑い。秋は涼しく冬は寒くなるなど、春夏秋冬、四季があることを捉える。Ｂの雨温図が、どこの地域のものであるかを考える。東京の雨温図であることを理解させる。

暖かい地域を緑色で着色する。

暖かい地域は、どのあたりに分布しているかを考える。暖かい地域は、赤道と両極の間の中緯度のあたりに分布していることを捉える。

キャンベラがどこの国にあるかを調べる。オーストラリアにあることを確かめる。

3 4．暖かい地域を緑色で着色しなさい。
5．暖かい地域はどのあたりに分布しているか、簡単に説明しなさい。

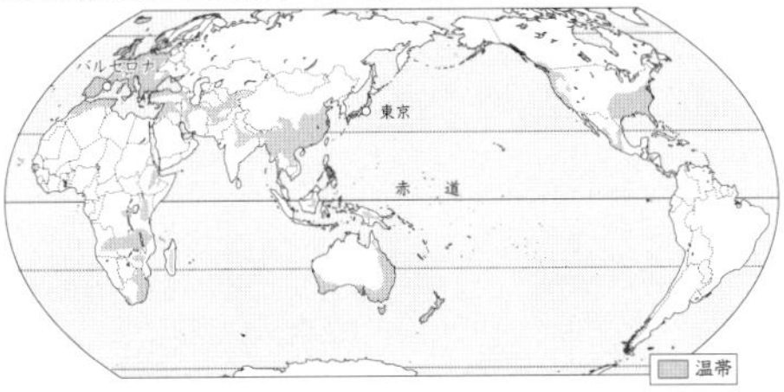

4 **赤道と両極との間。中緯度のあたり**

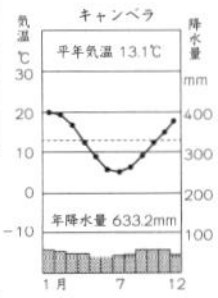

6．右のキャンベラのグラフを見て各問いに答えなさい。
(1) キャンベラは、どこの国か。
（ **オーストラリア** ）
(2) キャンベラは、最初のBの雨温図と平均気温があまり変わらないが、Bの地域の気候と大きく異なっている。どんな点が異なっているのか、説明しなさい。

Bの東京の気温と逆になっている。東京が暑いときは寒く、東京が寒いときは暑くなっている。季節が東京と逆になっている。

(3) キャンベラは、なぜ上記（2）のような気候になるのか、右の資料を見て説明しなさい。

東京のある北半球とオーストラリアのある南半球とでは、太陽からの距離が反対になるため、季節が逆になる。

〈振り返り〉

キャンベラの気温のグラフとB（東京）の気温のグラフとを比較して相異点を考える。東京の気温のグラフと反対の傾きになることを捉える。キャンベラのあるオーストラリアは南半球にあり、東京のある北半球が夏の時期は太陽との距離が遠くなるため冬になる。このように太陽からの距離が北半球と南半球とでは反対になるため、季節が逆になることを理解する。

3　まとめ

暖かい地域は暑くも寒くもない温帯な気候で、四季の変化が見られる。暖かい地域は、中緯度付近に分布している。同じ暖かい地域でも、北半球と南半球とでは太陽からの距離が逆になるため、季節が反対になる。

ICT活用のアイディア

1の3つの雨温図を提示し、Aがどのような気候か、またCがどのような気候かを捉えさせる。その上で、AやCとの比較で、Bの気候の特色を捉えさせる。

2の同じ場所の4枚の景観写真を提示して、どのような気候の特色を示したものなのか、またこの景観の地域はどこなのかを捉えさせる。

3の世界地図を提示し、暖かい地域はどのあたりに分布しているのかを捉えさせる。

4のキャンベラの雨温図と切手の写真を提示するとともに、Bの東京の雨温図と比較させることによって、南半球にあるキャンベラと北半球にある東京とでは、季節が反対になることを気付かせる。

対話のアイディア

4のキャンベラの気候と東京の気候とが反対になる理由を、近くの人と相談して考えさせる。

ワークシートの評価ポイント

- 暖かい地域は暑くも寒くもない温暖な気候の地域で、四季があることを捉えている。
- 暖かい地域が、赤道と両極の間の中緯度付近に分布しているが、北半球と南半球とでは季節が反対になることを捉えている。

多面的・
多角的に学ぶ

6/8

世界の気候区分

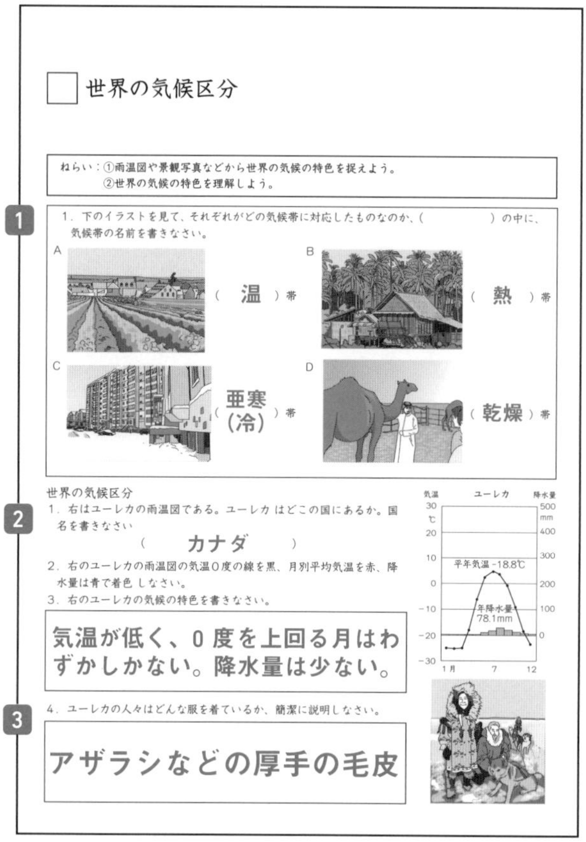

世界の気候区分

ねらい：①雨温図や景観写真などから世界の気候の特色を捉えよう。
　　　　②世界の気候の特色を理解しよう。

1

1．下のイラストを見て、それぞれがどの気候帯に対応したものなのか、（　　　　）の中に、気候帯の名前を書きなさい。

A（　温　）帯

B（　熱　）帯

C（亜寒（冷））帯

D（乾燥）帯

2

世界の気候区分

1．右はユーレカの雨温図である。ユーレカはどこの国にあるか。国名を書きなさい

（　カナダ　）

2．右のユーレカの雨温図の気温0度の線を黒、月別平均気温を赤、降水量は青で着色しなさい。

3．右のユーレカの気候の特色を書きなさい。

気温が低く、0度を上回る月はわずかしかない。降水量は少ない。

3

4．ユーレカの人々はどんな服を着ているか、簡潔に説明しなさい。

アザラシなどの厚手の毛皮

本時の目標

世界の気候がどのように区分されているのかを捉え、世界の気候の特色を理解できるようにする。

本時の評価

雨温図や景観写真などから、世界の気候の特色を捉えている。

世界のそれぞれの気候帯がどのように分布しているのかを理解している。

本時の授業展開

1　導入

景観写真を見て、どんな気候帯なのかを考える。

Aは温帯、Bは熱帯、Cは亜寒帯、Dは乾燥帯であることが分かる。

2　展開

地図を見てユーレカがどこの国にあるのかを調べる。ユーレカはカナダの北部にあることに気付く。

ユーレカの雨温図の月別平均気温を赤で、降水量を青で着色する。

ユーレカの雨温図を見て、気候の特色を考える。

ユーレカの気温が0度を超える月がわずかで、1年のほとんどが、0度以下であることを捉える。

ユーレカに暮らす人々の服装が、どのような特色かを考える。アザラシなどの厚手の毛皮を着て防寒をしていることを捉える。

ユーレカの人々が冬に暮らす家が、どんな特色の家なのかを考える。氷でつくった家であることを捉える。

世界の気候区分図に、凡例に沿って着色をする。

色分けした世界の気候区分図を見て、どの気候帯になるか、また、その気候帯にあてはまる雨温図を考える。

Aが熱帯で、一年中気温が高いエの雨温図である。Bは温帯で、暑くも寒くもないウを選

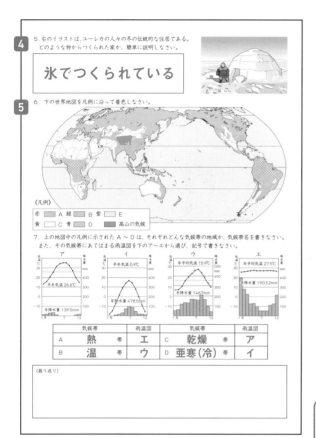

4 5. 右のイラストは、ユーレカの人々の冬の伝統的な住居である。
どのような物からつくられた家か、簡単に説明しなさい。

氷でつくられている

5 6. 下の世界地図を凡例に沿って着色しなさい。

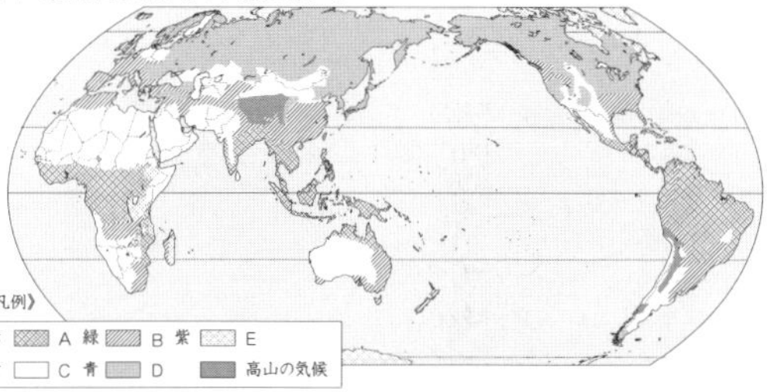

7. 上の地図中の凡例に示されたA～Dは、それぞれどんな気候帯の地域か、気候帯名を書きなさい。
また、その気候帯にあてはまる雨温図を下のア～エから選び、記号で書きなさい。

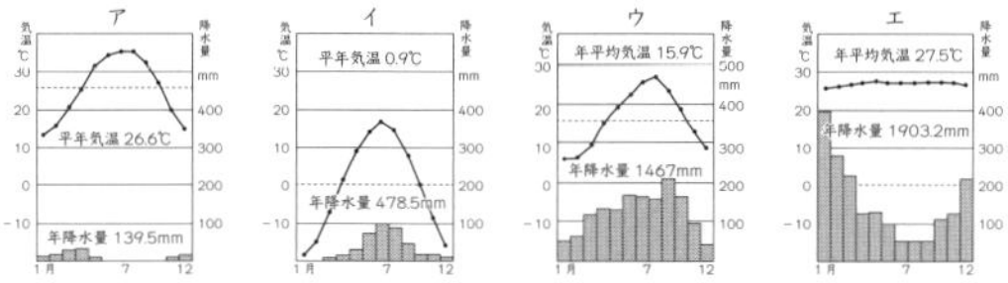

気候帯		雨温図	気候帯		雨温図
A	**熱** 帯	**エ**	C	**乾燥** 帯	**ア**
B	**温** 帯	**ウ**	D	**亜寒(冷)** 帯	**イ**

〈振り返り〉

ぶ。Cは乾燥帯で、気温は高いが降水量が少ないアがあてはまる。Dは亜寒帯で、年平均気温が低く、また年較差の大きいイが適切であることに気付く。

3 まとめ

世界は赤道を中心に、南北対称の気候になっており、赤道から両極に向かうにつれて寒くなっている。標高が高いと気温が低くなる。温帯は中緯度に位置している。

ICT 活用のアイディア

1 のA（温帯）、B（熱帯）、C（亜寒帯）、D（乾燥帯）に対応した映像や画像を提示する。

2 のユーレカの雨温図を示し、ユーレカがどこにあるのか、地図帳で探させる。その後ユーレカの地図を提示する。ユーレカの雨温図の0度に線を引いて示す。

3 のユーレカの人々の写真を提示し、どんな服を着ているのかを捉えさせる。

4 のユーレカの人々の伝統的な住居の画像を提示する。

5 の気候区分図とア～エの雨温図を提示して、気候区分図に対応した雨温図がどれにあてはまるかを考えさせる。

対話のアイディア

2 3 4 5 の資料について、どうなっているのか、またなぜそうなっているのかを、近くの生徒と話し合わせる。

ワークシートの評価ポイント

- 景観写真や雨温図の読み取りを通して、世界の気候の特色を捉えている。
- 世界は赤道周辺に熱帯があり、赤道から両局に向かうにつれて、乾燥帯、温帯、亜寒帯、寒帯と気温が低くなる傾向にある。また、標高が高くなるにしたがって、気温が低下する傾向があることを捉えている。

まとめる 7/8

世界の食文化

本時の目標

世界では、人々がどんな物を食べているのかを捉え、世界の伝統的な食事が、その地域の自然環境と関連があることを理解できるようにする。

本時の評価

世界の主な食事とその原材料が何かを理解している。

世界の伝統的な食事が、その地域の自然環境とどのように関連しているかを理解している。

□ 世界の食文化

ねらい：①世界では、人々がどんな物を食べているのかを捉えよう。
②世界の伝統的な食事が、その地域の自然環境と関連があることを理解しよう。

1

1．下の A～D のイラストをみて、それぞれどんな料理なのかを書きなさい。またそれぞれの料理の原材料は何かを書きなさい

A　B　C　D

料理名	主な原材料	料理名	主な原材料
A　ナン	小麦	B　ピザ	小麦
C　チャーハン	米	D　ビーフン	米

2

2．下の世界地図を凡例に沿って色分けしなさい。

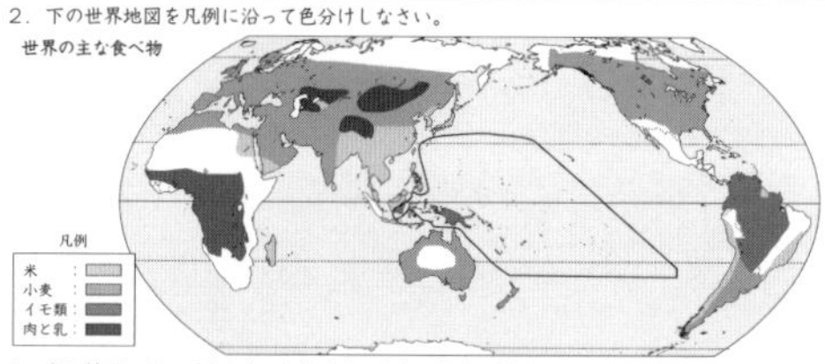

3．米の料理には、どんなものがあるか。また、小麦の料理には、どんなものがあるか、知っている料理をそれぞれ3つ書きなさい。

米の料理　ご飯、お粥、お餅、クッパ、ビビンバ　など	小麦の料理　パン、ラーメン、うどん、パスタ、ナン、ピザ　など

本時の授業展開

1　導入

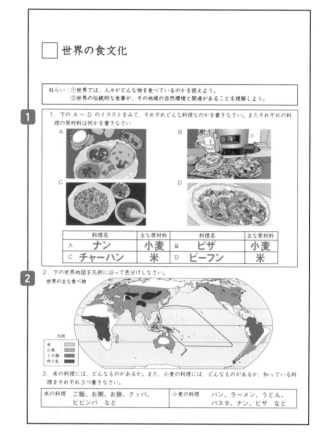

A～Dの写真を見て、それぞれどのような料理なのか、またその原材料が何かを考える。Aはナンで小麦、Bがピザで小麦、Cがチャーハンで米、Dはビーフンで米であることを捉える。

米からつくられる料理と小麦からつくられる料理を、それぞれ3種類考える。米はご飯、お粥、お餅、クッパ、ビビンバなど。小麦はパン、ラーメン、うどん、パスタ、ナン、ピザなどであることを捉える。

2　展開

米がどんな地域で多く食べられているかを考える。世界の主な食べ物の地図を見て、日本など東アジア、東南アジア、バングラデシュなどで食べられていることを捉える。

米がどんな環境の地域で多く食べられているかを、世界の気候を示した地図などと関連付けて考察する。米は暖かい地域や雨の多い地域で食べられている。

小麦が多く食べられているのは、どんな環境の地域かを考える。小麦は、乾燥した地域や寒い地域でも多く食べられていることを捉える。

イモが多く食べられているのは、どんな環境の地域なのかを考える。イモは、熱帯地方や環境の厳しい標高の高い地域などで多く食べられていることを捉える。

肉や乳製品が多く食べられているのは、どんな環境の地域かを考える。肉や乳製品は、乾燥したところや標高の高い地域など、農業がしに

ICT 活用のアイディア

1 A〜D の料理の画像を提示し、料理の名前と主な原材料が何かを考えさせる。

2 の「世界の主な食べ物」と 3 の「世界の気候」とを並べて提示し、2つの地図を関連付けて、「米」や「小麦」「イモ類」「肉や乳製品」がそれぞれどんな自然環境の地域で多く食べられているのかを考察させる。

対話のアイディア

2 の米の料理と小麦の料理が分からなかったら、近くの人と相談して解答するよう促す。

2 の「世界の主な食べ物」と 3 の「世界の気候」とを関連付けて、「米」や「小麦」「イモ類」「肉や乳製品」が、それぞれどんな自然環境の地域で多く食べられているのかを近くの人と相談して考察させる。

3

世界の気候

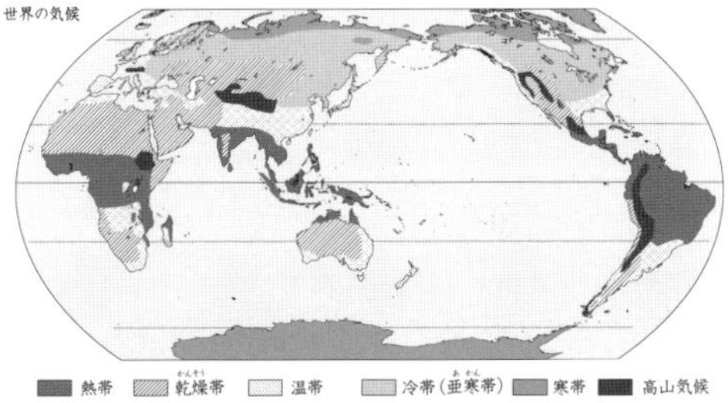

4．米が多く食べられているのはどのあたりか。

日本など東アジア、東南アジア、バングラデシュ　など

5．米が多く食べられているのはどんな環境の地域か、説明しなさい。

米は暖かい地域や雨の多い地域で食べられている。

6．小麦が多く食べられているのはどんな環境の地域か説明しなさい。

小麦は、乾燥した地域や寒い地域でも多く食べられている。

7．イモが多く食べられているのはどんな環境の地域か説明しなさい。

イモは、熱帯地方や環境の厳しい地域で多く食べられている。

8．肉と乳製品が多く食べられているのはどんな環境の地域か、説明しなさい。

肉や乳製品は、乾燥したところや標高の高い地域など、農業を行いにくい地域である。

〈振り返り〉

くい地域で多いことを捉える。

3　まとめ

米は熱帯や温帯などの雨が多い地域。小麦は雨が少ない地域や寒い地域で食べられている。イモ類は熱帯や、高地など農業がしにくいところで食べられている。肉や乳製品は、農業の限界を超えたところで多く食べられている。

ワークシートの評価ポイント

- 米は熱帯や温帯など、気温が高く雨が多い地域で多く食べられていることが捉えられている。
- 小麦は乾燥した地域でも寒い地域でも、多く食べられていることが捉えられている。
- イモ類は熱帯や、農業がしにくい高地などで多く栽培されていることが捉えられている。
- 肉や乳製品は、乾燥した地域や寒冷な地域、標高の高い地域など、農業の限界を超えた場所で多く食べられていることが捉えられている。

まとめる

8/8

人々の生活と宗教

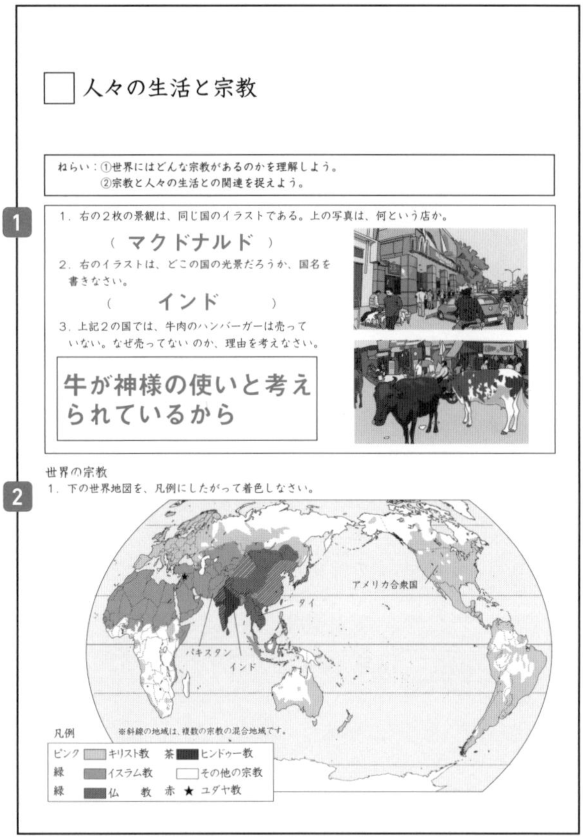
人々の生活と宗教

ねらい：①世界にはどんな宗教があるのかを理解しよう。
②宗教と人々の生活との関連を捉えよう。

1

1．右の2枚の景観は、同じ国のイラストである。上の写真は、何という店か。
（ マクドナルド ）
2．右のイラストは、どこの国の光景だろうか、国名を書きなさい。
（ インド ）
3．上記2の国では、牛肉のハンバーガーは売っていない。なぜ売ってないのか、理由を考えなさい。
牛が神様の使いと考えられているから

2

世界の宗教
1．下の世界地図を、凡例にしたがって着色しなさい。

本時の目標

世界にはどんな宗教があるのかを理解し、宗教と人々の生活との関連を理解できるようにする。

本時の評価

キリスト教、イスラム教、ヒンドゥー教、仏教など、世界の主な宗教とその分布を捉えている。

世界の主な宗教と人々の生活との関連を理解している。

本時の授業展開

1　導入

1の2枚の景観写真を見て、何という店で、どこの国の様子なのかを考える。マクドナルドの店であること。また、人々の様子や牛を大事にしていることから、インドであることを捉える。ヒンドュー教徒の多いインドでは、牛が神の使いとされているので、食べないから。

2　展開

世界の宗教分布を示した主題図を見て、キリスト教徒が多い地域を調べる。キリスト教徒は、ヨーロッパや南北アメリカ、オセアニアに多いことを捉える。

世界の宗教分布を示した主題図を見て、イスラム教徒が多い地域がどこかを調べる。

イスラム教徒は、北アフリカ、西アジア、中央アジア、インドネシアなどに多いことが分かる。

イスラム教徒が多い地域に、一箇所、異なる地域がある。何という宗教かを調べる。イスラエルにユダヤ教徒が多いことに気付く。

仏教徒が多い地域は、どのあたりかを調べる。仏教徒が多いのは、東南アジア、チベット、モンゴルなどであることを捉える。

イスラム教徒が、どんな服を着ているのかを写真資料から読み取る。男女とも全身を覆うようなゆったりとした服を着ている。布を被り肌を露出しない。白は男性で、黒は女性の服装である。

イスラム教徒が口にしてはいけないものは、何かを調べる。豚肉や酒であることを理解する。

2．キリスト教徒はどのあたりに多いか。

ヨーロッパ、南北アメリカ、オセアニアなど

3．イスラム教徒はどのあたりに多いか。

北アフリカ、西アジア、中央アジア、インドネシアなど

4．イスラム教徒が多い地域に一カ所異なる地域がある。何という宗教か。（　ユダヤ　教）

5．仏教徒は、どのあたりに多いか。

東南アジア、チベット、モンゴルなど

3

宗教に関わる生活のきまり

1．イスラム教徒は、どんな服を着ているか。

男女とも全身を覆うようなゆったりとした服を着ている。布を被り肌を露出しない。白は男性で、黒は女性の服装である。

2．イスラム教徒が絶対に口にしない食べ物は、何か。

豚肉

3．右のマークは、イスラム教徒が安心して食べられる食材を示したものである。何というマークか。

ハラルマーク

4．日本では、どのような宗教を信仰しているか。

神道や仏教などが混ざった宗教観

（振り返り）

イスラム教徒が安心して食べることのできる食材を示したマークのことを何というかを調べる。ハラルマークを理解する。

日本人の宗教観を考える。日本人は、神道と仏教とが混ざった曖昧な宗教観をもっている。

3　まとめ

キリスト教徒はヨーロッパや南北アメリカ、イスラム教徒は北アフリカから西アジア、ヒンドュー教徒はインド、仏教徒は東南アジアなどで多い。ヒンドュー教徒は牛肉を食べない。イスラム教徒は豚肉や酒を口せず、豚肉や酒などの成分が含まれないハラルマークの付いた食材を食べる。日本では、神道と仏教とが混ざった曖昧な宗教観をもった人が多い。

ICT 活用のアイディア

1の景観写真を2枚提示し、どこの国の様子を示したのかを考えさせる。

2の宗教の分布を示した世界地図を提示して、キリスト教徒、イスラム教徒、仏教徒などが多い地域を捉えさせる。

3の写真資料を2枚提示し、イスラム教徒の食べ物に対する習慣を捉えさせる。

対話のアイディア

1の景観写真を見て、どこの国の様子を表したものなのか、またなぜ売っていないのかを、近くの人と相談して考えさせる。

3の日本では、どのような宗教を信仰しているかを近くの人と相談して考えさせる。

ワークシートの評価ポイント

- キリスト教は、ヨーロッパや南北アメリカ、イスラム教は北アフリカから西アジア、ヒンドュー教はインド、仏教は東南アジアなどで多く信仰されていることを捉えている。
- ヒンドュー教徒は、牛をイスラム教徒は豚肉や酒を口にしないことを理解している。
- 日本では、神道と仏教とが混ざった曖昧な宗教観をもっている人が多いことを理解している。

(2) オセアニア州：多文化主義

7時間

単元の目標

「多文化主義」を中核として、オセアニア州の特色ある地理的事象を他の事象と関連付けて多面的・多角的に考察し、表現する力を育成する。

単元を貫く問い

オーストラリアをはじめとしたオセアニア州の国々では、民族構成がどのように変化してきたのだろう。

1時	2・3時
大観する	多面的・多角的に
〔第1時〕 単元の導入として、オセアニア州がどのような地域かを大観する。 最初にカンガルー、コアラ、カモノハシなどを紹介し、どこの国に生息する動物かを問うとともに、その国がどの州に属するかを確認し、学習への関心を高める。 次にオセアニア州が、オーストラリア大陸と太平洋に広がる島々とで構成されていることを確認する。 さらに、オセアニア州で見られる景色について、紹介していく。写真を見ながら、その場所がどのような気候をしているかを生徒に考えさせたい。 最後に本時の振り返りとして位置と構成について自分の言葉でまとめを行う。	〔第2時〕 自然環境の視点からオセアニア州を考察する。写真と気候帯の塗り分けから、オーストラリアやニュージーランドの気候がどのように分かれているかを捉える。 また、雨温図を活用し、南半球にあることから季節が逆転することを理解する。最後に人口密度について考察を行い、気候帯と人口密度との関連について理解する。 〔第3時〕 「オーストラリアの移民政策と多文化主義」という視点から、オセアニア州について考察する。まとめである第7時につながるので、多文化主義にいたるまでのプロセスをしっかりと捉える。イギリスの植民地になったことで、原住民が激減し、白豪主義を経て多文化主義になったことを理解する。

単元を構造化する工夫

単元を構造化するために、第1時では個別の事象について理解するのではなく、オセアニア州全体の位置や構成を捉えられるような内容とした。オセアニア州の全体像をしっかりと捉えた上で第2時以降、「自然環境」「文化と歴史」「農業」「工業」などそれぞれの事象について写真やグラフ、地図から多面的・多角的に捉えることができるようにしている。

まとめである第7時では、オセアニア州での学習の中核である多文化主義について再度まとめることで、第3時で得た知識をさらに深められるようにした。

単元の評価

知識・技能	思考・判断・表現	主体的に学習に取り組む態度
○オセアニア州の地域的特色を、「多文化主義」を中核として考察し、多文化主義がオセアニア州の人々の生活や産業にどのような影響を与えているかを理解している。	○オセアニア州の国々が、ヨーロッパの国と密接な関係を保ちながら、近年アジアとのつながりを深めている理由や課題を多面的・多角的に考察している。	○オセアニア州について、多文化社会に着目しながら、オセアニア州の地域的特色や地域の新たな課題を主体的に追究し、解決しようとしている。

4～6時	7時
学ぶ	まとめる
（第4時） 「オセアニア州の農業」という視点からオセアニア州を考察する。ニュージーランドとオーストラリアで放牧がさかんであり、日本をはじめとしたアジアへの輸出も多いことを理解する。 （第5時） 「オーストラリアの工業と経済的な結び付き」という視点からオセアニア州を考察する。オーストラリアには豊富な鉱産資源があり、日本はオーストラリアから多くの鉱産資源を輸入していることを理解する。また、オーストラリアの貿易国もアジアが多くなっていることに着目する。 （第6時） 「太平洋の島々と日本との関わり」という視点からオセアニア州を考察する。観光業が盛んなオセアニアの島国に対して、ツバルへの援助や太平洋・島サミットなど日本が多様な援助をしていることを理解する。	（第7時） オセアニア州のまとめとして「オーストラリアの移民政策と多文化主義」についてまとめる。 歴史的経緯については、第3時で学習しているが、ジグゾー学習を用いて、歴史的経緯をグループでもう一度整理をした上で、「オーストラリアが多文化主義へと変化した理由」と「多文化主義を発展させていくためにどのような取組を行えばよいと思うか」について考える。必要な取組も立場によって異なるので、立場ごとに考えることにより深い学びにつなげていく。

課題解決的な学習展開にする工夫

課題解決的な学習展開にするために、第3時で学習した内容を、第7時でグループ活動を通して自分自身の言葉でまとめていく内容にした。また、第3時だけではなく、第4～第6時でも日本を中心としたアジアとのつながりが深まっていることを学習することにより、オセアニア州とアジア州のつながりが深まっている理由について多面的・多角的に考えられるようにしたい。

大観する

1/7

オセアニア州とはどのような地域か

本時の目標

オセアニア州の位置と構成を捉えられるようにする。

本時の評価

オセアニア州の世界の中での位置を捉えている。

オセアニア州がオーストラリア大陸と太平洋の島々からなることを理解している。

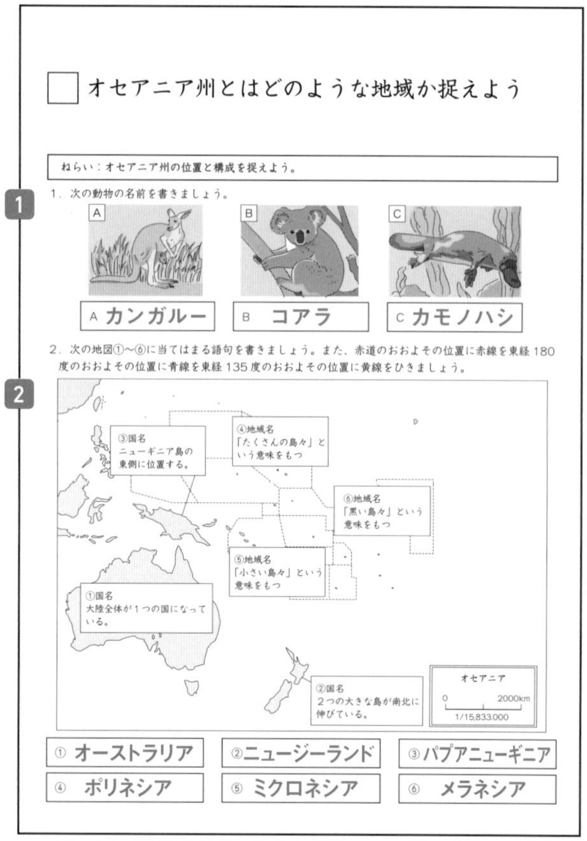

□ オセアニア州とはどのような地域か捉えよう

ねらい：オセアニア州の位置と構成を捉えよう。

1 1．次の動物の名前を書きましょう。

A カンガルー　B コアラ　C カモノハシ

2．次の地図①～⑥に当てはまる語句を書きましょう。また、赤道のおおよその位置に赤線を東経180度のおおよその位置に青線を東経135度のおおよその位置に黄線をひきましょう。

2

① オーストラリア	②ニュージーランド	③パプアニューギニア
④ ポリネシア	⑤ ミクロネシア	⑥ メラネシア

本時の授業展開

1　導入

プリントA・B・Cの動物は何という動物かを発問し、その動物といえば連想できる国を問う。

[生徒の反応］オーストラリア

オーストラリアが属している州名を問い、本日からオセアニア州について学習することを確認する。

2　展開

2の問題を解きながらオセアニア州の位置と範囲を確認する。その際に、赤道以外にも日付変更線や日本との位置関係にも着目させるようにする。日付変更線がまっすぐに引かれていない理由などにも触れられるとよい。

3のイラストを見ながら、オセアニア州での景色から見える特色を確認する。

以下は各イラストの説明

[左上］南半球を代表する経済の中心地シドニー。オーストラリア人口の約5分の1がシドニーに住んでいる。

イラスト手前は、世界的に有名な歌劇場・コンサートホール・劇場であるシドニー・オペラハウス。

[左下］オーストラリア内陸部の乾燥した大地を走る大陸横断鉄道。東西にパースからシドニーまでを結ぶインディアンパシフィック号は3泊4日で4352km を走行する。

[右上］ニュージーランドは、温暖な気候に恵まれ、国土の約4分の1を占める山地をう

3

3. 次のイラストはオセアニアのそれぞれどこか分かりますか。また、位置している場所を確認しましょう。

オセアニア州最大の都市シドニー（オーストラリア）

羊の放牧（ニュージーランド）

乾燥地帯を走る大陸横断鉄道（オーストラリア）

さんご礁の上に砂が積みあがってできた島国（ツバル）

4. オセアニア州の位置と構成について分かったことをまとめましょう。

位置について

日本の南、赤道をはさんだ南半球、日付変更線の近くに位置している。 (1)

構成について

オーストラリア大陸とニュージーランド、ミクロネシア、メラネシア、ポリネシアなど多くの島国で構成されている。 (2)

〈振り返り〉

まく活用し、国土の４割以上が肉牛や乳牛、羊の放牧地となっている。

［右下］さんご礁の上に砂が積み重なった島々からできているツバル。地球温暖化などによる海面上昇で国土が水没することが心配されている。

3　まとめ

本時で学習してきた内容を自分の言葉でまとめる。位置を説明する際には、世界の中での位置や日本との位置関係が分かるように答えを記入するように助言する。

ICT 活用のアイディア

1の写真を提示し、動物の名前を答えさせる。その際に、景色からどのような環境に住んでいるかも確認できるとよい。可能であれば、動画も活用したい。

2オセアニア州の地図を提示し、教科書や地図帳を参考に①～③の国名と④～⑥までの地域名を捉えさせる。

3４枚の写真とオセアニア州の地図帳を提示し、それぞれの景色が見られる場所を確認する。オーストラリアの２枚の写真から、内陸部と沿岸部では大きく景色が異なることに気付かせる。

対話のアイディア

1の写真について、「何という動物か」だけではなく、「どのような動物か」「景色からどのような環境に住んでいると思うか」などについて、近くの席の生徒と話し合わせる。

2の写真を見て、「それぞれの景色が見られるのはどこか」だけではなく、「どのような自然環境が見られる場所なのか」さらには「どうしてそのような環境になっているのか」などを近くの席の生徒と話し合わせる。

ワークシートの評価ポイント

１～３については、すべての正答を記入していること。

４については、以下のとおりとする。

⑴の空欄では、オセアニア州の位置を赤道や日付変更線及び日本との関係で捉えられていること。

⑵の空欄では、オセアニア州がオーストラリア大陸と多くの島々から構成されていることを捉えられていること。

多面的・
多角的に学ぶ

2/7

オセアニア州の自然環境

本時の目標

オーストラリアとニュージーランドを中心に、地形や気候などの主な自然環境の特色を理解できるようにする。

本時の評価

オーストラリアとニュージーランドを中心に、地形や気候などの主な自然環境の特色を理解している。

南半球にあるオーストラリアとニュージーランドは日付と季節が反対なこと、温帯地域で人口密度が高くなっていることを捉えている。

□ オセアニア州の自然環境

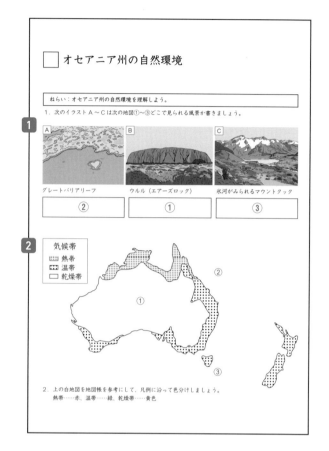

ねらい：オセアニア州の自然環境を理解しよう。

1

1．次のイラストＡ～Ｃは次の地図①～③どこで見られる風景か書きましょう。

A
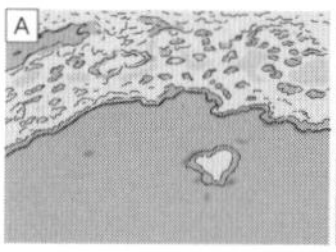
グレートバリアリーフ

②

B

ウルル（エアーズロック）

①

C

氷河がみられるマウントクック

③

2

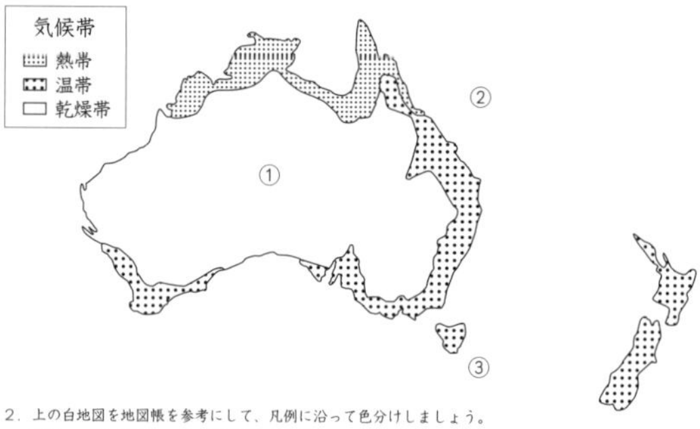

2．上の白地図を地図帳を参考にして、凡例に沿って色分けしましょう。
熱帯……赤、温帯……緑、乾燥帯……黄色

本時の授業展開

1　導入

プリント１のA～Cはオセアニア州で見ることができる景観であることを説明し、それぞれオセアニア州のどこの景観かを考える。

同じオセアニア州でも自然環境がまったく異なることに気付かせる。

2　展開

１をもとにオーストラリアとニュージーランドの気候帯を凡例に沿って色ぬりをする。

色をぬる際に、それぞれの気候帯がどのあたりに位置しているかを意識しながら作業するように助言する。

色ぬりが完了した後は、３でオーストラリアとニュージーランドそれぞれの気候帯の特色を説明する。オーストラリアの大部分が乾燥帯であること、大きく分けて３つの気候帯に分かれていることを確認する。

ニュージーランドについては、国土の大部分が温帯である一方で、南島では氷河が見られる場所もあることを確認する。

３では、サンタクロースという日本では冬の象徴となる人物が、サーフィンをしている姿を見せることで生徒の興味・関心を惹き付ける。

その後、雨温図をもとにオセアニア州が赤道を挟んで日本と逆の位置である南半球に位置しているため、季節が異なることを確認する。特にシドニーは日本と同じく温帯の温暖湿潤気候であり、平均気温もほとんど変わらないことを確認する。

3．オーストラリアとニュージーランドに分けて、それぞれの気候の特色を説明しましょう。

オーストラリア：北部の海沿いは熱帯、南東部・南西部の海沿いは温帯の地域が多く、国土の大半は中央部は乾燥帯となっている。
ニュージーランド：国土のほとんどが温帯となっている。（1）

3

4．次のイラストはオーストラリアのクリスマスの様子です。なぜ、このような服装をしているのかシドニーの雨温図を見て答えましょう。

➡シドニー
（オーストラリア）
年平均気温　18.2℃
年降水量　103.3mm

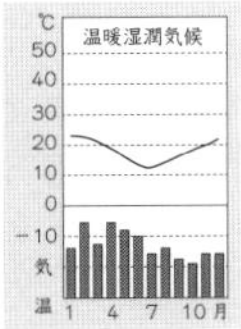

オーストラリアは南半球に位置しているため、北半球とは逆の気温の動きとなり、1年の中で12月から1月にかけての気温が高く、7月から8月にかけて気温が低くなる。そのため、12月に来るサンタクロースは真夏の服装をしている。（2）

4

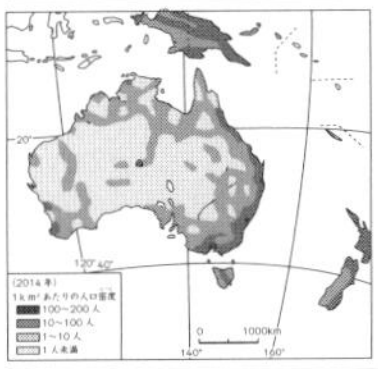

5．左の地図はオーストラリアの人口密度です。オーストラリアの気候の特色と関連付けて人口密度の特徴を説明しましょう。

オーストラリア中央部の乾燥帯地域や北部の海沿いの熱帯は人口密度がとても低く、南東部と南西部の海沿いの温帯は人口密度が高くなっている。（3）

〈振り返り〉

4では、オーストラリアの人口密度について確認する。オーストラリアは人口密度が1㎢あたり3人と世界でも人口密度が低い国であり、特に中央部の乾燥帯はほとんど人が住んでいないことを確認する。

一方で、シドニーなどをはじめとした温帯の都市部では人口密度が高くなっていることを確認する。

3　まとめ

オセアニア州が乾燥帯、温帯、熱帯と異なる気候帯に分かれており、人口密度と密接な関係にあることを理解できたかを問う。また、南半球にあることから日本と季節が逆になることを理解しているかを確認する。

ICT活用のアイディア

1の写真を提示し、それぞれの場所がどのような自然環境であるかを確認する。

2の地図を示し、オーストラリア大陸は北部が熱帯、南東部と南西部の沿岸が温帯で残りの大部分が乾燥帯であること、ニュージーランドが温帯であることを捉えさせる。

3の写真を提示し、クリスマスが夏にあることを確認する。雨温図を提示し、なぜ、夏にクリスマスがあるのかを考えさせる。

4の地図を提示し、人口密度が高い地域はどのような自然環境になっているのかを考えさせる。

対話のアイディア

1の写真から「どのような自然環境か」「気候帯は何だと思うか」といった設問を近くの席の人と話し合わせる。

3の写真を見て、「服装からどんな気候だと予想できるかな」などと発問をした後に、グループごとに雨温図を活用してシドニーの気候を説明させる。

4の地図とともに2の写真を見て、「人口密度と自然環境にはどのような関係があるのか」をグループで話し合わせる。

ワークシートの評価ポイント

(1)の空欄では、オーストラリアとニュージーランドの気候帯の特色について正しく理解できていること。

(2)の空欄では、オーストラリアが南半球に位置していることから、日本と季節が逆になることを捉えられていること。

(3)の空欄では、オーストラリアの人口密度について、自然環境との関連を理解できていること。

多面的・
多角的に学ぶ

3/7

オーストラリアの移民政策と多文化主義

本時の目標

オセアニア州におけるヨーロッパの影響とオーストラリアが白豪主義から多文化主義に転換したことについて理解できるようにする。

本時の評価

オーストラリアにおけるヨーロッパの影響と多文化社会への転換について理解している。

オーストラリアが白豪主義から多文化主義に転換した背景と理由及び多文化主義への転換に関する課題について多面的・多角的に考察している。

□ オーストラリアの移民政策と多文化主義

ねらい：①オーストラリアの移民政策の推移を捉えよう。
②オーストラリアの多文化主義について考えよう。

1．次の国旗はオセアニア州の国々の国旗です。共通する特色を見付け、なぜ、そのような特色があるのか書きましょう。

1

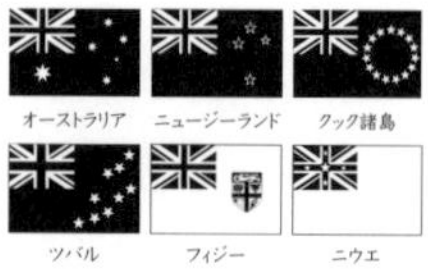

国旗の左上にイギリスの国旗が記されている。かつて植民地としてイギリスに支配されていたから。 (1)

2．オーストラリアで利用されている言語および信仰されている宗教は何か、地図帳を見て、書きましょう。

言語：英語が使われている。宗教：キリスト教が信仰されている。

3．次の地図はアボリジニ（オーストラリアの先住民）の定住地の変化を示しています。アボリジニの定住地がどのように変化したかを説明しましょう。

2

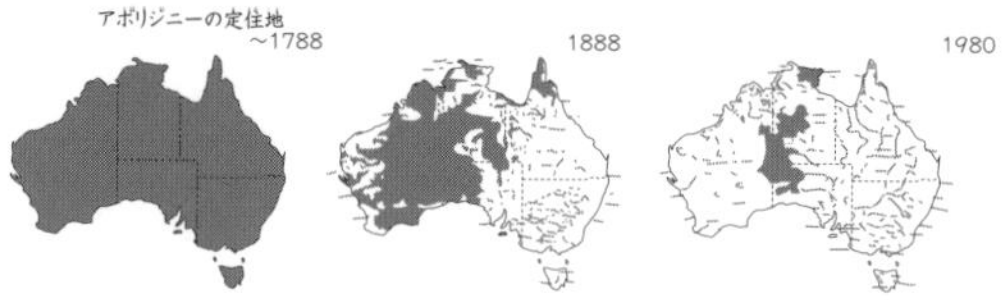

1788年まではオーストラリア全土に定住していたが、徐々に定住地が減っていき、1980年には中央部の砂漠地帯に少数が残るのみとなった。 (2)

4．なぜ、アボリジニの定住地が2のように変化したのか理由を説明しましょう。

オーストラリアに多くの開拓者が訪れ、アボリジニの定住地が奪われたから。 (3)

本時の授業展開

1 導入

6つの国旗はすべてオセアニア州のものであることを説明し、なぜ、国旗の共通点とそのような共通点があるのかを考える。植民地支配であることを確認した上で、オーストラリアの公用語が英語、主な宗教がキリスト教であることを確認する。

2 展開

もともとオーストラリアには「アボリジニ」という先住民が住んでいたことを確認する。その際に、ニュージーランドには「マオリ」という先住民、太平洋の島々にはミクロネシア人やポリネシア人が住んでいたことも確認したい。

3の地図より先住民であるアボリジニの居住地がどんどん縮小してしまったこと、その背景には入植者たちが土地を奪っていったことを読み取る。

4については、アボリジニは狩猟・採集生活を行っており、農耕や牧畜を行うことなく、定住せずに野営生活を行っていたことから、所有権が認められずに土地を取り上げられてしまったことを確認する。

5の資料からは、イギリスが入植して以降、1960年代まではオーストラリアへの移民はイギリスとアイルランド人が中心だった1901年以降は、白人以外の移民は認めない極端な白豪主義政策を行った。1960年以降、アジアからの移民が増えはじめ、1970年代には、白豪主義政策を撤廃し、文化の多様性を認

5．次のグラフはオーストラリアに住む移民の出身地の変化である。分かることを書きましょう。

3

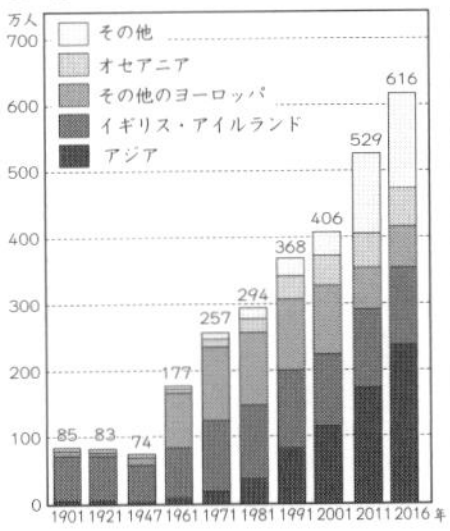

1901年、オーストラリアに住む移民は100万人弱であり、そのほとんどがイギリス人やアイルランド人で、ヨーロッパからのみだったが、1961年からアジアやその他の地域からの移民が住むようになった。近年はアジアからの移民が一番多くなっており、600万人を超えている。

(4)

6．次の文書を読んで続く問いに答えましょう。

オーストラリアは、先住民族であるアボリジニに加えて、多様な文化的背景をもつ移民によって成り立っている。とくに第二次世界大戦以降、イギリスやアイル民族以外の国々からも積極的に移民を受け入れ、現在までに到着した移民は、およそ200か国から約700万人にのぼる。1970年代以降、政府は多文化主義を導入して、移民の文化の尊重に基づく政策を推進するようになった。

多様な民族がいかに協調しながら共存できるのか、同時に諸文化の接触と融合が新たな創造をもたらすのか、多文化社会オーストラリアはこれらについての実験場でもある。(新版オセアニアを知る辞典参照)

① なぜ、移民の出身地が5のように変化したのか答えましょう。

第二次世界大戦以降、白人以外の移民も積極的に受け入れ、1970年からは多文化主義に転換したため。

② オーストラリアという国はどのような特色をもつ国なのか、次の資料を参考に文化に着目してまとめましょう。

多様な民族がいかに協調しながら共存し、様々な文化が接触・融合し合う多文化社会という特色をもつ国である。

《自己評価》

める多文化主義政策に転換した。現在ではアジアからの移民が一番多くなっている。

3　まとめ

6については、①は文書からの読み取りとなるが、その際、「多文化主義」というキーワードを読み取れるようにすることが重要である。

また、もともとの移民がイギリスやアイルランド民族であったのは、植民地として支配されていたことについても、再度ここで確認する。

②では、オーストラリアが多文化主義を掲げる国として、何が求められるのかについても確認する。

ICT 活用のアイディア

1 の国旗を提示し、提示されたオセアニア州の国旗にはイギリスの国旗が描かれていることを確認する。

2 の地図を提示し、アボリジニの定住地の変化を捉えさせる。その際に、オーストラリアの自然環境を確認し、人が住みづらい環境である乾燥帯が現在の定住地になっていることを説明する。

3 のグラフを提示し、オーストラリアの移民の数が増えていること、出身地がイギリス・アイルランドが多かったのが、その他ヨーロッパが増え、現在はアジアが多いことを確認する。

対話のアイディア

1 で提示された国旗には「どんな共通点があるのか」「なぜ、そのような共通点が見られるのか」といった設問を近くの席の生徒と話し合わせる。

2 の地図を見て、「アボリジニの定住地はどのように変化しているのかな」「現在の定住地はどのような自然環境かな」といった設問をについて近くの生徒と話し合わせる。

3 のグラフを見て、「なぜ、そのような変化が起きているのか」グループで話し合わせる。

ワークシートの評価ポイント

(1)の空欄では、オセアニア州各国の国旗にイギリス国旗が記されていることと、その理由について正しく理解できていること。(2)(3)の空欄では、アボリジニの定住地が大幅に減少しており、開拓者（＝イギリス人）が奪ったことを読み取れている。

(4)の空欄では、グラフから移民が増加していること、当初はイギリス人やアイルランド人がほとんどだったが、近年はアジアからの移民が多いことを正しく読み取れている。

多面的・多角的に学ぶ 4/7

オセアニア州の農業

本時の目標

オーストラリアやニュージーランドを中心としたオセアニアの農業の特色を理解できるようにする。

本時の評価

オーストラリアやニュージーランドを中心としたオセアニアの産業の特色について理解し、分布図からオーストラリア大陸の各地で農業が盛んであるところを調べまとめている。

□ オセアニア州の農業

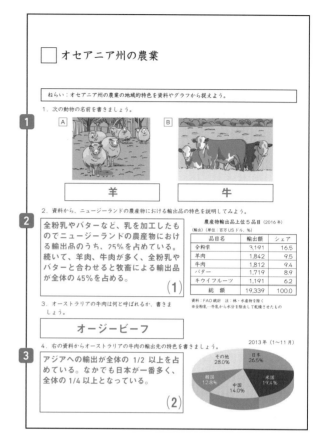

ねらい：オセアニア州の農業の地域的特色を資料やグラフから捉えよう。

1 1．次の動物の名前を書きましょう。

A

羊

B

牛

2．資料から、ニュージーランドの農産物における輸出品の特色を説明してみよう。

2 全粉乳やバターなど、乳を加工したものでニュージーランドの農産物における輸出品のうち、25%を占めている。続いて、羊肉、牛肉が多く、全粉乳やバターと合わせると牧畜による輸出品が全体の45%を占める。 (1)

農産物輸出品上位５品目（2016年）

〈輸出〉（単位：百万USドル、%）

品目名	輸出額	シェア
全粉乳	3,191	16.5
羊肉	1,842	9.5
牛肉	1,812	9.4
バター	1,719	8.9
キウイフルーツ	1,191	6.2
総　額	19,339	100.0

資料：FAO統計　注：林・水産物を除く

※全粉乳…牛乳から水分を除去して乾燥させたもの

3．オーストラリアの牛肉は何と呼ばれるか、書きましょう。

オージービーフ

4．右の資料からオーストラリアの牛肉の輸出先の特色を書きましょう。

3 アジアへの輸出が全体の 1/2 以上を占めている。なかでも日本が一番多く、全体の 1/4 以上となっている。 (2)

2013年（1～11月）

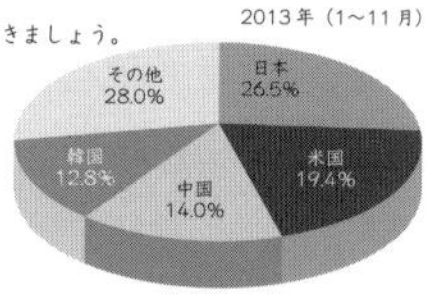

本時の授業展開

1　導入

１の写真の動物はオーストラリアとニュージーランドで多く飼育されている家畜であり、この２つの動物がオセアニア州の農業には欠かせないものであることを確認する。

2　展開

２にて、まずはニュージーランドの農業について確認する。第１時に羊が放牧されている写真があったが、ニュージーランドの農産物の輸出品は羊に関するものが多くの割合を占めていることを確認する。

３でオーストラリア産の牛肉が日本では「オージービーフ」と固有の名詞がつくほど有名であることを確認した上で４のグラフを見る。オーストラリアの牛肉の輸出先について、１／４が日本であることが分かる。また、中国や韓国などアジアとのつながりが深いことも確認する。

５では、オーストラリアの地図に着色することで、オーストラリアでは、内陸の乾燥帯の地域以外は農業が広く行われていることに気付かせる。その中でも牛や羊の放牧が多くの面積を占めていることも読み取る。

着色をした上で、分布についても読み取りを行っていく。地図には降水量に関する情報も載っており、同じ放牧でも牛と羊では飼育する場所の降水量は異なっており、牛の方が降水量の多い場所で飼育されていることが分かる。これは、羊の方が乾燥に強く、塩分濃度の高い水

4

5．次の地図はオーストラリアの降水量と農業地域です。

①凡例に沿って着色しましょう。

放牧（牛）……ピンク、放牧（羊）……緑、さとうきび……赤、野菜・果樹……オレンジ

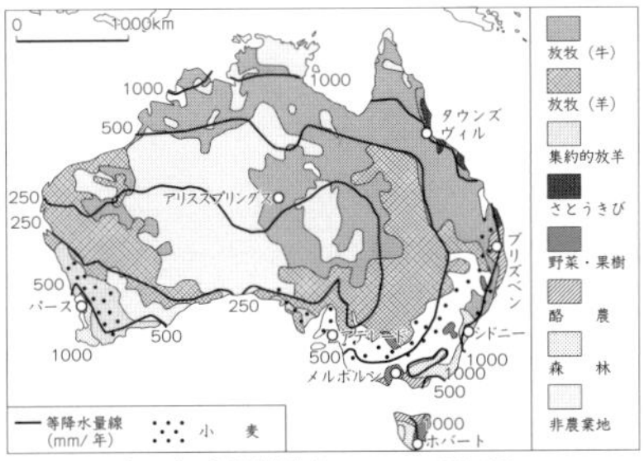

オーストラリアの農牧業（Jacaranda Atlas 2007，ほか）

②放牧（牛）・放牧（羊）はどのようなところでされていますか。

放牧（牛）はオーストラリア大陸の北部を中心に比較的高水量の多いところで行われている。放牧（羊）は放牧（牛）と比較すると雨の少ない内陸部で行われている。（3）

③野菜や果樹はどのようなところで栽培されていますか。

オーストラリア大陸の南東部、南西部で雨が 500 ～ 1000m のところで比較的多く栽培されている。（4）

④さとうきびはどのようなところで栽培されていますか。

北東部の雨が 1000m 以上と非常に多いところで行われている。（5）

（振り返り）

も飲めることから地下水が豊富な内陸でも飼育できるためである。

また、野菜や果樹の栽培には南東、南西の温帯地域で多く栽培されており、一方、高温多湿で育つさとうきびはタウンズヴィル周辺の熱帯で栽培されていることを確認する。

3　まとめ

オーストラリアやニュージーランドでは羊と牛の飼育が盛んで、世界中に輸出されており、その相手国として日本を含むアジアが多いこと、また、オーストラリアでは、中央の乾燥帯を除いて全土にわたって農業が盛んであることが理解できたかを確認する。

ICT 活用のアイディア

1 の写真を提示し、動物名を確認するとともに、これらの動物がオセアニア州では重要な農産物であることを捉えさせる。

2 の表を提示し、ニュージーランドの輸出品の上位が牛と羊の牧畜からつくられるものであることを気付かせる。

3 のグラフを示し、オージービーフの輸出先として日本が一番多く、上位をアジアが占めていることを確認する。

4 の地図を見て、オーストラリアの農業が降水量と深く関係していることを捉えさせる。

対話のアイディア

1 の表を見て、「ニュージーランドの輸出品上位に共通しているのは何だろう」といった設問を近くの生徒と話し合わせる。

3 のグラフを見て、「オージービーフの輸出先として、どんな国が上位を占めているのだろう」といった設問を近くの生徒と話し合わせる。

4 の地図を見て、「オーストラリアの農業と降水量にはどのような関係があるか」といった設問にグループで考えさせる。

ワークシートの評価ポイント

(1)の空欄では、ニュージーランドの輸出品のほとんどが牧畜によるものであることを読み取れている。

(2)の空欄では、アジアと日本の占める割合に着目して読み取れている。

(3)の空欄では、放牧（羊）と放牧（牛）の分布を降水量と関連させて、正しく読み取れている。

(4)の空欄では、野菜や果樹の栽培されている場所の位置を正しく読み取れている。(5)の空欄では、さとうきびの栽培されている場所の位置を正しく読み取れている。

多面的・
多角的に学ぶ

5/7

オーストラリアの工業と経済的な結び付き

本時の目標

オーストラリアの工業の特色を理解できるようにする。

また、日本やアジアの国々との経済的な結び付きについて理解できるようにする。

本時の評価

オーストラリアの輸出相手国の変化からオーストラリアの工業の変化や発展を日本やアジアの国々との結び付きに着目して多面的・多角的に考察している。

□ オーストラリアの工業と経済的な結び付き

ねらい：①オーストラリアの工業の特徴を地図やグラフから読み取ろう。
②日本やアジアの国々との経済的な結び付きについて理解しよう。

1

1．次のイラストのようにオーストラリアの鉄鉱石や石炭などの鉱山で行われている、大規模な採掘の方法（※）を何といいますか。

露天掘り

※坑道を掘らずに地表から渦を巻くように地下めがけて掘っていく極めて原始的な採掘手法

2

2．次の資料はオーストラリアの鉱産資源です。

オーストラリアの鉱産資源

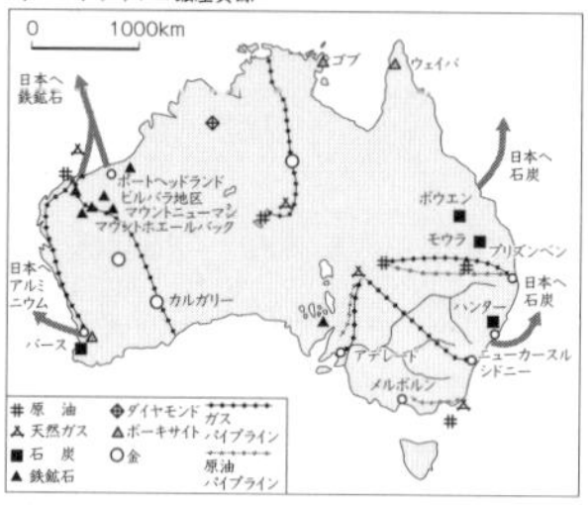

(1) オーストラリアでとれる鉱産資源にはどのようなものがあるか、書き出しましょう。

原油、天然ガス
石炭、鉄鉱石
ダイヤモンド
ボーキサイト
金など

(2) 石炭と鉄鉱石はどのような場所でとれていますか。書きましょう。

【石炭】
オーストラリア大陸の東部と南西部でとれている。
【鉄鉱石】
オーストラリア大陸の北西部でとれている。

本時の授業展開

1　導入

オーストラリアでは露天掘りと呼ばれる大型機械を利用し、大規模に鉱山資源が採掘されていることを確認する。

2　展開

2でオーストラリアで採掘できる鉱山資源について確認する。原油、天然ガス、石炭、鉄鉱石、ダイヤモンド、ボーキサイト、金と様々な鉱山資源が採掘できることと、地図中の矢印より、その多くが日本や中国などアジアに輸出されていることを読み取る。また、石炭は主に大陸の東部と南西部、鉄鉱石は大陸の北西部など、資源によって、分布が異なることも読み取る。

3では、日本がオーストラリアから多くの鉱山資源を輸入していることを確認する。特に2の⑵で確認した石炭と鉄鉱石については、日本の輸入の半分以上がオーストラリアからであることを気付かせる。

ここまででオーストラリアの鉱山資源が豊富であり、日本はその多くを輸入していることを確認してから、次にオーストラリアとアジアの経済的な結び付きについて資料を読み取っていく。

4はオーストラリアの貿易相手国の変化である。1965年にはイギリスが貿易相手国第1位であったのが、1985年には日本、2018年には1位中国、2位日本とアジアが圧倒的に多くなっていることを読み取らせる。

そもそも、イギリスが貿易相手国1位であったのは、オーストラリアがイギリスの植民

3．次のグラフは日本の資源輸入です。オーストラリアに着目して分かることを書きましょう。

3

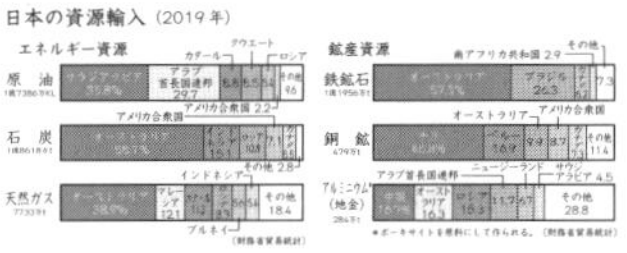

日本の資源輸入先として石炭、天然ガス、鉄鉱石の輸入先として、オーストラリアが一番多くなっている。また、銅鉱やアルミニウムも輸入先となっている。

(1)

4．次のグラフはオーストラリアの貿易相手国の変化です。どのように変化してきているか説明しましょう。

4

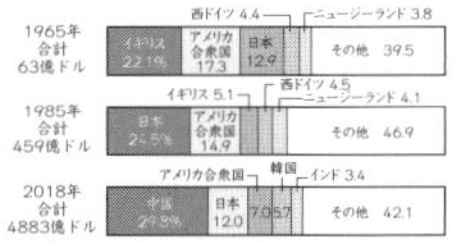

1965 年はイギリスとの貿易を一番行っていたが、1985 年には日本が一番となった。その後、2018 年には中国と貿易額が一番多くなり、他にも日本や韓国などアジアとの貿易が多い。

(2)

5．次の文書を読み、オセアニア州とアジア諸国はどのような関係にあるのか、簡単に説明しましょう。

アジア太平洋経済協力（APEC）とは
- アジア太平洋地域の21の国と地域が参加する経済協力の枠組み。
- アジア太平洋地域の持続可能な成長と繁栄に向けて、貿易・投資の自由化・円滑化や地域経済統合の推進、経済・技術協力等の活動を実施。
- APECの取組は、自主的、非拘束的、かつ合意に基づく協力によって成立。
- ビジネス界とも密接に連携している。

（参加している国と地域）オーストラリア、ブルネイ、カナダ、チリ、中国、香港、インドネシア、日本、韓国、マレーシア、メキシコ、ニュージーランド、パプアニューギニア、ペルー、フィリピン、ロシア、シンガポール、台湾、タイ、米国、ベトナム

アジア太平洋経済協力（APEC）という組織を通じて経済協力をしており、貿易・投資の自由化や地域経済統合の推進、経済・技術協力等の活動を行っている。

(3)

〈振り返り〉

地であったことを確認した上で、現在は距離的に近いアジアに移り変わったことを理解する。

5では、オセアニア州とアジア州が APEC という組織を通じて経済協力を行っていることを文章資料から読み取る。

3　まとめ

もともとはイギリスの植民地であったことから、イギリスとの結び付きが強かったが、現在はヨーロッパよりも距離が近いアジアとの関係が深まっており、アジア太平洋経済協力（APEC）などのつながりにより幅広い経済活動を行っている。

このような取組もあり、アジアとの結び付きが強まっていることを理解する。

ICT 活用のアイディア

1の図を提示し、大規模に鉱産資源を採掘するために、地表を削って掘り下げていることを説明する。

2の地図を示し、オーストラリアでは多様な鉱山資源がとれることに気付かせる。

3のグラフより、日本の資源輸入において、オーストラリアの重要性に気付かせる。特に石炭、天然ガス、鉄鉱石は資源輸入の多くを占めていることを捉えさせる。

4のグラフを示し、オーストラリアの貿易相手国がイギリスから日本、さらには中国・日本と変化していることを捉えさせる。

対話のアイディア

2の地図を見て、「どんな鉱産資源がとれているのか、その中でも多くの場所で採掘できるのは何か」また、「他に地図から読み取れることは何か」など近くの席の生徒と話し合わせる。

4のグラフを見て、「貿易相手国の1位はどのように変化してきたかな」「第3時で行った移民の出身地のグラフと合わせて考えて分かることはあるかな」といった設問を近くの生徒と話し合わせる。

ワークシートの評価ポイント

(1)の空欄では、日本の資源輸入先として、石炭、天然ガス、鉄鉱石などオーストラリアが1位であることを読み取れている。

(2)の空欄では、オーストラリアの輸出相手国の変化を正しく読み取れている。

(3)の空欄では、アジア太平洋経済協力（APEC）という組織があることで、経済活動を通してアジア州とオセアニア州の結び付きがあることが理解できている。

多面的・
多角的に学ぶ

6/7

太平洋の島々と日本との関わり

本時の目標

太平洋の島国における自然環境と観光について理解できるようにする。

日本と太平洋の島国の関係について考察できるようにする。

本時の評価

太平洋の島国の成り立ちを自然環境との関係で理解するとともに、豊かな自然環境を利用した観光がさかんなことを捉えている。

日本が太平洋の島国が抱える自然災害や気候変動における環境変化などの課題に対して支援していることを多面的・多角的に考察している。

□ 太平洋の島々と日本との関わり

ねらい：①太平洋の島々には多くの観光資源があることを捉えよう。
②太平洋の島々と日本の結び付きを理解しよう。

1．次のイラストは太平洋に浮かぶ島であるボラボラ島とアメデ島です。それぞれの島は何でできていますか。また、どのような違いがあるか書きましょう。

1

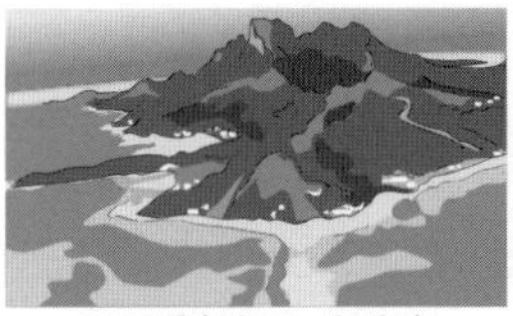
フランス領ポリネシア・ボラボラ島

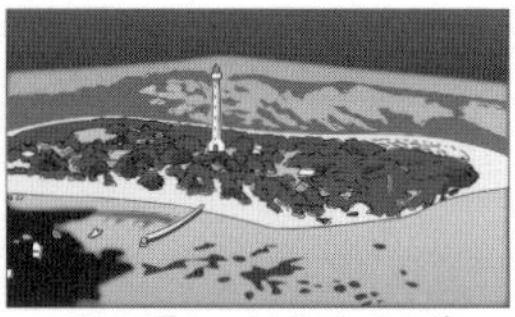
フランス領ニューカレドニア・アメデ島

火山からできている。島全体が山になっており、標高が高くなっている。

さんご礁からできている。島全体が山になっており、標高が低くなっている。

2．2つの島に共通している産業は何ですか。

観光地として有名であり、世界中多くの国から観光客が訪れている。

2

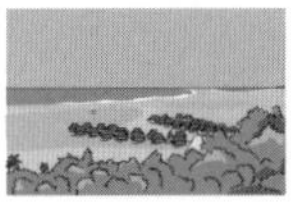

本時の授業展開

1　導入

フランス領ポリネシアにあるボラボラ島とフランス領ニューカレドニアにあるアメデ島の2つの島を比較し、太平洋の島々は火山から形成されたもの、さんご礁から形成されたものがあることを理解する。

2　展開

太平洋の島国の重要な産業として観光があることを理解する。ヨーロッパ諸国の植民地であったため、ヨーロッパからの観光客も多いが、近年はアジアからの観光客が増えている。一方、リゾート施設を経営する外国企業に多くの利益が流れたり、大規模ホテルや観光施設の建設などにより環境破壊が起こったりするなどの問題がある。

次に太平洋の島国と日本との関係を見ていく。

3はツバルに関する資料である。ツバルは地球温暖化による海面上昇で、国土が水没することが心配されている国である。日本もツバルに対して支援を行っている。なお、ツバルへの援助は政府レベルに限らず、例えば、ツバルオーバービューなど、環境支援に長らく取り組んできたNGOなどもある。

また、ツバルへの取組以外にも4のとおり、太平洋・島サミットという取組も行っている。1997年以降、3年ごとに開催され、コロナ禍の2021年7月にもテレビ会議方式で開催されている。その際に、日本は太平洋島嶼国と

3

3．次の資料をみて、分かることを書きましょう。

「沈む国」への援助
これまで日本から太平洋の国々へに多様な援助がなされてきたが、近年では環境分野での支援が注目を集めている。なかでも「沈む国」としてメディアを騒がせてきたツバルは気候変動対策として多くの支援が行われてきた。ツバルは気候変動に起因する海面上昇にともない、今後、高波や海岸浸食の被害が深刻化する、あるいは首都フナフティ環礁ではすでにその被害があらわれているといわれており、対策が叫ばれてきた。（太平洋諸島の歴史を知るための60章参照）

ツバルの首都フナフティの建物（左は浸水前、右は満潮が近づき浸水し始めたときの様子）

気候変動により、ツバルは高波や海岸浸食の被害が深刻化しており、日本はツバルに対して多くの支援を行ってきている。 (1)

4．日本と太平洋の島々の関わりについて次の資料を読んでまとめましょう。

ミクロネシア、メラネシア、ポリネシアの国々からなる太平洋の島国は、親日的で、国際社会において日本の立場を支持するなど、日本にとって重要な国々です。太平洋・島サミット（Pacific Islands Leaders Meeting：PALM）は、日本がこれらの国々との関係を強化する目的で、1997年に初めて開催され、以後3年毎に日本で開催されています。太平洋の島国は、「国土が狭く、分散している」、「国際市場から遠い」、「自然災害や気候変動等の環境変化に脆弱」などの困難を抱えており、太平洋・島サミットではこうした様々な課題について共に解決策を探り、太平洋島しょ地域の安定と繁栄を目指し、首脳レベルで議論を行っています。（外務省HP参照）

PALM9 The 9th Pacific Islands Leaders Meeting

太平洋の島国は、国際社会において日本の立場を支持するなど、日本にとって重要な国々であり、太平洋・島サミットを3年に1度日本で開催している。 (2)

〈振り返り〉

の関係を更に強化する政策である「太平洋のキズナ政策」を発表し、太平洋の島国はこの発表を歓迎している。

3　まとめ

ミクロネシア、ポリネシア、メラネシアにある太平洋の島国の多くは、ヨーロッパの植民地となっていたが、近年はリゾート地として世界中から観光客が訪れ、アジアからも多くの観光客が訪れてるいことを理解する。

一方、太平洋・島サミットを開催するなど、日本との結び付きが強いことも確認する。

ICT活用のアイディア

1の写真を提示し、ボラボラ島は全体が山になっており、中央部が河口のようになっていることから火山で形成されていることに気付かせる。一方、アメデ島は全体が低く、周囲はきれいな海になっており、さんご礁から形成されていることに気付かせる。

2の写真を順番に示し、きれいなビーチをはじめとして、多くの観光資源が太平洋の島々にはあることを確認する。

3 2枚の写真を示し、ツバル・フナフティの建物が満潮時には浸水してしまっていることを確認する。

対話のアイディア

1の写真を見て、「2つの島の景観を比較するとどんな違いがあるかな」「2つの島はそれぞれ何からできているんだろう」「それぞれの島はどのようにできたのだろう」という問いについて近くの生徒と話し合わせる。

3の写真を見て、「2つの写真を比較するとどんなことが分かるのかな」また「なぜ、このような状況が起きるのかな」「どのように対策をしていくのだろうか」という問いについてグループで考えさせる。

ワークシートの評価ポイント

(1)の空欄では、ツバルが、気候変動により高波や海岸浸食の被害が深刻化しており、日本はツバルに対して多くの支援を行っていることを理解できている。

(2)の空欄では、太平洋・島サミットが3年に1度開催されており、日本と太平洋の島国は密接な関係にあることを読み取ることができている。

まとめる

7/7

オセアニア州のまとめ

本時の目標

他地域との関係の変化によって、地域にどのような影響が生じているかを理解できるようにする。

本時の評価

単元の学習を振り返り、多文化社会を実現するための課題や方策について主体的に追究・整理しようとしている。

□ オセアニア州のまとめ

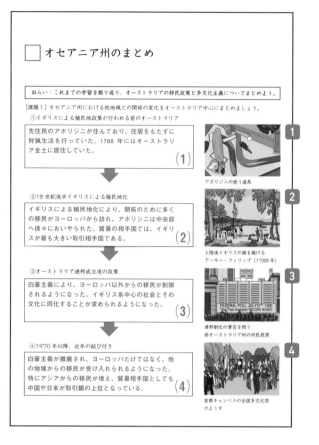

ねらい：これまでの学習を振り返り、オーストラリアの移民政策と多文化主義についてまとめよう。

[課題1] オセアニア州における他地域との関係の変化をオーストラリア中心にまとめましょう。

①イギリスによる植民地政策が行われる前のオーストラリア

先住民のアボリジニが住んでおり、住居をもたずに狩猟生活を行っていた。1788 年にはオーストラリア全土に居住していた。(1)

1 アボリジニの使う道具

②18 世紀後半イギリスによる植民地化

イギリスによる植民地化により、開拓のために多くの移民がヨーロッパから訪れ、アボリジニは中央部へ徐々においやられた。貿易の相手国では、イギリスが最も大きい取引相手国である。(2)

2 上陸後イギリスの旗を掲げるアーサー・フィリップ（1788 年）

③オーストラリア連邦成立後の政策

白豪主義により、ヨーロッパ以外からの移民が制限されるようになった。イギリス系中心の社会とその文化に同化することが求められるようになった。(3)

3 連邦制化の賛否を問う西オーストラリア州の州民投票

④1970 年以降、近年の結び付き

白豪主義が撤廃され、ヨーロッパだけではなく、他の地域からの移民が受け入れられるようになった。特にアジアからの移民が増え、貿易相手国としても中国や日本が取引額の上位となっている。(4)

4 首都キャンベラの全国多文化祭のようす

本時の授業展開

1　導入

章のまとめとして、本時は第3時に学習したオーストラリアの移民政策と多文化主義を、今度は自分自身でまとめていく時間であることを生徒に説明する。生徒自身のまとめを行った上で、最終的には多文化主義を発展させていくための取組を考えてもらうことを伝え、本時の学習に見通しをもたせる。

2　展開

まずは、多文化主義になるまでの歴史的背景をまとめる。第3時に活用した資料に加えて、教科書・地図帳のほかタブレットを活用して調べ学習を行う。

調べる際には各自で調べさせるのもよいが、４人～５人グループで行うジグゾー学習（グループごとに①～④まで調べる担当を決め、調べた後に班内で調べた内容を共有し、①～④まですべてが埋まるようにする）ことを提案したい。

班内で共有を終えた後は、クラス全体で簡潔に歴史的経緯の確認を行う。班によって出てきた内容が多少異なると思うが、①アボリジニ、②植民地政策によるヨーロッパからの移民、③白豪主義、④多文化主義というキーワードが入っていることを確認したい。

その上で、オーストラリアがなぜ多文化主義へと変化したのか理由を各自でまとめる。その際、白豪主義を貫かなかった理由についても考えたい。

［課題２］オーストラリアが多文化主義へと変化した理由をまとめよう。

［課題３］多文化主義を発展させていくためにはどのような取組を行えばよいと思うかまとめましょう。
その際、「先住民」「移民」「移民の子孫の人々」それぞれの立場から考えましょう。

≪評価の基準≫
①多文化主義へ変化した理由を歴史的経緯のまとめから、多角的・多面的に捉えることができているか。
③ 中学生として適切な文章の質と量で記入ができているか。
④ 具体的な事例をあげながら、自身の言葉で書けているか。
②それぞれの立場から多文化主義を発展させていくための取組を、多角的・多面的に捉えることができているか。

〈振り返り〉

3　まとめ

今後、オーストラリアが多文化主義を発展させていくためにはどのような取組を行えばよいと思うかを考える。

その際には、「先住民」「移民」「移民の子孫」それぞれの立場で考えることを確認する。立場が違えば、求めるものも変わってくることを理解することを通して、深い学びが実現できると考える。

ICT 活用のアイディア

1の写真とともに第３時で扱った**2**の地図を提示し、18世紀後半までのオーストラリアの状況を確認する。

2の写真とともに第３時で扱った**1**の国旗や移民の出身地の変化を提示し、課題へ取り組む際に活用することを助言する。

3の写真を提示し、オーストラリアは当時、６つの植民地に分かれていたが、国家統一を目指して連邦制に移行したことを説明する。

4の写真を提示し、多くの国の国旗が共存していることを確認し、そこから何が読み取れるかを考えさせる。

対話のアイディア

1の写真を見て、「誰が使っていたのかな」「どんな道具なのか」といった設問を①を調べる生徒同士で話し合わせる。

2　**3**の写真を見て、「この後、オーストラリアはどのように変化していくのかな」といった設問を②③を調べる生徒同士で話し合わせる。

4の写真を見て、「なぜ、色んな国の国旗があるのかな」といった設問を④を調べる生徒同士で話し合わせる。

ワークシートの評価ポイント

⑴の空欄では、アボリジニと呼ばれる先住民が住んでいたことを理解している。⑵の空欄では、ヨーロッパからの移民が増加したこと、アボリジニが住む場所を奪われたことを理解している。⑶の空欄では、白豪主義によって、ヨーロッパ以外の他地域からの移民が制限されたことを理解している。⑷の空欄では、白豪主義が撤廃され、他地域からの移民を受け入れ、特にアジアからの移民が増えたことを理解している。

(2) ヨーロッパ州：EU のメリットとデメリット

6 時間

単元の目標

地理的事象に関わる諸資料からヨーロッパ州の地域的特色を読み取り理解する。また、EU としてまとまることのメリットやデメリットを、ヨーロッパの地理的な背景と関連付けて説明することができる。

単元を貫く問い

EU がヨーロッパ州の人々にもたらしたものから、世界の人々が学ぶことは何だろう。

1・2 時	3・4 時
大観する	多面的・多角的に
(第 1 時) 資料から、ヨーロッパ州の多くの人がキリスト教を信仰していることや生活文化と密接に関わっていること、他国の言語でも似たような言葉があること、ヨーロッパの代表的な国の名前と位置の 3 点を確認する。 (第 2 時) 資料から、ヨーロッパでは国境を越えた移動がしやすく便利なことを確認する。NHK for School の動画を見て、EU としてまとまるメリットを理解し、ヨーロッパが EU としてまとまることができた地理的な要因を考える。 本時の学習内容を振り返り、単元の問いの意図を把握する。	(第 3 時) ヨーロッパの自然環境を地図帳で調べる学習を通して、その特色を大観する。 地中海やアルプス山脈、氷河地形などヨーロッパの特徴的な自然環境について諸資料を読み取る学習を通して理解する。 偏西風、北大西洋海流の与える影響について諸資料から読み取り、ヨーロッパの気候の特徴を理解する。 (第 4 時) 北欧の木材、地中海のレモン、フランスの小麦など各地の代表的な作物の栽培と自然環境との関係を資料から読み取る。 各国の農作物の自給率に関する資料などからヨーロッパの農業の地域間格差とその解決のための取組について考える。

単元を構造化する工夫

まず、本単元の「ゴール」である「ヨーロッパの地域的特色を捉えること」「捉えた地域的特色と EU のメリット・デメリットを関連付けること」を達成するために必要な要素を、単元を構造する前に確認する。

第 3 時から第 5 時で気候や産業について捉えていくが、このときに EU のメリットを確認していく。そのためには生徒が事前に EU の仕組みについてある程度知っている必要がある。そこで、第 1・2 時で EU があることで可能になることや EU 結成の経緯、それが可能な背景などを確認する。

このような単元構造にすることで、生徒はヨーロッパの地域的特色を捉える学習をしながら、EU としてまとまるメリットやデメリットを把握していくことができる。

単元の評価

知識・技能	思考・判断・表現	主体的に学習に取り組む態度
○ヨーロッパの地域的特色を理解し、EUとしてまとまることのメリットやデメリットを、ヨーロッパの自然環境や第一次産業、工業の特色と関連付けるなど、地理的事象に関わる諸資料から、世界の諸地域の課題解決の方策に必要な情報を適切に読み取り、まとめている。	○ヨーロッパ州の地域的特色とEUとしてまとまるメリットやデメリットを関連付けて説明することができている。	○ヨーロッパ州の地域的特色やEUのメリットとデメリットを捉えるために見通しをもって学習に取り組み、その成果を生かしながら改善を加え、よりよい考えをつくろうとしている。

5時	6時
学ぶ	まとめる
〔第5時〕 ヨーロッパの工業分布に関する資料から現在のヨーロッパの工業の特色を捉え、ここに至るまでの経緯についても理解する。 早くから工業化が進んだ結果として進行してしまった環境問題への取組や分業で生産を行う航空機の製造などの事例を踏まえ、EUとしてまとまるメリットを考える。 EUが拡大した結果、東欧からの労働移民が増えたり、工場が東欧に移転したりしていることを理解するとともに、そこからEUとしてまとまるメリットを考える。	〔第6時〕 EUが抱えている東西の経済格差やそれに伴う移民問題、拠出金の問題、難民の受け入れ問題等の課題をヨーロッパの地域的特色と関連付けて考察する。 本単元の学習を振り返り、「ヨーロッパがEUとしてまとまること」について自分の意見を述べる。その際、EUとしてまとまることができた地理的な背景やヨーロッパ州だからこそEUがあったほうがよいことについて言及する。

課題解決的な学習展開にする工夫

第2時にEU結成の経緯やそれが可能な背景などを確認することで、EUという組織についてある程度知った上で学習を進めることができる。

この基礎知識を基に、自然環境や気候、第一次産業や工業等の産業を学習していくことで、毎回EUとしてまとまることのメリットを自ら考える学習が可能となり、2時で立てた単元を貫く問いの解決に向けて理解を深めていくことができる。

また、第6時にEUの課題について確認した上で今後のEUについて考える学習を行い、自身の理解をさらに深めるとともに、単元を貫く問いに答えて本単元の学習を終了する。

大観する 1/6

ヨーロッパ州の基礎知識

本時の目標

ヨーロッパ州の基礎的な知識を身に付け、今後のヨーロッパの学習に生かせるようにする。

本時の評価

資料から情報を読み取り、EU 統合の背景にあるヨーロッパ州の国々の共通点などを見いだしている。

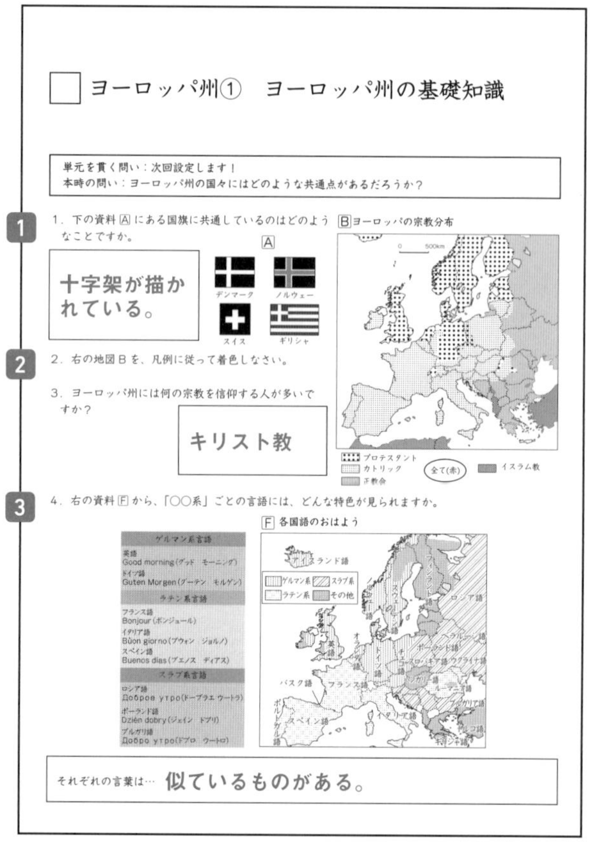

ヨーロッパ州① ヨーロッパ州の基礎知識

単元を貫く問い：次回設定します！
本時の問い：ヨーロッパ州の国々にはどのような共通点があるだろうか？

1 1．下の資料Ⓐにある国旗に共通しているのはどのようなことですか。

十字架が描かれている。

2 2．右の地図Bを、凡例に従って着色しなさい。

3．ヨーロッパ州には何の宗教を信仰する人が多いですか？

キリスト教

3 4．右の資料Ⓕから、「〇〇系」ごとの言語には、どんな特色が見られますか。

それぞれの言葉は… 似ているものがある。

本時の授業展開

1　導入

ヨーロッパ州について知っていること（世界遺産や盛んなスポーツ、名物料理など）を自由に発表させる。

その際、メルカトル図法の地図を用いて、位置を確認し、日本との位置関係も読み取るようにする。

2　展開

1～4については、生徒が個人で進める。分からない部分は周囲の人と協力しながらやってよいことを説明する。

次に、1～4について解説し、生徒の発言から EU にはキリスト教や言語の類似性など共通していたり、似ていたりする文化が多いことに気付かせる。

次に、5の①～⑱の国名を地図帳で調べながら記入させる。

調べながら「どの辺りに位置しているのか」や、「隣の国はどこか」「首都は何という名前か」を確認するように促す。

面積が正しく表現されるモルワイデ図法の地図や本時で学習したこと、地図帳などを利用して、6の①～③に適する語句を入れさせる。特にモルワイデ図法の地図に注目させ、ヨーロッパ州の面積の小ささを強調するようにする。

3　まとめ

本時の学習で使用した資料などを大型提示装

4 5．地図中に①〜⑱で示されたヨーロッパの国々を地図帳で調べて記入しよう。

①（ アイスランド ）
②（ スウェーデン ）
③（ ロシア連邦 ）
④（ イギリス ）
⑤（ デンマーク ）
⑥（ オランダ ）
⑦（ ベルギー ）
⑧（ ドイツ ）
⑨（ ポーランド ）
⑩（ ウクライナ ）
⑪（ フランス ）
⑫（ スイス ）
⑬（ ポルトガル ）
⑭（ スペイン ）
⑮（ イタリア ）
⑯（ ルーマニア ）
⑰（ ギリシャ ）
⑱（ トルコ ）

☆マークはEU加盟国

5 6．地図帳を使って「フランス」、「ドイツ」、「アメリカ合衆国」、「中華人民共和国」の人口や国土面積を比較し、下の空欄に適する語句を入れ、説明文を完成させなさい。

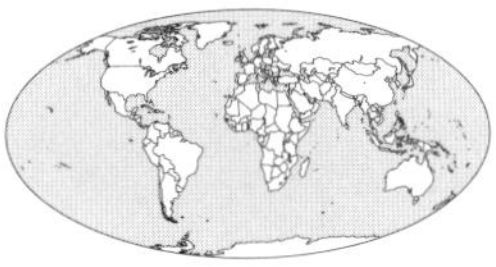

ロシアを除くヨーロッパ州で最大規模の面積を誇る【① フランス 】、最大規模の人口をもつ【② ドイツ 】と、アメリカ合衆国や中華人民共和国とを比べると、ヨーロッパ州の国々は、人口や面積の規模は、【③かなり小さい】といえる。

〈振り返り〉

置に示しながら授業を振り返り、次の３点について確認する。

・ヨーロッパの国々には類似する文化があること。
・国土面積や人口の規模が小さい国が多いこと。
・他州に比べて州全体の面積が小さく国が密集していること。

最後に、〈振り返り〉を記入させ、次時はEUについて学習することを説明するとともに、単元を貫く問いも次時に設定することを説明する。

ICT 活用のアイディア

1 ワークシートの画像をカラーで見られるようにスライドを生徒に配付する。

2 着色したBの分布図を提示し、ヨーロッパ州はキリスト教を信仰する人々が多いことを強く印象付ける。

3 翻訳ソフトの音声機能を活用して言語の類似性を耳でも体感する。

5 モルワイデ図法の地図を提示して、ヨーロッパ州を囲い、スケールの小ささを確認する。

対話のアイディア

1 １〜３を３〜４人グループで協力して考えさせる。理解が早い生徒には班員に答えだけを教えるのではなく、なぜそうなるのかを説明するように伝える。

4 地図帳で調べる前に知っている国だけ記入する。その後、グループで答えを見せ合い、協力して残りを埋める。全員が分からないところは地図帳で調べる。

ワークシートの評価ポイント

・「キリスト教を信仰する人々が多いこと」「言語や文化に類似性があること」「国土面積や人口の規模が小さい国が多いこと」など、ヨーロッパの国々の共通点を見いだすことができている。

大観する 2/6

EU について知る

本時の目標

EU のことを知り、ヨーロッパ州の単元を貫く問いを立てられるようにする。

本時の評価

EU としてまとまるメリットについて理解するとともに、EU がまとまることができた地理的な背景を理解している。

ヨーロッパ州② EU について知ろう！

単元を貫く問い：本時の最後に設定します。
本時の問い：EU のことを知り、ヨーロッパ州の単元の問いを立てよう。

1
1．資料A と B から情報を読み取り、ヨーロッパの「鉄道による移動」の特徴について説明しなさい。

A ヨーロッパの鉄道での移動の目安時間

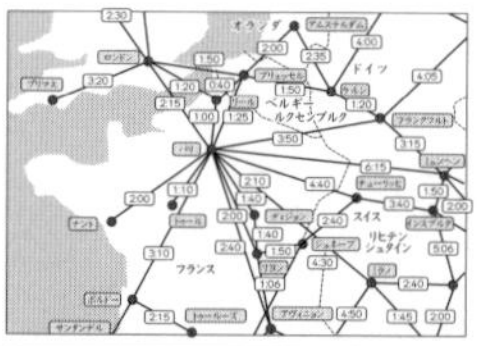

B 日本の鉄道の移動時間

《東海道新幹線》（のぞみ）
東京—名古屋：約1：40
東京—新大阪：約2：20
東京—岡　山：約3：10
東京—広　島：約3：54
《○○線》
□□—△　△：約0：40

ヨーロッパでは日本の国内移動のような感覚で他国に鉄道で移動することができる。

2
2．下の地図C と資料D から、日本や他の国と比べてヨーロッパ州の人々の生活はどのあたりが違うか説明しなさい。

C フランス・ドイツの国境のある町

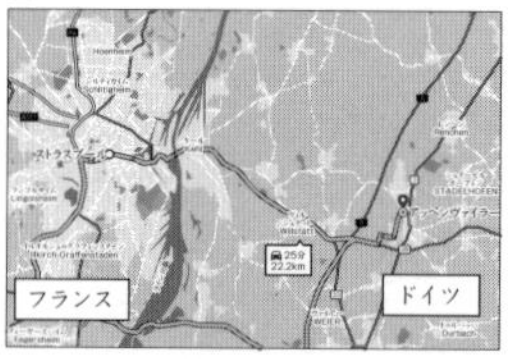

D 国境の近くに住むドイツ人の話

私が住んでいるのは、フランスの国境から20kmほどのドイツの町で、勤め先があるフランスのストラスブールへは毎日、車で通勤しているの。お給料はもちろんユーロでもらっているし、仕事帰りには、会社の近くにあるフランスのスーパーマーケットで夕食の食材を買うの。ドイツもフランスも同じユーロで買い物ができるから、本当に便利よ。

・国境を越えて車で通勤や買い物を行っている（車で簡単に行ける位置に他国がある）。
・共通通貨のユーロがあるので、外国にいっても両替の必要がない。

※以上のようなことが可能なのは、ヨーロッパ州が、EU としてまとまっているから。

本時の授業展開

1　導入

EU という組織があることを知っているかを挙手で確認し、本時で EU のことを知った上で単元の学習をしていくことを確認する。

2　展開

1を考えさせ、数名に発表させる。ヨーロッパと日本の決定的な違いに注目するように助言し、ヨーロッパでは短時間で鉄道で外国に移動できることを確認する。

次に、2を考えさせ、数名に発表させる。資料 C からは陸続きなので車で簡単に移動できることを確認し、資料 D から他国に気軽に買い物に行ったり、通勤したり、ユーロという共通通貨によって両替なしで買い物ができることなどを読み取らせ、「EU に加盟すると便利だな」という印象をもたせる。

次に、NHK for School の動画を視聴し、3の文中の（　　）に適する語句を記入させる。

これまでの学習を振り返り、EU 結成の経緯や EU としてまとまるメリットを記入する。

その際、資料 E も活用し、なるべく多く EU のメリットを出せるように促す。

次に、なぜヨーロッパ州は EU としてまとまることができたのかを地理的な視点から考える。前時のワークシートの振り返りや地図帳などから、ヨーロッパの国々の共通点と結び付ける。

3 3．次の動画を見て、下の(　　)の穴埋めを行い、EUとしてまとまるに至った経緯を整理しよう。また、EUとしてまとまるメリットについて考えよう。

《経緯》20世紀に二度の（① **世界大戦** ）の戦場となったヨーロッパでは、大戦後、同じヨーロッパの国どうしで争うのをやめ、互いに協力して発展していこうとする動きが高まった。ヨーロッパの国々は、（② **面積** ）や（③ **人口** ）規模が少ない国が多いことから、政治や経済の面で影響力を増した（④ **アメリカ合衆国** ）などの大国に対抗するために、国の枠組みをこえて団結することにした。
1967年にフランス、イタリアなどの6カ国が（⑤ **ヨーロッパ共同体（EC）** ）という組織をつくり、1993年には（⑥ **ヨーロッパ連合（EU）** ）となった。こうして現在のEUは（⑦ **国内総生産（GDP）** ）の合計でもアメリカ合衆国に大きく近づくなど、世界の経済や政治に大きな影響を与える存在となっている。

⇩

EUとしてまとまるメリットとは？
これまでの内容や資料Eを参考に考えよう。

- **戦争回避**
- **経済的な力が増す。**
- **進路、ビジネスなどの選択肢が広がる。**

など

E EU域内でできること

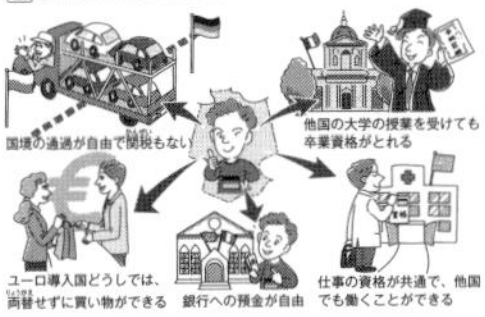

国境の通過が自由で関税もない
他国の大学の授業を受けても卒業資格がとれる
ユーロ導入国どうしでは、両替せずに買い物ができる
銀行への預金が自由
仕事の資格が共通で、他国でも働くことができる

『小中社会科の授業づくり』2021年8月刊行　P.186を流用。（出典：帝国書院『社会科　中学生の地理　世界の姿と日本』2018年、57頁の図版を元に作成）

4 4．なぜヨーロッパはまとまることができたのだろうか。地理的な視点で考えてみよう。
《※前回のプリントや今日の学習（プリントの表）を参考にすること》

- **異なる国同士でも宗教や言語など共通点があること。**
- **多くの小さな国が近い位置に密集し、陸続きでつながっているため。**

EUの成立理由やメリットから、ヨーロッパがEUとしてまとまることは…（どちらかに○）

よいことだと思う　・　よいことだと思わない

〈振り返り〉

3　まとめ

本時の学習で使用した資料などを大型提示装置に示しながら授業を振り返り、EUとしてまとまるメリットやまとまることができた地理的な背景について確認する。

単元の問いを示し、「振り返りシート」に書き写させる。これまでに学習したこと以外にもEU独自の取組がたくさんあることを説明し、本単元ではヨーロッパ州の地理的な特徴を学習しながら、EU統合のメリットとデメリットを学習していくことを説明する。

最後に、〈振り返り〉を記入させる。

ICT活用のアイディア

1 ワークシートの画像をカラーで見られるようにスライドを生徒に配付する。
2 Google Earthで実際にフランスとドイツの国境付近の様子を確認させ、日本で他県に行くような感覚で他国へ行けることを認識させる。
3 NHK for Schoolを大型提示装置で流し、分かりやすくEUの仕組みや成立の背景、メリットについて理解する。

対話のアイディア

1 1～2を3～4人グループで協力して考えさせる。理解が早い生徒には班員に答えだけを教えるのではなく、なぜそうなるのかを説明するように伝える。
4 4に書いた自身の意見ををグループで共有し、他者の意見を取り入れて自身の意見を修正する。

ワークシートの評価ポイント

- EUとしてまとまる多くのメリットを理解している。
- EUとしてまとめることができる背景にヨーロッパ州の地理的な特徴が関係していることに気が付くことができている。

多面的・
多角的に学ぶ

3/6

ヨーロッパ州の自然環境と農業①

本時の目標

ヨーロッパ州の自然環境と農業にはどのような関係があるかを考えられるようにする。

本時の評価

ヨーロッパの自然環境の特色を捉えて農業の特徴と関連付け、自然環境と農業とが大きな関わりがあることを理解している。

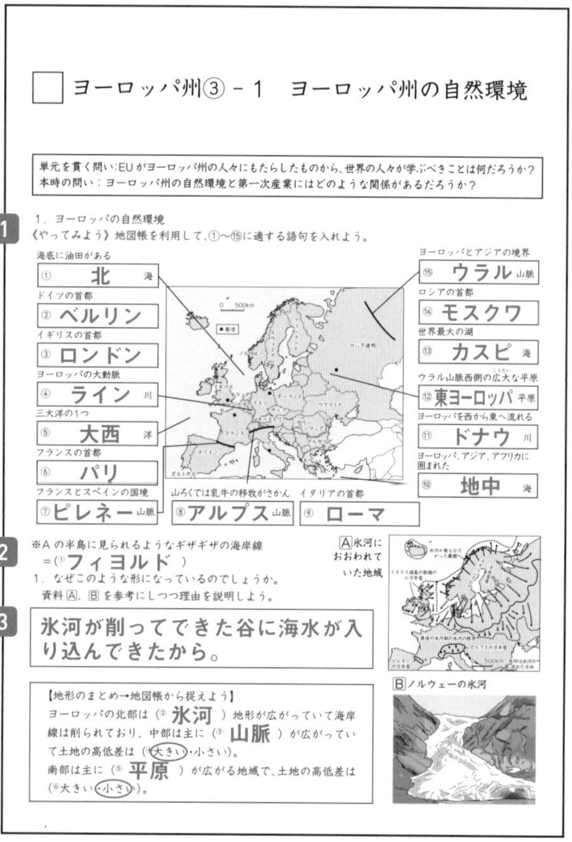

ヨーロッパ州③－1　ヨーロッパ州の自然環境

単元を貫く問い：EU がヨーロッパ州の人々にもたらしたものから、世界の人々が学ぶべきことは何だろうか？
本時の問い：ヨーロッパ州の自然環境と第一次産業にはどのような関係があるだろうか？

1

1．ヨーロッパの自然環境
《やってみよう》地図帳を利用して、①～⑮に適する語句を入れよう。

海底に油田がある　① 北 海
ドイツの首都　② ベルリン
イギリスの首都　③ ロンドン
ヨーロッパの大動脈　④ ライン 川
三大洋の1つ　⑤ 大西 洋
フランスの首都　⑥ パリ
フランスとスペインの国境　⑦ ピレネー 山脈
山ろくでは乳牛の移牧がさかん　⑧ アルプス 山脈
イタリアの首都　⑨ ローマ
ヨーロッパ、アジア、アフリカに囲まれた　⑩ 地中 海
ヨーロッパを西から東へ流れる　⑪ ドナウ 川
ウラル山脈西側の広大（こうだい）な平原　⑫ 東ヨーロッパ 平原
世界最大の湖　⑬ カスピ 海
ロシアの首都　⑭ モスクワ
ヨーロッパとアジアの境界　⑮ ウラル 山脈

2

※Aの半島に見られるようなギザギザの海岸線
＝（① フィヨルド ）
1．なぜこのような形になっているのでしょうか。
資料A、Bを参考にしつつ理由を説明しよう。

3

氷河が削ってできた谷に海水が入り込んできたから。

A 氷河におおわれていた地域

B ノルウェーの氷河

【地形のまとめ→地図帳から捉えよう】
ヨーロッパの北部は（② 氷河 ）地形が広がっていて海岸線は削られており、中部は主に（③ 山脈 ）が広がっていて土地の高低差は（④大きい・小さい）。
南部は主に（⑤ 平原 ）が広がる地域で、土地の高低差は（⑥大きい・小さい）。

本時の授業展開

1　導入

ヨーロッパ州の自然環境や気候にはどのようなイメージがあるかについて生徒に発問し、自由に答えさせる。熱帯がない地域であることを確認する。

2　展開

「やってみよう①」の①～⑮に入る語句を地図帳を使って調べて記入させる。早調べのゲーム形式にして、楽しみながら情報を素早く調べる力を鍛える。

次に、1を考えさえる。資料A・Bと共にU字谷ができる過程を分かりやすく示す資料を提示し、フィヨルドは氷河が見られる高緯度地域特有のものであることを理解する。

ヨーロッパの地形について説明しながら②～⑥を穴埋めする。ヨーロッパの「南高東低」の地形を捉える。

次に、資料Cのa（ヘルシンキ）、b（ベルリン）、c（ローマ）の雨温図は⑦～⑨のどれかを考える。

解説をする際に、赤道との距離が離れるほど気温が低くなることが多いことを復習する。

次に、3を考えさせる。あえて秋田市の雨温図に注目させ、「b」と回答させるように誘導する。

「b」で間違えた者は緯度と気候の関係をよく理解しているとフォローをした上で、西ヨーロッパの気候が特徴的であることを捉える。

次に、4を考える。暖流の北大西洋海流と

4 2. ヨーロッパの気候

2. 右の雨温図⑦～⑨が示す都市は、資料Ⓒ中のⓐヘルシンキ、ⓑベルリン、ⓒローマのどれにあたるでしょうか？

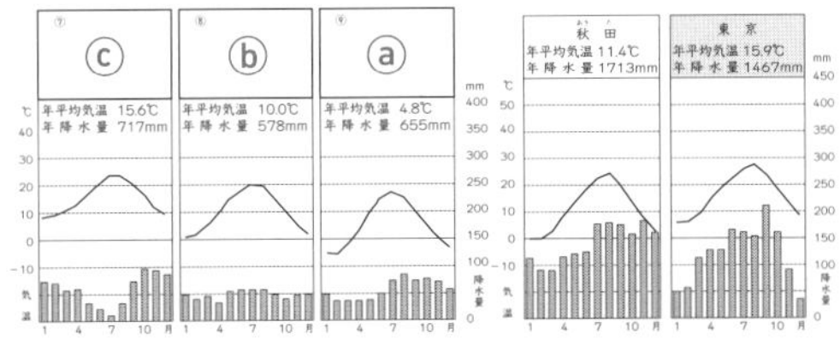

3. 日本の秋田市とほぼ同じ緯度にあたる都市は資料Ⓒ中のⓐヘルシンキ、ⓑベルリン、ⓒローマのうちどれだと予想しますか？

予想	正解　ⓒ

Ⓒヨーロッパの気候区

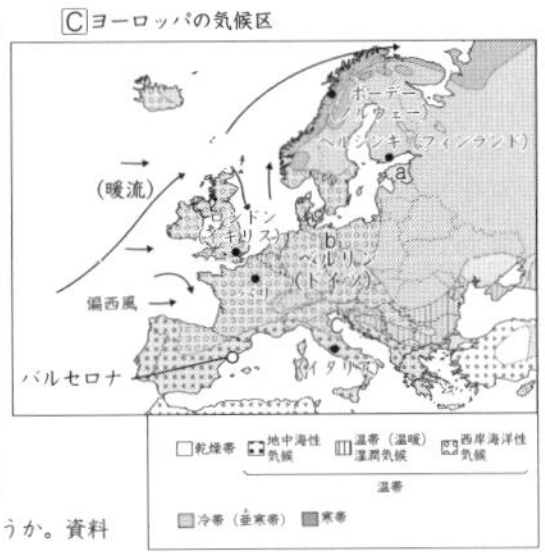

5 4. ヨーロッパの気候（気温）はどのような特色があると言えますか。

> 緯度が高い地域にある割に比較的温暖な気候になっている。

5. 4 のような特色をもっている理由は何でしょうか。資料Ⓒから読み取って簡単に答えよう。

> ヨーロッパの西側を流れる暖流（北大西洋海流）が温めた海上の空気を偏西風が西から東へ運ぶから。

〈振り返り〉

偏西風の影響によって緯度の割に温暖になるというメカニズムを理解させる。

3　まとめ

本時の学習で使用した資料などを大型提示装置に示しながら授業を振り返り、「氷河地形」「南高東低」「緯度のわりに温暖な気候であること」を確認する。

最後に、〈振り返り〉を記入させるとともに、本時の学習を生かして次時の第一次産業を考えていくことを予告する。

ICT 活用のアイディア

1 ワークシートの画像をカラーで見られるようにスライドを生徒に配付する。また、Google Earth で実際の地形（例：アルプス山脈）を見て、その雄大さや周囲の景観を印象付ける。

2 地図と写真でフィヨルドを確認し、リアス海岸との違いを説明する。

5 雨温図と地図を同じ画面に映し、ヨーロッパの気候の特徴について説明する。

対話のアイディア

1 1 は地図帳で各自で調べて空欄に記入させる。早く終わった生徒は周囲の生徒に調べ方を教え、地図を扱う技能を互いに高め合う。

3 氷河地形の形成過程について資料をもとに周囲の人と話し合わせる。

4 世界地図とヨーロッパの雨温図を見比べて、ヨーロッパの気候の特色はどのようなものかをグループで考えさせる。

ワークシートの評価ポイント

- ヨーロッパ州の国々が地形や気候に適した作物を栽培していることを理解している。
- EU に加盟していれば、取引がしやすいので互いに足りないものを補い合うことができ、EU 全体としては高い食料自給率を保つことができていることを理解している。（第４時と共通）

多面的・
多角的に学ぶ

4/6

ヨーロッパ州の自然環境と農業②

本時の目標

ヨーロッパ州の自然環境と農業にはどのような関係があるかを考え、EU統合と農業との関係を考察できるようにする。

本時の評価

ヨーロッパの自然環境の特色と農業とを関連付け、自然環境と農業に大きな関わりがあることを理解している。

EU統合により農業や食料自給率がどう変化したのかを理解している。

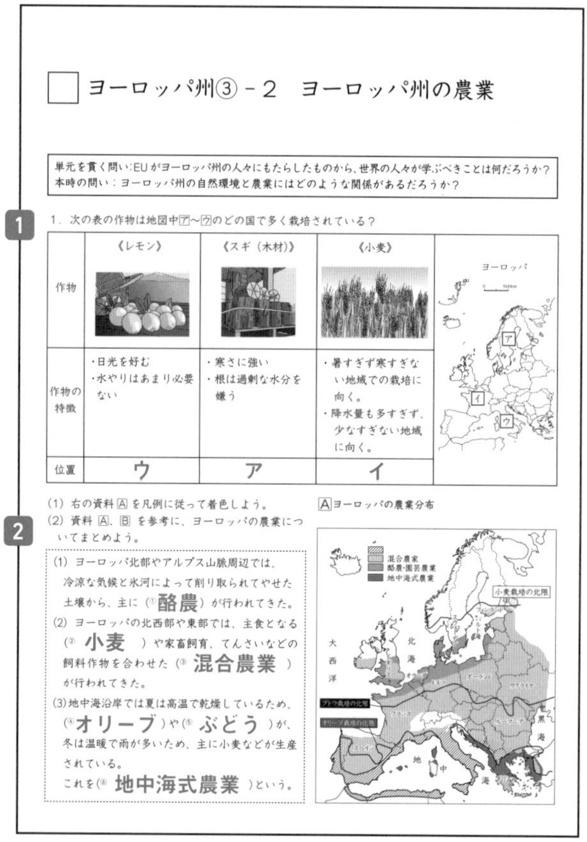

□ ヨーロッパ州③－2　ヨーロッパ州の農業

単元を貫く問い：EUがヨーロッパ州の人々にもたらしたものから、世界の人々が学ぶべきことは何だろうか？
本時の問い：ヨーロッパ州の自然環境と農業にはどのような関係があるだろうか？

1
1．次の表の作物は地図中ア～ウのどの国で多く栽培されている？

作物	《レモン》	《スギ（木材）》	《小麦》	ヨーロッパ
作物の特徴	・日光を好む ・水やりはあまり必要ない	・寒さに強い ・根は過剰な水分を嫌う	・暑すぎず寒すぎない地域での栽培に向く。 ・降水量も多すぎず、少なすぎない地域に向く。	
位置	ウ	ア	イ	

(1) 右の資料Aを凡例に従って着色しよう。
2
(2) 資料A、Bを参考に、ヨーロッパの農業についてまとめよう。

(1) ヨーロッパ北部やアルプス山脈周辺では、冷涼な気候と氷河によって削り取られてやせた土壌から、主に（①酪農）が行われてきた。
(2) ヨーロッパの北西部や東部では、主食となる（②小麦）や家畜飼育、てんさいなどの飼料作物を合わせた（③混合農業）が行われてきた。
(3) 地中海沿岸では夏は高温で乾燥しているため、（④オリーブ）や（⑤ぶどう）が、冬は温暖で雨が多いため、主に小麦などが生産されている。
これを（⑥地中海式農業）という。

Aヨーロッパの農業分布

本時の授業展開

1　導入

問1（レモン・スギ、小麦はア～ウの国【ア：スウェーデン、イ：フランス、ウ：イタリア】のうち、どこで特に盛んに栽培されている作物か）前時に学んだ自然環境とそれぞれの作物の特性を関連付けて考えさせる。

2　展開

まず、資料Aを着色する。ぶどうや小麦栽培の北限にも注目させる。

資料A・Bを見て、①～⑥に適する語句を記入する。解説の際に自然環境との関係を強調して説明する。

大型提示装置にヨーロッパで栽培される作物や各国の代表料理などを映し、自然環境は食文化など身近な生活にも影響していることを理解する。

次に、資料Cを見て、地中海式農業を行っている国が自給できていないものを書き出させる。そうすることで、自然環境の特徴により、栽培しずらい農作物があることを確認する。

次に、3を答えさせる。ヨーロッパ州では互いに農作物などを取引していることを確認する。

次に、4・5を考えさせる。第2時で学習したEUのメリットと関連付け、農作物の取引が他の地域よりやり易いことを理解する。

また、ヨーロッパ州の国々は国土面積が小さく、国の中で生産できないものもあるが、EUに加盟していることでそれを補い合い、EU全

3 B 主な農産物の生産国・輸出国（FAOSTATによる（注）生産は2017年、輸出は2016年）

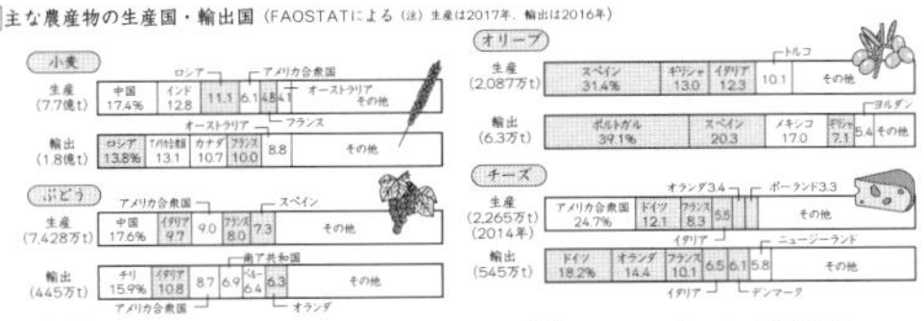

4 〈EU と農業〉

2．イタリアやスペインなど地中海式農業の国々が自給できていないものは主に何でしょうか？

穀類やいも類、牛乳・乳製品など

3．その不足しているものをどうやって補っているのでしょうか？

輸入している。

C ヨーロッパの主な国の食料自給率
（2017年度「食料需要表」）

（単位：%）

	穀物	うち小麦	いも類	野菜類	果実類	肉類	牛乳・乳製品
イギリス	86	82	75	38	5	69	81
イタリア	69	66	45	141	106	79	68
オランダ	16	27	221	284	22	176	224
スペイン	75	72	60	183	135	125	76
ドイツ	113	152	117	40	25	114	123
フランス	189	190	116	73	57	98	123
アメリカ	127	170	96	90	74	116	104
日本	28	14	74	79	39	52	60

（日本は2017年、その他は2013年」）

4．その際、EU に加盟していることによるメリットは何でしょうか。

関税がかからず通貨が同じことから、輸出入がとてもしやすく、お互いに不足している食料を補い合いやすい点。

※EU 加盟国全てに同じことが言える！

5 5．EU に加盟していることによる影響について下の文章の空欄に語句を入れよう。

EU では（⑦ **共通農業政策** ）がとられていることで、協力して資金を出し合うなどして共通の政策で望んでいる。例えば、農産物価格を EU 内で（⑧ 自由に ・ 統一 ）し、EU 以外の農作物に対抗しているため、EU 各国の農産物を、（⑨ 保護し ・ 自由に競争させ ）ていると言える。つまり、EU 内では農家が安定して農業を行うことができ、資料 C からも分かるように、EU 全体として見ると、食料自給率は（⑩ 高く ・ 低く ）なっているのが分かる。

〈振り返り〉

体としては食料自給率が高くなっていることを理解する。

3 まとめ

本時の学習で使用した資料などを大型提示装置に示しながら授業を振り返り、「自然環境と農牧業との関係」「EU があることで補い合えること」を確認する。

最後に、〈振り返り〉を記入させる。

ICT 活用のアイディア

1 ワークシートの画像をカラーで見られるようにスライドを生徒に配付する。

2 資料 A を提示し、気候によって栽培する作物が変わっていることを説明する。

3 資料 B を提示し、それぞれの国の特産物と気候の特徴について考えさせる。実際の農園や郷土料理の画像などを提示し、自身の生活との関連を見いだす。

5 共通農業政策についての資料を提示し、簡単に仕組みを説明する。

対話のアイディア

1 1の答えを記入した後、班員になぜそのように考えたのかを説明する。他者の意見に納得した場合は答えを変えてもよい。

4 2～4は3～4人グループで協力して考えさせる。特に4は前時までの学習を振り返り、班員が理解できているかを確認するように伝える。

ワークシートの評価ポイント

- ヨーロッパ州の国々が地形や気候に適した作物を栽培していることを理解している。
- EU に加盟していれば、取引がしやすいので互いに足りないものを補い合うことができ、EU 全体としては高い食料自給率を保つことができていることを理解している。（第3時と共通）

多面的・
多角的に学ぶ

5/6

ヨーロッパ州の工業

本時の目標

EU としてまとまることがヨーロッパ州の工業にどのような影響を与えているかを考えられるようにする。

本時の評価

EU としてまとまることのメリットを捉える学習を通して、ヨーロッパの工業の特色を理解している。

□ ヨーロッパ州④　ヨーロッパ州の工業

単元を貫く問い:EU がヨーロッパ州の人々にもたらしたものから、世界の人々が学ぶべきことは何だろうか?
本時の問い：ヨーロッパ州の工業にはどのような特徴があるのだろうか?

1

★1
右のロケットは現役の人工衛星の 9.3% を打ち上げている実績ある世界最高級のものです。どこが開発、製造した、ものでしょうか。

EU 諸国
※スイスを除く

アリアンロケット

A ヨーロッパ州の工業分布

1．ヨーロッパ州の工業と EU

【ヨーロッパ州の工業の特色】
◎世界で最も早く工業が発達～世界をリード
※18 世紀に産業革命が進展
→石炭や鉄鉱石に恵まれていたため
・繊維工業の発展（イギリス）
・鉄鋼業の発展（フランス、ドイツ等）

競争

【近年】
アメリカ州の工業製品
アジア州の工業製品

1．現在のヨーロッパ州で盛んな工業を資料Aから読み取ろう。

自動車、航空機、製油(化学)
＝高度な技術が必要な産業

早く工業化に成功したせいで、環境問題も世界に先駆けて発生

D ヨーロッパの大気汚染・酸性雨
(平成2年版環境白書、ほか)

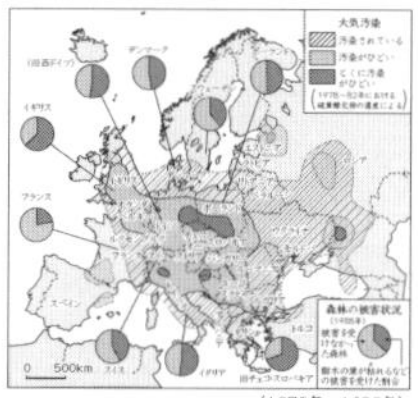

(1978年～1982年)

2

2．EU としてまとまっていると環境問題に対してどのようなメリットがあるか?

自国だけでなく、EU 加盟国で協力して、EU 全体で環境問題対策に取り組むことができる。

本時の授業展開

1　導入

まず、★1について考える。ロケットの写真に記載されている国旗の国は EU 加盟国が多いことに気が付かせ、ヨーロッパでは技術を合わせて協力して優れた製品を生産していることを理解する。

2　展開

資料 A からヨーロッパで盛んな工業分野のマークを読み取らせる学習を通して、高度な技術が必要な分野が発達していることを確認する。

ヨーロッパの著名な自動車メーカーのロゴや製品の写真を見せ、日本の街中にも走っているような製品の生産が盛んなことを理解させる。

産業革命を中心にヨーロッパの工業の歴史について簡単に説明する。詳しくは歴史で学習することを伝える。このことで環境問題にもいち早く直面したことを確認する。

次に 2 を考える。本来であれば国家が各々で対策をとるはずの環境問題に対して EU として臨むことのメリットに気付かせる。イメージがしやすいように環境問題に国境は関係ないことなどを補足する。

3 を考える。エアバス社の分業制を参考にして、国を越えて生産を行うという特徴的な工業のあり方について理解する。

4 について考える。前時までに学習してきた EU のメリットと工業の特色とを関連付け、人やモノの移動が自由であることがこのような国を越えた分業をよりやりやすくしていること

3 3. ヨーロッパ州では、アメリカ合衆国など他地域の国々と競争していくために、どのような工夫を行っていますか。資料 C から読み取り、簡単に答えなさい。

国を越えて分業で作るので効率よく高い品質のものを作ることができる。

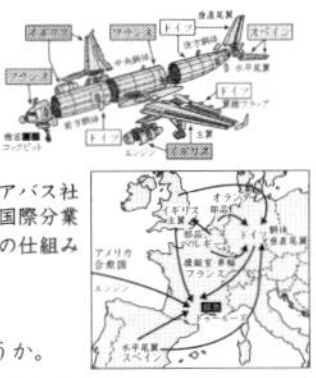

C エアバス社の国際分業の仕組み

4. なぜヨーロッパ州ではこのようなことがスムーズにできるのでしょうか。

物や人の移動が自由だから。

4 5. 資料 D から分かるとおり、チェコは EU 加盟後に輸出額を大幅に伸ばした。これはドイツやフランスなど、西ヨーロッパ諸国の工場が多く移転したことで工業化に成功したからです。なぜ西ヨーロッパ諸国はチェコに工場を移転したのでしょうか。資料 E から読み取れる内容と関連付けて簡単に答えよう。

チェコの人々の賃金が低く、製品を大変安く生産できるというメリットがあるため。

D チェコの輸出額の変化
(UN Commodity Trade Statistics)

E 主なEU加盟国の最低賃金
(2018年)

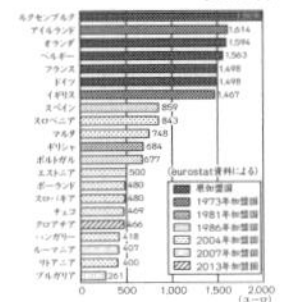

(注)法律で最低賃金が定められている国のデータ

6. 逆に、ポーランドなど周辺国からドイツなど西ヨーロッパ諸国へ労働者が移動していますが、なぜでしょうか。地図帳を参考に答えなさい。

ドイツなどではポーランドよりもよい賃金で働けるから。

7. なぜヨーロッパ州ではこのように、工場の移転や労働者の動きが活発に起こるのでしょうか。

EU 域内では人の移動が自由で、どこでも働けるため。

〈振り返り〉

を理解する。

5・6を考える。資料 D と E から EU 加盟国内で賃金に差があることを読み取り、それが工場が東欧に移転していることや東欧から西欧への移民が多いことの要因であることを理解する。

3　まとめ

本時の学習で使用した資料などを大型提示装置に示しながら授業を振り返り、「高度な技術を要する工業が発達していること」「EU のメリットを生かした工業製品の生産を行っていること」を確認する。

最後に、〈振り返り〉を記入させる。

ICT 活用のアイディア

1 ワークシートの画像をカラーで見られるようにスライドを生徒に配付する。また、資料 A を提示し、工業地帯の立地条件や変遷について説明する。その後、実際の写真を見せ、地形と工業の関係について理解させる。

3 航空機の生産についての写真や動画を映し、特殊な分業生産を行っていることを強く印象付ける。

4 資料 D・E を提示し、グラフの読み取り方について丁寧に説明する。

対話のアイディア

2 2、4、7の答えを考えさせる際に EU のメリットについて理解ができているかを班員同士で確認する。理解していない生徒には前時までの学習について班員が説明する。

4 資料 D・E の読み取りの際はグラフのどのようなところに注目すればよいのかを班員で確認させる。

ワークシートの評価ポイント

- ヨーロッパの「国を越えて分業を行ったり、高い賃金を目的に経済的に豊かな国に移住する人が多い」という特色について理解している。
- 上記のことが「人やモノの移動が自由」「EU 圏内であれば多他国でも労働が自由」という EU のメリットと関連していることを捉えられている。

まとめる 6/6

EU の課題

本時の目標

EU としてまとまることのデメリットを理解し、ヨーロッパ州が EU としてまとまることについて自分の考えを説明できるようにする。

本時の評価

EU のメリットとデメリットとヨーロッパの地域的特色を関連付けて「ヨーロッパが EU としてまとまること」についての自分の意見を述べている。

□ ヨーロッパ州⑥　EU が抱える課題

単元を貫く問い：EU がヨーロッパ州の人々にもたらしたものから、世界の人々が学ぶべきことは何だろうか？
本時の問い：EU はどのような課題を抱えているのだろうか？

1 〈統合による課題〉
1．ポーランドは EU 加盟国です。そのポーランドの労働者（主に出稼ぎ）は特にどの国へ移動して働いていますか。資料Ⓐから上位２カ国を読み取って答えよう。

1位 ドイツ　2位 イギリス

※このような動きは、ポーランド以外の国にも見られる傾向である（地図帳を参照）。

Ⓐヨーロッパの労働者の移動（ポーランドの場合）

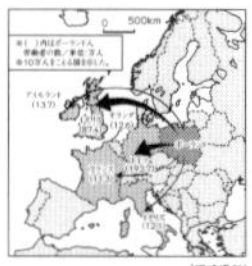

2 2．資料Ⓑ・Ⓒから情報を読み取り、EU 加盟国の経済について説明しなさい。

後から加盟してきた国（※東欧の国が多い）のほうが経済が発達しておらず、賃金も低い。

ⒷEU域内の経済格差

Ⓒ主なEU加盟国の最低賃金（2018年）

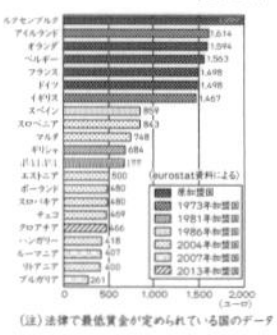

3 3．EU 以外からの移民が多く集まっている国の上位3か国を資料Ⓓから読み取ろう。

1位 ドイツ　2位 イギリス
3位 フランス

Ⓓ1人あたりのGDPと移民の移動

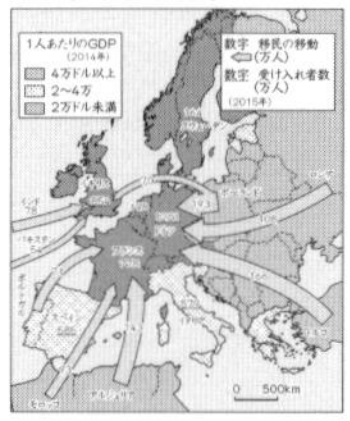

4．このような労働者や移民の動きは上記 3 の国々の人々にとって、どのような問題となって現れてくると考えられますか。

・外国人に仕事を奪われ、失業者が増える。
・治安の悪化が心配になる。

本時の授業展開

1　導入

これまで EU のメリットばかりに注目してきたが、実際には EU としてまとまることでのデメリットも存在することを伝える。

2　展開

1を答える。ドイツやイギリスなどの西欧に EU 内からの移民が多いことを確認する。

2を考える。資料 B からはヨーロッパ州には東西の経済格差があること、資料 C からは EU に加盟するのが遅かった国は経済が発達途上にあることを読み取らせて関連付け、EU に加盟するのが遅かった国は東欧に多くあり、GDP が低いことを理解させる。

3を答える。ドイツやイギリス、フランスには EU 域外からも移民が多いことを読み取らせる。また、サッカーの代表選手の写真を大型提示装置に映し、アフリカ系の選手が多いことで移民が多い事実を実感させる。

4を考える。北アメリカの学習を生かし、移民が多くやってくることで元々住んでいた現地の人の仕事が奪われたり、治安が悪化したりすることを心配する人が多いことを確認する。ただし、現実は現地の人と移民の職は別なものであることが多く、そのような印象をもって移民に反対する人が多いことについても言及する。

資料 D と E から情報を読み取りながら5の（　）に適する語句を入れる。ギリシャ危機や BREXIT について詳しく説明し、EU に加盟し

5．これまで学習したことや資料Ⓓ、Ⓔを参考に、EUの課題についての文章を完成させなさい。

Ⓓ EUのなやみ

○ギリシャの例（G：ギリシャ　E：EU本部）

G：国が赤字で立ち行かなくなったよ。助けて！
※2009年、国の財政破たんが見つかる。

E：加盟国が破産すると、他のEU諸国も被害を受ける。支援するから、そのかわり、ギリシャは徹底した緊縮財政に切りかえなさい。
※2010年以降、EUの財政支援のもとで緊縮財政が続いているが、経済は落ち込み、失業率は19%になった（2018年）。ユーロ離脱の声が消えない。

○イギリスの例（B：イギリス）

B：EU本部の口出しは度が過ぎるよ。それに、人の移動が自由なことを利用して大量に押し寄せる移民・難民に国の税金を使われたうえ、彼らに仕事まで奪われるのもEUのせいだ。脱退だ！
※2016年の国民投票で脱退派が勝利。

E：脱退すると、輸出品には関税をかけるよ。そうなると、イギリスに進出している企業は逃げ出すよ。

B：そうなったら、一挙に不況がおとずれるかも。

Ⓔ EU各国の拠出金
（出典：Financial Report 2014-European Commission）

EU28か国の拠出金総計　1329億6120万ユーロ

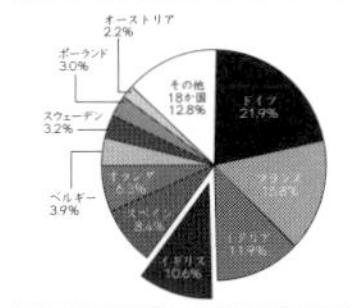

国名	拠出金額（単位：億ユーロ）	国名	拠出金額（単位：億ユーロ）
ドイツ	291.430	ベルギー	52.327
フランス	209.677	スウェーデン	42.943
イタリア	158.886	ポーランド	39.546
イギリス	140.723	オーストリア	28.695
スペイン	111.110	その他18か国	170.548
オランダ	83.727		

※イギリスは2020年1月31日にEU離脱

２で確認したように、EU加盟国の間でも、（① **経済格差** ）がたいへん大きくなっている。そのため、資料Ⓓのように（② **ギリシャ** ）など経済的に苦しくなった国を支援する必要が出てくる。この支援金は、資料Ⓔのように、各国から集められている拠出金から出されているが、国民一人当たりのGDPが高くて経済的に発展している国は資金を【③ (多)・少な 】く出し、発展していない国は資金を受け取る側に回ることになる。そこで、よりお金を出してきた（④ **ドイツ** ）・（⑤ **イギリス** ）などの国（民）の不満が高まることになる。
また、ギリシャのような国は、EUから強い指導を受けることになり、自国の考えが政策に反映されにくくなるなどの不満も出てくる。
このように、EU加盟国内では政治や経済、環境その他の面で（⑥ **共通政策** ）をとることが多いため、特に（⑦ **イギリス** ）では、自国民の意思に反して国境を越えてくる（⑧ **移民** ）や（⑨ **難民** ）に税金や（⑩ **仕事** ）を奪われることに特に不満を高め、ついには離脱に踏み切った。

4 ★これまでのヨーロッパ州の学習を振り返り、「単元を貫く問い」への考えをまとめよう。

〈振り返り〉

ていることで深刻なデメリットを受ける場合があることを確認する。また、EUから離脱したイギリスでは労働者不足など深刻な社会問題が起きていることも紹介する。

3　まとめ

本時の学習で使用した資料などを大型提示装置に示しながら授業を振り返り、「EUとしてまとまることのデメリット」を確認する。

単元全体を振り返り、「ヨーロッパがEUとしてまとまること」について、自分の意見を〈振り返り〉に記入させる。

ICT活用のアイディア

1 ワークシートの画像をカラーで見られるようにスライドを生徒に配付する。

2 資料B・Cは並べて提示し、資料をどのように関連付けると必要な情報が読み取れるのかを説明する。

3 サッカーフランス代表の写真や出身国についての資料を提示し、アフリカからの移民やその2世が多いことを確認し、EU外からの移民も多いことを理解する。

対話のアイディア

1 1・2、3・4は3～4人グループで協力して考えさせる。特に4は前時までの学習を振り返り、班員が理解できているかを確認するように伝える。

4 これまでの学習を振り返り、ヨーロッパの地理的な特色とEUのメリット・デメリットを関連付けてまとめる。その後、それを互いに読み合い、自身の意見を修正して提出する。

ワークシートの評価ポイント

・ヨーロッパにはEUとしてまとまる土台があったことを理解している。
・EUの課題について理解している。
・EUのメリット・デメリットを把握した上で、ヨーロッパがEUとしてまとまることについての自分の意見を述べられている。

(2) 6時間
北アメリカ州：資本主義的経営

単元の目標

北アメリカ州に見られる資本主義的経営は、地域的特色の影響を受けて現れていることを理解する。

北アメリカ州に暮らす人々の生活を基に、州の地域的特色を大観し理解する。

北アメリカ州に見られる資本主義的経営の影響を、地域的特色と関連付けて多面的・多角的に考察する。

北アメリカ州について、そこで見られる課題を主体的に追究しようとする。

単元を貫く問い

北アメリカで見られる大規模に生産されるものや世界中に浸透する文化はどのように生み出され、世界に影響を及ぼしているのだろう。

1・2時	3・4時
大観する	多面的・多角的に
(第1時) 学習課題を設定する。北アメリカ州に見られる資本主義的経営の様子を示す資料を示し、生徒に疑問を出させて学習課題を設定する。設定に当たっては「思考・判断・表現」の評価規準に照らし、地理的な見方・考え方を働かせるものとなるようにする。学習課題を「北アメリカで見られる大規模に生産されるものや、世界中に浸透する文化はどのように生み出され、世界に影響を及ぼしているだろうか」と想定する。 (第2時) 北アメリカ州を大観する。地形や気候、民族構成や文化など基本的な知識を身に付けさせる。その際に、学習課題にある大規模な農業や工業生産を可能とする地形や気候などの自然環境や、資源の分布、民族構成など、「多面的に学ぶ」場面で活用できる知識を中心に身に付けられるようにする。	(第3時) アメリカ合衆国を中心に農業について、「大観する」時間で身に付けた知識と結び付ける。広大な土地、農業に適した温帯が広く見られる気候の特徴が生かされた適地適作が行われていることを捉え、大規模で効率的な生産方法をとり農業の資本主義的経営が展開されていることを理解する。大量かつ安価な農産物は世界各地に販売されて食糧が安定する一方、世界各地の農業生産への打撃という両面の影響を及ぼしていることを関連付けさせる。 (第4時) アメリカ合衆国を中心に、工業について「大観する」時間で身に付けた知識と結び付ける。豊富な資源と効率的な生産によって近代工業が発展してきたこと、さらに、世界中から人材を集めることで航空宇宙、先端技術、情報通信など産業構造を変えながら発展を続けていることを理解する。より効率的な生産が進み、それらが資本主義的経営によって世界中に広がり、グローバル化の進展に大きな影響を及ぼしていることを関連付けさせる。

単元を構造化する工夫

州で設定した主題を基に学習課題を設定する。その上で、単元の最後の時間にどのような記述が期待されるか解答例を作成する。これが、評価規準（B評価）となる。「大観する」「多面的・多角的に学ぶ」場面は、先に設定した単元の学習課題（単元を貫く問い）を解決するために学びを積み重ねるものである。本単元の場合は、学習課題を「地域で見られる資本主義的経営の要因や影響」を考察すると設定している。このことから、「多面的・多角的に学ぶ」場面では資本主義的経営を行っている農業、工業の効率的な大規模生産やそれらを支える移民の受け入れについて学習し、「大観する」場面ではそれらを理解するために必要な地域的特色に焦点を絞って行う。

単元の評価

知識・技能	思考・判断・表現	主体的に学習に取り組む態度
○北アメリカ州に見られる資本主義的経営は、地域的特色の影響を受けて現れていることを理解している。 ○北アメリカ州に暮らす人々の生活を基に、州の地域的特色を大観し理解している。	○北アメリカ州において、地域で見られる資本主義的経営の要因や影響を、州という地域のつながりや地域内の結び付きなどに着目して、それらの地域的特色と関連付けて多面的・多角的に考察し、表現している。	○北アメリカ州について、自らの学習を見通したり振り返ったりしながら、よりよい社会の実現を視野に北アメリカで見られる課題を主体的に追究し、学びを生かそうとしている。

5時	6時
学ぶ	まとめる
(第5時) アメリカ合衆国を中心とした生活・文化について、「大観する」時間で身に付けた知識と結び付ける。歴史的な背景や第3時・第4時も振り返りながら、民族が多様となる背景を理解する。その上で、多様な民族が共通して受け入れやすく合理性を求める中で生み出された生活習慣や文化が、グローバル企業の資本主義的経営によって世界中に広げられ影響を及ぼしていること、一方で文化の画一化が進み、文化の多様性に影響が及んでいることを関連付けさせる。	(第6時) 第1時で設定した学習課題についてまとめる。地域のつながりや地域内の結び付きなどに着目して、それらの地域的特色と関連付けて多面的・多角的に考察し、表現する。 まとめるに当たっては、第3～5時で学習課題について3つの面で関連を捉えたことを活用する。地域のつながりという点では、世界中からの多様な人材の受け入れ、大量生産した農産物の輸出、グローバル企業による生活・文化の浸透などに触れるようにする。また、地域内の結び付きという点では、工業生産でUSMCAやメキシコなどからの移民の受け入れ（ヒスパニック）などに触れるようにする。 第1時で学習課題を設定して見通しをもち、第2～5時までの学習が学習課題解決の要素となり、それらを振り返りながら第6時でまとめることで、多面的・多角的な考察に取り組ませる。

課題解決的な学習展開にする工夫

単元における課題解決のための問いを「世界に影響を与えるアメリカでの大量生産は、なぜできるのだろうか」と設定し、その問いを単元の学習を通して解決をする。「大観する」場面では単元全体を見通すことが主体的な学習に取り組む態度の評価につながる。また、地形や気候を理解することになるが、網羅的な学習とならないように留意する。あくまで、課題を解決する材料に関連付く内容に絞ることが望ましい。「多面的・多角的に学ぶ」場面では、課題追究に迫る手立てを積み重ねる。その際には地理的な見方・考え方を働かせ、主体的・対話的な活動が展開されることが求められる。「まとめる」場面では、単元の学びを振り返り、課題解決のための問いに取り組む時間として設定する。

大観する 1/6

北アメリカ州の学習課題の設定

本時の目標

北アメリカ州について、そこで見られる課題を諸資料から見いだし、主体的に追究できるようにする。

本時の評価

北アメリカ州について、自らの学習を見通すために、そこで見られる課題を諸資料から見いだし、主体的に追究しようとしている。

□ 北アメリカ州の学習課題の設定

ねらい：北アメリカ州に関わる資料から学習課題を設定し、単元の学習の見通しを立てよう。

北アメリカ州に関係する資料から、疑問点や気になった点を挙げましょう。

1．農業について

1．北アメリカ州の農業に関する資料を見て感じたことや疑問をできるだけたくさん挙げましょう。

なぜアメリカ合衆国は生産も輸出も世界一のものが多いのだろうか。

1

肉牛の牧場

農作物生産の国別ランキング
アメリカの順位（2016）
大豆……1位
とうもろこし……1位
牛肉……1位

農作物輸出の国別ランキング
アメリカの順位（2016）
大豆……1位
とうもろこし……1位
小麦……2位

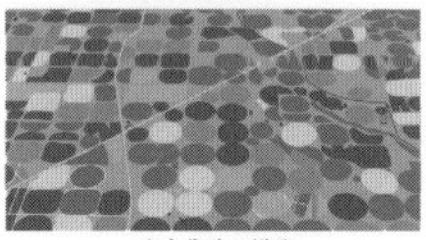
小麦栽培の様子

名称	小麦粉
原料原産地	アメリカ産、カナダ産（小麦）
内容量	3kg（1kg×3袋）
賞味期限	枠外下部に記載
保存方法	直射日光、高温、多湿、虫の侵入、においの強いもののそばを避け保存して下さい
加工者	○○株式会社 愛知県○○○○○

2．工業について

2．北アメリカ州の工業に関する資料を見て感じたことや疑問をできるだけたくさん挙げましょう。

なぜスマホのような世界に広がっている最新技術のものがアメリカで生まれたのか。

2

自動車生産の様子

電気自動車世界一はアメリカの会社

本時の授業展開

1　導入

北アメリカ州の学習課題を設定するために資料を概観する。資料は第3～5時で取り扱うテーマである農業、工業、生活・文化に関連するものを提示する。

2　展開

単元を見通すために、北アメリカ州の特徴を示す諸資料を見て、そこから出てくる疑問を書き出す。班活動で書き出した疑問を出し合い、検討する優先順位を付けながら集約させていく。北アメリカ州の農業、工業、生活・文化のそれぞれについて同じ作業を行う。

農業では、「この牧場では何頭ほどの牛を飼っているのか」「この牧場はどれくらい広いのだろうか」「なぜ小麦畑は丸い形をしているのか」「なぜ小麦畑の色がばらばらなのか」「なぜアメリカ合衆国は生産も輸出も世界一のものが多いのだろうか」「日本にもアメリカ合衆国の農産物がたくさん入ってきているのだろうか」などが考えられる。

工業では、「なぜ電気自動車や飛行機など、アメリカが世界一のものが多いのだろうか」「なぜスマホのような世界に広がっているものがアメリカで生まれたのか」などが考えられる。

生活・文化では「なぜたくさんの民族がアメリカに集まるのだろうか」「私たちもよく食べるファストフードは、なぜアメリカで生まれたのだろうか」「アメリカではなぜ高速道路が発

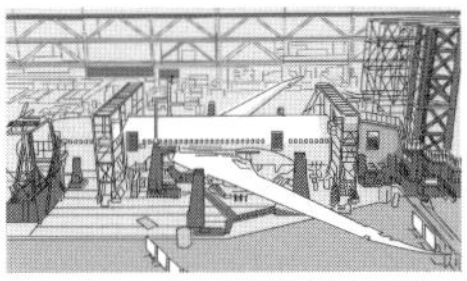

航空機で世界を二分するアメリカの会社

スマホをはじめに売り出したアメリカの会社

3．生活・文化について

3．北アメリカ州の生活・文化に関する資料を見て感じたことや疑問をできるだけたくさん挙げましょう。

「なぜたくさんの民族がアメリカに集まるのだろうか」

3

たくさんの民族が集まるアメリカ

アメリカのハイウェイ

アメリカのファストフード

アメリカの通販会社

4

課題の設定 北アメリカ州を学習するにあたって、感じたことや疑問から課題を設定しましょう。

北アメリカで見られる大規模に生産されるものや世界中に浸透する文化はどのように生み出され、世界に影響を及ぼしているのだろうか。

〈振り返り〉

達しているのか」「日本でも見られる通販会社がなぜアメリカで生まれたのか」などが考えられる。

3　まとめ

教師の支援のもと、出し合った疑問から、見方・考え方を働かせて取り組む学習課題を設定していく。「北アメリカで見られる大規模に生産されるものや世界中に浸透する文化はどのように生み出され、世界に影響を及ぼしているだろうか」などが想定できる。設定に当たっては地理的な見方・考え方を働かせることができる学習課題になるように留意する。

ICT活用のアイディア

1の北アメリカ州の農業に関連する資料を大型モニターに提示、個人用タブレットに配信するなどして、資料を見て疑問を出し合う。

2の北アメリカ州の工業に関連する資料を大型モニターに提示、個人用タブレットに配信するなどして、資料を見て疑問を出し合う。

3の北アメリカ州の生活・文化に関連する資料を大型モニターに提示、個人用タブレットに配信するなどして、疑問を出し合う。

1～**3**ではジャムボードなど意見を集約するアプリを使うことも考えられる。

対話のアイディア

1 **2** **3**については資料を見て出てくる疑問をできるだけ多くあげさせ、それをグループで出し合う。他者の資料の見方を知ることにより、自分自身の視点を増やせるようにする。

4では、**1**～**3**で出した疑問を基に対話を通して主題に迫る疑問に精選していくことで単元を貫く問いづくりを行っていく。問いをつくるに当たっては地理的な見方・考え方を働かせて考察するものになるよう促す。

ワークシートの評価ポイント

・提示された資料についての疑問を挙げられている。

・疑問を基に学習課題を設定して単元の見通しをもてるようにしている。

大観する 2/6

北アメリカ州の自然環境

本時の目標

北アメリカ州に暮らす人々の生活を基に、州の地域的特色を大観し理解できるようにする。

本時の評価

北アメリカ州に暮らす人々の生活を基に、州の地域的特色を大観し理解している。

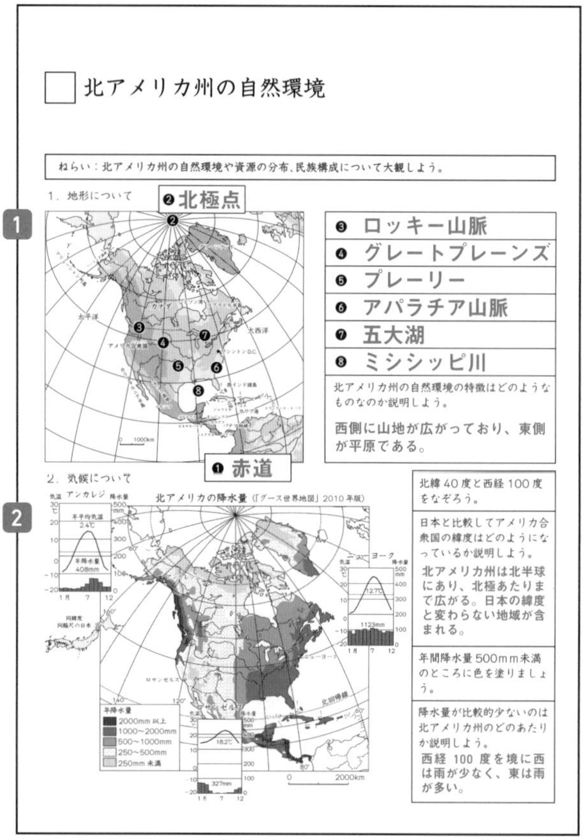

北アメリカ州の自然環境
ねらい：北アメリカ州の自然環境や資源の分布、民族構成について大観しよう。
1. 地形について
1
❷北極点
❶赤道
❸ ロッキー山脈
❹ グレートプレーンズ
❺ プレーリー
❻ アパラチア山脈
❼ 五大湖
❽ ミシシッピ川
北アメリカ州の自然環境の特徴はどのようなものなのか説明しよう。
西側に山地が広がっており、東側が平原である。
2. 気候について
2
アンカレジ
北アメリカの降水量
ニューヨーク
北緯40度と西経100度をなぞろう。
日本と比較してアメリカ合衆国の緯度はどのようになっているか説明しよう。
北アメリカ州は北半球にあり、北極あたりまで広がる。日本の緯度と変わらない地域が含まれる。
年間降水量500mm未満のところに色を塗りましょう。
降水量が比較的少ないのは北アメリカ州のどのあたりか説明しよう。
西経100度を境に西は雨が少なく、東は雨が多い。
年降水量
2000mm以上
1000～2000mm
500～1000mm
250～500mm
250mm未満

本時の授業展開

1　導入

「1．地形について」の白地図を宿題として課し、完成させてくるようにする。本時のはじめに、その内容を確認する。自然環境の特徴の説明について、書いてきた内容を発表させ、全体で共有する。西側に山地が広がっており、東側が平原であるという特徴を捉え、第３時の農業の授業につなげられるようにする。

2　展開

「2．気候について」の白地図に作業を行い、特徴をまとめる。まず、北緯40度をなぞり、日本と比較する。説明としては「北アメリカ州は北半球にあり、北極あたりまで広がる。日本の緯度と変わらない地域が含まれる」などが考えられる。

また、西経100度をなぞるとともに、年降水量の少ない地域に色を塗らせ、その地域の位置を簡潔に説明する。「西経100度を境に西は雨が少なく、東は雨が多い」といった説明が想定される。

「3．資源の分布について」は、それぞれの鉱産資源が見られる場所に色を塗り、分布を読み取る。「東側を中心に様々な資源が豊富に見られる」といった分布の特徴を捉える。

「4．民族構成について」は、写真や人口構成、言語の割合などの資料を基に、「アメリカには様々な民族が暮らしている」という様子を捉えられるようにする。

3

3．資源の分布について

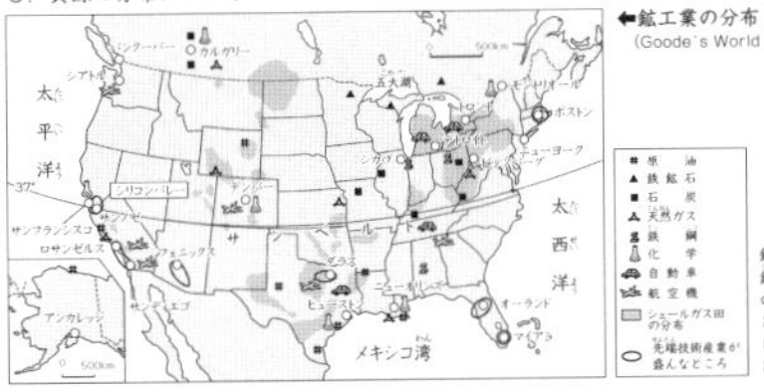

←鉱工業の分布
(Goode's World Atlas 2010, ほか)

鉱産資源が豊かな五大鉄鋼・自動車などの重の跡、北緯37度よりとよばれる地域で、石じめ、宇宙産業・コンと先端技術産業が発達

原油、鉄鉱石、石炭、天然ガス、シェールガス田に色を塗ろう。アメリカ合衆国の鉱産資源はどのような分布が見られるか。
東側を中心に様々な資源が豊富に見られる。

4．民族構成について

4

アメリカの人口構成（「現代アメリカデータ総覧」2011）

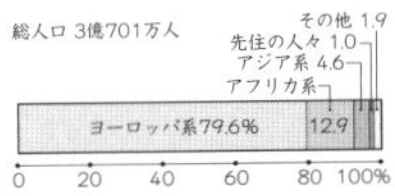

（2009年）総人口のうち15.8%がヒスパニック

家庭で話される言語［U.S. Census Bureau］

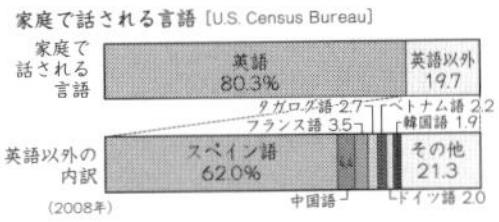

（2008年）

様々な民族
アメリカ合衆国にはヨーロッパ系、アフリカ系、アジア系、ヒスパニックなど、様々な民族の人々がくらしている。

アメリカ合衆国に見られる民族構成からどのようなことが言えるか、説明しよう。
アメリカには様々な民族が暮らしている。

１のプリントで挙げた疑問と関係がありそうな資料をひとつ挙げて疑問を深めよう。
アメリカでは工業が盛んなようだが、資源がたくさんあるからではないだろうか。

〈振り返り〉

3　まとめ

１のプリントで挙げた疑問を一つ取りあげ、それと関連した資料と結び付ける。記入例としては、次のようなものが想定される。

「牧場や小麦畑はとても広いが、アメリカにはそれだけ広い土地がある」

「アメリカでは工業が盛んなようだが、資源がたくさんあるからではないだろうか」

「アメリカには様々な民族が住んでいるが、ファストフードはみんなが食べているのか」

ICT 活用のアイディア

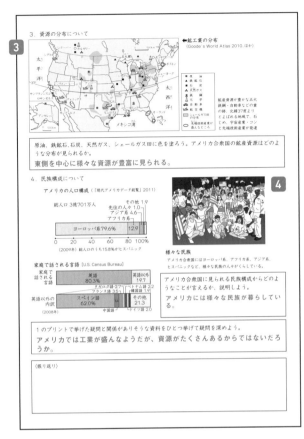

1の地図を大型モニターで提示し、地図帳の一般図を参考に山脈や川などの名前を捉えさせる。

2の降水量の分布図と雨温図を大型モニターで提示し、色を塗る作業を通して降水量の少ない地域の分布を捉えさせる。

3の資源の分布の地図を大型モニターで提示し、資源の豊富さを捉えさせる。

4の写真資料を個人用タブレットに配信し、拡大させながら写真を読み取らせ、アメリカ合衆国にはさまざまな民族が集まることを捉えさせる。

対話のアイディア

2の資料で「降水量が少ない地域はどの位置にあるか」について、地図を使いながらグループで話し合わせる。

4の資料を使い、写真から読み取れることをグループで互いに発表させる。

5第１時での単元を貫く問いを解決するために活用できると考える資料を選び、どのような点で関連しそうかをグループで話し合わせる。

ワークシートの評価ポイント

・北アメリカ州について大観して理解した内容がまとめられている。

・ワークシート１で挙げた疑問と結び付け、疑問を深められている。

多面的・
多角的に学ぶ　3/6

北アメリカ州の農業

～アメリカ合衆国を中心に

本時の目標

北アメリカ州に暮らす人々の生活を基に、州の地域的特色を大観し理解できるようにする。

本時の評価

アメリカで見られる農業の資本主義的経営は、地形や気候など地域の特色の影響を受けていることを理解している。

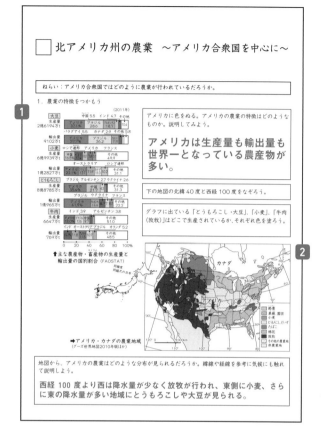

□ 北アメリカ州の農業　～アメリカ合衆国を中心に～

ねらい：アメリカ合衆国ではどのように農業が行われているだろうか。

1　1．農業の特徴をつかもう

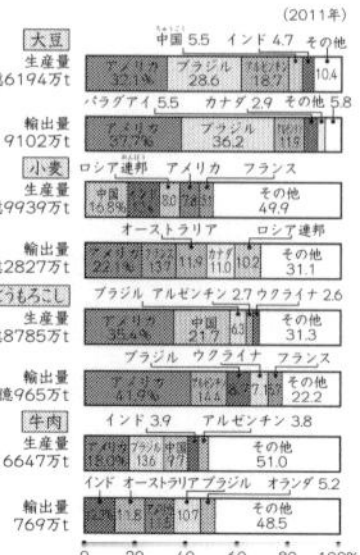

⬆主な農産物・畜産物の生産量と輸出量の国別割合（FAOSTAT）

アメリカに色をぬる。アメリカの農業の特徴はどのようなものか。説明してみよう。

アメリカは生産量も輸出量も世界一となっている農産物が多い。

下の地図の北緯40度と西経100度をなぞろう。

グラフに出ている「とうもろこし・大豆」、「小麦」、「牛肉（放牧）」はどこで生産されているか、それぞれ色を塗ろう。

2

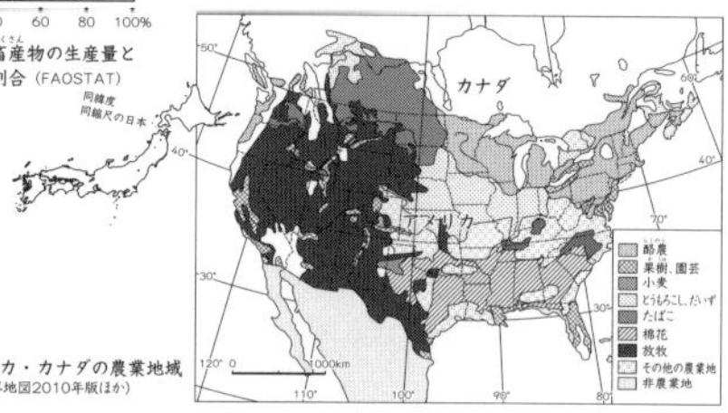

➡アメリカ・カナダの農業地域
（グーズ世界地図2010年版ほか）

地図から、アメリカの農業はどのような分布が見られるだろうか。緯線や経線を参考に気候にも触れて説明しよう。

西経100度より西は降水量が少なく放牧が行われ、東側に小麦、さらに東の降水量が多い地域にとうもろこしや大豆が見られる。

本時の授業展開

1　導入

「主な農産物・畜産物の生産量と輸出量の国別割合」のグラフからアメリカ合衆国に色を塗り、アメリカ合衆国の農業の特徴を簡潔に説明する。例えば、「アメリカは生産量も輸出量も世界一となっている農産物が多い」といった説明が想定される。

2　展開

生産量や輸出量が世界一となっている作物がアメリカのどのあたりで生産されているかを地図で確認する。まず、北緯40度と西経100度をなぞり、「とうもろこし・大豆」「小麦」「牛肉（放牧）」の生産地域に色を塗る。そのうえで、2のプリントの「北アメリカの降水量」を示した主題図と比較しながら、農作物の生産と緯度（気温）や降水量とを関連付けてまとめる。

次に、農業の分布の全体像を捉えたうえで、個別の知識について整理する。地域の環境に適した農業を行う適地適作が行われ、広大な土地を生かして大量生産していることや、効率的な生産を進めていることを理解する。

グレートプレーンズで見られる小麦畑の様子について学習した内容を基に説明する。2のプリントの「北アメリカの降水量」を示した主題図と「アメリカ・カナダの農業地域」を示した主題図とを関連付けてみると、グレートプレーンズでは降水量が少ないということ、そのため大型のスプリンクラーで水をまいている理由を理解することができる。

2．広大な国土と工業化した農業

(1) アメリカの農業

・【**適地適作**】：地域の環境に適した農業
└気温、降水量、土地などの条件

・大量生産で多くが輸出される

①北部〔【**北緯40**】より北〕（亜寒帯）
酪農
とうもろこし・大豆
小麦

②西部〔【**西経100度**】より西〕（乾燥帯）
放牧
小麦

③西海岸（温帯の地中海性気候）
【**地中海式農業**】：オレンジやぶどう

④大陸東部（温帯の温暖湿潤気候）
綿花

(2) 大規模で工業化した農業

①移民の受け入れ
面積のわりに人口が少ない

②企業的な農業の経営
少ない労働力で広い面積を経営
└大型のスプリンクラー
農薬や化学肥料の使用
【**バイオテクノロジー**】による
新種の開発

とうもろこし畑
（アイオワ州）

大規模な牛の飼育場
（テキサス州）

カリフォルニアの
果樹栽培

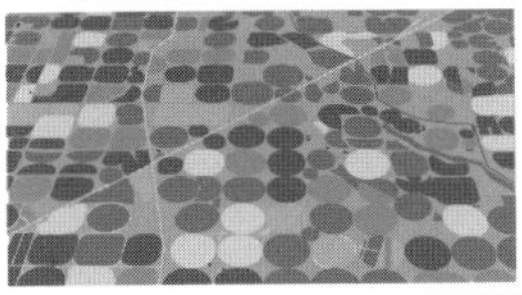

←グレートプレーンズでみられる農業の様子。なぜ、このような風景になるか。この場所の気候と生産方法から考えよう。

グレートプレーンズでは降水量が少ない。大型のスプリンクラーで効率よく水をまいているため、水がまかれたところだけ小麦が育つことから円形の畑になっている。

3 アメリカの農業にはどのような特徴があるだろうか。地形や気候、生産の仕方などに着目してまとめましょう。

アメリカでは、土地の環境に適した作物を生産する適地適作が行われている。広大な土地で人手をかけずに大規模な生産をすることで様々な作物で世界一の規模となっている。

〈振り返り〉

3　まとめ

「アメリカの農業にはどのような特徴があるだろうか。地形や気候、生産の仕方などに着目してまとめましょう」という問いに対してまとめる。

生徒からは次のような記述が想定される。

「アメリカでは、それぞれの地域の環境に適した作物を生産する適地適作が行われている。また広大な土地で人手をかけずに大規模な生産を行い、それを海外に輸出する資本主義的経営を行っている」

ICT 活用のアイディア

1 のグラフを大型モニターで提示し、多くの作物でアメリカ合衆国が１位であることを捉えさせる。

2 の地図を大型モニターで提示し、色を塗る作業を通して主に生産される作物の分布を捉えさせる。日本と緯度を比較させることで、おおよその気温と作物の関係を考えさせる。また、第２時 2 の地図と並べて示すことで降水量との関係も併せて捉えさせる。

3 北アメリカの農業の特徴をまとめるに当たっては、ジャムボードなど意見を集約するアプリを使うことも考えられる。

対話のアイディア

2 の資料では緯度から気温、第２時の学習を踏まえて経度から降水量を大きく捉えたうえで、作物との関係が見いだせるようにする。グループで作物を分担し、話し合いながら自然環境との関係性を捉える。

3 では、2 で農業と自然環境との関係について捉えたことを基に対話を通して考えを深められるようにする。

ワークシートの評価ポイント

・アメリカ合衆国の農業について、地形や気候を生かしながら、大規模に、かつ効率的に農業が行われていることが理解できている。

・生産量や輸出量で世界一の作物が複数あるという関連について捉えられている。

多面的・
多角的に学ぶ

4/6

北アメリカ州の工業 ～アメリカ合衆国を中心に

本時の目標

アメリカで見られる工業の資本主義的経営は、資源の豊富さや多様な民族が移り住んでいる地域の特色の影響を受けていることを理解できるようにする。

本時の評価

アメリカで見られる工業の資本主義的経営は、資源の豊富さや多様な民族が移り住んでいる地域の特色の影響を受けていることを理解している。

□ 北アメリカ州の工業　～アメリカ合衆国を中心に～

ねらい：アメリカ合衆国ではどのように工業が行われているだろうか。

1 1．工業の特徴をつかもう

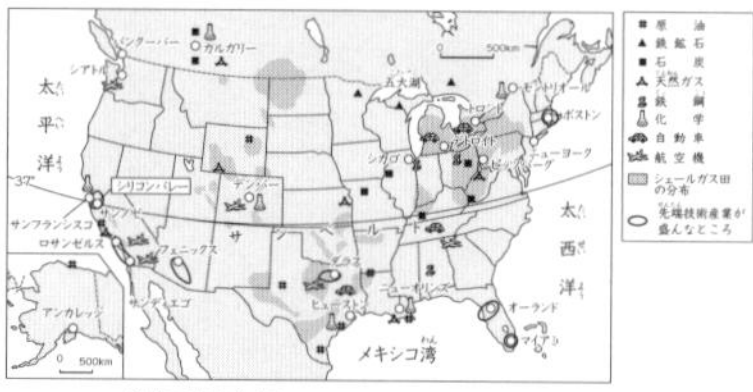

↑鉱工業の分布(Goode's World Atlas 2010, ほか)

←資源の分布と工業の分布にはどのような関係が見られるだろうか。

鉄鉱石や石炭が多く分布している五大湖周辺では自動車工業が、原油や天然ガスが多く取れるメキシコ湾周辺では化学工業などが発達している。

(1) 豊かな資源を利用した工業
鉄鉱石、石炭、石油などが豊富
大西洋岸や【五大湖】沿岸
鉄鋼業（ピッツバーグ）
自動車工業（デトロイト）など
⇒生産の伸び悩み

自動車生産の様子

(2) 北アメリカ州の結び付き
・安い労働力を求めて工場がメキシコなどに進出
⇒NAFTA（現 USMCA）により経済的に密接なつながり

(3)【シェール革命】
2010 年ごろからシェールガス・オイルの生産
⇒アメリカでの生産が急増
⇒アメリカは資源の輸入国から輸出国へ

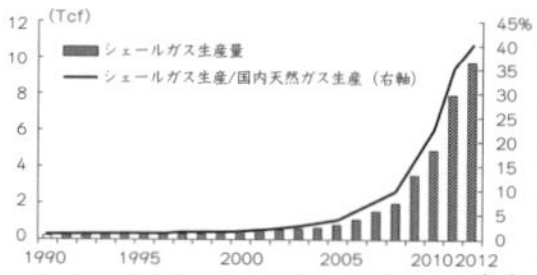

(出所) EIA, AEO2014より みずほ銀行産業調査部作成

⬅米国天然ガス生産の推移

←米国（アメリカ合衆国）でのシェールガスの生産量の推移に色をぬる。どのような変化が見られるか。

シェールガスの生産は 2000 年以降に生産が増えはじめてから、急激な伸びが見られる。

本時の授業展開

1　導入

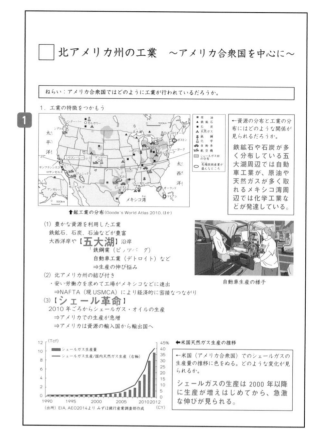

2のプリントで用いた「資源の分布」を示した主題図を再度検討し、資源の分布と工業の分布との関係を捉える。「資源の分布と工業の分布にはどのような関係が見られるだろうか」の問いに対して、次のような記述が想定される。

「鉄鉱石や石炭が多く産出される五大湖周辺では自動車工業、原油や天然ガスが多く取れるメキシコ湾周辺では化学工業などが発達している」

2　展開

導入で捉えた工業の分布を中心に、アメリカの工業における資本主義的経営がどのように行われているか考察する。資源を生かして発展してきた鉄鋼業、自動車工業は伸び悩んでいるが、NAFTA（現 USMCA）により、メキシコに工場が増え盛んに生産が行われている。シェール革命によって、アメリカ国内で天然ガスや石油がまかなわれ輸出するまでになっている。グラフではアメリカでの天然ガスの生産が急増していることを捉えるようにする。

自動車生産などが停滞する一方で、アメリカでは新しい工業を次々に発展させてきている推移（時代と場所の変化）を理解する。1のプリントで挙げた、スマートフォンや電気自動車など最新技術を用いる製品がアメリカからはじまっていることを捉える。

五大湖周辺に代わってサンベルトが発展し、そこではIT産業や航空技術産業が増えていることを、グラフから読み取る。また、工業生産

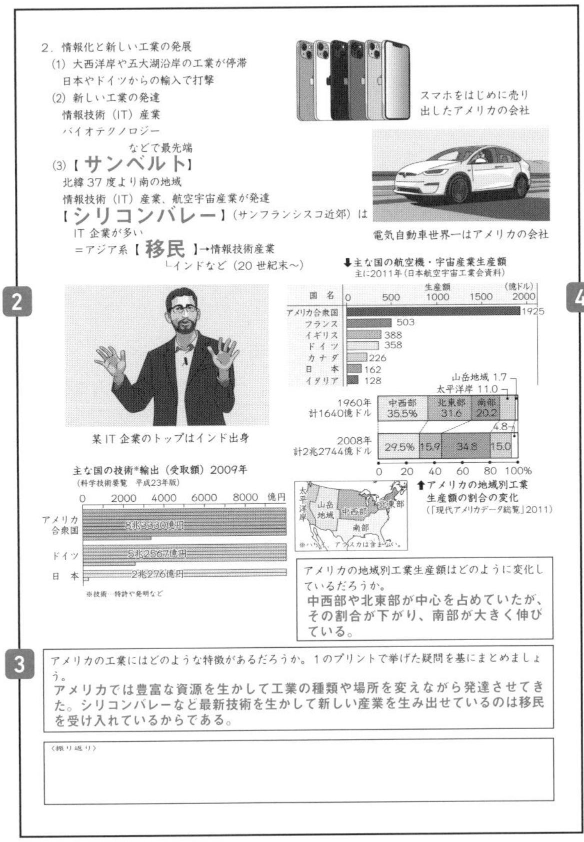

2．情報化と新しい工業の発展

(1) 大西洋岸や五大湖沿岸の工業が停滞
日本やドイツからの輸入で打撃

(2) 新しい工業の発達
情報技術（IT）産業
バイオテクノロジー
などで最先端

(3)【 サンベルト 】
北緯 37 度より南の地域
情報技術（IT）産業、航空宇宙産業が発達
【 シリコンバレー 】（サンフランシスコ近郊）は
IT 企業が多い
＝アジア系【 移民 】→情報技術産業
└インドなど（20 世紀末～）

スマホをはじめに売り出したアメリカの会社

電気自動車世界一はアメリカの会社

2

某 IT 企業のトップはインド出身

4

⬇主な国の航空機・宇宙産業生産額
主に2011年（日本航空宇宙工業会資料）

国名	生産額（億ドル）
アメリカ合衆国	1925
フランス	503
イギリス	388
ドイツ	358
カナダ	226
日本	162
イタリア	128

	中西部	北東部	南部	太平洋岸	山岳地域
1960年 計1640億ドル	35.5%	31.6	20.2	11.0	1.7
2008年 計2兆2744億ドル	29.5%	15.9	34.8	15.0	4.8

⬆アメリカの地域別工業生産額の割合の変化
（「現代アメリカデータ総覧」2011）

主な国の技術*輸出（受取額）2009年
（科学技術要覧　平成23年版）

国名	億円
アメリカ合衆国	8兆3330億円
ドイツ	5兆2567億円
日本	2兆276億円

※技術…特許や発明など

アメリカの地域別工業生産額はどのように変化しているだろうか。
中西部や北東部が中心を占めていたが、その割合が下がり、南部が大きく伸びている。

3

アメリカの工業にはどのような特徴があるだろうか。1のプリントで挙げた疑問を基にまとめましょう。
アメリカでは豊富な資源を生かして工業の種類や場所を変えながら発達させてきた。シリコンバレーなど最新技術を生かして新しい産業を生み出せているのは移民を受け入れているからである。

〈振り返り〉

の割合も南部が伸びていることを理解する。

シリコンバレーを中心に大きく発展しているIT 産業は移民が支えている。IT を中心とする技術輸出の割合が高いことは、移民の受け入れの効果も大きいことを関連付けたい。

3　まとめ

「アメリカの工業にはどのような特徴があるだろうか。１のプリントで挙げた疑問を基にまとめましょう」の問いに対してまとめる。

「アメリカでは豊富な資源を生かして、種類や場所を変えながら工業を発展させてきた。シリコンバレーなどでは、最新技術を生かして新しい産業を生み出しており、その背景には多くの移民を受け入れてきたからだと言える」といったまとめが想定される。

ICT 活用のアイディア

1の資料を大型モニターで提示し、アメリカ合衆国は鉱産資源が豊富なことと、工業の分布とに関連があることについて捉えさせる。

2の資料と関連付けるために、個人用タブレットでアメリカ合衆国で生まれた IT 企業を調べる。

3GAFA など私たちの生活に欠かせない企業が多いことに気付かせる。北アメリカの農業の特徴をまとめるに当たっては、ジャムボードなど意見を集約するアプリを使うことも考えられる。

対話のアイディア

2の資料に関連する個人用タブレットでの調べ学習では、各自で調べた企業について発表し合う。

3では北アメリカ州の工業の内容を基に、対話を通してその特徴を捉えられるようにする。

4の資料から、アメリカ合衆国が他国よりも技術の輸出額や航空機・宇宙産業生産額が高い理由を「移民」をキーワードにして考えを出し合わせる。

ワークシートの評価ポイント

・アメリカ合衆国の工業について、豊富な資源を生かして工業を発達させてきたことを理解している。
・最新技術を取り入れながら工業の種類を変えて発展を続けているのは、他国からの移民も積極的に受け入れているということが捉えられている。

多面的・
多角的に学ぶ

5/6

北アメリカ州の生活・文化 ～アメリカ合衆国を中心に

本時の目標

アメリカで見られる生活・文化は、多様な民族が受け入れやすい合理的なものが多く、企業の資本主義的経営により世界中に広がり大きな影響を与えていることを理解できるようにする。

本時の評価

アメリカで見られる生活・文化は、多様な民族が受け入れやすい合理的なものが多く、企業の資本主義的経営により世界中に広がり、大きな影響を与えていることを理解している。

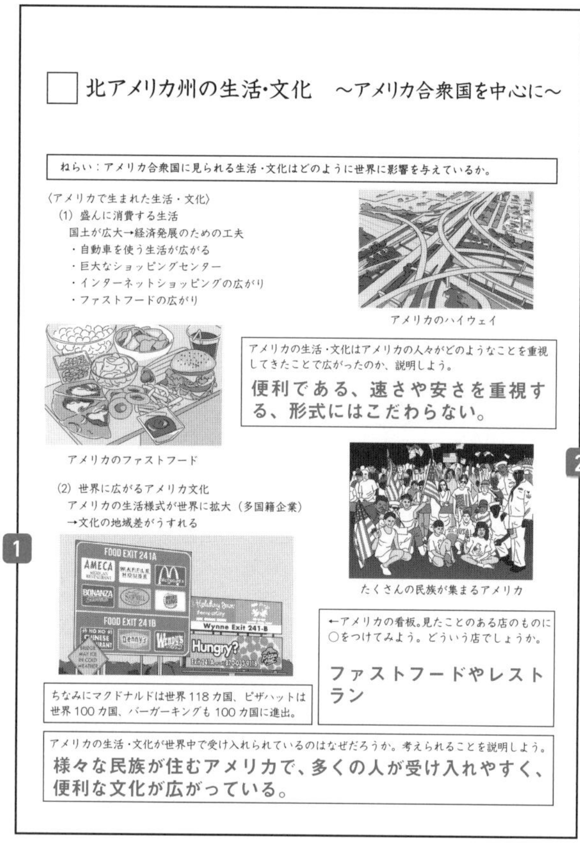
□ 北アメリカ州の生活・文化　～アメリカ合衆国を中心に～

ねらい：アメリカ合衆国に見られる生活・文化はどのように世界に影響を与えているか。

〈アメリカで生まれた生活・文化〉
(1) 盛んに消費する生活
国土が広大→経済発展のための工夫
・自動車を使う生活が広がる
・巨大なショッピングセンター
・インターネットショッピングの広がり
・ファストフードの広がり

アメリカのハイウェイ

アメリカのファストフード

アメリカの生活・文化はアメリカの人々がどのようなことを重視してきたことで広がったのか、説明しよう。
便利である、速さや安さを重視する、形式にはこだわらない。

2

(2) 世界に広がるアメリカ文化
アメリカの生活様式が世界に拡大（多国籍企業）
→文化の地域差がうすれる

1

たくさんの民族が集まるアメリカ

←アメリカの看板。見たことのある店のものに○をつけてみよう。どういう店でしょうか。
ファストフードやレストラン

ちなみにマクドナルドは世界118カ国、ピザハットは世界100カ国、バーガーキングも100カ国に進出。

アメリカの生活・文化が世界中で受け入れられているのはなぜだろうか。考えられることを説明しよう。
様々な民族が住むアメリカで、多くの人が受け入れやすく、便利な文化が広がっている。

本時の授業展開

1　導入

アメリカのハイウェイやファストフード、通販会社を例に挙げ、アメリカの文化にはどのような特徴があるかを「アメリカの人々が重視した点」に着目して考察する。「便利である、速さや安さを重視する、形式にはこだわらない」などの意見が挙がることが想定される。

2　展開

1のプリントで取りあげた写真（たくさんの民族が集まるアメリカ）を再度示して、食生活を例に多くの人々が受け入れる文化について考える。はじめにアメリカの看板の写真から見たことのあるものを見付け、導入で見た写真とも関連付けつつ、どのようなものがあるかを自由に発言させる。そのうえで、「アメリカの生活・文化が、日本を含めて世界の多くの国や地域で受け入れられているのはなぜだろうか」の問いを考察する。「様々な民族が住むアメリカで、多くの人が受け入れやすく、便利な文化が広がっている」などが想定される。合理的な文化だけでなく、移民のルーツとなる文化が元となり、ジャズなどの多様な文化が見られることも理解する。

また、ヒスパニック系について理解するとともにアメリカが抱える課題について考察する。スペイン語圏からの移民であるヒスパニック系は農業や建設業などの肉体労働に携わっており、アメリカの産業を支えている。州別の人口構成の地図にアフリカ系とヒスパニック系の割合が高い地域に色を塗らせ、どちらも南部に多

(3) 移民の国アメリカ～メキシコ以南とのつながり

①アフリカ系

・奴隷の子孫

・その後の移民も

⇒ジャズなどの文化をうみだす

②【ヒスパニック】

・【スペイン語】を話す移民が仕事を求めてアメリカへ

・メキシコ、中央アメリカ、西インド諸島

・農業や建設業に従事←アメリカはたよりに

⇒スペイン語と文化を持ち込む

⇒英語を話す人とのコミュニケーションが課題

⬆アメリカ生まれの音楽ジャズ
（ニューオリンズ 2010年）

⬆メキシコ系の労働者によるレタスの収穫（アメリカ 2004年）

3

⬇州別に見たアメリカ人の人口構成
（「現代アメリカデータ総覧」2011）

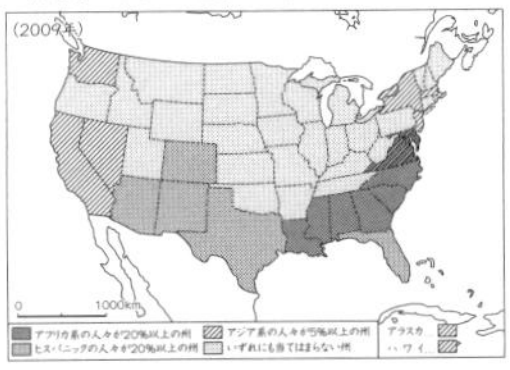

←アフリカ系20%以上の場所に赤、ヒスパニックが20%以上の場所に青をぬる
それぞれどのような場所か。

【アフリカ系】

南東部に多い。

【ヒスパニック】

東部に多い。

⬇家庭で話される言語［U.S. Census Bureau］

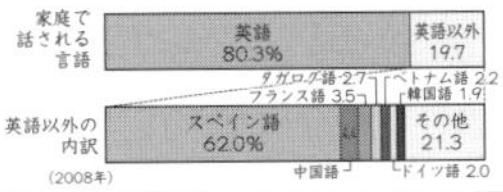

4

ヒスパニックが増えることで、アメリカではどのような問題が起きそうだろうか。

英語が通じない人が増える問題が起こってしまう。

5

アメリカの生活・文化にはどのような特徴があるだろうか。

アメリカが多民族であることから、多くの人が受け入れやすい便利で合理的な文化が広がった。その文化は世界中にも広がり大きな影響を与えている。

〈振り返り〉

く、地域によって差があることを捉える。

さらに、「家庭で話される言語」のグラフを見ると、ヒスパニック系はスペイン語を普段から話していることにより、英語を話す人々とのコミュニケーションに課題があること、ヒスパニック系の増加はその課題をより大きくしてしまうことが問題であることに気付かせる。

3　まとめ

「アメリカの生活・文化にはどのような特徴があるだろうか」についてまとめる。

次のようなまとめが想定される。

「アメリカが多民族であることから、多くの人が受け入れやすい便利で合理的な文化が広がった。その文化は世界中にも広がり大きな影響を与えている」

ICT活用のアイディア

1の資料を大型モニターで提示し、自分自身が行ったことのある店の看板を挙げさせ、アメリカ企業が日本に進出していることを実感させるとともに、本時の内容への関心を高める。

2の資料を個人用タブレットに配信し、各自で拡大して見ながら民族の多様性について捉えさせる。

3の資料を大型モニターで提示し、アメリカの人口構成は地域によって偏りがあることを捉えさせる。

対話のアイディア

1の資料を用いて、自らのアメリカ企業との関わり（食事や買い物の経験）を紹介し合う。

4の場面では英語とスペイン語の簡単な挨拶を示したカード（ふりがなつき）を用意し、2人組で異なる言語同士で会話させてみることで、ヒスパニックの問題を考えるきっかけとする。

5では、2で捉えたアメリカ合衆国の生活・文化について捉えたことを基に対話を通して考えを深められるようにする。

ワークシートの評価ポイント

・アメリカ合衆国の生活・文化について、多様な民族が住むことにより多くの人が受け入れやすい便利で合理的な文化が生まれていることを理解している。

・企業の資本主義的経営により、それらの文化が世界の多くの国に広がって大きな影響を与えていることが捉えられている。

まとめる 6/6

北アメリカ州のまとめ

本時の目標

アメリカ合衆国の資本主義的経営について学習してきた内容を振り返りながら理解した内容をまとめ、アメリカ合衆国が世界に与えている影響を地域的特色と関連付けて主体的に考察し、追究できるようにする。

本時の評価

アメリカ合衆国の資本主義的経営について学習してきた内容を振り返りながら理解した内容をまとめ、アメリカ合衆国が世界に与えている影響を地域的特色と関連付けて主体的に考察し、追究している。

□ 北アメリカ州についてのまとめ

ねらい：北アメリカ州についてまとめよう。

単元を貫く問い
北アメリカで見られる大規模に生産されるものや世界中に浸透する文化はどのように生みだされ、世界に影響を及ぼしているのだろう。

1

1．農業について、北アメリカ州の特徴を表している資料を一つ選び、まとめましょう。

資料

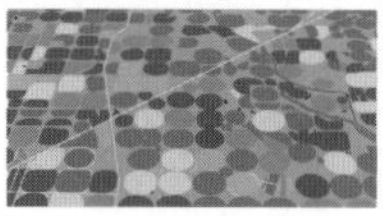

グレートプレーンズにおけるセンターピボット方式の農場の写真を選ぶ。

取りあげた資料から分かる北アメリカ州の特徴
気候を生かして効率的に生産を行う適地適作が行われている。効率よくスプリンクラーで水をまくために円になっている。
お互いに発表をした後に気付いたことの追加

2

2．工業について、北アメリカ州の特徴を表している資料を一つ選び、まとめましょう。

資料

取りあげた資料から分かる北アメリカ州の特徴
お互いに発表をした後に気付いたことの追加

3

3．生活・文化について、北アメリカ州の特徴を表している資料を一つ選び、まとめましょう。

資料

取りあげた資料から分かる北アメリカ州の特徴
お互いに発表をした後に気付いたことの追加

本時の授業展開

1　導入

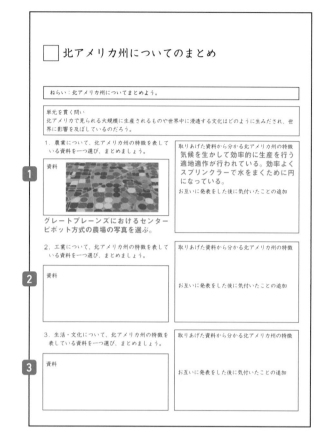

これまで扱ったワークシートの資料をプリントにまとめて配付するか、資料データをタブレットに配信して活用する。

農業、工業、生活・文化について、それぞれの特徴を表していると考える資料を一つずつ選び、それについて理解していることを説明する。この部分で本単元の「知識・技能」の評定に用いる評価を行う。

また、学習課題に対して３つの資料の取り上げた内容が妥当であるか、単元の学習を振り返って追究しようとしているかという点から、本単元の「主体的に学習に取り組む態度」の評価を行う。

2　展開

取り上げた３つの資料から分かる北アメリカ州の特徴について班活動で相互に発表させ、考えを広げたり深めたりする。

3　まとめ

農業、工業、生活・文化について捉えた内容を基に北アメリカ州の特徴について白地図と記述でまとめる。この部分で本単元の「思考・判断・表現」に関わる評定に用いる評価を行う。

白地図のまとめ方としては、次のものが考えられる。

①北緯40度と西経100度の線を描き、おおよその気候についての説明を入れ、農業の適地適作について示す。

まず単元を貫く問いを書いた上でまとめよう。まとめるにあたっては、テーマの一つを挙げて、白地図を活用しよう。

「北アメリカ州で見られる大規模に生産されるものや世界中に浸透する文化はどのように生みだされ、世界に影響を及ぼしているのだろう」

北アメリカ州の特徴を表す地図
テーマ「　　　　　　　」
※北緯40度や西経100度の線を描き、気候の特徴や農産物の分布などを示す。それらが世界に輸出されている様子を矢印で描いている。

北アメリカ州の単元を貫く問いに対するまとめ

〈まとめの記入のポイント〉
　単元のまとめとして農業だけでなく工業や生活・文化にも触れながら北アメリカ州の特徴と世界に及ぼす影響について説明していること。

〈振り返り〉

＊このワークシートとは別にこれまでの資料を集めたプリントを準備する。

②工業の種類や中心地を描き入れ、その場所や内容の推移を示す。五大湖中心の重工業からサンベルトの石油化学工業や航空宇宙産業への変化、シリコンバレーでのIT産業の発達などの動きを示すことが想定される。

③アメリカ合衆国に向けて移民の動きやアメリカの生活の進出の様子を描き入れ、多様な文化の受け入れや世界への影響について示す。メキシコ方面からヒスパニックの矢印、太平洋側からアジア系（インドなど）のIT技術者の矢印を描いたり、企業が世界中に進出している様子を表す矢印を描くことが想定される。

文章によるまとめは、白地図の内容にとどまらず、①〜③の内容がバランスよく触れられるようにまとめる。

ICT活用のアイディア

1では農業について、2では工業について、3では生活・文化について、北アメリカ州の特徴を表すと考える資料を選ぶ。これまでワークシートで使った資料を個人用タブレットに配信し、各自でそれらの資料を再度見ながら選ばせる。

1〜3で選んだ資料について、グループで発表させる。発表では選んだ資料をタブレットに示しながら行う。

対話のアイディア

1 2 3の資料を一人一人が選び、資料の内容や選んだ理由を発表し合う。これにより、単元を貫く問いに迫る考察の視点を共有することにつなげていく。自らの考えだけでなく、他者の考えを取り入れながら深い考察となるようにする。

ワークシートの評価ポイント

・農業、工業、生活・文化のいずれも自然環境や資源を生かして大規模に効率よく生産し、世界に影響を及ぼしていることを理解している。
・企業の資本主義的経営による大規模生産と多民族であるアメリカの地域的特色とを関連付けられている。
・学びを振り返って自らの学習状況を捉え、追究しようとしている。

(2) 5時間 南アメリカ州：開発と環境保全

単元の目標

単元を貫く問いとして、「南アメリカ州におけるアマゾンをはじめとした自然環境に対して、開発を進めるべきか、環境保全に努めるべきかを決定し、よりよい南アメリカ州の姿を考える」を設定し、地球的課題である森林破壊に対して、州という地域の広がりや地域内の結び付きに着目しながら、地域的特色と関連付け、主体的に追究し、多面的・多角的に考察し、表現する。

単元を貫く問い 南アメリカ州におけるアマゾンをはじめとした自然環境に対して、開発を進めるべきか、環境保全に努めるべきかを決定し、よりよい南アメリカ州の姿を考えよう。

1時	2・3時
大観する	多面的・多角的に
〔第1時〕 単元の導入として、南アメリカ州の地域的特色の中で、特に自然環境について大観させることを目標とする。 まず、南アメリカ州の自然環境に関する基礎的・基本的な知識を小テストで確認した後、南アメリカ州に対するイメージを生徒間で共有させる。 次に、アマゾンの火災に関する資料を読み取らせ、開発と環境保全が対立する問題であることを意識させた上で、単元を貫く問いを提示する。また、単元を貫く問いをより深く考えるために、どのような見方・考え方が必要であるか見通しをもたせ、開発と環境保全のどちらを重視するか価値判断をさせる。 学習活動として、南アメリカ州の白地図に自然環境を描き込み、気候区分ごとに色を変え、塗り分けさせる。また、南アメリカ州とアフリカ州の気候区分を示す地図を比較させるとともに、南アメリカ州各都市の雨温図を読み取らせ、面積割合で熱帯が最も多く、場所により多様な気候帯が見られるなどの南アメリカ州の気候の特徴を捉えさせる。	〔第2時〕 小テスト後、単元を貫く問いを多面的に考察させるために、ジグソー学習を行う。 班内で「文化と人々の生活」「農業」「工業」の3つのテーマの中から1つを選ばせ、担当を分担させる。他の班で同じテーマを担当している者と小グループを複数形成させ、調査活動を行わせ、課題に取り組ませる。再び自分の班に戻り、テーマごとにまとめた内容を説明させる。 最後に単元を貫く問いに対して価値判断をさせる。 〔第3時〕 小テスト後、動画からアマゾンの機能について読み取らせ、環境保全の意義を理解させる。 次に、開発の利点と課題に関するそれぞれ資料を読み取らせ、開発の意義や課題を捉えさせる。 授業の後半は、次回授業で行うロールプレイに向けて4つの立場（ブラジル政府・先住民・農民・日本政府）に分担させ、調査活動を行わせる。 最後に単元を貫く問いに対して価値判断をさせる。

単元を構造化する工夫

単元を貫く問いの扱いとして、第1時に提示して以降、毎時間生徒に価値判断をさせる時間を設定している。このことによって、問いに対して単元を通じて意思決定することを明確にし、生徒も教師も単元全体を見通すことができると考える。また、毎時間考えを記述させ、さらに図示させることで生徒自身の考えが積み重なり、深い考察を促すことができる。生徒の考えが変容する過程が可視化され、粘り強く考え、学びを自己調整する過程がポートフォリオ化されることで、「主体的に学習に取り組む態度」の評価に活用することも考えられる。他の方法として、価値判断を一元化した学習シートを活用し、教師のコメントをフィードバックする方法も想定される。

単元の評価

知識・技能	思考・判断・表現	主体的に学習に取り組む態度
○世界各地で顕在化している地球的課題の１つである森林破壊は、南アメリカ州の地域的特色の影響を受けて、州や国特有の現れ方をしていることを理解している。 ○南アメリカ州に暮らす人々の生活を基に、地域的特色を大観し理解している。	○南アメリカ州において、森林破壊の要因や影響を、州という地域の広がりや地域内の結び付きなどに着目して、それらの地域的特色と関連付けて多面的・多角的に考察し、表現している。	○南アメリカ州について、よりよい社会の実現を視野に開発と環境保全について主体的に追究しようとしている。

4時	5時
学ぶ	まとめる
〔第４時〕 小テスト後、ロールプレイによるディスカッションを行わせる。 まず、前時で調査活動した内容に各自が新たにもち寄った資料を加え、資料の最終確認を行わせる。また、主張内容の再検討や想定される質問の検討、ディスカッション時の役割分担などを確認させる。 次に、４つの立場からそれぞれ主張をさせ、その後にディスカッション（１回目）を行う。一度グループごとの再検討を挟み、ディスカッション（２回目）を行う。ディスカッションの終わりには、それぞれの立場から改めて主張を行わせて、生徒ごとに各立場のポイントをまとめさせる。 最後に単元を貫く問いについて価値判断をさせる。	〔第５時〕 南アメリカ州における単元のまとめとして、単元を貫く問いに対して、最後の価値判断を行わせ、意思決定させる。 決定した立場を基にレポートを作成させる。まずはじめにレポートの評価基準となるルーブリックを提示し、説明する。次に、生徒に授業で学んだり、調べたりした用語をマッピングさせ、レポートの全体像を図示させるとともに、レポートの要旨をまとめさせる。その内容を基に文章化させ、レポートを完成させる。 完成したレポートを基に、生徒同士でお互いに発表し合い、学びを深めさせる。 また、追究を通じて新たに考えたい、調べたいと考えたことをまとめさせ、次の学習につなげる。

課題解決的な学習展開にする工夫

第２時において、地域的特色を多面的に捉えるジグソー学習を設定している。文化と人々の生活・農業・工業の３つのテーマを基に調査活動を行い、その成果を発表することにより学習内容を共有することで、単元を貫く問いに対して多面的に考察させることを生徒に促すことができる。また、第３・４時において、ブラジル政府・先住民・農民・日本政府の４つの立場に分かれて調査活動を行い、ディスカッションを行うロールプレイを実施し、単元を貫く問いに対して、多角的に考察させることを促すことができる。第５時においては、課題に対して意思決定をさせ、レポートに理由などをまとめさせ、そのレポートを基に発表を行い、学習内容の共有化を図ることで、さらに深く考察し、これからの学習へとつなげていきたい。

大観する

1/5

南アメリカ州の大観

本時の目標

南アメリカ州の自然環境について資料から読み取り、大観できるようにする。

本時の評価

南アメリカ州における自然環境の位置を地図から読み取り、白地図にまとめ、気候区分を正しく色分けしている。

南アメリカ州各都市の雨温図を読み取り、気候の特徴を理解している。

南アメリカ州について、開発と環境保全について主体的に追究しようとしている。

世界地理プリント No.（　　）

単元を貫く問い「南アメリカ州におけるアマゾンをはじめとした自然環境に対して、開発を進めるべきか、環境保全に努めるべきかを決定し、よりよい南アメリカ州の姿を考えよう。」

ミニテスト　南アメリカ州①【得点： 4 / 4】

1 南アメリカ州には 12 か国の国があります。できる限り国名を挙げましょう。※ 1つ書ければ○

〔ブラジル・アルゼンチン・チリ・エクアドル・コロンビア・ウルグアイ・パラグアイなど〕

2 南アメリカ州の白地図に赤道を引きましょう。

3 世界で流域面積が一番大きい川を書きましょう。(調べても OK)

〔アマゾン川〕

4 3の川は日本列島の面積よりも大きいでしょうか、小さいでしょうか。〔 大きい 〕

(2) 世界の諸地域 教科書〔 ～ 〕ページ・資料集〔 ～ 〕ページ・ワーク〔 ～ 〕ページ

～南アメリカ州①大観～

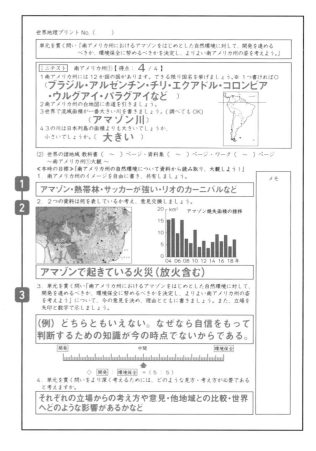

≪本時の目標≫「南アメリカ州の自然環境について資料から読み取り、大観しよう！」

1. 南アメリカ州のイメージを自由に書き、共有しましょう。

1 アマゾン・熱帯林・サッカーが強い・リオのカーニバルなど

2 2. 2つの資料は何を表しているか考え、意見交換しましょう。

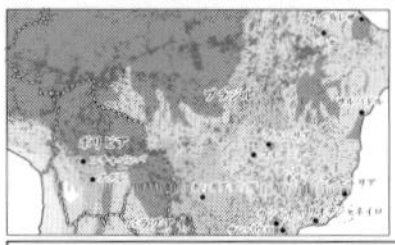

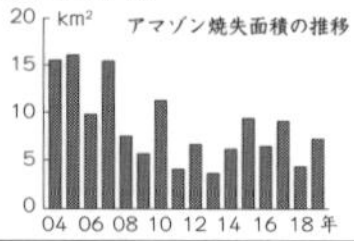

アマゾンで起きている火災（放火含む）

3 3. 単元を貫く問い「南アメリカ州におけるアマゾンをはじめとした自然環境に対して、開発を進めるべきか、環境保全に努めるべきかを決定し、よりよい南アメリカ州の姿を考えよう」について、今の意見を決め、理由とともに書きましょう。また、立場を矢印と数字で示しましょう。

(例）どちらともいえない。なぜなら自信をもって判断するための知識が今の時点でないからである。

開発　中間　環境保全

◇ 開発 ： 環境保全 ＝（ 5 ： 5 ）

4. 単元を貫く問いをより深く考えるためには、どのような見方・考え方が必要であると考えますか。

それぞれの立場からの考え方や意見・他地域との比較・世界へどのような影響があるかなど

メモ

本時の授業展開

1　導入

他の単元で学習した内容を中心に、南アメリカ州の主に自然環境に関する問題（４問）を解く。

南アメリカ州のイメージを発表し合い、共有する。

生徒のイメージから身近な生活との関連を意識させ、学習の意欲を向上させる。また、生徒の学習前の認識を教員が把握する機会とする。

2　展開

２つの資料（「火災が生じているアマゾンの衛星写真」と「アマゾン焼失面積の推移」）が何を表しているか考え、意見交換する。

アマゾンで起きている火災の現状について、放火が行われていることを含めて理解し、開発と環境保全との対立する問題を意識する。

単元を貫く問い「南アメリカ州におけるアマゾンをはじめとした自然環境に対して、開発を進めるべきか、環境保全に努めるべきかを決定し、よりよい南アメリカ州の姿を考えよう」について、今の考えを理由とともに説明する。また、自分自身の立場をグラフと比で示す。

単元を貫く問いをより深く考えるためには、どのような見方・考え方が必要かを考えて、説明する。

また、教師は生徒の意見を集約し、可能な限り授業に反映させる。

南アメリカ州の白地図に自然環境を描き込み、気候区分ごとに色を変え、塗り分ける。

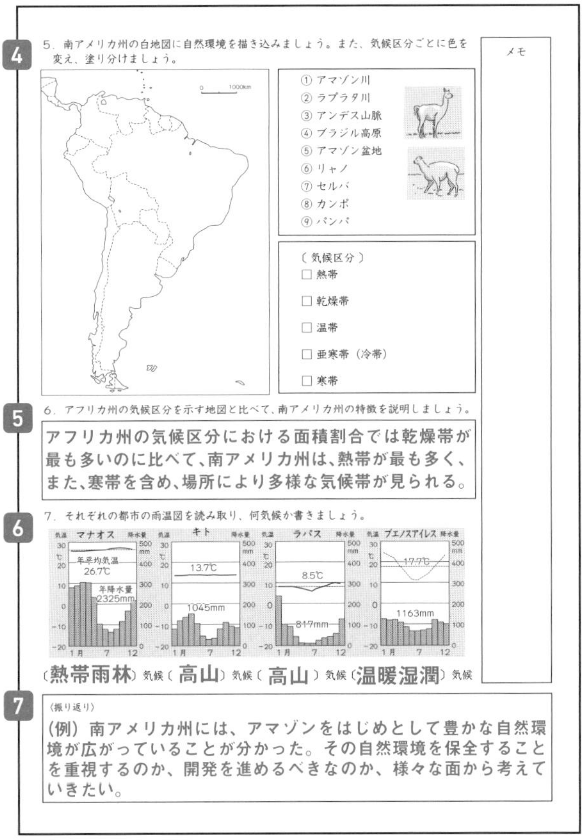
4 5. 南アメリカ州の白地図に自然環境を描き込みましょう。また、気候区分ごとに色を変え、塗り分けましょう。

① アマゾン川
② ラプラタ川
③ アンデス山脈
④ ブラジル高原
⑤ アマゾン盆地
⑥ リャノ
⑦ セルバ
⑧ カンポ
⑨ パンパ

〔気候区分〕
□ 熱帯
□ 乾燥帯
□ 温帯
□ 亜寒帯（冷帯）
□ 寒帯

メモ

5 6. アフリカ州の気候区分を示す地図と比べて、南アメリカ州の特徴を説明しましょう。

アフリカ州の気候区分における面積割合では乾燥帯が最も多いのに比べて、南アメリカ州は、熱帯が最も多く、また、寒帯を含め、場所により多様な気候帯が見られる。

6 7. それぞれの都市の雨温図を読み取り、何気候か書きましょう。

（熱帯雨林）気候（高山）気候（高山）気候（温暖湿潤）気候

7 〈振り返り〉
(例) 南アメリカ州には、アマゾンをはじめとして豊かな自然環境が広がっていることが分かった。その自然環境を保全することを重視するのか、開発を進めるべきなのか、様々な面から考えていきたい。

ICT 活用のアイディア

1 南アメリカ州に関する写真資料を示し、適切なイメージを捉えさせる。
2 2つの資料や関連する映像などを示し、課題を捉えさせる。
3 生徒の立場や意見をタブレットなどを用いて全体で共有し、自分自身の考えの参考にさせる。
5 アフリカ州と南アメリカ州の気候区分を示し、特徴の違いを捉えさせる。
6 雨温図を示し、気候の特徴を捉えさせる。
7 感想やまとめをタブレットなどを用いて提出させ、生徒の考えの変容を捉えさせる。

対話のアイディア

1 南アメリカ州のイメージについて、近くの生徒とイメージを発表し合い、共有させる。
2 2つの資料から読み取らせ、近くの生徒と意見交換させる。
4 少人数のグループで互いに協力し合いながら自然環境や気候区分を調べ、描き込み、塗り分けさせる。
5 南アメリカ州とアフリカ州の気候区分を比較させ、特徴を近くの生徒と説明し合う。
6 雨温図から読み取った内容やなぜその気候と考えたか根拠を近くの生徒と意見交換させる。

アマゾン・草原の広大さや巨大な山脈の存在、また気候区分が冷帯（亜寒帯）以外はすべて存在する点を主に理解させる。

アフリカ州の気候区分を示す地図と比べて、南アメリカ州の特徴を説明する。

アフリカ州の気候区分が主に乾燥帯で、南アメリカ州は主に熱帯であることを理解させる。

南アメリカ州各都市の雨温図を読み取り、何気候か答える。

3 まとめ

南アメリカ州の自然環境について、これから生かせると考えたこと、次回以降学びたいこと、疑問などをまとめる。

ワークシートの評価ポイント

・気候区分における面積割合において、最も多い気候帯はアフリカ州が乾燥帯、南アメリカ州が熱帯であることと、南アメリカ州は冷帯（亜寒帯）以外すべての気候帯が分布していることが説明されている。

多面的・
多角的に学ぶ
―ジグソー学習

2/5

南アメリカ州の文化・産業

本時の目標

南アメリカ州の地域的特色を多面的に捉え、理解できるようにする。

本時の評価

南アメリカ州の地域的特色を文化や農業、工業を中心に多面的に捉え、課題とともに理解している。

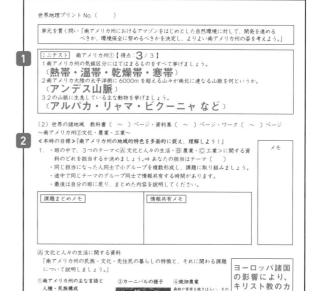

世界地理プリント No.（　　）

単元を貫く問い「南アメリカ州におけるアマゾンをはじめとした自然環境に対して、開発を進めるべきか、環境保全に努めるべきかを決定し、よりよい南アメリカ州の姿を考えよう。」

1

ミニテスト　南アメリカ州①【得点：3／3】

1 南アメリカ州の気候区分にはてはまるものをすべて挙げましょう。
〔熱帯・温帯・乾燥帯・寒帯〕

2 南アメリカ大陸の太平洋側に 6000m を超える山々が南北に連なる山脈を何というか。
〔アンデス山脈〕

3 2の山脈に生息している主な動物を挙げましょう。
〔アルパカ・リャマ・ビクーニャ など〕

（2）世界の諸地域　教科書〔　～　〕ページ・資料集〔　～　〕ページ・ワーク〔　～　〕ページ
～南アメリカ州②文化・農業・工業～

2

≪本時の目標≫「南アメリカ州の地域的特色を多面的に捉え、理解しよう！」

1.　・班の中で、3つのテーマ<Ⓐ文化と人々の生活・Ⓑ農業・Ⓒ工業>に関する資料のどれを担当するか決めましょう。⇒ あなたの担当はテーマ〔　　〕
・同じ担当になった人同士で小グループを複数形成し、課題に取り組みましょう。
・途中で同じテーマのグループ同士で情報共有する時間があります。
・最後は自分の班に戻り、まとめた内容を説明してください。

課題まとめメモ	情報共有メモ	メモ

Ⓐ文化と人々の生活に関する資料

「南アメリカ州の民族・文化・先住民の暮らしの特徴と、それに関わる課題について説明しましょう。」

①南アメリカ州の主な言語と人種・民族構成

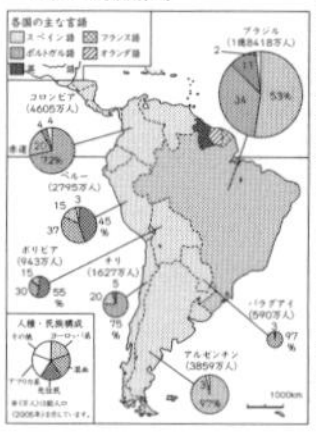

②カーニバルの様子

③サンパウロの日本人街

④焼畑農業

森林や草原を焼きはらい、その灰を肥料として作物を栽培する農業です。数年たつと土地がやせて、作物が育たなくなるため、別の場所に移動して、これをくり返します。

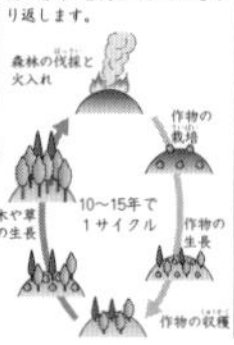

ヨーロッパ諸国の影響により、キリスト教のカトリックが信仰されている。また、20 世紀には多くの日本人がブラジルに移住した。一部の先住民は伝統的な生活を続けており、焼畑農業による環境への影響が課題である。

本時の授業展開

1　導入

前時の復習テスト（3問）を解く。

2　展開

3つのテーマ（A：文化と人々の生活、B：農業、C：工業）とそれぞれの課題に関する資料に対して、班内で担当を分担する。

他の班で同じテーマを担当している生徒と小グループを複数形成し、課題に取り組む。

少人数なので、責任をもって取り組ませる。また、タブレットなど様々な教材を用いて自由に調べさせる。同じテーマを担当しているグループ同士で情報共有する。自分の班にて、まとめた内容を説明し合う。

[テーマ A]「文化と人々の生活」に対する課題

「南アメリカの民族・文化・先住民の暮らしの特徴と、それに関わる課題について説明する」

[テーマ B]「農業」に対する課題

「コーヒー豆・さとうきび・大豆生産の特徴と、それに関わる課題について説明する」

[テーマ C]「工業」に対する課題

「鉄鉱石・銅・原油採掘の特徴と、それに関わる問題について説明する」

時間に余裕がある場合は、各テーマ1グループずつ代表として説明させ、全体で共有することも想定される。

単元を貫く問いについて、今の段階の意見を、理由とともに説明する。また、自分自身の立場をグラフと比で示す。

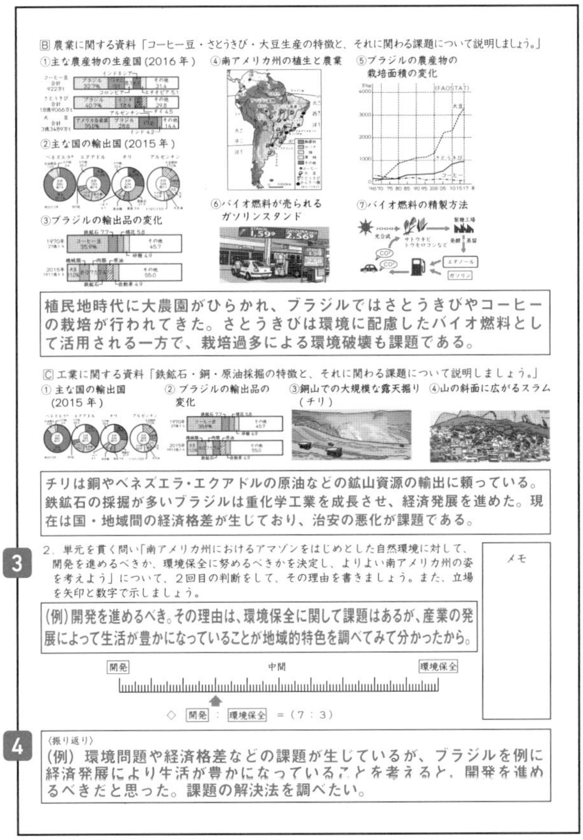

B 農業に関する資料「コーヒー豆・さとうきび・大豆生産の特徴と、それに関わる課題について説明しましょう。」

①主な農産物の生産国（2016年） ④南アメリカ州の植生と農業 ⑤ブラジルの農産物の栽培面積の変化

②主な国の輸出国（2015年） ⑥バイオ燃料が売られるガソリンスタンド ⑦バイオ燃料の精製方法

③ブラジルの輸出品の変化

植民地時代に大農園がひらかれ、ブラジルではさとうきびやコーヒーの栽培が行われてきた。さとうきびは環境に配慮したバイオ燃料として活用される一方で、栽培過多による環境破壊も課題である。

C 工業に関する資料「鉄鉱石・銅・原油採掘の特徴と、それに関わる課題について説明しましょう。」

① 主な国の輸出国（2015年） ② ブラジルの輸出品の変化 ③銅山での大規模な露天掘り（チリ） ④山の斜面に広がるスラム

チリは銅やベネズエラ・エクアドルの原油などの鉱山資源の輸出に頼っている。鉄鉱石の採掘が多いブラジルは重化学工業を成長させ、経済発展を進めた。現在は国・地域間の経済格差が生じており、治安の悪化が課題である。

3 2．単元を貫く問い「南アメリカ州におけるアマゾンをはじめとした自然環境に対して、開発を進めるべきか、環境保全に努めるべきかを決定し、よりよい南アメリカ州の姿を考えよう」について、２回目の判断をして、その理由を書きましょう。また、立場を矢印と数字で示しましょう。

メモ

（例）開発を進めるべき。その理由は、環境保全に関して課題はあるが、産業の発展によって生活が豊かになっていることが地域的特色を調べてみて分かったから。

開発　中間　環境保全

◇ 開発 ： 環境保全 ＝（７：３）

4 〈振り返り〉
（例）環境問題や経済格差などの課題が生じているが、ブラジルを例に経済発展により生活が豊かになっていることを考えると、開発を進めるべきだと思った。課題の解決法を調べたい。

前時の意見を参考にさせ、本時の授業を通して変容した理由、または変えなかった理由を説明させ、グラフと比で示させる。

3　まとめ

南アメリカ州の地域的特色について、文化と人々の生活・農業・工業を中心に課題も含めて、これから生かせると考えたこと、次回以降学びたいこと、疑問などをまとめる。

授業内容をまとめるだけではなく、問いの追究において生徒自身が感じる疑問や問題意識をまとめに反映させ、記述させておくことで、次時以降のロールプレイやレポートに深まりが期待できる。

ICT 活用のアイディア

1 ミニテストに関する前時で用いた資料を再度示し復習させることで、生徒の理解を深める。

2 課題に取り組ませる際に、タブレットなどを自由に活用させる。また、生徒に説明させる際にプレゼンテーションツールなども自由に活用させる。

3 生徒の立場や意見をタブレットなどを用いて全体で共有し、自分自身の考えの参考にさせる。

4 感想やまとめをタブレットなどを用いて提出させ、生徒の考えの変容を捉えさせる。

対話のアイディア

1 ミニテスト実施前にペアで前時内容を復習させ、前時課題について意見交換させる。

2 少人数のグループで課題を追究させる。途中でグループ同士の情報共有を行わせる。学級の班内で互いにグループで調べた内容を発表させる。

ワークシートの評価ポイント

・１のA〜Cについて、それぞれ各資料をすべて用いて、課題が捉えられている。

・単元を貫く問いについて、南アメリカ州の特徴や課題を含み、自分自身の意見が記述されている。

多面的・多角的に学ぶ ―課題を追究する

3/5

南アメリカ州の開発と環境保全

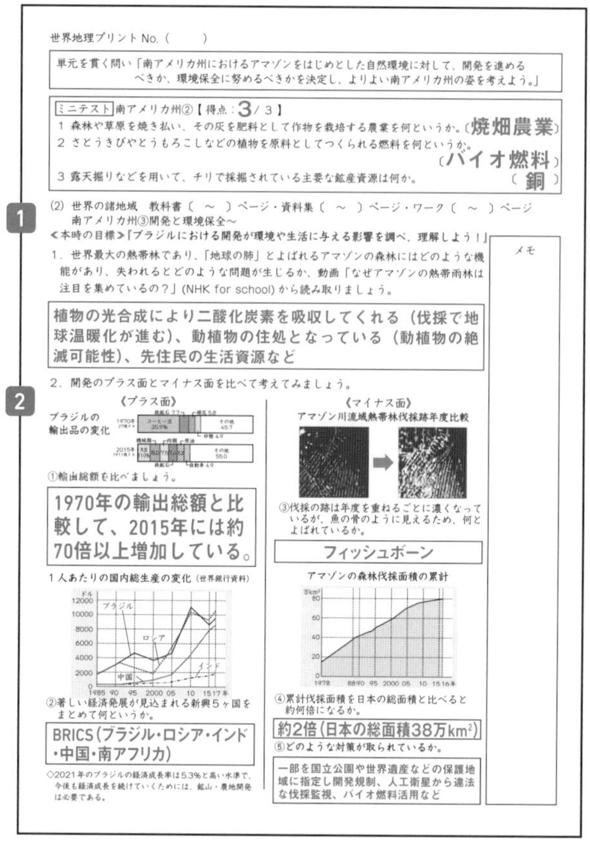
世界地理プリント No.（　　）

単元を貫く問い「南アメリカ州におけるアマゾンをはじめとした自然環境に対して、開発を進めるべきか、環境保全に努めるべきかを決定し、よりよい南アメリカ州の姿を考えよう。」

ミニテスト 南アメリカ州②【得点：3／3】
1 森林や草原を焼き払い、その灰を肥料として作物を栽培する農業を何というか。（焼畑農業）
2 さとうきびやとうもろこしなどの植物を原料としてつくられる燃料を何というか。（バイオ燃料）
3 露天掘りなどを用いて、チリで採掘されている主要な鉱産資源は何か。（銅）

1
(2) 世界の諸地域　教科書（ ～ ）ページ・資料集（ ～ ）ページ・ワーク（ ～ ）ページ
南アメリカ州③開発と環境保全～
≪本時の目標≫「ブラジルにおける開発が環境や生活に与える影響を調べ、理解しよう！」

メモ

1．世界最大の熱帯林であり、「地球の肺」とよばれるアマゾンの森林にはどのような機能があり、失われるとどのような問題が生じるか、動画「なぜアマゾンの熱帯雨林は注目を集めているの？」(NHK for school) から読み取りましょう。

植物の光合成により二酸化炭素を吸収してくれる（伐採で地球温暖化が進む）、動植物の住処となっている（動植物の絶滅可能性）、先住民の生活資源など

2
2．開発のプラス面とマイナス面を比べて考えてみましょう。

《プラス面》
ブラジルの輸出品の変化

①輸出総額を比べましょう。

1970年の輸出総額と比較して、2015年には約70倍以上増加している。

1人あたりの国内総生産の変化（世界銀行資料）

②著しい経済発展が見込まれる新興5ヶ国をまとめて何というか。

BRICS（ブラジル・ロシア・インド・中国・南アフリカ）

◇2021年のブラジルの経済成長率は5.3%と高い水準で、今後も経済成長を続けていくためには、鉱山・農地開発は必要である。

《マイナス面》
アマゾン川流域熱帯林伐採跡年度比較

③伐採の跡は年度を重ねるごとに濃くなっているが、魚の骨のように見えるため、何とよばれているか。

フィッシュボーン

アマゾンの森林伐採面積の累計

④累計伐採面積を日本の総面積と比べると約何倍になるか。

約2倍（日本の総面積38万km²）

⑤どのような対策が取られているか。

一部を国立公園や世界遺産などの保護地域に指定し開発規制、人工衛星から違法な伐採監視、バイオ燃料活用など

本時の目標

ブラジルにおけるアマゾンの開発が環境や生活に与える影響を理解できるようにする。

本時の評価

ブラジルにおけるアマゾンの開発が環境や生活に与える影響をプラス面・マイナス面から理解している。

本時の授業展開

1　導入

前時の復習テスト（3問）を解く。

2　展開

世界最大の熱帯林であり、「地球の肺」とよばれるアマゾンの森林にはどのような機能があり、失われるとどのような問題が生じるか、動画「なぜアマゾンの熱帯雨林は注目を集めているの？」（NHK for school）から読み取る。

場合によって、動画はすべて流さず、教師による説明で補うことも想定される。

ブラジル輸出総額を1970年と2015年で比べる。前時にも掲示している資料なので、内容の復習に用いながら、本時では輸出品ではなく、輸出総額の推移に注目させ、ブラジルの経済発展を読み取らせる。

著しい経済発展が見込まれる新興5か国をまとめて何というか答える。

アマゾン伐採の跡は年度を重ねるごとに濃くなっているが、その跡が魚の骨のように見えるため、何と呼ばれているかを答える。

アマゾンの累計伐採面積を日本の総面積と比べると約何倍になるか読み取って考える。地図帳を活用させ、日本の面積を確認させる。

森林保全のために、現在行われている具体的な対策を調べ、まとめる。また、時間を設定し、生徒同士協力し、自由に調べさせる。

資料から読み取ったブラジルにおけるアマゾン開発のプラス面とマイナス面を比べる。

単元を貫く問いに対して、4つの立場（ブ

3 3．単元を貫く問いに対して、４つの立場（ブラジル政府・先住民・農民・日本政府）から多角的に考えるために班の中で担当を決め、次回の授業でディスカッションができるように調べましょう。以下は各立場の代表意見である。

Ⓐ ブラジル政府
「熱帯林は我が国土の40%を占めている。資源は十分に豊富なので、それを活かすべきである。資源から現金を生み出し、貧しい人々を助けることが必要である。」

Ⓑ 先住民
「アマゾンの森は何世紀にもわたって、ずっと私たちの故郷である。
その故郷を壊したり、私たちを追い出したりする権利は誰にもないはずである。」

Ⓒ 農業従事者
「食物を育てるには土地が必要であり、ここはあまりに広大な森林である。
野生動物は保護されているが、動物は私たちの子どもたちより重要なのか。
もうスラムでは生活したくない。」

Ⓓ 日本政府
「ブラジルの熱帯雨林は世界の動植物の50%を有している。ブラジルは国全体で保全の取組を行う義務がある。条約にサインさせ、保護を約束してほしい。」

☆自分の担当は（　　　　）です。

メモ

《ディスカッションのための情報メモ》

4 4．単元を貫く問い「南アメリカ州におけるアマゾンをはじめとした自然環境に対して、開発を進めるべきか、環境保全に努めるべきかを決定し、よりよい南アメリカ州の姿を考えよう」について、３回目の判断をして、その理由を書きましょう。また、立場を矢印と数字で示しましょう。

(例) 環境保全を進めるべき。理由は、アマゾンに多くの機能が存在しており、開発によるマイナス面が分かったので、開発に規制をかけ保全を進めてほしい。

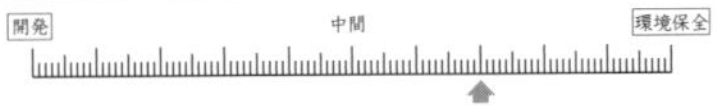

◇ 開発 ： 環境保全 ＝（7 ： 3）

5 〈振り返り〉
(例) 南アメリカ州における自然環境の問題は、その地域だけにとどまらず、地球全体の課題であることが分かった。私たちと関係のない課題ではないので、より深く理解したいと思った。

ラジル政府・先住民・農民・日本政府）から多角的に考えるために、班の中で担当を決め、次回の授業でディスカッションができるように調べる。

単元を貫く問いについて、今の段階の意見を、理由とともに説明する。また、自分自身の立場をグラフと比で示す。前時に示した自身の意見を参考にしながら、担当したロールプレイの役割に依拠せず、調べた情報、考えた内容を基に、意見を記述する。

3　まとめ

南アメリカ州の開発と環境保全について、これから生かせると考えたこと、次回以降学びたいこと、疑問などをまとめる。

ICT 活用のアイディア

1 NHK for school の動画を活用し、アマゾンにおける森林の特徴と課題を理解させる。

2 環境対策について、タブレットなどを活用させ、調べさせる。

3 担当になった立場に関する情報を次時のディスカッション時に発表できるようにタブレットなどを活用させ、調べ、まとめさせる。

4 生徒の立場や意見をタブレットなどを用いて全体で共有し、自分自身の考えの参考にさせる。

5 感想やまとめをタブレットなどを用いて提出させ、生徒の考えの変容を捉えさせる。

対話のアイディア

1 動画から読み取った内容や鑑賞した感想を近くの生徒と共有させる。

2 個人で出した課題に対する解答を少人数のグループで共有させ、意見交換させる。また、環境対策を協力し調べさせる。

3 担当になった立場の生徒同士で協力して情報を調べ、まとめさせる。

ワークシートの評価ポイント

・アマゾンの森林に関する動画から特徴や課題が正しく捉えられている。
・具体的な森林保全のために行われている環境保護対策が調べられ、記述されている。

多面的・多角的に学ぶ

4/5

４つの立場でロールプレイ

本時の目標

ブラジルのアマゾンの開発と環境保全に対する４つの立場からディスカッションを行い、単元を貫く問いを多面的・多角的に考察できるようにする。

本時の評価

ブラジルにおけるアマゾンの開発と環境保全に対する意見を多面的・多角的に考察している。

世界地理プリント No.（　　）

単元を貫く問い「南アメリカ州におけるアマゾンをはじめとした自然環境に対して、開発を進めるべきか、環境保全に努めるべきかを決定し、よりよい南アメリカ州の姿を考えよう。」

ミニテスト　南アメリカ州③【得点：3/3】
1著しい経済発展が見込まれる新興5ヶ国をまとめて何というか。（BRICS）
2アマゾンの森林伐採面積の累計は、日本の国土面積と比べると約何倍であったか。（約２倍）
3今日のディスカッションする際に、他の立場の人に最も伝えたいポイントを書きましょう。
（　　　　　　　　　　　）

(2) 世界の諸地域 教科書（　～　）ページ・資料集（　～　）ページ・ワーク（　～　）ページ
～南アメリカ州④ロールプレイでディスカッション　～
≪本時の目標≫「４つの立場からディスカッションして、単元を貫く問いを多角的に捉えよう！」

1．自分の立場（　　　）として、何を伝えたいか、同じ立場の人と最終確認しましょう。

1 主張の再検討・前時調査した資料・各自でもち寄った資料・想定される質問の検討・ディスカッション前半/後半の役割分担など

メモ

2 2．それぞれの主張を聴いた後、ディスカッション（前半）しながら意見をまとめましょう。

Ⓐ ブラジル政府の立場
・経済格差の是正が最優先課題である。
・これからの経済成長には工業用地や農地としての土地開発が必要不可欠である。
・アマゾンは国土の多くを占め、いまだ十分な面積を有している。

Ⓑ 先住民の立場
・アマゾンは代々暮らしてきた私たちの故郷である。
・経済発展のために、我々が犠牲になるのはおかしい。
・世界のためにも、国のためにも自然を守ることは当たり前である。

Ⓒ 農業従事者の立場
・農業を発展させ、我々が豊かに暮らすには、開発が必要である。
・貧しく、スラムの劣悪な環境での生活には耐えられない。
・国の資源であるアマゾンを貧困解決に活用することは当然である。

Ⓓ 日本政府の立場
・アマゾンは「地球の肺」とよばれるほど、地球環境にとって重要な自然である。
・アマゾンで暮らす生物の中には、まだ発見されていない貴重な動植物が存在する。
・ブラジルは国として、アマゾンを守ることは義務である。

本時の授業展開

1　導入

前時の復習テスト（３問）を解く。

2　展開

ディスカッション前の最終確認をグループで行う。前時調査活動を行った内容を確認するとともに、家庭学習で調べてきた資料を互いに共有し、ディスカッションの主張内容について検討する。ロールプレイなので、担当した立場になりきるようにする。

それぞれの主張を聴いた後、ディスカッション（前半）しながらワークシートに意見をまとめる。

一度グループで集まり、ディスカッション（前半）の内容を基に、自分たちの意見を再検討する。

意見の修正や想定される質問に対する答えなどを検討する。また、生徒全員が意見を述べられるようにグループ内で発表者などを調整する。

ディスカッション（後半）を行う。

それぞれの最終主張を聴き、各立場のポイントをワークシートにまとめる。

単元を貫く問いについて、今の段階での自分の考えを、理由とともに説明する。また、自分自身の立場をグラフと比で示す。

前時に示した自身の意見を参考にさせながら、ディスカッションを通じて考えた内容を基に、意見を記述する。次時授業の導入において意見を最終決定させるので、意見が決まってい

3 3. 同じ立場で集まり、ディスカッション(前半)の内容を基に、もう一度検討しましょう。

ディスカッション中に質問されたが答えられなかった内容について検討する・他のグループへの質問を検討する など

4 4. ディスカッション (後半)・最終主張を聴き、それぞれのポイントをまとめましょう。

A ブラジル政府の立場

・国として、環境保全は大切であるが、貧困に苦しんでいる人々の生活改善も同じく大切である。バイオエタノールの活用など、環境に配慮しながら開発を進める。

B 先住民の立場

・先住民も経済発展の恩恵を受けており、生活も変容しつつある。だが、先住民の中には昔ながらの生活を続けている人もいるので、環境保全に努めてほしい。

C 農業従事者の立場

・環境に配慮した農業も模索はしているが、日々生活していくことを最優先にしてしまっている。放火はやめるべきだと思うが、自然と共存できる開発を進めたい。

D 日本政府の立場

・ブラジルやその周辺国に環境保全をすべて託すのではなく、日本を含めた世界中の 国がSDGsの考えにのっとって協力し、また経済支援についても検討していく。

5 5. 単元を貫く問い「南アメリカ州におけるアマゾンをはじめとした自然環境に対して、開発を進めるべきか、環境保全に努めるべきかを決定し、よりよい南アメリカ州の姿を考えよう」について、4回目の判断をして、その理由を書きましょう。また、立場を矢印と数字で示しましょう。

(例) どちらともいえない。その理由は、4つの立場でディスカッションをしてみて、それぞれの考え方があり、どれも正しい意見だと感じたからである。改めてじっくり考えてみたい。

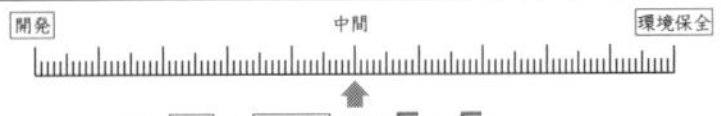

◇ 開発 : 環境保全 = (5 : 5)

メモ

6 〈振り返り〉

(例) 開発すべきか、環境保全すべきかという2択の判断が難しく、第三の道を考えたいと思った。だが現実世界では、どちらか決断をくださなくてはいけない状況もあり得ると思うので、改めて考えて判断したい。

ない生徒は、家庭学習として意見を検討させ、決定しておくように教師が指導する。

3 まとめ

南アメリカ州の開発と環境保全について、これから生かせると考えたこと、次回以降学びたいこと、疑問などをまとめる。

単元を貫く問いに対する価値判断やその理由を参考に、次時のレポート作成に向けて、意見のまとめや疑問などを記述しておくと、レポート作成がスムーズになる。

第1時から意見が変わっていない生徒に対しては、そのように考える理由や根拠が第1時から深まっているか、生徒自身で粘り強く検討させ、意見を自己調整させるように指導する。

ICT 活用のアイディア

2 4 ディスカッション時に、事前に生徒が調べた資料を示させ、それぞれの立場の状況に関する理解を深めさせる。

5 生徒の立場や意見をタブレットなどを用いて全体で共有し、自分自身の考えの参考にさせる。

6 感想やまとめをタブレットなどを用いて提出させ、生徒の考えの変容を捉えさせる。

対話のアイディア

1 ディスカッションで主張したり、質疑応答したりする内容を同じ立場のクラスメイトと確認させる。

2 クラス全体やグループごとに4つの立場でディスカッションを行わせる。

3 ディスカッションを通じて出てきた疑問や主張の変更などを立場ごとに話し合い、検討させる。

4 検討した内容を基にディスカッションを行わせるとともに、最終主張を行わせる。

ワークシートの評価ポイント

・ディスカッションにおける4つの立場（ブラジル政府・先住民・農業従事者・日本政府）からの主張がまとめられ、それぞれの特徴や課題が捉えられている。

まとめる
—意思決定する

5/5

南アメリカ州の単元レポート・発表

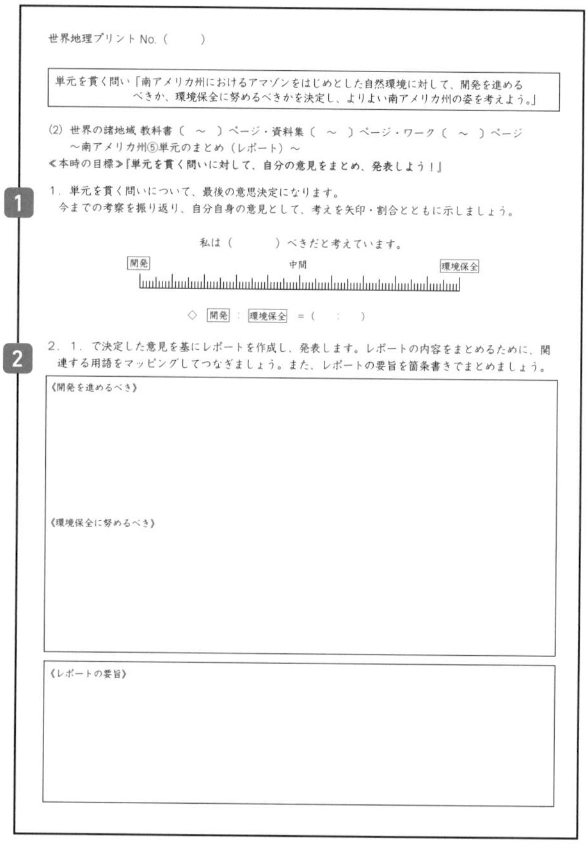

世界地理プリント No.（　　）

単元を貫く問い「南アメリカ州におけるアマゾンをはじめとした自然環境に対して、開発を進めるべきか、環境保全に努めるべきかを決定し、よりよい南アメリカ州の姿を考えよう。」

(2) 世界の諸地域 教科書〔 ～ 〕ページ・資料集〔 ～ 〕ページ・ワーク〔 ～ 〕ページ
～南アメリカ州⑤単元のまとめ（レポート）～
≪本時の目標≫『単元を貫く問いに対して、自分の意見をまとめ、発表しよう！』

1　1．単元を貫く問いについて、最後の意思決定になります。
今までの考察を振り返り、自分自身の意見として、考えを矢印・割合とともに示しましょう。

私は（　　　）べきだと考えています。

開発　　中間　　環境保全

◇ 開発 ： 環境保全 ＝（　：　）

2　2．1．で決定した意見を基にレポートを作成し、発表します。レポートの内容をまとめるために、関連する用語をマッピングしてつなぎましょう。また、レポートの要旨を箇条書きでまとめましょう。

《開発を進めるべき》

《環境保全に努めるべき》

《レポートの要旨》

本時の目標

南アメリカ州の地球的課題である森林破壊について、地域的特色と関連付けて多面的・多角的に考察し、表現できるようにする。

本時の評価

南アメリカ州の特徴や課題を開発と環境保全を基に多面的・多角的に考察し、単元を貫く問いに対するレポートを作成した上で、発表している。

南アメリカ州について、よりよい社会の実現を視野に入れ、開発と環境保全について主体的に追究しようとしている。

本時の授業展開

1　導入

単元を貫く問いについて、最後の価値判断を行う。また、自分自身の立場をグラフと比で示す。第１時からの意見を振り返り、最終決定する。教師は理由なく意見が中間に集中しないように指導する。

2　展開

決定した意見を基に、関連用語をマッピングしてつなぎ、考えを整理する。その際、必要最小限の用語に絞って考え、レポート作成に生かせるようにする。

マッピングした内容を基に、レポートの要旨を箇条書きでまとめる。

次に、レポートを作成する。

ルーブリックの評価基準を確認し、自身の価値判断・意思決定を反映するレポートになるようにする。また、自身の考えや、そのように考えた理由などが中心に構成されるレポートとなるようにする。

完成したレポートをお互いに発表し、アドバイスし合う。

時間を考えると、ペアや小グループでの発表が想定される。お互いのレポートから学び合い、特に自分とは異なる意見のレポートから学び、考えを深める機会とする。

レポート作成や発表、クラスメイトの発表を聴くことを通じて、新たに考えたい、調べたいと思ったことをまとめる。

これからの単元において学習したい内容など

単元の評価

知識・技能	思考・判断・表現	主体的に学習に取り組む態度
○アフリカ州に暮らす人々の生活を基に、アフリカ州の地域的特色を大観し理解している。 ○アフリカ州の貧困問題は、歴史的な背景や産業面での課題、他地域との関わりなどに影響を受けていることを理解している。	○アフリカ州で見られる貧困問題の要因や影響をアフリカ州の歴史や産業に着目し、他地域との結び付きと関連させながら、多面的・多角的に考察し、表現している。	○よりよいアフリカ州にするために、貧困問題を解決して、安定して経済成長していくための方策を、地域的特色を踏まえて、主体的に追究しようとしている。

4時	5時
学ぶ	まとめる
（第4時） 「なぜ、アフリカ州には貧困な国や地域が多いのだろう」という単元を貫く問いについて、アフリカ州の産業構造の特色から考察する。アフリカ州には植民地時代のプランテーションを用いた大規模農業が現在でも続いている国や地域が多く、利益を上げることができていない現状がある。また、多くの国や地域で単一の原料の輸出に頼ったモノカルチャー経済であることについて取り上げ、そのような経済状況では、どのような問題が生まれるのかを資料からの読み取りを通して理解する。一方で、現在ではフェアトレード商品があることや、モノカルチャー経済から脱却し、機械類等を輸出している国などもあることを取り上げ、前回同様、アフリカ州に対して偏った見方にならないよう配慮する。授業の導入部では、生徒の身近なチョコレートの原料であるカカオ豆について取り上げ、学習に対する興味・関心を高める。	（第5時） 前時までに「なぜ、アフリカ州には貧困な国や地域が多いのだろう」という単元を貫く問いについて追究してきた。アフリカ州は長らく、貧困にあえいでいたが、近年では経済成長する国や地域が見られる。この内容を生かして、まとめでは「よりよいアフリカ州にするために解決するべき最優先課題」について考察する。その際、取り上げる資料は、「A：モノカルチャー経済」「B：水・食料の問題」「C：紛争・難民の問題」「D：教育環境の整備」「E：健康・医療の問題」の5つである。 授業では「個人⇒グループ⇒全体⇒個人」の順番で考察する。グループ学習ではアフリカ州の課題について、ピラミッドランキングを作成し、多面的・多角的に考察できるように学習活動を工夫する。様々な意見を聞いた上で、最終的なレポートを作成させる。

課題解決的な学習展開にする工夫

課題解決的な学習展開にするために、第2時でアフリカ州の「貧困」の現状について理解し、「なぜ、アフリカ州は貧困な国や地域が多いのだろう」という単元を貫く問いを設定した。第2時、第3時では、その学習課題について、歴史的な背景や産業構造の特色から多面的・多角的に考察させ、地域的特色を理解させることに重点を置いて授業を構成した。第5時では、これまで獲得した知識及び技能を活用して、「よりよいアフリカ州」について個人及びグループで考察する時間を設けた。また、パフォーマンス課題を設定し、主体的に生徒が学習を進められるようにした。さらに、ピラミッド・ランキングを作成させることで、アフリカ州の課題を相互に関連付け、考察できるように学習活動についても工夫した。

多面的・
多角的に学ぶ

1/5

アフリカ州の自然環境

本時の目標

アフリカ州を大観し、アフリカ州の地形や気候について理解できるようにする。

本時の評価

アフリカ州を大観し、アフリカ州の地形や気候について理解している。

アフリカ州の自然環境の特色

ねらい：①アフリカ州に対する自分や他の人のイメージ・印象を知ろう。
②アフリカ州のおもな国名、地形、気候を理解しよう。

1

☆1．下の1～6の景観図が示すアフリカの国や地域はどこでしょうか？

1

エジプト（国）

2

サハラ 砂漠
※世界最大の砂漠

3

ケニア（国）
※アフリカの中でも自然豊か

4

キリマンジャロ
※アフリカ最高峰の山

5

マダガスカル（国）
※アイアイやワオキツネザルの生息地としても有名な島国。

6

ナイル 川
※世界最長の川

☆2．あなたのアフリカに対するイメージはどのようなものですか？

砂漠、ライオン、キリン、象、貧困、暑そう、黒人、危なそう、ピラミッド、チョコレート…etc

2

アフリカの国々と地形

1．右の地図1中のア～エの線のうち、赤道を表している線を**赤色**でなぞろう。
2．地図1中のA～Gにあてはまる地形の名前を答えよう。また、凡例に従って着色しよう。

A	サハラ 砂漠	黄色
B	ナイル 川	青色
C	キリマンジャロ 山	赤色
D	ギニア 湾	
E	コンゴ 盆地	緑色
F	エチオピア 高原	緑色
G	ビクトリア 湖	青色

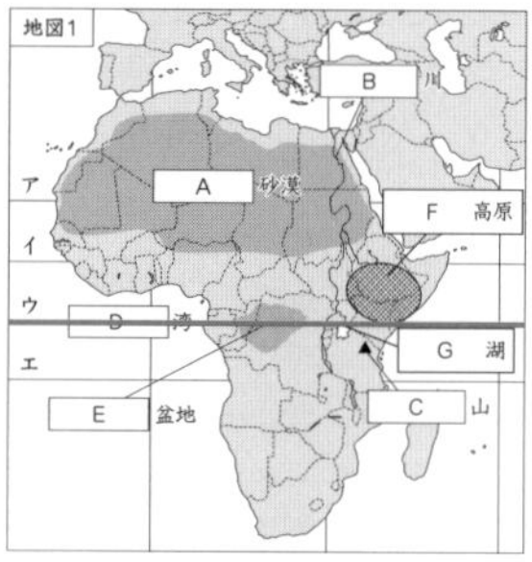

本時の授業展開

1 導入

まず、アフリカ州への関心を高めたい。そこで、プレゼンテーションソフトを用いて、アフリカ州に関する有名な地形や動物などの写真を提示し紹介する。その後、アフリカ州に関するイメージについて個人で考え、全体で共有する。「砂漠」「動物」といった発言をする生徒や「貧困」と答える生徒の発言は次回以降の授業に生かす。

2 展開

教科書や地図帳を活用して、ワークシートに取り組ませる。地図に着色させる活動を通して、サハラ砂漠の大きさやアフリカ州の気候区分などを大まかに捉えさせたい。配慮が必要な生徒には、そのつど支援をしたり、ワークシートをグループやペアで取り組ませたりする活動なども有効である。解説の場面では地形や気候などの写真を提示しながら、そこに生息する動物などを紹介して、アフリカ州の自然環境についての理解を深める。特に、アフリカ州は全体的に標高が高いことや、北部には世界最大のサハラ砂漠があり、乾燥した地域が広がっていることを地図から読み取らせる。

また、赤道直下は熱帯で、熱帯林が広がっている地域があることや、南アフリカ共和国は温帯で日本とは季節が逆であることなどを雨温図の読み取りを中心に理解させる。国の名称と位置については、オリ・パラ教育と関連させたり、その国の名産品などを取り上げたりして、アフリカ州の国に対して親近感をもたせる。

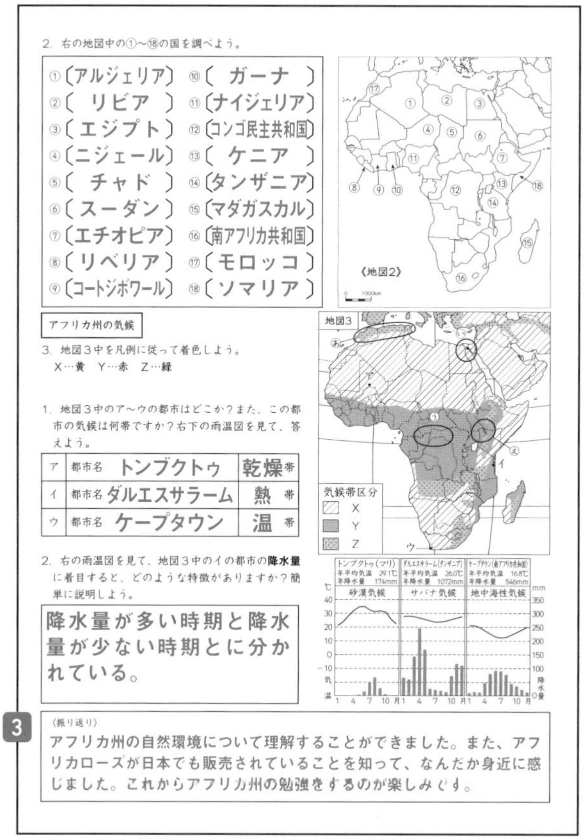

2. 右の地図中の①～⑱の国を調べよう。

①〔アルジェリア〕	⑩〔 ガーナ 〕
②〔 リビア 〕	⑪〔ナイジェリア〕
③〔エジプト〕	⑫〔コンゴ民主共和国〕
④〔ニジェール〕	⑬〔 ケニア 〕
⑤〔 チャド 〕	⑭〔タンザニア〕
⑥〔スーダン〕	⑮〔マダガスカル〕
⑦〔エチオピア〕	⑯〔南アフリカ共和国〕
⑧〔リベリア〕	⑰〔モロッコ〕
⑨〔コートジボワール〕	⑱〔ソマリア〕

《地図2》

アフリカ州の気候

3. 地図3中を凡例に従って着色しよう。
X…黄　Y…赤　Z…緑

地図3

気候帯区分 X Y Z

1. 地図3中のア～ウの都市はどこか？また、この都市の気候は何帯ですか？右下の雨温図を見て、答えよう。

ア	都市名	トンブクトゥ	乾燥帯
イ	都市名	ダルエスサラーム	熱帯
ウ	都市名	ケープタウン	温帯

2. 右の雨温図を見て、地図3中のイの都市の**降水量**に着目すると、どのような特徴がありますか？簡単に説明しよう。

降水量が多い時期と降水量が少ない時期とに分かれている。

トンブクトゥ（マリ）　砂漠気候
ダルエスサラーム（タンザニア）　サバナ気候
ケープタウン（南アフリカ共和国）　地中海性気候

3
（振り返り）
アフリカ州の自然環境について理解することができました。また、アフリカローズが日本でも販売されていることを知って、なんだか身近に感じました。これからアフリカ州の勉強をするのが楽しみです。

加えて、NHK for School などの動画も活用して、視覚的にアフリカ州の自然環境についての理解を深めさせることも有効な手段の一つ。今後の学習の基礎となるため、アフリカ州の自然環境をしっかりと大観し、理解させたい。

3　まとめ

授業の終盤では、アフリカ州への関心をより高めるため、動画サイトを用いて「アフリカローズ」を販売する女性の物語を紹介する。これを通して、ケニアのバラを日本が輸入していることを理解させるとともに、日本とアフリカ諸国との関わりについての関心を高めさせる。この女性の他に、日本ではアフリカ諸国を支援するために、様々な活動をしている人がいることを、SDGs と関連させながら紹介する。

ICT 活用のアイディア

1 アフリカ州について知っていることやイメージを、タブレットを使って言葉や景観写真で表現させる。教師側もプレゼンテーションソフトを用いて、有名な地形や動物などの写真を提示する。

2 アフリカ州の地形の景観写真や雨温図などをスライドで提示してアフリカ州の自然環境について視覚的に解説する。また、GoogleEarth などのアプリを利用して実際に現地の様子を大観する。

3 学習のまとめに、NHK for School を視聴したり、アフリカローズを日本で販売する日本人女性の物語を動画で紹介したりして、次回以降の授業への興味・関心を高める。

対話のアイディア

1 アフリカ州について知っていることやイメージをタブレットを使って全体で共有し、他の人がアフリカ州についてどのような印象を抱いているのかを知る。

2 アフリカ州の自然環境について、「アフリカ州はどのような地域なのか」という問いについて、グループや近くの人と話し合わせる。

ワークシートの評価ポイント

- 教科書や地図帳などを活用して、アフリカ州の地形や気候、国名を適切に調べることができている。
- アフリカ州のイメージや印象について、自分自身で考えたことや他の人の意見をを記述することができている。

多面的・
多角的に学ぶ

2/5

アフリカ州の地域の特色

本時の目標

資料からの情報を基にして、アフリカ州がどのような地域なのかを自分の言葉で説明できるようにする。

本時の評価

アフリカ州の貧困に関する現状を資料からの読み取りを通して、適切に理解している。

アフリカ州の貧困の現状を多面的に考察し、自分の言葉でまとめている。

□ アフリカ州ってどんな地域？

1

ねらい：①アフリカ州の特色に関する資料を適切に読み取ろう。
②資料からの情報を基にして、アフリカ州がどのような地域なのかを自分の言葉で説明しよう。

学習課題：アフリカ州はどんな地域と言えるでしょうか？この学習課題に対する回答を右の資料から読み取れる情報を基に考えましょう。

《水・食料の面》　※資料からアフリカ州のどのような様子が分かりますか？簡潔に答えよう。

資料①	アフリカ州には安全な水を確保できない国が多い。
資料②	アフリカ州は餓死してしまう人の割合が高い国が多い。

《教育環境の面》　※資料からアフリカ州のどのような様子が分かりますか？簡潔に答えよう。

資料③	アフリカ州の多くの国で識字率が低く、文字を読めない人の割合が多い。
資料④	アフリカ州では学校に通えない子供がたくさんいる。

《健康・医療の面》　※資料からアフリカ州のどのような様子が分かりますか？簡潔に答えよう。

資料⑤	アフリカ州では平均寿命が短く、乳幼児死亡率が高い国が多い。
資料⑥	アフリカ州ではHIVの発症率が世界的に見ても高い地域である。

3

Q．アフリカはどんな地域と言えるでしょうか？自分の言葉で説明しよう。

（説明）

本時の授業展開

1　導入

前時の授業の冒頭で、アフリカ州に対するイメージを「貧困」と答える生徒が複数いたことを取り上げる。その後、プレゼンテーションソフトを用いて栄養失調の子供の写真やスラム街の写真などを提示し、貧困の様子について大まかに紹介して、「どの程度、貧困なのか」について生徒への関心を高める。

2　展開

本時の学習課題を提示し、ワークシートの資料の読み取りを時間をかけて丁寧に取り組ませる。資料は「水・食料に関する問題」「教育環境に関する問題」「医療・衛生環境に関する問題」を扱った。全ての資料の読み取りが終わった生徒から、学習課題に関する回答に取り組ませ、アフリカ州の貧困の現状を、根拠を基に説明できるように指導する。一定の時間が経過したら、グループになって、「資料を適切に読み取ることができているか」「どのようなまとめになったか」について発表し合う。その際に、資料を分担して発表させたり、発表した内容を相互に評価し合う活動を設けたりするなど、生徒が意欲的に話合い活動に参加できる工夫を行うと効果的である。一通り、話合い活動が終わったら、全体で一つ一つの資料の内容を確認する。アフリカ州には安全な水や食料を確保できない国が多いことや、学校に通ったり文字を読んだりできない子供たちが一定数いること、医療や衛生環境も整備されておらず、感染症などの対策に課題としてあるなどについて、再度

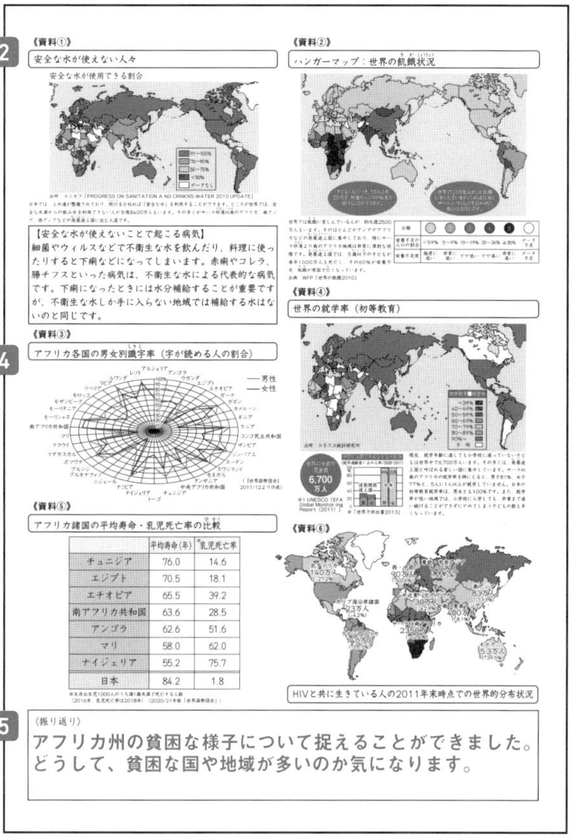

確認をする。その際、SDGsの17のゴールとの関連を視覚的に示し、地球規模の課題であることを捉えるとともに、生徒会の募金活動など身近な事例を基に、アフリカ州の貧困問題を自分事として考えられるようにする。

3　まとめ

本時を踏まえ、アフリカ州の多くの国や地域が貧困にあえいでいる状況について再度振り返りを行う。南アフリカ共和国などのように経済成長をしている国もある一方で、「なぜアフリカ州には貧困の国や地域が多いのか？」という点に着目させ、次回以降で単元を貫く問い（「なぜ、アフリカ州には貧困な国や地域が多いのだろう」）について追究していくことを確認し、生徒への課題意識を高めたい。

ICT活用のアイディア

1 授業の導入で、プレゼンテーションソフトを用いて栄養失調の子供の写真やスラム街などの写真を提示し、貧困の様子について大まかに紹介する。

2 資料をタブレットで共有することで、生徒がカラーで資料を見ることができるように配慮する。

3 グループで話し合って出た意見をタブレットでまとめて全体に共有する。

4 動画サイトを使って、片道数時間かけて水をくみにいくアフリカの少女の話を紹介したり、UNICEFの資料を画面に提示したりして、本時の学習への関心を高める。

5 SDGsの17の目標を画面に提示して、SDGsとの関わりについて考える。

対話のアイディア

3 本時の学習課題について情報交換を行う。その際、資料の説明を分担して発表させたり、まとめた内容を相互に評価し合う活動を取り入れたりする。

5 SDGsとの関連について、画面を見ながら全体で話し合う。

ワークシートの評価ポイント

・アフリカ州の貧困の様子を資料から適切に読み取り、表現することができている。

・「アフリカ州はどんな地域と言えるでしょうか？」という本時の学習課題について、自分の言葉で表現して、アフリカ州の貧困の状況について捉えることができている。

**多面的・
多角的に学ぶ**

3/5

アフリカ州の歴史と文化

本時の目標

アフリカ州に貧困な国や地域が多い理由を、歴史や文化的な側面から理解できるようにする。

本時の評価

アフリカ州に貧困な国や地域が多い理由を、資料から適切に情報を読み取り、理解している。

□ アフリカ州はなぜ？①【歴史・文化】

ねらい：①アフリカ州の歴史や文化について理解しよう。
②なぜ、アフリカ州には貧困な国や地域が多いのかを歴史的な側面から説明してみよう。

1

☆1．右の資料を見て、アフリカ州の公用語は主に何語ですか？　北部とサハラ砂漠以南に分けて答えよう。

北部（1つ）	アラビア語
南部（2つ）	英語、フランス語

☆2．アフリカ州の国境線に着目すると、どのような特徴がありますか？

例）直線的な国境線が多い。

アフリカ州の主な公用語

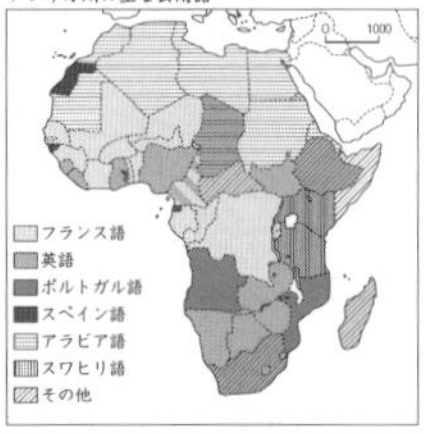

アフリカ州の歴史

《資料①》

1．右の資料①から、昔のアフリカ州はどのような地域であったことが分かりますか？簡潔に答えよう。

例）ヨーロッパの植民地だった。

2．上記1の状況であったことから、アフリカ州の人々はどのような制度に苦しめられていたのか？そのことに関する、右下の資料②の内容を簡単に説明しよう。

2

ヨーロッパ州の植民地だった影響で、長らく奴隷貿易によって苦しめられた。

分割されたアフリカ州

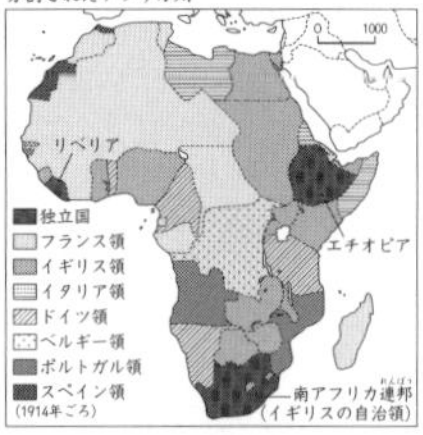

《資料②》

用語　植民地、奴隷貿易

植民地とは、ほかの国によって産業や政治が支配されている地域のこと。16世紀ごろから、南北アメリカ大陸やアフリカ・南アジア・東南アジアに多く存在した。そのなかでも、南北アメリカ大陸の広い耕地をたがやす労働力を補うため、多くの黒人が奴隷としてアフリカから連れ去られた。その数は1000万人以上ともいわれている。

奴隷貿易のようす
(THE NYSTROM DESK ATLAS)

本時の授業展開

1　導入

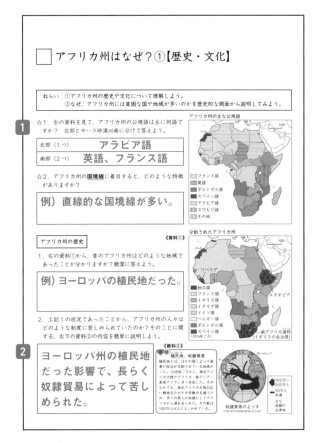

プレゼンテーションソフトを活用し、アフリカ州の食文化について紹介し、イモ類やとうもろこしを練ったウガリを主食としている地域、フランスパンのようなパンを主食としている国や地域があることを捉えさせ、ヨーロッパとの関わりに着目させる。その後、ワークシートでアフリカ州の言語、国境線の特徴を読み取らせ、アフリカ州では英語やフランス語を公用語としている国や地域が多いことや、直線的に国境線が引かれていることに気付かせる。

2　展開

アフリカ州の大部分がヨーロッパ州の植民地であったことや奴隷貿易に苦しめられていたことを確認する。生徒らはこれまでの世界の諸地域の学習を通して、ヨーロッパが世界中に与えた影響を理解していることが想定されるため、アフリカ州の様子もイメージしやすいだろう。また、南アフリカ共和国のアパルトヘイトや、その後の移り変わりについて扱い、黒人が差別されてきた時代背景を捉えさせる。そして、独立を果たした現在においても、民族分断を無視して国境線が引かれたことによって、多くの国や地域で紛争が勃発している現状を理解させる。最後に、資料から読み取った情報を基に、前回の授業で設定した単元を貫く問いについて、歴史的な側面から考察させる。

教師の解説の場面では、資料の内容をより具体的に捉えさせるために、写真資料や映像資料を用いて、アフリカ州の悲惨な歴史について生

3．以下の文章を読んで、南アフリカ共和国の移り変わりについて簡潔に説明しよう。

植民地支配の影響により、現代に至るまで、アフリカの人々は世界中で差別の対象となっていました。例えば、アフリカ大陸南端の南アフリカ共和国は、イギリスの植民地としてヨーロッパからの白人が移り住んできました。それ以降、黒人は差別され、アパルトヘイト（人種隔離政策）という政策によって少数の白人が多数の黒人を支配してきました。人種が異なる人との結婚が禁じられたり、住む場所も人種によって決められたりしました。1994 年に黒人のネルソン・マンデラが大統領になると、ようやくアパルトヘイトは廃止されました。異なる人種同士の共存や経済格差の見直しを進めていますが、現在でも黒人と白人の貧富の差は残っています。

アパルトヘイトという黒人を差別する政策がとられていたが、ネルソン・マンデラ大統領により 1994 年に撤廃された。しかし、現在でも経済格差が見られる。

白人と黒人とで分けられるトイレ

ネルソン・マンデラ大統領

3

4．右の資料③を見て、以下の問いに答えよう。

①国境線は民族分布のことを考えて引かれていますか？
（どちらかに○を付けよう）

（　引かれている　／　引かれていない　）

②上記①により、現在、どのような問題が起こっているか？
簡単に説明しよう。

各地で紛争が勃発している。

《資料③》
アフリカの紛争

4

★5．なぜ、アフリカ州には貧困の国や地域が多いのですか？　本時の内容を踏まえて説明しよう。

アフリカ州はヨーロッパ州の植民地支配の影響で独立が遅れ、直線的に国境線が引かれたことにより、現在でも紛争が絶えない地域となっているから。

5

（振り返り）
ヨーロッパ州の植民地支配はひどいと思った。どうしてアフリカ州で貧困な国や地域が多いのかを知ることができた。

徒の理解を深めさせる。これらの活動を通して、現代においても発展が遅れ、貧困な国や地域が多くなってしまったことに気付かせる。

3　まとめ

欧米の植民地支配から生じた黒人差別については、現代においても地球規模の課題である。そのため、近年のアメリカで話題となった「ブラック・ライヴズ・マター」などを取り上げ、生徒の人権感覚を養わせる。一方で、アパルトヘイトを撤廃した南アフリカ共和国では経済成長とともに、黒人の中でも格差が生じてきている状況にも触れ、現状についての認識を深めさせる。このような題材を取り上げることで、アフリカ州に対して、偏った見方にならないように配慮したい。

ICT 活用のアイディア

1 プレゼンテーションソフトを用いて、アフリカ州の食文化について紹介する。また、「アフリカのおもな公用語」の資料を画面に映し、ヨーロッパの言語が話されていることや、国境線が真っ直ぐ引かれていることを捉えさせる。

2 奴隷貿易の様子やアパルトヘイト時代の南アフリカの様子が分かる写真を提示し、当時の状況を説明する。

3 近年のアメリカで話題となった「ブラック・ライブズ・マター」に関する写真から、現代でも黒人差別に関する問題があることや、少年兵についての資料から、紛争地域の様子について捉えさせる。

5 NHK for School の動画を用いて、現在の南アフリカ共和国の様子を捉えさせる。

対話のアイディア

1 アフリカ州の地図を見て、アフリカの国境線の特徴について意見を出し合い、全体で共有する。

4 単元を貫く問いである「なぜ、アフリカ州には貧困な国や地域が多いのだろう」について、資料から読み取った情報を基に、グループで話し合う。

ワークシートの評価ポイント

- アフリカ州の歴史に関する資料を適切に読み取ることができている。
- アフリカ州に貧困な国や地域が多い理由を読み取った資料を基に、歴史的な側面から適切に表現することができいてる。

多面的・多角的に学ぶ

4/5

アフリカ州の産業の特色

本時の目標

アフリカ州に貧困な国や地域が多い理由を、産業の側面から理解できるようにする。

本時の評価

アフリカ州に貧困な国や地域が多い理由を、資料から適切に情報を読み取り、理解している。

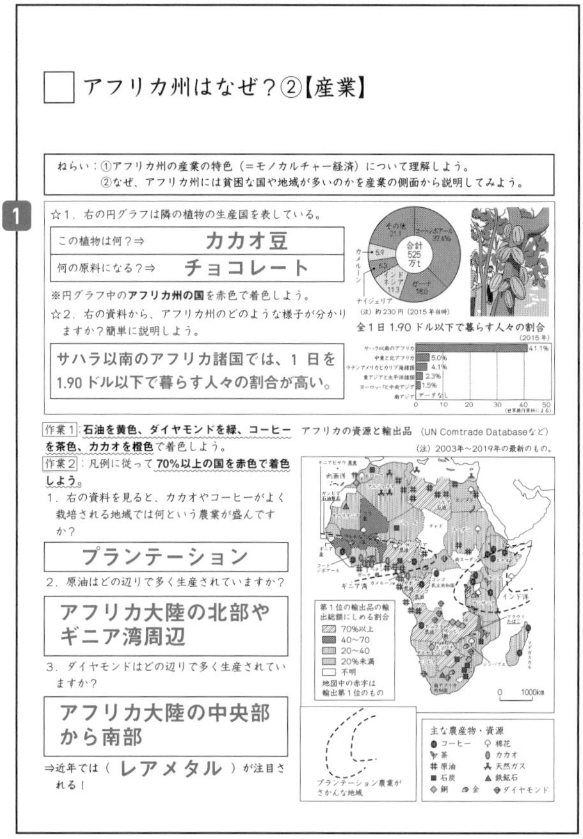

□ アフリカ州はなぜ？②【産業】

ねらい：①アフリカ州の産業の特色（＝モノカルチャー経済）について理解しよう。
②なぜ、アフリカ州には貧困な国や地域が多いのかを産業の側面から説明してみよう。

1

☆1．右の円グラフは隣の植物の生産国を表している。

この植物は何？⇒ **カカオ豆**

何の原料になる？⇒ **チョコレート**

※円グラフ中の**アフリカ州の国**を赤色で着色しよう。

☆2．右の資料から、アフリカ州のどのような様子が分かりますか？簡単に説明しよう。

サハラ以南のアフリカ諸国では、1 日を 1.90 ドル以下で暮らす人々の割合が高い。

作業1：**石油を黄色、ダイヤモンドを緑、コーヒーを茶色、カカオを橙色**で着色しよう。

作業2：凡例に従って**70%以上の国を赤色で着色しよう。**

1．右の資料を見ると、カカオやコーヒーがよく栽培される地域では何という農業が盛んですか？

プランテーション

2．原油はどの辺りで多く生産されていますか？

アフリカ大陸の北部やギニア湾周辺

3．ダイヤモンドはどの辺りで多く生産されていますか？

アフリカ大陸の中央部から南部

⇒近年では（ **レアメタル** ）が注目される！

本時の授業展開

1　導入

日本で販売されているチョコレートを題材として取り上げる。生徒の中でも普段の生活から、アフリカ州はチョコレートの原料となるカカオ豆を生産しているイメージがあると想定される。一方で、カカオ豆を生産している農家の中にはチョコレートの味を知らない人が多いという認識には至っていないであろう。同時に、サハラ以南のアフリカでは１日を1.25ドル未満で暮らす人々の割合が高いことにも触れ、学習課題に対する意欲や関心を高めさせたい。

2　展開

まずは地図に着色させる活動を通して、アフリカ州の農産物や鉱産資源の分布を捉えさせるとともに、植民地時代から続くプランテーションでの栽培が行われていることや近年ではレアメタルなども注目されていることを理解させる。そして、アフリカ諸国の輸出品の割合についての資料から、アフリカ州の多くの国がモノカルチャー経済であり、不安定な経済状況であることに気付かせたい。モノカルチャー経済については南アフリカ州の学習で扱っていることが想定されるため、生徒もモノカルチャー経済の問題点については理解しやすいだろう。そして、農家を守るためにフェアトレード商品が日本でも販売されていることを取り上げ、身近なところからアフリカの農家を支援することができる点にも着目させる。

以上の資料から読み取った情報を基に、最後に、単元を貫く学習課題について、産業の側面

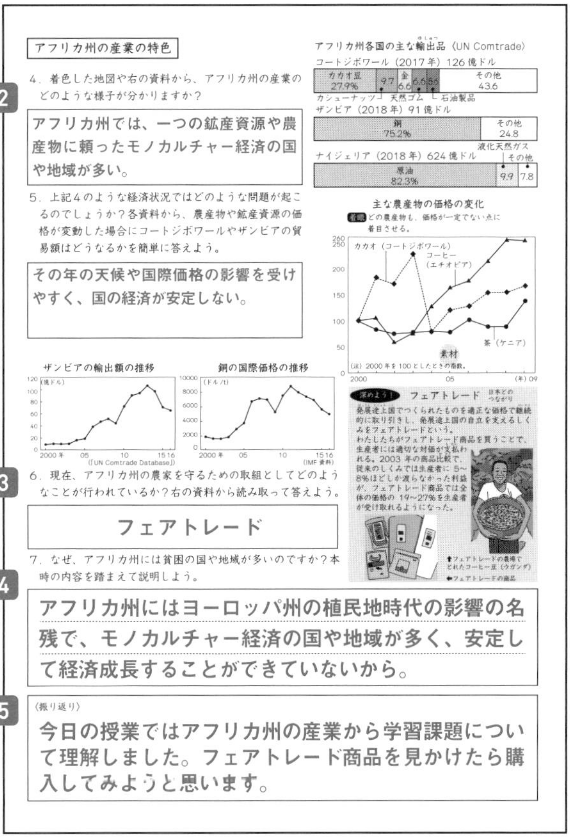

アフリカ州の産業の特色

2 4. 着色した地図や右の資料から、アフリカ州の産業のどのような様子が分かりますか？

アフリカ州では、一つの鉱産資源や農産物に頼ったモノカルチャー経済の国や地域が多い。

5. 上記4のような経済状況ではどのような問題が起こるのでしょうか？各資料から、農産物や鉱産資源の価格が変動した場合にコートジボワールやザンビアの貿易額はどうなるかを簡単に答えよう。

その年の天候や国際価格の影響を受けやすく、国の経済が安定しない。

3 6. 現在、アフリカ州の農家を守るための取組としてどのようなことが行われているか？右の資料から読み取って答えよう。

フェアトレード

4 7. なぜ、アフリカ州には貧困の国や地域が多いのですか？本時の内容を踏まえて説明しよう。

アフリカ州にはヨーロッパ州の植民地時代の影響の名残で、モノカルチャー経済の国や地域が多く、安定して経済成長することができていないから。

5 〈振り返り〉

今日の授業ではアフリカ州の産業から学習課題について理解しました。フェアトレード商品を見かけたら購入してみようと思います。

ICT 活用のアイディア

1 カカオ豆の生産が盛んな国を示した世界地図を画面に映し出し、カカオ豆が赤道付近の熱帯の地域で主に栽培されていることや、アフリカ州ではギニア湾沿いで主に生産されていることを捉えさせる。

3 フェアトレード商品には実際にどのようなものがあるのかを、タブレットを使って調べさせる。

5 南アフリカ共和国のケープタウンの様子や携帯電話の普及率などの資料を画面に提示し、アフリカ州には貧困な国や地域が多い一方で、近年では経済成長を遂げている国や地域が見られることも捉えさせる。

対話のアイディア

4 単元を貫く問いである「なぜ、アフリカ州には貧困な国や地域が多いのだろう」について、資料から読み取った情報を基に、産業構造の側面からグループで話し合う。

2 モノカルチャー経済の問題点について、近くの生徒と話し合う。

実際のフェアトレード商品にはどのようなものがあるのか、個人で調べた内容を全体で共有する。

から自分の言葉でまとめさせる。解説する場面では、前時で扱った植民地支配の影響が、産業面にも影響を与えていることにも触れ、授業につながりをもたせる。

3　まとめ

このようにアフリカ州の産業面での課題を生徒に理解させることが本時のねらいであるが、近年ではモノカルチャー経済からの脱却を図り、経済成長を遂げている国や地域が見られることも取り上げたい。前回同様、この点についてはアフリカ州に対して偏った見方にならないように配慮したいところである。また、実際のフェアトレード商品を生徒に提示することも生徒の興味・関心を高めるために有効な手段であろう。

ワークシートの評価ポイント

- アフリカ州の産業に関する資料を適切に読み取ることができている。
- アフリカ州に貧困な国や地域が多い理由を読み取った資料を基に、産業構造の側面から適切に表現することができている。

多面的・多角的に学ぶ 5/5

よりよいアフリカ州にするために

本時の目標

よりよいアフリカ州にするための最優先課題について考察できるようにする。

本時の評価

よりよいアフリカ州にするために解決すべき最優先課題について、根拠を基に具体的かつ論理的に自分の考えを述べている。

□ よりよいアフリカ州にするために

ねらい：①よりよいアフリカ州にするために解決すべき最優先課題について考えよう。
②よりよいアフリカ州にするために解決すべき最優先課題を自分の言葉で説明してみよう。

1

☆1．アフリカの現状

長らく（貧困）に苦しんでいたが、近年では（経済成長）する国も見られる。

『あなたはIOC（国際オリンピック委員会）のメンバーです。この度、2036年のオリンピック（2024年パリ・2028年ロサンゼルス、2032年ブリスベンの次）をアフリカ州で開催することを考えています。アフリカ州の現状を踏まえると、アフリカ州でオリンピックを行うためには「安定して成長を続ける必要がある」という結論に至りました。アフリカ州が安定して成長を続けるためにはどの課題から解決していくべきでしょうか？資料を基に、最優先課題について話し合い、AU（アフリカ連合）へ提出してください。』

2

1．**アフリカ州が安定して成長を続けるために**解決すべき最優先課題について、あなたの考えを述べましょう。（考えるヒント：それを解決することによって、他の問題も解決されるような課題は何だろう？）

最優先課題	紛争の解決
理　由	紛争の問題を解決しないと、安心して農作業をすることも学校に通うこともできない。まずは紛争の解決が一番だと思う。

3

2．グループワークで参考になった意見をメモしよう。

名前	最優先課題（○を付ける）	メモ
くん／さん	A B C D E	
くん／さん	A B C D E	
くん／さん	A B C D E	
くん／さん	A B C D E	

4

本時の授業展開

1　導入

これまでの学習を振り返り、アフリカ州の地域的特色について簡単にまとめる。アフリカ州はヨーロッパの植民地時代の影響により、現代でも貧困な国や地域が多いが、近年では経済成長している国や地域もあり、世界中から注目されている地域であることを押さえる。そして、オリ・パラ教育と関連させることで、意欲的に学習課題について追究するようにしたい。

2　展開

学習課題は「アフリカ州が安定して経済成長するために、解決すべき最優先課題は何か？」である。紙面の関係で資料プリントは割愛しているが、実際には資料プリントを基に学習課題について考え、自分の意見を述べさせる。

「A：モノカルチャー経済」「B：水・食料の問題」「C：紛争・難民の問題」「D：教育環境の整備」「E：健康・医療の問題」の５つの資料は全て前時までに扱ったものとすることで、生徒は単元の学習を振り返りながら授業に取り組むことができる。

授業では、「個人⇒グループ⇒全体⇒個人」の順番で、考えを深めさせていく。個人で考える時間をしっかりと確保し、グループ学習に移行する。グループでは、各々の意見を発表した後に、ダイヤモンドランキングを作らせる。このような学習活動を取り入れることで、より意欲的に生徒がグループ学習に取り組むだけでなく、相互の課題のつながりも捉えやすくする。全体ではグループごとに完成したダイヤモンド

5

□ よりよいアフリカ州にするために【提出用】

★様々な意見を聞いて、あなたは、**アフリカ州が安定して成長を続けるために**どの課題から解決していくべきだと考えましたか。AU（アフリカ連合）へ提出する、最終的な調査報告書を以下にまとめましょう。**正解はないので、あなたの考えをしっかりと書きましょう!!**

（考えるヒント：それを解決することによって、他の問題も解決されるような課題は何だろう？）

≪よりよいアフリカ州にするために≫
私は、アフリカ州が安定して成長を続けるためには、

「　　　　　　　　　　　　　」から解決していくべきだと思います。

私がそう考えた理由は、

≪評価の基準≫

①	自分の意見について根拠ををもとに述べることができている。	（　）
②	他の諸課題の解決についても関連して述べることができている。	（　）
③	具体的に述べることができている。	（　）
④	論理的で筋道の通った文章になっている。	（　）

★授業後の感想★

／主　　／思　　／総合評価

ランキングの理由を説明させる。グループによってランキングは異なることが想定されるため、発表の際には教師から補足や助言をし、それぞれの意見を深めさせていきたい。

3　まとめ

発表が終わった後には、再度、SDGs について取り上げ、アフリカ州の学習との関連について振り返りを行う。SDGs に関する動画などを見せることも有効な手段である。単元のまとめの学習であるため、生徒に学習後の余韻をもたせるために学習活動を工夫したいところである。最後に、提出用のワークシート（右）を配布し、本時の内容を踏まえて、最終的な自分の意見をまとめさせる。その際には、評価の基準を生徒に明確に示し、意識させて記述させる。

ICT 活用のアイディア

1 プレゼンテーションソフトを使って、これまで学んできた内容を簡単に振り返り、本時の学習課題を提示する。

2 資料プリントをタブレットを使って共有し、カラーで生徒が見られるようにする。

3 グループ活動の際に用いるダイヤモンドランキングシートはタブレット内で作成させ、全体に共有する。

5 SDGs に関する動画を視聴し、SDGs への関心や理解を深める。

対話のアイディア

1「アフリカ州が安定して成長を続けるために、解決すべき最優先課題」について、個人⇒グループ⇒全体⇒個人の順序で考える。

3 グループワークの際にはダイヤモンドランキングを作成させ、課題相互のつながりについても考えられるように工夫する。

4 各グループで出た意見を全体で共有し、多様な考えに触れ、アフリカ州の抱える課題について多面的・多角的に理解を深めさせる。

ワークシートの評価ポイント

・自分の意見について根拠をもとに述べることができている。
・他の諸課題の解決についても関連して述べることができている。
・具体的かつ論理的で筋道の通った文章になっている。
・学習課題について、グループ内で協力し、意欲的に取り組んでいる。

（2） 11時間 アジア州：経済発展と居住・都市問題

単元の目標

社会的事象の地理的な見方・考え方を働かせ、アジア州の地域的特色や居住・都市問題に関する地球的課題を追究したり、解決策を考えたりする活動を通して、アジア州の地域的特色や地球的課題の背景や影響を理解するとともに、よりよい社会の実現を視野に、課題解決の方法について考えようとする。

単元を貫く問い アジア州はどのような特色や課題をもつ地域なのだろう。また、地域の課題を解決するにはどのようなことが考えられるだろう。

1～4時	5～7時
大観する	多角的・多面的に
（第1時） アジア州の広がりや地域区分、地域区分や気候に関係する主な地形（山と川、平野、砂漠）の分布について概観し、ワークシートにまとめる。 **（第2時）** アジア州の自然環境のうち、降水量の違いと地形との関係及び季節風の影響について概観し、各地の雨温図等を活用して気候の特色と分布を理解する。 **（第3時）** 地域による農業の違いが自然環境や歴史的背景と深く関わっていることや、農業が各地の特徴的な食文化とも関わっていることを理解する。 **（第4時）** アジア州の人口分布と自然環境、農業との関係について考察するとともに、人口増加や将来の推移の状況をつかむ。南アジアや東南アジア、砂漠が多い西アジアで特に人口が増えていることを捉える。	**（第5時）** 西アジアで人口増加率が高い理由を、宗教や地域の産業との関係から（外国人労働者が多いなど）考察するとともに、資源をめぐる西アジアや中央アジア地域の課題について理解する。 **（第6時）** 人口増加率が高い南アジアで進んでいる工業化（ICT 関連産業の発展など）やその背景について調べるとともに、地域による格差の問題について理解する。 **（第7時）** 南アジアと同様に、人口増加率が高い東南アジアの民族構成、工業や経済発展の様子、外国企業の進出、ASEAN による協力体制を捉えるとともに、都市部への人口集中などの課題について考える。

単元を構造化する工夫

アジア州は、その中の地域ごとに多様であることから、例えば東アジア、東南アジアのように地域を分けて学習すると、網羅的な学習に陥りがちである。そこで、前半で自然環境の大まかな傾向と、自然環境と深く関わりのある農業について大観する段階をつくり、中盤で、単元の後半のテーマである経済発展と深く関わる「人口増加」を切り口に、人口増加地域の経済発展の理由を考えたり、経済発展に伴う課題を知る段階をつくる。終盤では、学習した概念（工業の発展が人口増加につながるが、それとともに課題が生じる）を基に、東アジアの2地域について調べる段階をつくり、3段階で学習を深めていく構成をとった。そして最終的に、単元を通して学習した知識を活用し、課題解決の方策について考える時間を設定した。

単元の評価

知識・技能	思考・判断・表現	主体的に学習に取り組む態度
○アジア州に暮らす人々の生活の様子を示す資料を適切に読み取るとともに、手に入れた情報を基に、アジア州の地域的特色を大観し理解している。 ○アジア州で顕在化している地球的課題である居住・都市問題は、地域の経済発展や人口増加などの影響を受けて現れていることを理解している。	○アジア州において見られる経済発展の要因、および居住・都市問題の要因や影響を、アジア州の自然環境、人口、産業、結び付きなどの地域的特色と関連付けて多面的・多角的に考察し、表現している。	○アジア州について、よりよい社会の実現を視野にそこで見られる課題を主体的に追究したり、課題の解決策について自分なりの考えをもとうとしている。

9・10時

学ぶ

〔第９時・第10時〕

第８時に設定した追究課題について班ごとに分担し（①韓国の工業発展の様子、韓国で起こっている課題／②中国の工業発展の様子、中国で起こっている課題）、教科書・地図帳等の資料を使って調査を行い、ワークシートにまとめる。班に割り当てられた内容を発表する。

8・11時

まとめる

〔第８時〕

ここまでの小まとめを行う（人口増加地域と工業・経済発展中の地域の関連、地域の課題について確認する）とともに、「国別の GDP が世界で上位の（経済が発展している）韓国や中国では、いつから、どのような工業の発展が起こり、現在はどのような地域の課題が見られるか」という新たな課題を設定し、追究する。

〔第11時〕

どのようなことに取り組めば、都市の問題や地域間格差を解決することができるか、また、その際に課題となることはどのようなことかを話し合う。また、日本に住むわたしたちができることはないかについても話し合う。最後に単元の学習を振り返り、都市問題の解決に対しての自分の意見をワークシートにまとめる。

課題解決的な学習展開にする工夫

前述のとおり、単元の前半・中盤で学習した概念的知識を第８時でまとめ、新たな課題設定を行い、それを踏まえ、終盤の第９時と第10時で、韓国と中国の工業・経済発展と地域の課題調べをする展開を計画した。このように単元の展開を工夫することで、習得→活用の学習スタイルを実現することが可能になるだろう。ここでは、生徒が資料を一から自由に調べるのではなく、手持ちの資料を十分活用することに重点を置いている。

また、第11時では、課題の解決策について考察する時間を設けている。アジア州以外の世界の諸地域の学習成果も活用しながら、交通網の拡充、地方の積極的開発、移住しやすくする制度の開発など、多面的・多角的に課題解決の方策について検討させたい。

大観する

1/11

アジア州の自然環境①

本時の目標

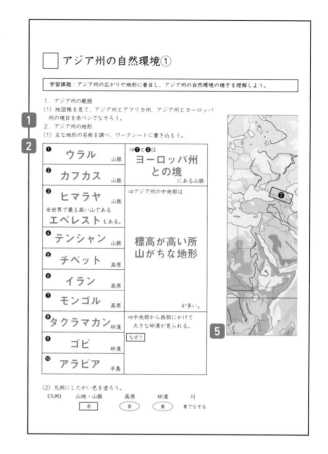

アジア州の広がりや地形に着目し、アジア州の範囲や自然環境の様子を理解できるようにする。

本時の評価

アジア州の範囲、主な地形の分布、河川の特色などの自然環境の様了を理解している。

□ アジア州の自然環境①

学習課題：アジア州の広がりや地形に着目し、アジア州の自然環境の様子を理解しよう。

1．アジア州の範囲

1 (1) 地図帳を見て、アジア州とアフリカ州、アジア州とヨーロッパ州の境目を赤ペンでなぞろう。

2．アジア州の地形

2 (1) 主な地形の名称を調べ、ワークシートに書き込もう。

❶ ウラル 山脈	⇒❶と❷は ヨーロッパ州との境 にある山脈
❷ カフカス 山脈	
❸ ヒマラヤ 山脈 ※世界で最も高い山である エベレスト もある。	⇒アジア州の中央部は 標高が高い所 山がちな地形 が多い。
❹ テンシャン 山脈	
❺ チベット 高原	
❻ イラン 高原	
❼ モンゴル 高原	
❽ タクラマカン 砂漠	⇒中央部から西部にかけて大きな砂漠が見られる。 なぜ？
❾ ゴビ 砂漠	
❿ アラビア 半島	

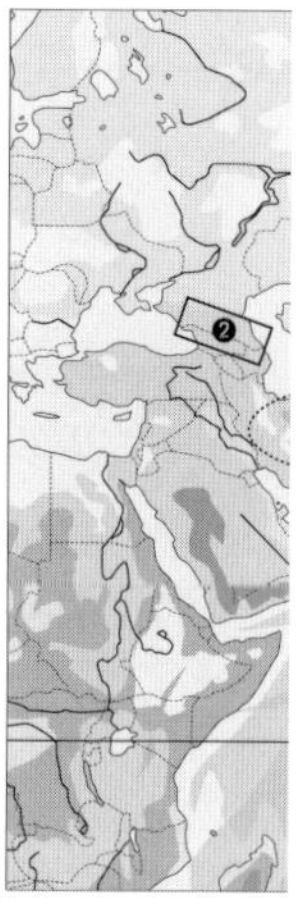

5

(2) 凡例にしたがい色を塗ろう。

《凡例》 山地・山脈 赤　高原 茶　砂漠 黄　川 青でなぞる

本時の授業展開

1　導入

アジア州全体の衛星写真や地図を見て、その広さを確認するとともに、どこまでがアジア州なのか、境目を確認する。大州界と国の境目が一致しない場所がほとんどなので、境界にある国はアジアに属する国かどうかも確認する。

2　展開

アジア州の衛星写真を見ると、色が白っぽい所が多いことに気付くだろう。また、アジア全体の地図を見ると、茶色い（＝標高が高い）部分が多いことが分かる。これらを手がかりに、砂漠や標高が高い場所の位置と名称を調べ、ワークシートに記入していく。

続いて、標高が高い所から流れ出している大河の名称を調べる。

作業が終わった生徒から、これらの地形や河川に、凡例を見て着色をするよう促す。色鉛筆をあらかじめ用意するよう指示しておく。

黒板にワークシートを拡大して掲示したり、板書で地図を描いておいたりして提示し、作業が終わった段階で、全体で答え合わせをする。生徒に①から⑩までの名前を書かせるなどして確認してもよい。

続いて、ウラル山脈とカフカス山脈に共通する点、アジア州の中央部の地形の特色、長い川が多い理由について、それぞれ考える。

学習の最後に、なぜ山脈の北側や西アジアに砂漠が多いのかを予想し、2(1)の砂漠の右側の枠に記入する。この問いが、次時の学習へと

あ 黄　河	う メコン 川	⇒世界的に見て、距離が長い川が多いのはなぜ？ 大陸の中央部にあるヒマラヤ山脈やチベット高原から川が流れだしているから。
い 長　江	え ガンジス 川	

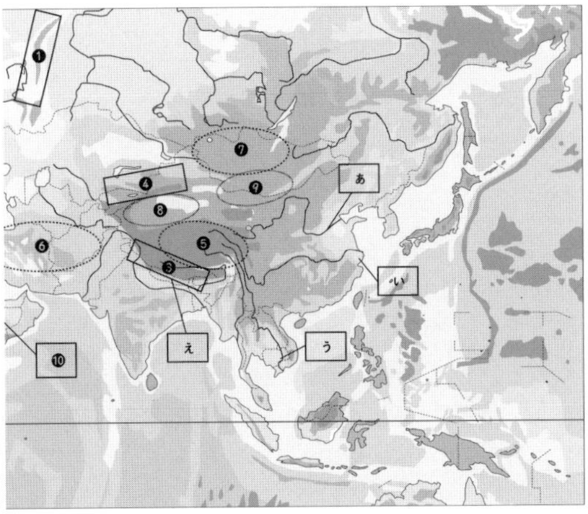

3
4

〈振り返り〉
アジア州は、西側でヨーロッパ州やアフリカ州と接している。ヨーロッパ州との境目はウラル山脈やカフカス山脈などがあり、アフリカ州との境目はスエズ運河となっている。地形は、中央部に高い山が位置していて、そこから東や南に向かって大河が流れている。また、標高が高い地形の北側やアラビア半島には砂漠が広がっている。

つながっていく。

3　まとめ

本時の学習（ワークシート）を振り返って、〈振り返り〉の部分を記入する。学習した言葉を使って学習内容をまとめられるといいことを伝え、振り返りを行うよう促す。

ICT 活用のアイディア

1 デジタル教科書の地図を提示し、アジア州の境目について適宜拡大しながら確認する。

2 Google earth・map などの衛星画像を閲覧できるサイトなどを利用し、アジア州の砂漠や高山などの地形分布に関する特色に気付かせる。

3 ワークシートの地図を提示し、答え合わせの際に場所を確認しながら進めていく。

4 エベレスト山、チベット高原、タクラマカン砂漠などに関連した画像を適宜用意し提示することで、地名だけの知識にとどまらず、イメージや関連する文化、歴史等に触れる。

対話のアイディア

2 を提示したときに、気付いたことを４名程度の小グループで短時間話し合わせてから、いくつかのグループを指名し発表させる。

3 の作業をする際に、早く終わった生徒の解答を教員が机間指導の中で丸付けして、その後ミニ先生として、周りの生徒が地図から探す際困っていたりしたら助言してもらうようにする。

5 で予想活動をする際、小グループで話し合う時間を設ける。

ワークシートの評価ポイント

- アジア州の境目がワークシートの地図に正しく書き込まれている。
- 地図帳からアジア州の代表的な地形を正しく読み取り、ワークシートにまとめることができている。
- アジア州の中央部の地形の特色や、大河が流れることを関係付けて捉えられている。

アジア州の自然環境②

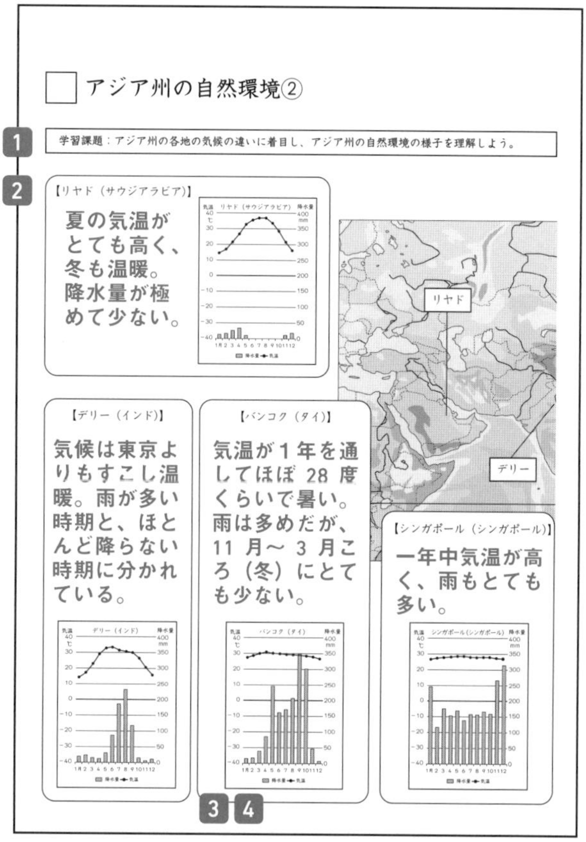

アジア州の自然環境②
1
学習課題：アジア州の各地の気候の違いに着目し、アジア州の自然環境の様子を理解しよう。
2
【リヤド（サウジアラビア）】
夏の気温がとても高く、冬も温暖。降水量が極めて少ない。
リヤド（サウジアラビア）
リヤド
デリー
【デリー（インド）】
気候は東京よりもすこし温暖。雨が多い時期と、ほとんど降らない時期に分かれている。
デリー（インド）
【バンコク（タイ）】
気温が1年を通してほぼ 28 度くらいで暑い。雨は多めだが、11 月～ 3 月ころ（冬）にとても少ない。
バンコク（タイ）
【シンガポール（シンガポール）】
一年中気温が高く、雨もとても多い。
シンガポール（シンガポール）
3
4

本時の目標

各地の気候の違いに着目し、アジア州の自然環境の様子を理解できるようにする。

本時の評価

各地の気候の違いを雨温図から読み取り、アジア州の自然環境の様子を理解している。

本時の授業展開

1　導入

前時につくった問い「なぜ山脈の北側や西アジアに砂漠が多いのか」を改めて確認した後、予想させる。世界各地の人々の生活と環境の学習を想起させ、降水量の少なさが砂漠と関係していることを思い出すとともに、実際の降水量を雨温図で確認する。

2　展開

ワークシートを配布し、砂漠が広がっていたアラビア半島のリヤド、ゴビ砂漠とも近いアルタイの雨温図を見ると、降水量がとても少ないことに気付く。リヤドを例に、東京と比較した気温と降水量の特色を、ワークシートに記入する。

次に、「他の地域の雨温図からはどのような特色が読み取れるだろう」と展開し、デリー、バンコク、シンガポール、シャンハイの雨温図を読み取っていく。生徒の状況に応じて、グループ活動にすることもできる。

なお、雨温図の読み取りの際には、気温と降水量のそれぞれの軸、気温０度の線に気を付けること、東京と比較する際には、気温の最暖月と最寒月、年間降水量の大小、降水量の多い時期に着目すると適切に読み取りをすることができることに触れておく。

おおむね雨温図の読み取りが終わったことを確認したら生徒に結果を発表させ、全体で気候の特色を確認する。そして、アジア州の気候の傾向として、①西部は乾燥帯の気候であるこ

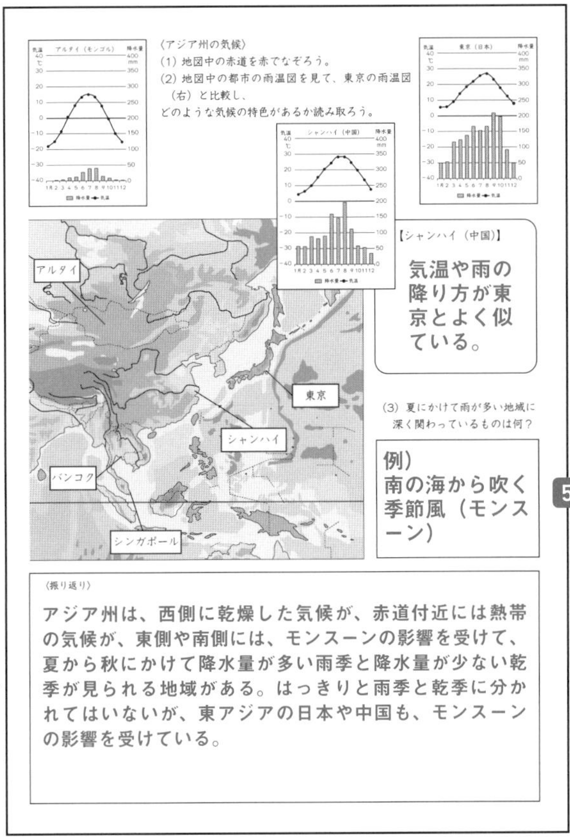

5

と、②赤道付近では熱帯の気候が見られること、③アジア州の南東側では、6月から9月頃に雨が多い地域が多く見られることをまとめる。

〈アジア州の気候〉
(1) 地図中の赤道を赤でなぞろう。
(2) 地図中の都市の雨温図を見て、東京の雨温図（右）と比較し、
どのような気候の特色があるか読み取ろう。
アルタイ（モンゴル）
シャンハイ（中国）
東京（日本）
気温
降水量
降水量
気温
【シャンハイ（中国）】
気温や雨の降り方が東京とよく似ている。
アルタイ
東京
シャンハイ
バンコク
シンガポール
(3) 夏にかけて雨が多い地域に深く関わっているものは何？
例）
南の海から吹く季節風（モンスーン）
〈振り返り〉
アジア州は、西側に乾燥した気候が、赤道付近には熱帯の気候が、東側や南側には、モンスーンの影響を受けて、夏から秋にかけて降水量が多い雨季と降水量が少ない乾季が見られる地域がある。はっきりと雨季と乾季に分かれてはいないが、東アジアの日本や中国も、モンスーンの影響を受けている。

③トンレサップ湖の写真を見て、雨季と乾季の違いがはっきりしている地域の様子を確認し、なぜ生ずるのか、その理由を考える。地図帳等を活用し、モンスーンの影響を受けていることを確認し、モンスーンの影響を受けている地域の境目に線を引き、それと標高の高い地形との関わりがあることを考察する。

3　まとめ

本時の学習を振り返り、〈振り返り〉に記入する。

ICT 活用のアイディア

1 導入において、前時のワークシートや衛星写真を提示して、砂漠の分布を確認する。また、生活と環境の単元で使用した乾燥した地域の暮らしの写真なども提示する。

2 東京の雨温図と各地の雨温図を並べて提示する。

4 雨温図の読み取り結果を確認した後、具体的な生活の様子や気候に関する特色ある現象（トンレサップ湖の雨季と乾季の様子の違いなど）に関する写真資料等を提示して説明する。

5 地図帳のモンスーンの図を提示する。

対話のアイディア

3 学級の状況に応じて、雨温図の読み取りを4人程度の小グループでの話し合いをしながらの活動にすることが考えられる。

5 気候の違いが生ずる背景について、教師が説明する前に小グループで話し合い、多面的に考えさせる。または、グループ活動で、地図帳から気候の違いに関連する資料を探させる。

ワークシートの評価ポイント

- 雨温図を読み取り、東京と比較した降水量や気温の違いについて、ポイントを押さえて読み取ることができている（読み取りのポイントは、本時の授業展開「2　展開」参照）。
- モンスーンの影響によって、地域の降水量に差が出てくることを捉えている。

大観する

3/11

アジア州の農業の分布と食

本時の目標

アジア州の各地の食事の違いや農業分布の違いの背景を、自然環境との関わりから理解できるようにする。

本時の評価

アジア州の各地の食事の違いや農業分布の違いの背景を、自然環境との関わりから理解している。

アジア州の農業の分布と食

学習課題：アジア州の各地の食事や農業の違いは、どのような背景から生じているのだろう。

1．各地の食事の違い

(1) 下のイラストは、各地の主食を表しています。それぞれ何という名前か調べよう。

1

①インド
小麦をうすくのばして焼いたもの

ナン

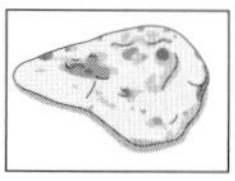

②ベトナム
米の粉から作っためんをスープで食べる

フォー

(2) ①と②がそれぞれ食べられている地域は、主にどのような農業が行われている地域だろう。地図帳を参考に、読み取ろう。

① 畑作　② 稲作

(3) 地図の「主に遊牧が行われている地域」では、どのようなものが食材として利用されているか調べよう。

ラクダや羊などの肉、乳なつめやし

2　各地の主食と関係が深い農業

(1) 地図の稲作が盛んな地域（緑）、畑作が盛んな地域（黄）に着色しよう。

(2) 右の小麦と米の生産のグラフのうち、アジア州の国に色を付けよう。

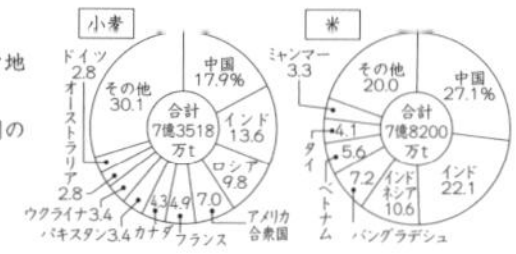

3

(3) 小麦はどういったところで盛んに作られているだろうか。地図帳などを使い、地形や気候などと関連付けて考えよう。

例）比較的寒い地域、雨が少なめの地域　高原地帯

4

(4) 米はどういったところで盛んに作られているだろうか。地図帳などを使い、地形や気候などと関連付けて考えよう。

例）比較的暖かい地域、雨が多い地域　大きな川が流れている地域　平野部

本時の授業展開

1　導入

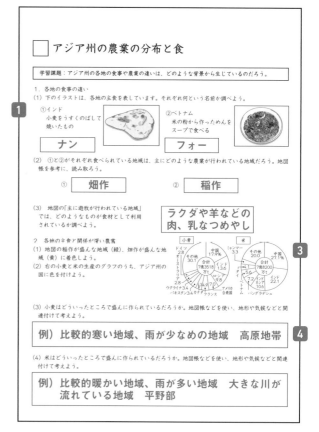

世界各地の生活と環境の学習を想起しながら、ナンとフォーの写真を取り上げ、アジア州のどの地域で主食として食べられているものか、地図帳等から調べる。それぞれ、小麦と米を使った主食であることを確認し、農業分布図を見て、ナンが食べられている地域では小麦が、フォーが食べられている地域では稲作が中心であることを確認する（ここで、農業の様子の写真を見せるのもよいだろう）。併せて、遊牧が行われている地域もあることに触れ、どのような物が食べられているかを調べる。

これらの活動をいったんまとめ、本時の学習課題を確認する。

2　展開

導入で、２地点の農業の様子を読み取ったので、アジア州全体ではどのような農業の分布が見られるのかをつかむために、分布図を着色する。また、小麦と米の生産のグラフのうち、アジア州の国にも着色する。

これらの作業を通して、アジア州の中で中国の北部やインドの中西部、中央アジア、西アジアなどで小麦の栽培が、東アジアから東南アジア、南アジアの東側や海沿いなどで米の生産が盛んであることをつかむ。これらのことを、ワークシートの余白等に言葉で書き込ませる。

では、具体的に小麦はどういったところで生産が盛んだと言えるのか、先の授業で学習した自然環境と重ね合わせて、考察する。同様に、

2

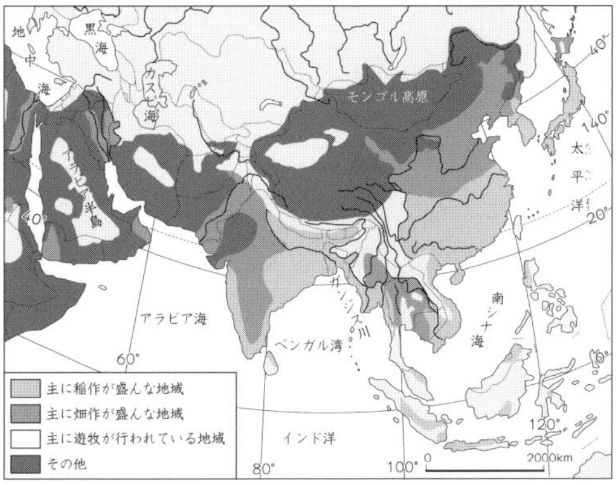

(5)「その他」となっている、東南アジアの地域ではどのような農業が行われているか、地図帳等で生産が盛んな作物を調べよう。

5

国	作物
マレーシア	ゴム　あぶらやし
インドネシア	あぶらやし　ゴム　コーヒー
フィリピン	バナナ　コーヒー

プランテーション

➡ という大農園で、輸出を目的として行われている

〈振り返り〉

食事や農業の違いは、気候や地形の違いから生じている。小麦は降水量が少なかったり寒い地域を中心に、米は降水量が多く温暖な地域で栽培されていて、それらを使った主食が見られている。赤道に近い年中温暖な地域では、プランテーション農業が盛んに行われている。

米の生産が盛んな地域についても考察する。このように、主食となる農産物が自然環境とどう関わっているかをまとめる。

ところで、東南アジア（赤道に近い熱帯の地域）は「その他」の農業となっている所が多いが、ここではどのような農業が行われているのか、地図帳等を使って、プランテーション農業が盛んであることを確認する。植民地の歴史等と関連付けてもいいだろう。

3　まとめ

本時の学習を振り返り、〈振り返り〉に記入するとともに、学習課題に対する本時のまとめを記入する。

ICT 活用のアイディア

1 ナンやフォーの写真を提示する。また、地図帳の農業分布図を提示し、それらが食べられている地域の農業の様子を確認する。また、農業の様子や遊牧の写真を提示する。

2 アジア州の農業分布図提示し、着色する作業の際に参考にさせる。

3 アジア州の国に着色したグラフを提示し、作業の正誤を確かめさせる。

4 雨温図や作物の特性を表す資料などを提示する。

5 地図帳や、プランテーション、そこで栽培されている作物の写真を提示する。

対話のアイディア

4 小麦や米がどのような自然環境の特色をもった地域栽培されているか、小グループで話し合わせる。自然環境の中でも、地形や気候など多面的に考察させたい。

5 身近にあるもので、プランテーションで栽培されているものや、それが原料になっているものには何があるか、近くの人と話し合わせる。

ワークシートの評価ポイント

・農業分布図やグラフのアジア州の国の着色を正しく行うことができている。

・東南アジアの「その他」の作物を国ごとに正しく読み取ることができている。

・農業分布の違いと気候の違いの関連を適切に結び付けて理解している。

大観する

4/11

人口が増加するアジア州

本時の目標

アジア州の人口分布や、人口の変化の様子はどのようになっているか、資料を適切に読み取り理解できるようにする。

本時の評価

アジア州の人口分布や、人口の変化の様子はどのようになっているか資料を適切に読み取り理解している。

人口が増加するアジア州

学習課題：アジア州の人口分布や、人口の変化の様子はどのようになっているか理解しよう。

1. アジア州の人口の変化

(1) 世界およびアジア州の 2015 年の人口は、およそ何億人いるだろう。

【世界】およそ	75 億人
【アジア州】およそ	45 億人

1

《資料①》世界人口の推移

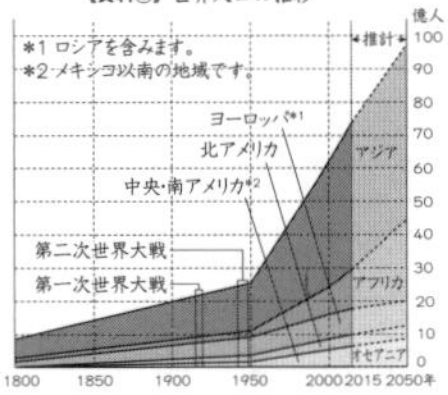

(2) 資料①のグラフから読み取れる、アジア州の人口やその変化、今後の予測について書いてみよう。

2

例)・アジア州は世界で最も人口が多い州
・第二次世界大戦以降、人口が大きく増加している。
・1800 年に比べると約 25 倍、1950 年と比べると約 5 倍に人口が増えている。
・今後、2050 年にはアジア州の人口は約 55 億人とさらに増える。

2. アジア州の人口分布

(1) 資料②の地図から、①アジア州の人口が多い場所を読み取り、②その場所に人口が多い理由を自然環境などの面から考察しよう（地図帳などから調べよう）。

①人口が多い地域	②人口が多い理由
例）インドネシアのジャワ島	・温暖な気候で稲作が盛んに行われている ・工業が発展していて仕事がたくさんある
3 例）ガンジス川の流域…	平野が広がる、稲作が盛んに行われている、気候が温暖
例）中国の東側…	長江や黄河の下流で平野が広がる、稲作や畑作が盛ん、降水量が多い

<メモ>

本時の授業展開

1　導入

初めにアジア州のいくつかの地域の写真を見せ、アジア州の人口を予想してから、世界とアジア州の2015年の人口を資料①から読み取る。各州の積み重ね折れ線グラフであることに留意し、一番上の線が世界人口を表すことを確認する。アジア州の人口は、世界で最も多いことに気付いたところで、本時の学習課題を確認する。

2　展開

導入のグラフをもう少し丁寧に、人口の推移について読み取っていく。1800年と比較したり、大きく増加した年代を指摘したり、何倍に増加しているかなど、多面的にグラフを読めるようにしたい。また、このグラフには将来予測も書かれているため、今後人口がどう変化していくのかについても読み取り、人口がアジア州全体では今後も増加し続けることを理解する。

次に、人口の分布について分布図を参照しながら読み取っていく。特にどの地域に人口が多いか、地形名や国名などを用いて言語化する。そして、それらの地域がどのような特色をもつ場所なのかを、地図帳やこれまでの時間に学習したプリントの資料などと重ね合わせて考察する。例えば、地形や気候についての自然環境との関わりでは、平野であるという見方や、温暖で降水量が多い地域であるという見方ができる。一方、農業の面から見ると稲作や畑作（小麦の栽培）が盛んな地域という見方もできる。

《資料②》アジア州の人口密度

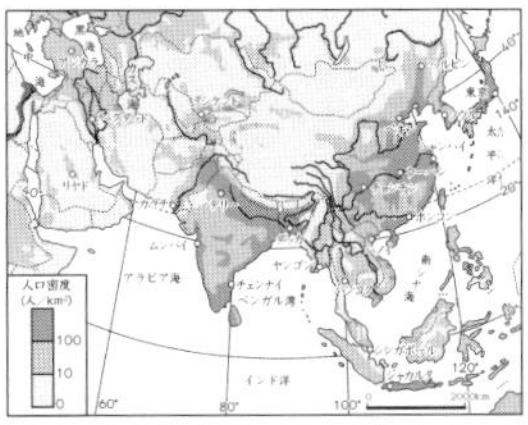

《資料③》アジア州の国別の人口増加率

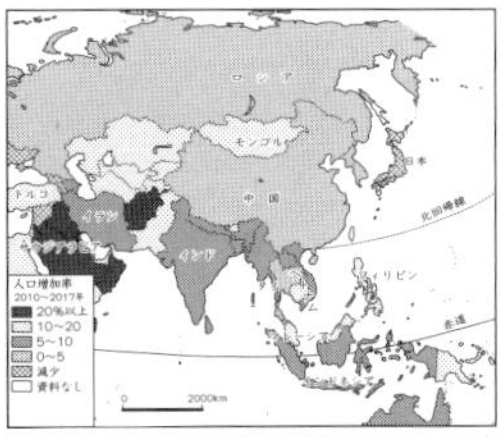

(Demographic Yearbook 2017)

3．人口増加が激しい地域

4 (1) 資料③から、アジア州で人口増加が起こっているのは、どのような国（地域）と言えるだろうか。

例）サウジアラビアなど、アラビア半島の国々
西アジアや中央アジア、モンゴルなどの砂漠が多い国
インドや東南アジアなど、南アジアから東南アジアにかけての国

〈この後の学習で追究するテーマ〉

アジア州で人口が増加している各地域では、どのようなことが人口増加と深く関わっているのだろうか。

〈現時点での予想〉

例）・砂漠の地域では、石油の輸出によって人々が豊かになったことが関わっているのではないか。
・東南アジアは、食料が豊かにあるから、世界中から移民が多いのではないか。

〈振り返り〉

アジア州は世界で最も人口が多い州で、温暖で降水量が多い平野や、農業が盛んな地域に多くの人口が集まっている。また、西アジアから東南アジアにかけては、人口が増加している地域が広がっている。

逆に、人口が少ないところはどんな所か、補足的に質問してもいいだろう。

最後に、アジア州の人口増加率について資料③から読み取る。この活動が今後3時間を通しての学習課題の基となるため、大切にしたい。用語「人口増加率」については、ある年と比較した人口の増加（減少）の割合であることを説明してから読み取りを行うとよい。

3　まとめ

前述の活動の後、追究テーマを教師の側から提示し、それに対する予想を立てる。

また、本時の学習を振り返り、〈振り返り〉を記入する。

ICT 活用のアイディア

1 アジア州のいくつかの地域の写真を提示し、アジア州の人口の多い少ないを予想させる。その後資料①（世界人口の推移）を提示する。

3 資料②（アジア州の人口密度）のカラー版のものを提示する。なお、世界の人口密度は59人 /㎢（2019年）であるので、主に100人 /㎢以上の部分を読み取らせる。

4 資料③（アジア州の国別の人口増加率）のカラー版を提示する。デジタル教科書などで、凡例別に表示できるものがあるとさらに読み取りやすくなる。

対話のアイディア

2 アジア州の人口の推移や予測について、ペアや小グループで話し合いながら、多面的に読み取る。

3 資料の読み取りや、人口密度が高い地域の理由を、小グループで話し合いながら取り組む。個人で読み取りをしてからグループで確認してもよい。

4 個人で資料③の読み取りをしてからペアや小グループで互いに確認する時間をとる。

ワークシートの評価ポイント

・世界及びアジア州の現在の人口や、その変化について、資料から適切に読み取ることができている。
・人口が多い地域や、人口密度が高い国を、資料から適切に読み取れている。
・人口が多い背景を、自然環境などと関連付けて考察しようとしている。

多面的・
多角的に学ぶ

5/11

西アジアや中央アジアの人口増加とその背景

本時の目標

西アジア、中央アジアで人口増加率が高い理由を、宗教や地域の産業との関係から考察するとともに、地域の課題について理解できるようにする。

本時の評価

西アジア、中央アジアで人口増加率が高い理由を、宗教や地域の産業との関係から考察するとともに、地域の変化の様子について理解している。

西アジアや中央アジアの人口増加とその背景

学習課題：西アジア、中央アジアで人口増加率が高い理由を、宗教や地域の産業との関係から考察しよう。また、西アジアや中央アジアの課題についても理解しよう。

1 1．西アジアの人口ピラミッド

(1) 人口ピラミッドとはどのようなグラフかまとめよう。

○縦軸… **年齢** ○横軸…各年齢層の男女の割合

をとり、その国や地域の **人口構成** を表したグラフ。

(2) 日本の人口ピラミッドは、下のどの型にあたるだろう。

[　] 富士山型…年少人口＞老年人口（出生率も死亡率も高い）

[　] つりがね型…出生率と死亡率が低下し、人口停滞

[○] つぼ型…年少人口＜老年人口（少子高齢化、人口減少）

《資料①》日本の人口ピラミッド

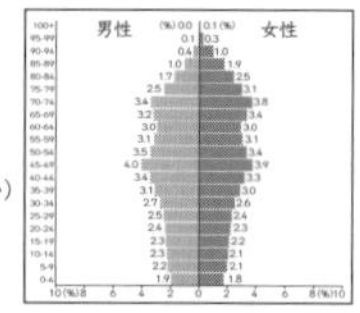

（人口ピラミッド出典）PopulationPyramid.net

(3) 人口増加率が高い西アジアの国々の人口ピラミッドを見て、気付くことをあげてみよう。 2

①アフガニスタン　②サウジアラビア　③オマーン

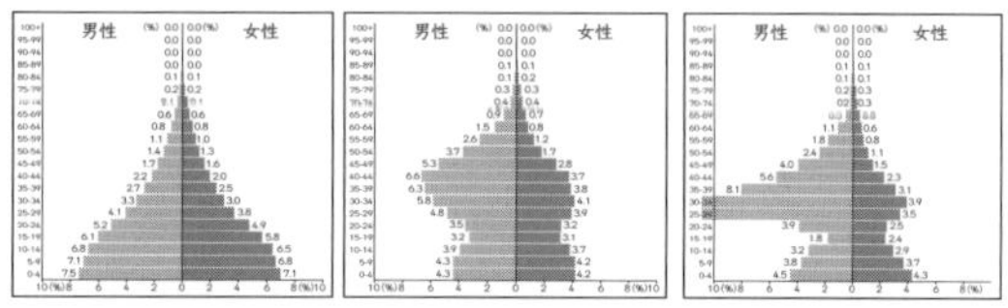

例）・アフガニスタンは富士山型をしていて、多くの子供が生まれている。
・サウジアラビアやオマーンは、働き盛りの男性がとても多い。

3 (4) (3) で読み取ったことをもとに、なぜこれらの地域で人口が増加しているのか考えよう。

	アフガニスタン	サウジアラビア・オマーン
自分で考えたこと	例）・子供が多く生まれているから。 ・医療が進んで、前より亡くなる人が減ったから。	・子供が多く生まれているから。 ・他国から働きに来る移民が多いからではないか。

本時の授業展開

1　導入

初めに、「人口が増えるときとは、どんなときか？」という問いについて話し合う。子供が多く生まれれば人口が増える。また、他の地域から多くの人がやってくれば、人口が増える。この点を確認したのち、西アジアではそうなっているのかを確かめていく。

2　展開

人口ピラミッドとはどのようなグラフなのかについてまずは理解する。縦軸と横軸の意味、基本的な３つの型があることなどを理解したところで、西アジア・中央アジアでも特徴的なピラミッドの方をしている３か国の人口ピラミッドを読み取っていく。アフガニスタンと、サウジアラビア・オマーンでは、人口増加の理由が同じ部分（子供が日本に比べて多く生まれていることなど）もあれば、異なる部分（生産年齢人口の男性が顕著に多いことなど）もあることに気付かせたい。

次に、子供が多く生まれている背景について考えていく。ここではその切り口として、地域の宗教（イスラム教）を取り上げる。ただし、宗教のみの影響ではないことに留意が必要である。アフガニスタンの主な輸出品を地図帳の統計で調べると、主な産業が第一次産業であることがうかがえる。農業にかける人手を確保するために産児数が多いことや、長引く紛争の影響等にも触れて、イスラム教だから人口増であるという誤解を招かないよう多面的・多角的に指

2．人口増加率が高い西アジア・中央アジアの地域的背景

（1）地図帳などの資料から、西アジア・中央アジアの主な宗教を読み取ってみよう。

※聖典「コーラン」（神の言葉を集めた書物）
→結婚することが奨励されている。

イスラム教

（2）資料②から、どのようなことが言えるか読み取ろう

例）イスラム教の人口が、他の宗教よりも増えることが予測されている。

《資料②》2015年-2060年にかけての、宗教ごとの人口増加率の予測

	(%)
イスラム教	70
キリスト教	34
ヒンドゥー教	27
ユダヤ教	15
民族宗教	5
無宗教	3
その他の宗教	0
仏教	−7%

世界の人口増加率32%

（原典） https://www.pewresearch.org/fact-tank/2017/04/06/why-muslims-are-the-worlds-fastest-growing-religious-group/
出所：ビュー・リサーチ・センター

（3）資料③、資料④、資料⑤から、サウジアラビアやオマーンで働き盛りの男性が多い理由を考えてみよう。

《資料③》ペルシア湾岸の国々の総人口に占める外国人の割合

国	外国人	自国民
アラブ首長国連邦 934万人	外国人 83.7%	自国民 16.3
クウェート 336万人	60.1%	39.9
サウジアラビア 2882万人	31.4%	68.6
オマーン 363万人	30.6%	69.4

《資料④》西アジア・中央アジアの資源

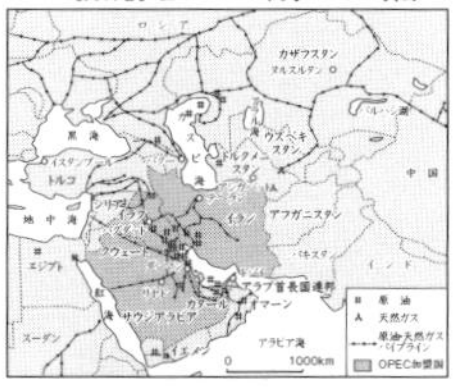

4 例）・多くの外国人が働きに来ているからではないか。
・石油が取れるから、それを輸出したお金で様々なものを建てていて、人手不足だから外国人労働者を雇っているのではないか。

5

《資料⑤》ドバイの建設現場で働く外国人労働者（アラブ首長国連邦）

〈メモ〉
石油の輸出→多額のオイルマネー（利益）を使って開発→石油に頼らない新しい産業（観光業など）を生み出す
※OPEC（石油輸出国機構）…価格や生産量を決定

〈振り返り〉
西アジアや中央アジアではイスラム教徒が多く、発展途上の国では出生率が高い。また、石油がたくさん採れ、そのお金を使った開発のために働く労働者が海外から多くやってきているため、人口が増加している。

導することに留意したい。

最後に、サウジアラビアやオマーンを例に、働く男性が多いのはなぜか、資料を組み合わせて考える。この背景に、石油の産出が盛んであること、石油を販売して利益を得られるよう、OPECが組織されていること、「オイルマネー」を使って、石油に頼らない観光産業等のための開発が進み、労働者を多く受け入れていることなどをまとめ、人口増との関連について理解していく。

3　まとめ

最後に、〈振り返り〉に記入し、本時の学習内容を確認する。

ICT活用のアイディア

1 日本の人口ピラミッドを提示するほか、各国の人口ピラミッドの推移を表示できるウェブサイト（populationpyramid.netなど）を示し、日本の人口ピラミッドの移り変わりを見せる。

2 各国の人口ピラミッドを一つずつ提示する。

5 資料⑤の図を提示したり、ドバイのパームジュメイラなどの開発が進む地区の写真を提示する。

対話のアイディア

3 各自で人口増加の理由を考えた後に、４人程度の小グループで意見交換をする。

4 男性の生産年齢人口が多い理由について資料を基に、小グループで話し合う。

ワークシートの評価ポイント

- 人口ピラミッドの仕組みを理解し、各国の人口構成の特色を適切に読み取っている。
- 西アジア・中央アジアで人口増加率が高い背景について考察し、ワークシートに記述している。
- 石油に頼らない産業を生み出すための開発が進んでいることを理解している。

多面的・
多角的に学ぶ

6/11

人口増加が続く南アジアの工業発展

本時の目標

南アジアで進んでいる工業化（ICT関連産業の発展など）やその背景について調べるとともに、地域による格差の問題について理解できるようにする。

本時の評価

南アジアで進んでいる工業化（ICT関連産業の発展など）やその背景について調べるとともに、地域による格差の問題について理解している。

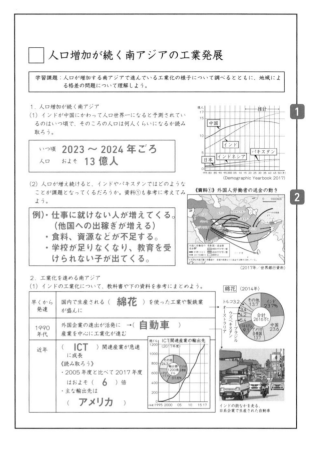

□ 人口増加が続く南アジアの工業発展

学習課題：人口が増加する南アジアで進んでいる工業化の様子について調べるとともに、地域による格差の問題について理解しよう。

1．人口増加が続く南アジア

(1) インドが中国にかわって人口世界一になると予測されているのはいつ頃で、そのころの人口は何人くらいになるか読み取ろう。

いつ頃　2023 ～ 2024 年ごろ
人口　およそ　13 億人

1

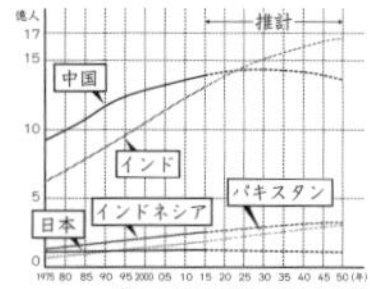

(Demographic Yearbook 2017)

(2) 人口が増え続けると、インドやパキスタンではどのようなことが課題となってくるだろうか。資料①も参考に考えてみよう。

例)・仕事に就けない人が増えてくる。
（他国への出稼ぎが増える）
・食料、資源などが不足する。
・学校が足りなくなり、教育を受けられない子が出てくる。

2

《資料①》外国人労働者の送金の動き

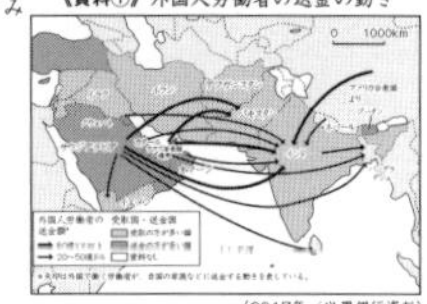

（2017年／世界銀行資料）

2．工業化を進める南アジア

(1) インドの工業化について、教科書や下の資料を参考にまとめよう。

早くから発達	国内で生産される（　綿花　）を使った工業や製鉄業が盛んに
1990年代	外国企業の進出が活発に　→（　自動車　）産業を中心に工業化が進む
近年	（　ICT　）関連産業が急速に成長 《読み取ろう》 ・2005 年度と比べて 2017 年度はおよそ（　6　）倍 ・主な輸出先は （　アメリカ　）

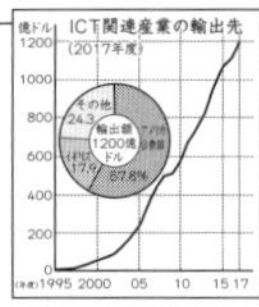

綿花 (2014年)

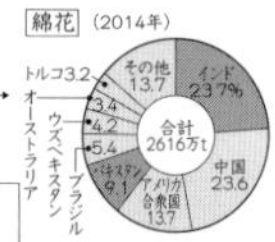

インドの街なかを走る、
日系企業で生産された自動車

本時の授業展開

1　導入

前時に学習した際の図版を提示し、「開発が進む地域で人口増加が起こっている」ことを振り返る。そして、南アジアでも似たような変化が起こっていることを先に伝えつつ、どういった点が西アジアと異なるかを考えてほしいことを伝え、学習課題を確認する。

2　展開

初めに、インドやパキスタンの人口増加のグラフを見て、その様子をつかむ。ここでは特にインドに着目し、人口の伸びが激しく、世界一の人口を抱える国になる予測であることを捉える（人口ピラミッドを見せてもよい）。人口が増加することによって生ずる課題について考察する。前時で学習した西アジアの移民労働者はインドからも多くやってきていて、その背景には仕事に就けない人が多くいること、また、食料や資源の不足や不十分な教育環境などの様々な面も考察させたい。

次に、インドがこのような状況に対して行っている工業化の推進について捉えていく。温暖な気候であることを生かして栽培される綿花を用い繊維産業や、資源が豊富なことを生かした工業が以前から盛んではあったが、近年は自動車やICT関連産業に力を入れた工業化が進んでいるという発展の経緯をまずはつかむ。そして、近年なぜICT関連の産業が発展しているのかということについて、資料から考えていく。言語の面やカーストの面といったインド特有の

3

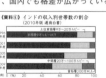

(2) なぜインドでは ICT 関連産業が成長してきたのだろう。資料②から、その背景を考えよう。

アメリカと地球の正反対に位置するから、アメリカの ICT 企業の開発を引き継ぎ、24 時間体制で開発をすることができるから、ICT 関連企業が増えた。

《資料②》

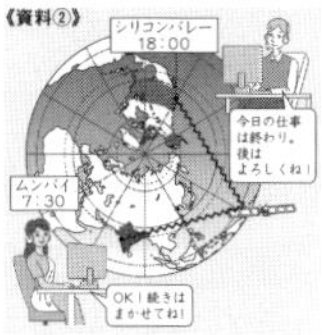

〈メモ〉

・英語が準公用語→ICT 開発に有利
・ICT 関連産業は伝統的なカーストに関係ない（自分の力で社会的な地位が得られる）

(2) パキスタンやバングラデシュから、日本はどのような製品を多く輸入しているだろう。

繊維製品

《資料③》南アジアの主な国の日本への輸出　（2019年）

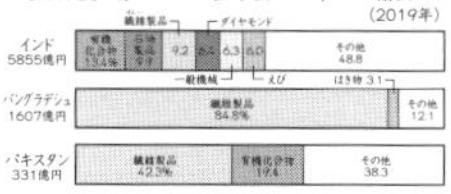

3．南アジアの課題

4

(1) 資料④、資料⑤から、インドの課題を読み取ってみよう。

例）・貧困層がインド全体の50%～80%にのぼる。
・州によっては貧困の人が多いところもあり、国内でも格差が広がっている。

《資料④》インドの州別の貧困率
（2009年度/インド政府調査）

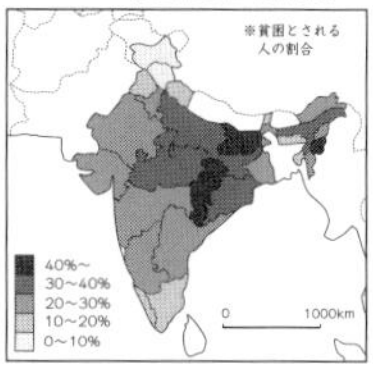

《資料⑤》インドの収入別世帯数の割合
（2010年版 通商白書）

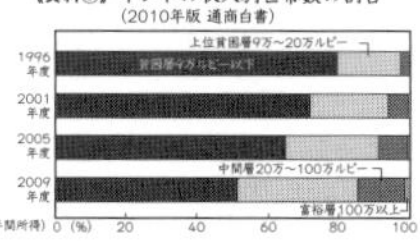

〈振り返り〉

南アジア（インド）では、人口増加に対応し工業化を進め、特に最近では ICT 関連産業が大きく伸びてきて、豊かになっている地域や人々がいる。一方で、工業化が進んでいない地域では賃金が低く貧しい人が多いままで、収入や教育の格差が地域の課題になっている。

事情も関連していることに触れ、多面的・多角的に発展の背景を捉えさせたい。

最後に、パキスタンやバングラデシュの日本への輸出品の資料から両国の繊維工業に触れ、低賃金の労働力を先進国が確保しようとしていることに触れる。また、インドでも工業化が進んでいない地域では貧困層が多く見られるなど、国内の経済格差が課題になっていることを理解する。

3　まとめ

改めて学習課題に立ち返り、西アジアとは違う南アジアの（インドを中心とした）工業化の様子や、地域の課題について短くまとめ、〈振り返り〉に記入する。

ICT 活用のアイディア

1 アジア州の主な国の人口推移のグラフを提示するとともに、インドの人口ピラミッドの推移が分かる資料（前時で示したものなど）を提示する。

2 資料①を提示するとともに、送金が入ってくるということは外国で働いている人がお金を送っているということを説明する。

3 資料②を提示するとともに、必要に応じて地図帳等の等時帯表を提示し、時差について振り返りながら説明する。

4 資料③、資料⑤を提示しながら、南アジアの課題について説明する。その際、具体的な写真資料も提示する。

対話のアイディア

2 4人程度の小グループで、人口が増え続けることの課題を多面的・多角的に話し合う。

4 小グループで、資料③、資料④を読み取りながら、インドで貧困層がいまだに多いことや、格差が大きいなどの課題について多面的に考察する。

ワークシートの評価ポイント

・南アジアの工業化の進展の具体的な様子を、ワークシートにまとめている。
・工業化を進めた背景について、人口増加や時差などの面から考察し、ワークシートに記入している。
・インドを中心とした南アジアの課題について、まとめの部分に記述している。

多面的・
多角的に学ぶ

7/11

東南アジアの工業・経済発展と課題

本時の目標

人口増加が見られる東南アジアで進んでいる工業や経済の発展の様子について理解するとともに、発生している都市問題の背景について考えられるようにする。

本時の評価

人口増加が見られる東南アジアで進んでいる工業や経済の発展の様子について理解するとともに、発生している都市問題の背景について考えている。

東南アジアの工業・経済発展と課題

1 学習課題：人口増加が見られる東南アジアで進んでいる工業や経済の発展の様子について理解するとともに、発生している都市問題の背景について考えよう。

2 1．歴史的に各地から人が集まる東南アジア
(1) 東南アジアに多く暮らす、貿易や流通業で主に活躍する中国系の人たちを何と呼んでいますか。

華人

(2) マレーシアやインドネシアでイスラム教の人たちが多い、歴史的な理由をまとめよう。
⇒インド洋の 海上貿易 を通して、イスラム商人たちによって広められたから。

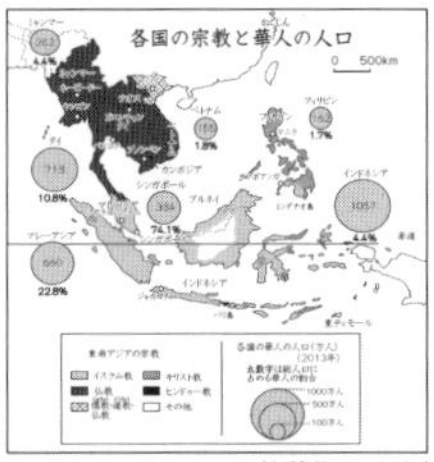

(中国年鑑 2018，ほか)

2．東南アジアの国々の輸出品の変化
(1) タイとマレーシアの輸出品の変化について、資料①から気付いたことを書き出してみよう。

〈タイ〉
1980年 例）米や野菜、天然ゴム、すずなど
↓
2018年 例）機械類や自動車が中心となった。

〈マレーシア〉
1980年 例）原油やプランテーションで作った天然ゴム
↓
2018年 例）機械類が中心となった。

3 《資料①》タイとマレーシアの輸出品

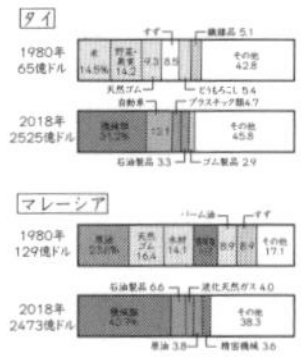

4 (2) 東南アジアで工業が盛んになった背景について、資料②と資料③から考えよう。

例）賃金が日本に比べて安いため、これまでに多くの日本企業が進出したから。

〈メモ〉
・工業団地の建設など、日本だけでなく、外国企業を呼び寄せる努力をしてきた。

本時の授業展開

1　導入

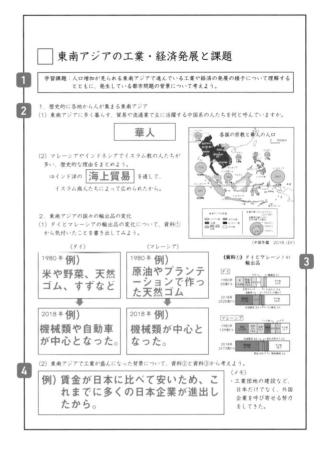

人口増加が見られる西アジア、南アジアに続いての東南アジアである。これまでの2地域で、工業の発展が人口増加や地域の経済の発展につながっていたことを振り返りつつ、「東南アジアではどのように工業や経済が発展してきたのか」を学習課題として設定する。

2　展開

まず、クアラルンプールの写真を見せ、様々な民族の人たちが暮らしていることに気付かせる。マレーシアの民族の割合を表すグラフを見て、中国系やインド系などがいることを確認する。中国系の民族を華人と呼ぶこと、華人は東南アジアに広く暮らしていることをワークシートの資料から捉える。また、マレーシアの主な宗教がイスラム教であることを読み取り、なぜイスラム教徒が多いのかを考える。歴史的に貿易によるつながりがあったことを理解する。

続いて、現在ではどのような貿易が行われているのかを、資料から読み取っていく。併せて、1980年と比較してどのような移り変わりが見られるのかも読み取っていく。農産物や鉱産資源から工業製品へと輸出品が変化していることに気付く。

以上のことから、なぜこれらの国で工業化が進んだのかを考察する。ここでは賃金の低さと、外国企業の進出の視点から考察させる。具体的に、タイに進出した日本の自動車メーカーなどの写真を見せ、具体的な海外企業進出の様

《資料②》各都市の賃金

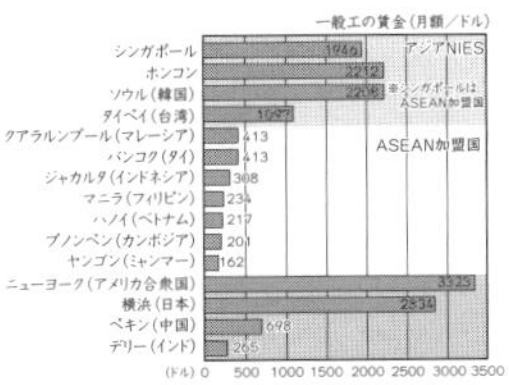

（2018年/日本貿易振興機構資料）

《資料③》東南アジアに進出した日本企業

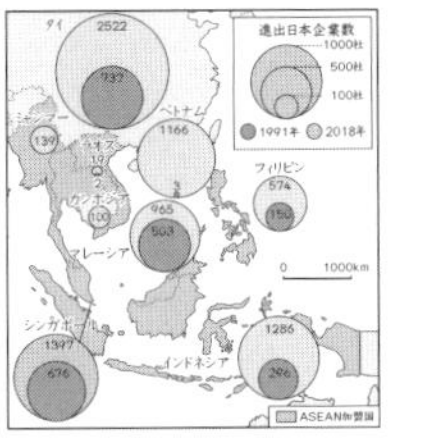

(3) 東南アジアのほとんどの国が加盟し、加盟国間の貿易や交流を活発にし、輸入品にかける税金をお互いなくすなど、一層の経済発展を目指している組織を何と呼んでいますか。

東南アジア諸国連合（略称 **ASEAN**）

5

《資料④》ジャカルタの町の様子

3. 東南アジアの経済発展と課題

(1) 資料④のように都市に見られる、粗末な建物が密集している地域を何と呼んでいますか。

スラム

(2) 資料⑤のように都市人口が増えることで、他にどのような課題が生じるだろうか。

例）交通渋滞、大気汚染、病気のまんえん

《資料⑤》主な国の都市人口の推移

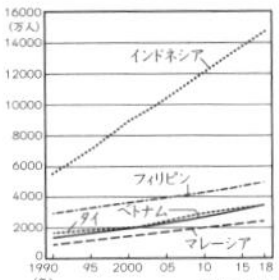

（国連資料）

6

(3) なぜ都市に人々が集中するのか、その理由を考えよう。

例）農村より収入のよい工場などでの仕事が得られるから

〈振り返り〉

東南アジアでは、歴史的に華人やイスラム商人がやってきて貿易が発展し、多様な民族が見られる。賃金が安く、多くの外国企業が工場を建てるなどしたため、工業化が進んだ。現在では ASEAN を組織し、東南アジア全体で一層の経済発展を目指している。その一方で、都市に人口が集中しスラムが発生するなどの都市問題が発生している。

子を捉えさせたい。また、東南アジア諸国の側でも、受け入れを増やすためのインフラ整備などを努力してきたことに触れたい。その後、ASEAN の結成による協力関係の構築により、一層地域の経済発展を進めていることを確認する。

最後にスラムの写真を見せ、都市に人々が集まり、都市環境問題が発生していることを確認する。工場はインフラの整った都市周辺に多く立地していることを確認する。

3　まとめ

学習内容のまとめでは、歴史的な流れを踏まえてまとめるように指示すると、東南アジアの発展の経緯がまとめやすくなる。感想や自己評価を含めた〈振り返り〉を記入する。

ICT 活用のアイディア

1 前時、前々時に提示した資料や写真を提示し、人口増加地域で見られた工業発展について振り返る。

2 クアラルンプールの町の人々の写真を提示し、多様な民族が暮らしていることに気付かせる。

3 資料①を提示するとともに、読み取りの答えを確認する際にすずや天然ゴムなどの具体的な輸出品の写真を提示する。

5 ジャカルタのスラムや、フィリピンのかつてのスモーキーマウンテン、交通渋滞などの写真を提示する。

対話のアイディア

4 東南アジアの工業化の背景について、資料②、資料③を見て話し合い、ワークシートに考察を記入する。

6 都市人口が増えることでの課題を近くの人と話し合わせる。また、都市に人口が集中する理由について、4人程度の小グループ話し合わせる。

ワークシートの評価ポイント

- 東南アジア諸国の輸出品の変化を適切に読み取り、工業化が進んでいることを捉えている。
- 工業化が進んだ背景について資料を基に考察している。
- 工業化に伴いどのような都市問題が発生するかについて考えるとともに、その理由についても考察している。

まとめる

8/11

人口増加地域の経済発展（小まとめ）

本時の目標

人口が増加している西アジア、南アジア、東南アジアの経済発展の様子についてまとめるとともに、東アジアの経済発展の様子を調べる際の手がかりを見付け、調査の見通しをもてるようにする。

本時の評価

人口が増加している西アジア、南アジア、東南アジアの経済発展の様子について学習した知識をまとめるとともに、東アジアの経済発展の様子を調べる際の手がかりを見付け、調査の見通しをもとうとしている。

小まとめ　～人口増加地域の経済発展と課題

学習課題：人口が増加している西アジア、南アジア、東南アジアの経済発展の様子についてまとめるとともに、東アジアの経済発展の様子を調べる際の手がかりを見つけよう。

1．第５時から第７時で学習した各地域の経済発展の様子と、各地域で見られる課題を整理しよう。

1

(1) 西アジア・中央アジア

【経済発展の背景や様子】
- 資源（石油）→世界中に輸出→多額のオイルマネー
- 新しい産業（観光業など）を生み出す→多くの労働者が海外から働きにくる。

【地域の課題】※教科書などから調べてみよう
- 資源をめぐる利害の対立→紛争
- 石油が取れない地域→経済発展の遅れ

2

(2) 南アジア

【経済発展の背景や様子】
- 外国企業が進出→自動車工業が発展、ICT関連産業が急速に発達した。
- ICT関連産業は、英語が準公用語であることや、アメリカとの時差を生かして発展。カーストの影響を受けないため、身分によらず豊かになれる。

【地域の課題】
低賃金、農村部では貧困層が多い。学校に行けなかったり、読み書きができなかったりする子供もいる。

4

2．どのようなことが工業化や経済発展を進めるカギ（きっかけ）となるか話し合い、上のまとめの中でカギとなるものに下線を引こう。

3．東アジアの中で、経済発展が進んでいる国（GDPが高い国）を、日本を除き２つ挙げてみよう。

中国　と　韓国

5

⇒これらの国では、いつ頃から、どのような工業の発展が起こり、現在はどのような様子や地域の課題が見られるのだろうか？

《資料》国別の国内総生産（GDP）2019年。、米ドル

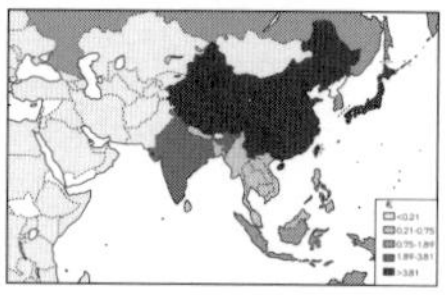

（出典）世界銀行ホームページ
https://data.worldbank.org/indicator/NY.GDP.MKTP.CD?view=map&year=2020

本時の授業展開

1　導入

第５時から第７時で使用した経済発展や工業化につながる写真等を見ながら、人口が増えている西アジアから東南アジアにかけての学習を想起する。

人口増加地域では、経済発展と、それに関連する課題が見られたことを確認し、それらの内容をもう一度整理することを伝え、本時の学習に入っていく。

2　展開

ワークシートの(1)から(3)に該当する学習内容をまとめていく。個人でのまとめは難しいと予想されるので、学習班や生活班での教え合いや学び合いを活用したい。

クラスの状況によっては、まとめる地域や、【経済発展の背景や様子】【地域の課題】ごとに割り振りをして、分担して調べる方法も考えられる。この活動が本時の中心となるよう、十分な時間を割きたい。

まとめが終わったところで、どのようなことが工業化や経済発展を進めるカギ（きっかけ）となっていたかを話し合い、必要な箇所に下線を引く。

おそらく、資源があること、外国企業を呼び寄せること、ICT 関連などの新しい産業を取り入れること、地域内で連携することなどが挙げられるだろう。

続いて資料（国別の GDP）を見て、次回以降学習を進める東アジアに目を向ける。東アジ

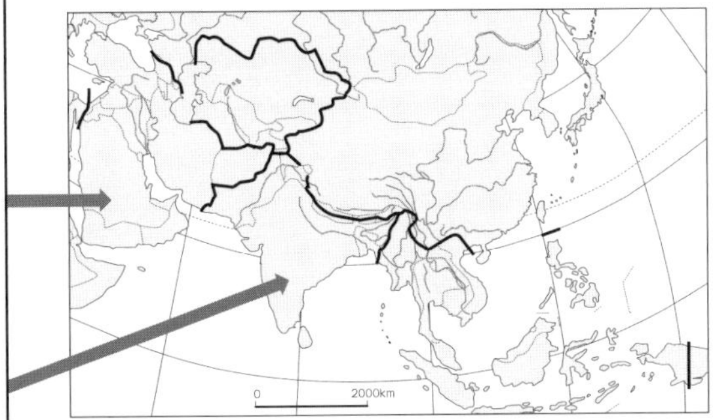

3
(3) 東南アジア

【経済発展の様子や背景】	【地域の課題】
・賃金が安い→多くの外国企業が進出 ・ASEANを組織、全体で貿易や人の交流を活発にしようとしている。	工業化が進む都市部に人口が集中し、スラムが見られたり、交通渋滞や大気汚染が生じたりしている。

〈振り返り〉

アで（日本を除き）経済が発展している国はどこかを挙げ（中国と韓国）、これらの国ではどのような発展の経緯があったのか、先ほど確認した資源はあるのか、工業化のための取組は行われているのかなどについて話し合い、予想する。ここで予想したことを、学習感想の部分に書いてもよいこととする。

3　まとめ

学習感想や、次回以降に向けて確かめたいこと（予想）などをワークシート右下の欄に記入する。また、活動への取組状況の自己評価も併せて〈振り返り〉に記入する。

ICT 活用のアイディア

1 2 3 ワークシートに各自のまとめを書くとともに、Google スライドなどのプレゼンテーションソフトや、ロイロノートなどに、小グループでまとめた内容を代表生徒が打ち込み、発表する。

対話のアイディア

1 2 3 これまでの学習に用いた資料を基に、４人程度の小グループ班で相談しながらまとめを行う。まとめた内容を打ち込む生徒、発表する生徒の分担を班内で行う。

4 工業化のきっかけとなった要素について小グループで話し合い、下線を引く。

5 中国や韓国ではなぜ経済発展が進んだのか、次時の学習に向けての予想を小グループで話し合う。

ワークシートの評価ポイント

・これまでの学習内容をまとめるとともに、工業化のきっかとなるものに下線を引くことができている。
・振り返りの欄に、活動への取組状況を振り返ったり、次回以降に向けて確かめたいことなどを記入している。

多面的・
多角的に学ぶ

9/11

東アジアの経済発展と課題①

本時の目標

中国と韓国では、いつ頃から、どのような工業の発展が起こり、現在はどのような様子や地域の課題が見られるかを主体的に調べ、必要な情報を適切にまとめられるようにする。

本時の評価

中国と韓国では、いつ頃から、どのような工業の発展が起こり、現在はどのような様子や地域の課題が見られるかを主体的に調べようとしたり、必要な情報を適切にまとめたりしている。

□ 東アジアの経済発展と課題

学習課題：中国と韓国では、いつ頃から、どのような工業の発展が起こり、現在はどのような様子や地域の課題が見られるのだろうか？

1．地図と言葉で、中国・韓国の経済発展の様子とそれぞれの発展にともなう課題を整理しよう。

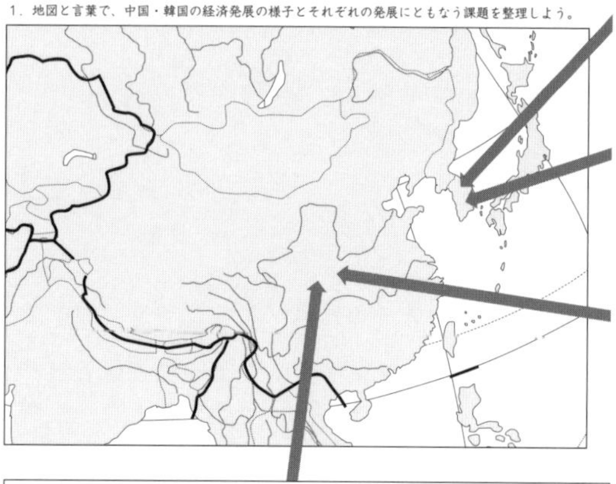

④B：中国の経済発展にともなう課題

・都市（東部）と農村（内陸部）の経済格差→内陸部から多くの人が出稼ぎ
・大都市での大気汚染→化石燃料の大量消費

本時の授業展開

1　導入

前時に課題設定をした東アジア（中国・韓国）の経済発展やその課題について、第９時と第10時の２時間を利用して、調べ・発表し・まとめる学習（３分程度）を行う旨を確認し、ワークシートを配布する。学習班（４人）の中で①韓国か②中国のいずれかを選択し、経済発展の様子及び課題について国を分担して調査を進める。

2　展開

ワークシートの各担当箇所に、該当する内容をまとめていく。個人でのまとめは難しいと予想されるので、学習班や生活班での教え合いや学び合いも活用したい。この活動が本時の中心となるため、十分な時間を割きたい。教師からは、次の点について助言するようにしたい。

・経済発展の様子を担当する人は、いつ、どんなことをきっかけに、どこで、どんな工業の発展が見られるようになったのか調べよう。
・経済発展に伴う課題を担当する人は、どのような課題が、どこで、なぜ見られるのかを調べよう。
・資料から読み取れる情報同士を関連付けて（結び付けて）考えよう。
・地図に様子や場所を表現できる場合は、地図も活用してまとめてみよう。
・早く終わった人は、自分が担当する国のもう一方の部分も調べてみよう。

机間指導の中でも、生徒の様子を見て適宜声

1
2

①A：韓国の経済発展とその背景
・1950年代の朝鮮戦争で国土が荒れた
→外国の資金や技術の援助で造船や製鉄が発達（輸出）
・1980年代から家電製品の生産→1990年代に経済混乱→情報通信技術（ICT)関連産業へ

②B：韓国の経済発展にともなう課題
・仕事を求めて農村から都市へ人口移動
→首都ソウルとその周辺に総人口の半分が暮らす
・人口、政治、経済の一極集中
・ソウルと地方の格差、土地や住宅価格の高騰、交通混雑の発生

③A：中国の経済発展とその背景
・1979年から「経済特区」を沿海部の都市に設置
→外国企業を受け入れ、急速に経済発達（1990年代以降）
・自動車やパソコンなどの家電を多く生産→「世界の工場」

〈振り返り〉
第9時

第10時

かけをしていきたい。特に、資料をうまく読み取れていない生徒や、情報の結び付けが正しくできていない生徒を見付け、サポートできるようにしたい。また、生徒同士でも、余裕がある生徒には班員のサポートをするよう促したい。

3　まとめ

〈振り返り〉に、調べ学習で分かったことや、本時の学習に対する自分の取組がどうだったかを自己評価して記入する。次回は、調べたことを班員に伝え、まとめていく時間であることを確認する。

ICT 活用のアイディア

1 教科書、地図帳、教師が用意した資料などを中心に調べることが基本となるが、適宜インターネットを活用して調べることも取り入れていきたい。特に、経済発展に伴う課題は、教科書だけでは資料が少ないことが考えられるため、自ら資料を集めることが必要になってくるであろう。

対話のアイディア

2 個人作業ではやや資料読解が難しいと思われるので、４人程度の小グループに韓国か中国の国を割り振り、どちらかの国について、経済発展の背景と、経済発展に伴う課題の両方を調べさせるようにする。教師も支援しながら、小グループ内で協力して課題解決に取り組ませるようにしたい。同じ国を調べているグループ同士で、調べたことの確認をし合うのもいいだろう。

ワークシートの評価ポイント

・担当する国の工業発展の経緯や、地域の課題について資料を活用して見いだし、ワークシートにまとめることができている。
・自身の活動を振り返って自己評価できている。

多面的・多角的に学ぶ　10/11

東アジアの経済発展と課題②

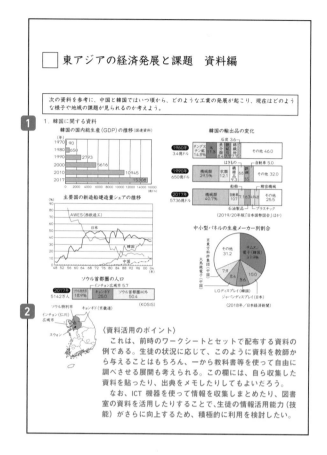

本時の目標

中国と韓国では、いつ頃から、どのような工業の発展が起こり、現在はどのような様子や地域の課題が見られるか、調べた情報を整理して発表するとともに、関連付けて整理し、理解できるようにする。

本時の評価

中国と韓国では、いつ頃から、どのような工業の発展が起こり、現在はどのような様子や地域の課題が見られるか、調べた情報を整理して発表するとともに、関連付けて整理し、理解している。

□ 東アジアの経済発展と課題　資料編

次の資料を参考に、中国と韓国ではいつ頃から、どのような工業の発展が起こり、現在はどのような様子や地域の課題が見られるのか考えよう。

1 1．韓国に関する資料

韓国の国内総生産（GDP）の推移（国連資料）

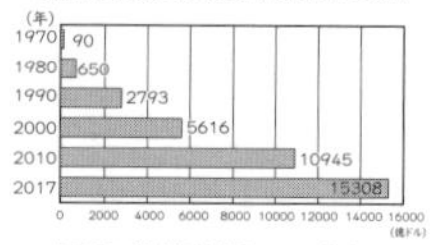

主要国の新造船建造量シェアの推移

ソウル首都圏の人口

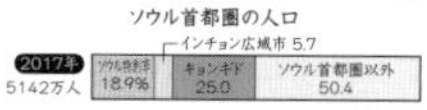

（KOSIS）

2

韓国の輸出品の変化

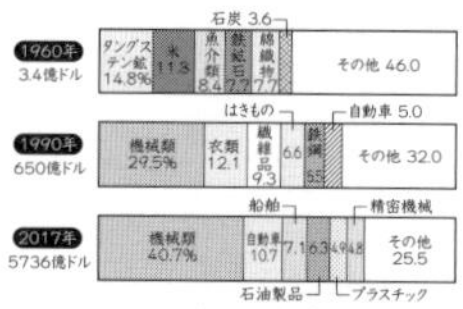

（2019/20年版「日本国勢図会」ほか）

中小型パネルの生産メーカー別割合

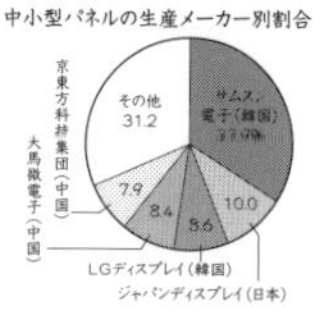

（2018年／日本経済新聞）

〈資料活用のポイント〉

これは、前時のワークシートとセットで配布する資料の例である。生徒の状況に応じて、このように資料を教師から与えることはもちろん、一から教科書等を使って自由に調べさせる展開も考えられる。この欄には、自ら収集した資料を貼ったり、出典をメモしたりしてもよいだろう。

なお、ICT 機器を使って情報を収集しまとめたり、図書室の資料を活用したりすることで、生徒の情報活用能力（技能）がさらに向上するため、積極的に利用を検討したい。

本時の授業展開

1　導入

本時では、前時に調べた中国・韓国の経済発展やその課題について他の班員に教えるために発表することを確認する。

- 発表は一人３分程度で行うこと
- 資料を基に友達に分かりやすいように説明すること（「○○の資料から△△ということが読み取れます。これらのことから…です」のような話型を提示してもよい）
- 聞く人は、発表内容のメモをとること
- 発表順は①韓国、②中国の順に行うことを指示する。

発表が終わったら最後に、全体でまとめを行うことを伝え、本時の見通しをもたせる。準備時間を多少確保してもよい。

2　展開

班ごとに発表を開始する。発表がうまくいかなそうな生徒がいる場合は、教員が近くでサポートできるようにしたい。また、欠席等の生徒が多くいる場合は、他の班の生徒の発表を聞かせるなど、臨機応変な対応を考えたい。

発表が終わったら、ワークシートに書いたメモを整理する時間を少し取り、最後に全体でも簡単にポイントやキーワードを生徒に発言させて確認する。

どちらの国でも、外国資本や技術を導入したことで経済発展が進んだ共通点や、経済が発展している都市に人口が集中して課題が発生している共通点があること、一方で、両国が得意としている工業の分野はやや異なることなどを指

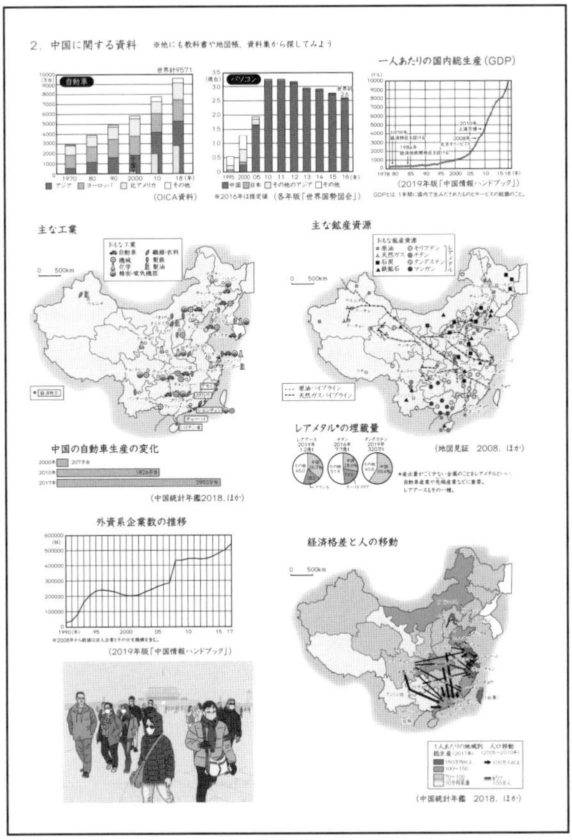

摘しながら、これまでに学習したアジア州の他地域と比較して、類似点や相違点を話し合う。類似点の中には、都市と農村の格差が大きいことや、発展の陰で、都市で多くの問題が発生していることに気付かせたい。この気付きを、次時の議論のテーマにしていくためである。

3　まとめ

前掲のワークシートの〈振り返り〉には、本時の学習を振り返って、前時と本時の学習を合わせて、分かったことや感じたこと、自身の学習に向かう姿勢などを振り返り記入させる。

ICT 活用のアイディア

1 発表をする際に、根拠とした資料を生徒が提示しながら発表できるようにする。

2 これまで学習した東南アジアや南アジアの資料などを必要に応じて提示できるように準備しておくとよい。

対話のアイディア

1 発表の前に短時間でも、発表のリハーサルを班内で行っておくとスムーズに進む。発表の進め方について話し合う中で、調べたことに流れを付けることで、発表者にとっても理解が進むだろう。

2 発表をまとめる過程で、アジア州のこれまで学習してきた地域との類似点を話し合わせる。

ワークシートの評価ポイント

・前時に調べたことと併せて、発表を聞いて分かったことをワークシートに記入している。
・前時と本時の自身の活動に取り組む姿勢について振り返り、よくできたところや反省点などをワークシートに記述している。

まとめる 11/11

東アジアに見られる課題の解決に向けて

本時の目標

都市の問題や地域間格差を解決するための方策やその際の課題を議論するとともに、単元の学習を振り返り、都市問題の解決に対しての自分の意見を考察・表現できるようにする。

本時の評価

都市の問題や地域間格差を解決するための方策やその際の課題について積極的に議論するとともに、単元の学習を振り返り、都市問題の解決に対しての自分の意見を考察・表現している。

□ 東アジアに見られる課題の解決に向けて

学習課題：中国と韓国で見られる経済発展に伴う地域の課題の解決に向けて、誰が、どのようなことに取り組めばよいか考え、話し合おう。

1 1．それぞれの国の課題の確認

地域	中国	韓国
主な課題 課題が発生する背景	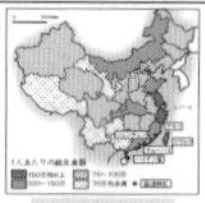 例） ・内陸と沿海部の格差が大きい ⇒沿海部に企業が集中 ・大気汚染の発生 ⇒石油や石炭の使用量増加	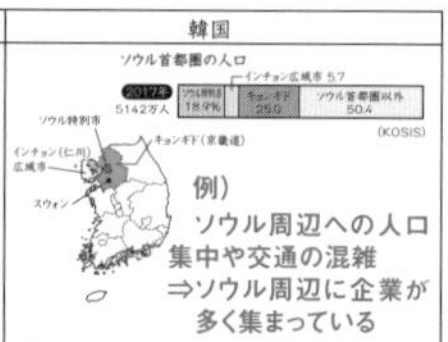 例） ソウル周辺への人口集中や交通の混雑 ⇒ソウル周辺に企業が多く集まっている

⇒経済の発展を保ちながら、課題解決をするには、どうしたらよいのだろう？

2 2．キャンディチャートを使い、「課題の解決策」を考えよう。

（記入例）

【　誰　】が（何に取り組めば）｜〇〇という課題を解決できるのではないか｜なぜなら、▲▲だからだ。

3 (1) 中国の課題について

【　日本　】が工場の排出ガスを浄化する技術を教えれば｜大気汚染の課題を解決できるのではないか｜なぜなら日本も公害問題を乗り越えた経験があり、その知識や技術で協力すれば、中国の公害問題も解決できると思うから。

この取組がうまくいくために必要な物・条件

そう考えた根拠（他地域や過去の例など）

仲間の意見

本時の授業展開

1　導入

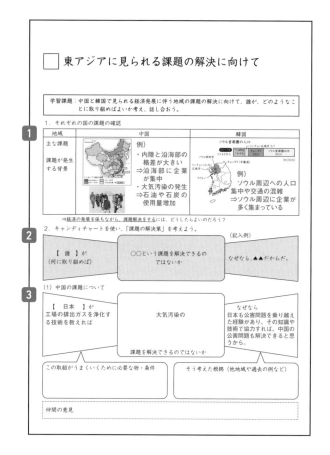

第９・10時で確認した、中国及び韓国の経済発展に伴う課題を確認し、本時の学習に入っていく。ワークシートに改めて課題とその背景を整理した後、本時の学習課題は「経済発展に伴う地域の課題の解決に向けて、誰が、どのようなことに取り組めばよいか考え、話し合おう」であることを確認する。

2　展開

記入例を見ながら、キャンディーチャートの使い方を確認する。左側に、取組の主体（誰）と、取組の内容を書き、どんな課題の解決に役立つかを中心に書く。右側には、この取組が有効だと考える理由を書くことを確認したところで、中国及び韓国の課題の解決策について考える。他地域の学習などで学んだ対策が使えそうなら、それも使ってよいことを伝えておくと、学習への深まりを期待できる。

初めは個人で、10分程度で考えさせることを基本とし、生徒の進捗状況を見て時間配分を弾力的にする。アイディアが浮かばない生徒には教師が適宜アドバイスをしたり、状況に応じてペアワークをする時間を設けたりするなど臨機応変に対応したい。

個人の考えができたら、４人程度の学習班で発表し、「実現可能性」について互いに意見交換をする。班員の意見は、自分のアイディアの改善のためにメモを取るよう伝える。

各班でどのような意見が出たか、どのような

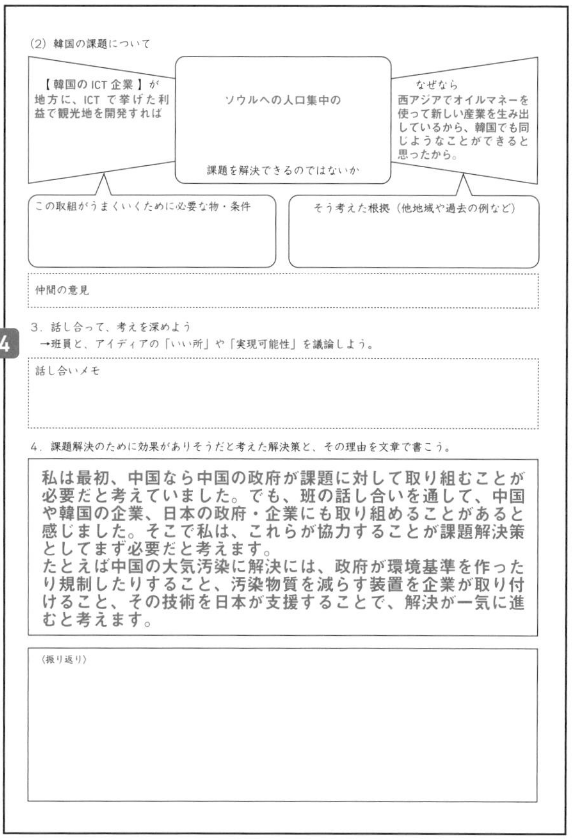

（2）韓国の課題について

【韓国の ICT 企業】が地方に、ICT で挙げた利益で観光地を開発すれば

ソウルへの人口集中の

課題を解決できるのではないか

なぜなら
西アジアでオイルマネーを使って新しい産業を生み出しているから、韓国でも同じようなことができると思ったから。

この取組がうまくいくために必要な物・条件

そう考えた根拠（他地域や過去の例など）

仲間の意見

4

3．話し合って、考えを深めよう
→班員と、アイディアの「いい所」や「実現可能性」を議論しよう。

話し合いメモ

4．課題解決のために効果がありそうだと考えた解決策と、その理由を文章で書こう。

私は最初、中国なら中国の政府が課題に対して取り組むことが必要だと考えていました。でも、班の話し合いを通して、中国や韓国の企業、日本の政府・企業にも取り組めることがあると感じました。そこで私は、これらが協力することが課題解決策としてまず必要だと考えます。
たとえば中国の大気汚染に解決には、政府が環境基準を作ったり規制したりすること、汚染物質を減らす装置を企業が取り付けること、その技術を日本が支援することで、解決が一気に進むと考えます。

〈振り返り〉

立場から解決策を考えていたかなど議論の様子をクラス全体で短く共有してから、最終的な自分の意見をワークシートに記入する。時間的にゆとりがあれば、多面的な立場から考察できている生徒や、他地域で学習した知識を活用している生徒などの優れた意見を取り上げ紹介する。

3　まとめ

教師のまとめとして、本時で考えたような視点は「持続可能な開発」という考え方であること、SDGs が注目されていることを紹介し、これらは、今後も考え続けたいものであることを伝える。最後に、〈振り返り〉に自己評価と学習感想を記入し、本単元の学習を振り返る。

ICT 活用のアイディア

1 前時の発表を受けた「まとめ」をあらかじめスライド等にまとめて提示たり、ワークシートにも印刷しておく。必要に応じて、資料や写真を提示する。

2 キャンディチャートの使い方を提示する。

3 ワークシート上で行うだけでなく、ロイロノートなどに直接打ち込ませて発表にも使えるようにするとよい。

対話のアイディア

3 課題の解決策が各自で考えても浮かばない場合は、適宜ペアワーク等で相談させる。

4 4人程度の小グループで各自の考えた意見を発表し、アイディアのいい所や、実現可能性について意見交換する。

ワークシートの評価ポイント

・中国や韓国の課題解決に向けて積極的に考え、キャンディーチャートに記入したり、小グループでの話し合いで出た意見をメモしたりしている。
・仲間の意見を踏まえた、最終的な課題解決策を記入している。

C

日本の様々な地域

(1) 地域調査の手法

6時間

単元の目標

主に「場所」などに関わる視点に注目して、地域調査の手法やその結果を多面的・多角的に考察し、表現する力を育成する。直接経験地域である学校周辺の地理的な事象を対象とし、文献にとどまらず観察や野外調査を行って地理的な事象を見いだす。地理的な追究の面白さを実感できる作業的で具体的な体験を伴う学習を通して、地域調査に関する地理的技能を身に付ける。

単元を貫く問い

わたしたちの町はどのような地域なのか、様々な手法を使って調査しよう

1時	2・3時
大観する	多面的・多角的に
〔第1時〕 学校の所在する地域の特色について、生徒の実際の生活経験から抱いているイメージを具体化する。人口や産業、交通や歴史など、複数の視点から地域の特色について想起させ、学習の前後で自身の認識や理解の深まりを比較できるようにしておく。また、地域についてより深めたいこと、知りたいこと、疑問などをもてるようにする。 単元を通して、地形図の読み取りやGISの活用ができるようになること、自分の地域の特色を様々な視点から観察して理解することの見通しをもたせる。	〔第2時〕 学校の所在する地域の地形図を活用する技能を身に付ける。小学校での既習事項を確認しながら、地図記号、方位、縮尺、等高線の4つの要素を習得する。 学校周辺の地形図を活用しながら、地図記号や距離などの内容を実際に確認する。 〔第3時〕 実際の地形図を活用して、基本的な読み取り方や、地域の特色を明らかにする方法を学ぶ。地形図を様々な方法で分かりやすく加工することで、地域の特色に迫る。

単元を構造化する工夫

本単元では地形図やGISを扱うこと、観察や野外調査を行うことなどの「技能」面の習得が大きな比重を占める。そのため、身近な地域について関心をもつことの意義や、地形図やGISの有用性、実際に観察を行う面白さについて実感をもち、それぞれの技能を使うことで地域への見方が深まるように単元を構成する。

また、本単元の学習は、地域調査の完成形を目指すのではなく、今後の学習への足がかりにするという側面が大きい。「日本の諸地域」の学習に「地域」の視点をもって取り組めるようにすること、最終的に「地域の在り方」につなげるための「手法」の理解を深める単元と考え、地理学習に対する大きな見通しをもたせながら学習を進めることが重要である。

単元の評価

知識・技能	思考・判断・表現	主体的に学習に取り組む態度
○観察や野外調査、文献調査を行う際の視点や方法、地理的なまとめ方の基礎を理解している。 ○地形図や主題図の読図、地理情報システム（GIS）の活用方法、目的や用途に応じた地図の作成の仕方などの地理的技能を身に付けている。	○地域調査において、対象となる場所の特徴などに着目して、適切な主題や調査、まとめとなるように、調査の手法やその結果を多面的・多角的に考察し、表現している。	○自分の身の回りの地域に関心をもち、地域調査の手法や、身近な地域で見られる特色や課題について、よりよい社会の実現を視野に主体的に追究しようとしている。

4・5時	6時
学ぶ	まとめる
〔第4時〕 代表的な地理情報システム（GIS）活用方法の基礎を、1人1台の学習用 PC・タブレットを活用して学習する。「地理院地図」及び「今昔マップ」の活用方法の習得を目指す。 場合によっては、2時間での構成となることも考えられる。地理院地図については、特に等高線の概念や「高さ」の概念の理解について、前時の地形図の学習と関連させながら行いたい。 〔第5時〕 前時までの地形図や GIS の技能の基礎を生かして、学校周辺の野外観察を実施する。地形図や GIS と照らし合わせながら地域の景観や土地利用を観察するとどのように見えるのか、という知識及び技能の面に重点を置く。 地形図では分からない、現地でしか得られない情報を収集することや、地形図には表れないわずかな土地の高低とその利用方法など、実際に現地で観察を行うことの意義を理解し、地域の特色や課題の発見につなげる見方を養う。	〔第6時〕 これまでの学習をもとに、身近な地域の特色や課題について、地形図や GIS などを用いてグループで調べて話し合い、全体で共有・意見交換を行う。 単元の学習でどのような技能が身に付いたか、地域や身の回りの見方にどのような変容があったかを振り返らせる。 また、この先の学習で身近な地域についてどのようなことをより知りたいか、考えたいかなどを挙げさせ、「日本の諸地域」の学習や、「地域の在り方」の学習への見通しや意欲をもたせる。

課題解決的な学習展開にする工夫

地域調査の学習に関しては、直接経験地域である自分の地域の特色を最大限に生かすことができるかどうかが成否のポイントとなる。生徒の抱いている曖昧な地域へのイメージを具体化し、それを揺さぶる中で、地域の中にある特色や疑問に気付かせることができる。それが単元を貫く問いとなり、課題解決的な学習につながる。

ただし、本単元はあくまで「手法」に関する技能や「見方・考え方」の習得が主となる。地形図や種々の GIS などの資料や統計を扱う技能、景観などを観察する技能を身に付ける学習を行う中で、身近な地域の特色や課題が具体的に「自分事」としてつかめることが重要である。「地域のあり方」の学習で具体的な構想や課題解決に取り組めるように、連続性を考えていくことが必要である。

大観する 1/6

身近な地域のイメージを共有し、関心を高める

本時の目標

身近な地域に対して現在抱いているイメージを共有し、疑問や課題意識をもって調査することへの意欲を高められるようにする。

本時の評価

自分の身の回りの地域に対する関心を高めたり疑問をもったりして、調査に対する意欲を高めている。

□ 地域調査の手法① ～上里ってどんなまち？～

1

はじめに、あなたは、上里町が好きですか？
・好き　　　　そう思う理由
・好きではない

上里町マスコットキャラクター
「こむぎっち」

「好き」の立場
・自然が多い、緑が豊か
・農業が盛ん、小麦が有名
・ショッピングモールがある　等

「嫌い」の立場
・田舎である、何もない
・遊ぶところがない
・特に有名なものがない　等

1．わたしたちが住んでいる上里町について、あなたはどんなイメージをもっていますか？
「今」の時点でもっているイメージや知っていることを書き出してみよう。
(1) 自然や気候、地形の面から
(2) 人口の面から
(3) 産業や土地の利用の面から
2 (4) 交通や他地域との結び付きの面から
(5) その他…（歴史や文化など）
そのイメージや知っていることは、どこから得たもの・知ったものですか？（いわゆる根拠・情報源）

本時の授業展開

1　導入

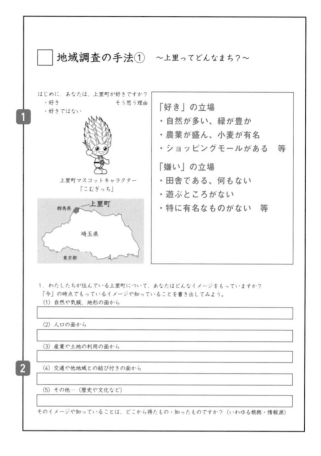

「自分の住む町が好きか、好きでないか」を選択させ、その理由を記入させる。次に、各立場から数人の生徒に理由を発言させる。

調査前の段階での印象を明らかにし、より調べたいことを考えるという課題であることを共有する（※事前にアンケートを取れるとよい）。

2　展開

生徒が現時点で抱いている町のイメージや知っていることを全体で共有するために、「日本の諸地域」での４つの視点「自然環境」「人口」「産業や土地利用」「交通や他地域との結び付き」と「その他」に基づいて書き出す。その際、グループで話し合いながら書き込ませ、共有するのもよい。ゆとりがあれば、町へのイメージや知識がどのような情報源から得られたものかを確認できるようにする。

次に、地域への「見方」の導入として、事前に共有した町のイメージをもとに、校舎のできるだけ高い階から対象地域の見える範囲を眺め、気付いたことを記入する。教室の横の廊下等では活動できず移動を要する場合は、高さがない場所での観察となるか、時数の構成を変更して行う場合も考えられる。

地域の景観を意識して観察するのは初めての生徒がほとんどであり、窓や屋上から見える情報には限りがあるため、あらかじめ視点を示しておく。自然環境や住宅の広がり、工場、農地、交通機関や交通量などがある。

3

2．校舎の３階から風景を眺めたとき、どのようなことに気が付きますか？
上記の（1）～（4）の４つの視点を中心に見て、気付いたことをメモしよう。
例：地形は平らか、起伏があるか
どのような道や交通機関が見えるか、またその交通量は？
住宅などの建物はどのようなものがあるか、その数や新しさなどはどうか？
建物以外の土地は、どのように利用されているか？など。

・田んぼや畑が多い
・遠くに大きな工場の建物がある
・高速道路、新幹線が見える
・比較的新しい家が多い　等

※ただし…目で見て分かるものと、そうでないものがあります。
目で見て分からないものは、どうやって調べればいいだろう…？
また、目で見えることも、見える範囲のもので十分に分かるだろうか？

友達が観察で気付いたことについての発表を聞いてメモを取ろう

以上の内容や、友達との意見共有の中で、あなたは上里町について、具体的にどんなことをもっと知りたい、調べてみたい、と思いますか？また疑問に思ったことはありますか？

・畑ではどんな作物が育てられているのだろうか？
・高速道路のサービスエリアはどの地域の人が利用しているのだろうか？
・町の人口のうち高齢者はどれくらいいるのだろう？
・どのような災害があるのだろう？

単元を貫く問い：わたしたちの町はどのような地域なのか、様々な手法を使って調査しよう。

〈振り返り〉

教室に戻り、観察の結果を全体で共有して自分の気付かなかった視点についてメモを取る。ここで、高いところから見ただけで分からないこと（店舗の種類や農作物の種類など）は何かと問いかけるなどして、地図での調査や現地を見ることの必要性を意識付けしておく。

3　まとめ

授業の最後に、導入時に抱いていた自分の住む町に対するイメージは、これから地形図やGIS、野外調査などで実際に調べていったらどうなるかを想像させて、今後の授業への見通しをもたせる。本時の学習で気になったこと、調べたいことをそれぞれ書かせ、単元の学習に筋道を付けて次回以降へつなげる。

ICT 活用のアイディア

1 導入として町の概要を見せる際、Google アースを活用して街並みの広がりや地形などを大まかに眺めてみる。また、町のホームページなどで町の有名なものなどを見てみる。

2 グループでの対話に１人１台の学習用タブレットを用いれば、Google ジャムボードが活用できる。

3 窓からの観察の際にタブレットを持ち、それぞれの方角を撮影してデータとして残すことで次回以降の考察や振り返りに活用する。

対話のアイディア

2 自分たちの町のことを出し合うので、生活の中で気になっていることや知っていることなどをグループでざっくばらんに出し合う。その際、４つの見方を活用するよう指導する。

3 頭の中のイメージだけでなく、実際に高い位置から意識して見てみることで気付くことがあるか、近くの生徒と話し合わせる。

ワークシートの評価ポイント

・自分たちの町のことに対して、自分の知識・意識の状況について自覚している様子がある。
・校舎の窓の観察として、農地や住宅などの大まかな分布、多いか少ないか程度に気が付いている。
・新幹線や高速道路など、窓から見える主要交通機関などについて触れられている。
・大規模なな建物として工場やカントリーエレベータなど目立つものをを挙げられている。
・平らであることなど、地形の大まかな特徴が挙げられている。

多面的・
多角的に学ぶ

2/6

地形図の読み方の基礎を理解する

本時の目標

2万5千分の1地形図の読み方の基礎である、方位、地図記号、縮尺、等高線の4つの要素について理解できるようにする。

本時の評価

2万5千分の1地形図の基本的な読み取り方を、作業を通して理解している。また、地形図の有効性について理解し、調査に対する意欲を高めている。

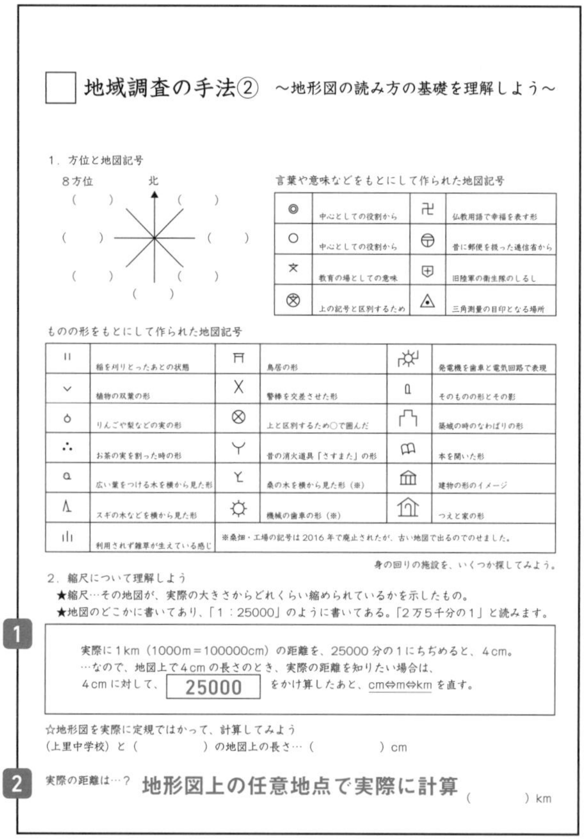
□ 地域調査の手法② ～地形図の読み方の基礎を理解しよう～

1．方位と地図記号

8方位　北
(　　)　(　　)
(　　)　(　　)
(　　)　(　　)
(　　)

言葉や意味などをもとにして作られた地図記号

	中心としての役割から		仏教用語で幸福を表す形
	中心としての役割から		昔に郵便を扱った通信省から
	教育の場としての意味		旧陸軍の衛生隊のしるし
	上の記号と区別するため		三角測量の目印となる場所

ものの形をもとにして作られた地図記号

	稲を刈りとったあとの状態		鳥居の形		発電機を歯車と電気回路で表現
	植物の双葉の形		警棒を交差させた形		そのものの形とその影
	りんごや梨などの実の形		上と区別するため○で囲んだ		築城の時のなわばりの形
	お茶の実を割った時の形		昔の消火道具「さすまた」の形		本を開いた形
	広い葉をつける木を横から見た形		桑の木を横から見た形（※）		建物の形のイメージ
	スギの木などを横から見た形		機械の歯車の形（※）		つえと家の形
	利用されず雑草が生えている感じ	※桑畑・工場の記号は2016年で廃止されたが、古い地図で出るのでのせました。			

身の回りの施設を、いくつか探してみよう。

2．縮尺について理解しよう

★縮尺…その地図が、実際の大きさからどれくらい縮められているかを示したもの。

★地図のどこかに書いてあり、「1：25000」のように書いてある。「2万5千分の1」と読みます。

1

実際に1km（1000m＝100000cm）の距離を、25000分の1にちぢめると、4cm。
…なので、地図上で4cmの長さのとき、実際の距離を知りたい場合は、
4cmに対して、 25000 をかけ算したあと、cm⇔m⇔kmを直す。

☆地形図を実際に定規ではかって、計算してみよう
(上里中学校) と（　　　　）の地図上の長さ…（　　　　）cm

2 実際の距離は…？ **地形図上の任意地点で実際に計算**（　　　）km

本時の授業展開

1　導入

小学校で地図の読み方を学習していることを振り返りつつ、地形図が理解できるとなぜ便利かということを発表し合い、その有用性を共有する。本時は学習内容が多いため、簡潔に行う。

2　展開

方位については、基本となる8方位をしっかり押さえる。教室から見て東西南北がどの方向かを確認することで、実感をもって8方位を理解できるようにする。

地図記号については、小学校の既習事項を生かして学習する。単なる暗記とならないよう、記号の意味や成立について触れるようにする。廃止された桑畑と工場の記号も、過去の地形図との比較の際に必要となるため、学習対象に含める。

縮尺については、計算の習得が目的ではなく、仕組みの理解に重点を置く。縮尺を自在に変更でき、常に縮尺が画面に表示されるデジタル地図が主流となり、2万5千分の1地形図の使用が必須だった頃とは縮尺への理解の意味合いが変わってきたからである。そのため、縮尺の意味が理解できれば、計算練習は最低限でよい。

等高線は、地形図の読み取りの中で理解することが難しいと言われている。しかし、防災学習が重視される中で、土地の高低を読み取る力は非常に重要である。そのため、作業学習を通

3

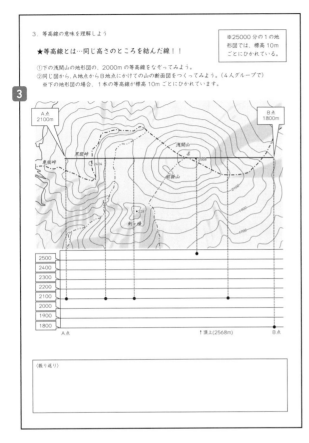

3．等高線の意味を理解しよう

★等高線とは…同じ高さのところを結んだ線！！

※25000 分の 1 の地形図では、標高 10m ごとにひかれている。

①下の浅間山の地形図の、2000m の等高線をなぞってみよう。
②同じ図から、A 地点から B 地点にかけての山の断面図をつくってみよう。（4 人グループで）
※下の地形図の場合、1 本の等高線が標高 10m ごとにひかれています。

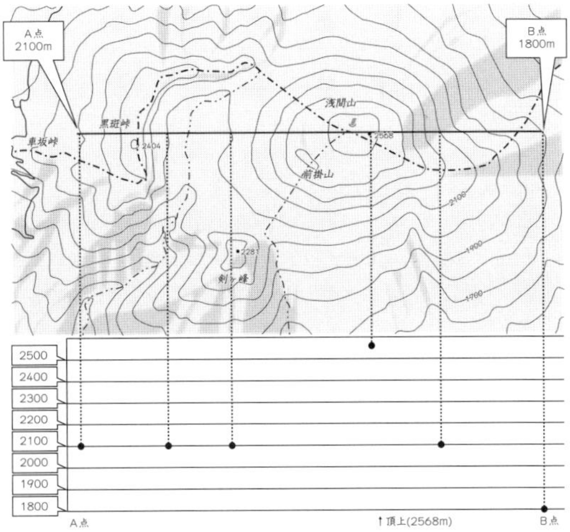

〈振り返り〉

して理解できるようにしたい。学校周辺が平坦な場合には、移動教室で行く場所等の地形図を用いるとよい。

実際の山をモデルとしながら等高線の意味を理解するとともに、断面図の作成を通して等高線の幅と傾斜の関係などを学習する。しかし、断面図の作図は難易度が高いため、グループ学習等で行わせたい。次時の GIS の活用で「地理院地図」を使用する際に、「断面図」作成機能を活用して理解を補うようにする。

3　まとめ

地形図を読み取ることで、地域の様々な情報が得られること、またそれが調査する上で非常に便利であることをクラス全体で共有する。

ICT 活用のアイディア

1 Google アースや Google マップなどを起動し、地図を拡大縮小すると画面に縮尺を示すスケールが表示されることを確認する。

2 地理院地図を使って、計測ツールで実際の距離を出せることを生徒に示す。なお、地理院地図はこの後の授業で生徒に指導するため、ここでは教師が使って見せるだけに留める。

1 人 1 台のタブレットで、地理院地図を用いて等高線の密な地域の地形図を実際に見てみるとともに、教師の画面で断面図を作成し、GIS の授業につなげる。

対話のアイディア

1 縮尺の計算は理解度の差が大きくなる項目であるため、グループ活動で分からない生徒が質問しやすい雰囲気をつくりながら行う。

3 等高線から断面図をつくる作業は、この授業の中でもっとも難しい内容であるため、「等高線の幅と斜面はどのような関係か」についてグループで話し合いながら行う。

ワークシートの評価ポイント

- 地図記号の意味と記号の形が関係あることなど、記号の意味に触れている。
- 縮尺は実際の距離と地図上の距離の倍率を表しているものと理解している。
- 等高線を読み取ることで同じ高さの場所を知ることができることを理解している。
- 等高線の疎と密によって、斜面の険しさが異なることを理解している。
- 等高線から断面図をつくることができ、地図から実際の地形をイメージできることを理解している。

多面的・
多角的に学ぶ

3/6

地形図を活用し、地域の特色を読み取る

本時の目標

実際に地形図を使用し、地域の特色を理解するためにはどのような活用方法が効果的なのかを理解できるようにする。

本時の評価

地形図に必要な加工などを加え、地域の特色を明確にする方法を理解している。また、地形図を必要な方法で加工することで、地域の特色や課題を見いだしている。

□ 地域調査の手法③ ～地形図での作業から気付きを得よう～

☆実際に地形図を使って作業をしてみよう

地形図上に作業をすることで、地域の特徴や傾向を見てみよう。
【視点】 ○○は、どこにあるのか。どのように広がっているのか。(かたよりがあるか)
他地域とはどのように結び付いているのか。
地形や自然などの条件が地域の特徴にどのように関わっているのだろう。
などの見方を働かせて、地図上に作業をしてみよう。

①「分布」を調べる ※知りたいものの広がりを明らかにしてみよう
作業の例：・地図中の特定の地図記号や施設などに色のシールを貼る
・土地利用の方法ごとに色鉛筆などで色を塗る
《作業》 ◎地図中の「お寺」に赤、「神社」に青のシールを貼ろう
結果から気付くこと

[社寺にシールを貼った場合]
多くの場所で神社と寺が近い所にある、○○の町の街中に多く分布している 等
[田畑を着色した場合]
地図中の比較的高い場所は畑としての利用が多い、○○の近くに果樹園が多い　等

②「他地域とのつながり」を調べる ※交通の特色を明らかにしてみよう
地図中の高速道路、国道…赤 新幹線、それ以外の鉄道……青でなぞってみよう
結果から気付くこと

1 鉄道や高速道路が同じ方向に向けてそろって伸びている、インターチェンジの近くに工業団地がある、国道は住宅が多いところにあり、高速道路は住宅が少ないところにある　等

③古い時代の地図と比較して変化を読み取ってみよう。
・新しくできたもの　・なくなったもの　・変わらないものはどんなものだろう？

2 桑畑がなくなり住宅地が多くなった、畑だったところにショッピングモールができている、古い地図で道があるところは昔から住宅が多かった、地名が変わっている、小学校は昔からほぼ同じ位置にある　等

本時の授業展開

1　導入

地形図の読み取り方の学習をしたが、それだけでは地形図から適切に情報を読み取るのは難しいことを、生徒とのやり取りを通して共有する。そして、地形図を着色・加工した例などを挙げ、必要な情報を分かりやすくすることの大切さを実感させた上で、学習に取り組む。

2　展開

①分布図（ドットマップ）を作成する

「それはどこにあるか、どのように広がっているのか」という「分布」の見方は、地域の特色を明らかにする上で非常に重要な観点であるが、ただ地形図を使用するだけでは明確に読み取るのは難しい。また、第三者に説明する際も分かりやすく示すことが必要である。そこで小さなドットシールを使って分布図を作成し、着目した事象の分布から地域の特色を読み取りやすくする。

また、分布の傾向を読み取ることによってその事象が分布している背景や理由を地形図から推測しやすくすることができる。

②主要交通路を着色する

地形図上の主な道路（国道・高速道路など）や鉄道路線（JR 線や私鉄、新幹線）を着色することで、地域の交通の傾向を明らかにすることができる。路線の向きや、駅やインターチェンジの位置や周囲の様子などで、地域内の交通の位置付けを読み取ったり、より広範囲の地図と比べ、どの都市と結び付いているのかなどを

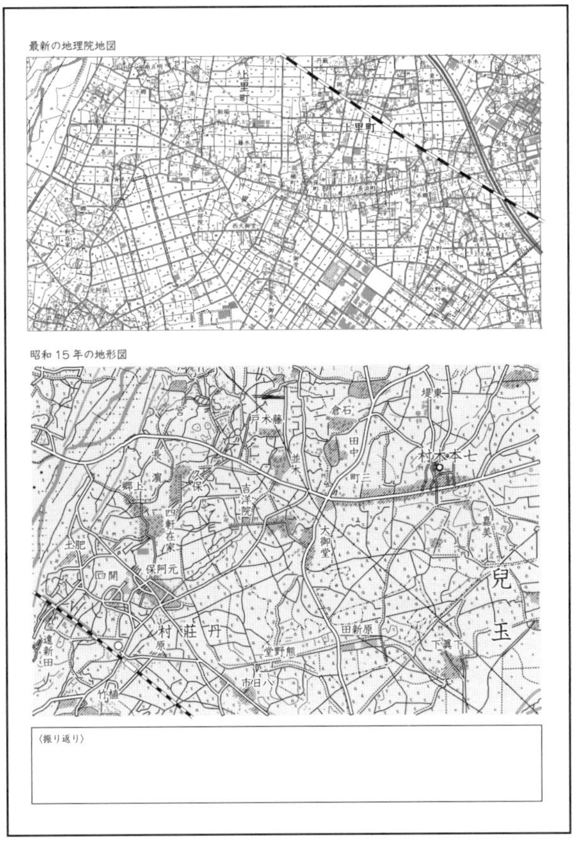

調べたりすることができる。

③新旧地形図の比較

新旧地形図を比較して、土地利用や住宅などの建物、道路や鉄道などの変化を読み取ることができる。変化した事柄だけでなく、変化していない事柄にも目を向ける。

3　まとめ

地形図に手を加えて活用することによって、地域の特色をより明確にできること、また説明する際にも分かりやすく示すことができることなどに気付かせ、今後の活用に生かすように意識付ける。

ICT 活用のアイディア

1 Google マップや Google アースなどの地図を活用することで、学校周辺地域に分布する交通が、視野を広げるとどこに結び付いているのかを気付かせることができる。

2 地理院地図の時代ごとの空中写真や今昔マップを活用することが考えられる。それにより、空中写真の移り変わりからは地域全体の住宅分布や耕地整理、道路改修などの様子が、また今昔マップからは地図記号を元にした地域の土地利用の移り変わりなどを明確にすることができる。

対話のアイディア

1「地域内を通る鉄道や国道、高速道路にはどんな共通性があるのか」「それらはどこを結ぶ交通機関なのか」などをグループで地図を見ながら話し合わせる。

2「新しくできたもの」「なくなったもの」「変わらないもの」をグループで協力して多くの視点から見付けさせる。

ワークシートの評価ポイント

- 分布図の作成によって、寺などが多いところと少ないところの偏りがあることに気付けている。
- 主要な交通機関が同じ方向に揃っていることや、重要な場所に集中していることなど、傾向を読み取れている。
- 交通機関が地図の範囲外のどこを結んでいるのかなど、広範囲な地域同士の結び付きを意識している。
- 新旧地形図の比較によって、地域の変化を読み取っている。また、分布や交通の特色を旧地形図と比較することで、違いや同じものに気が付いている。

多面的・
多角的に学ぶ

4/6

基本的なGISの活用方法を身に付ける

本時の目標

GIS＝地理情報システムの活用方法の基礎を身に付け、身近な地域や学校の周りの特色や変化を読み取れるようにする。

本時の評価

「地理院地図」と「今昔マップ」の基本的な使い方を身に付け、地域の様子を調べることができている。

GISの活用を通して、調査方法や地域の特色への関心を高めている。

□ 地域調査の手法④　～GISを使ってみよう～

GIS＝Geographic（ジオグラフィック） Information（インフォメーション） System（システム）＝地理情報システム
なにがどこにあるか、どれくらいあるか、どのように広がっているか、どのように変化しているか、どのように関係しているのか…などの地理的な情報を、デジタル地図などであらわすシステム。

実は君たちも、知らない間に「GIS」にふれている…。
例：スマホでみるGoogleマップも、Googleアースも、カーナビもGIS。
過密と過疎をあらわした地図も、天気予報の予報図も、ハザードマップもGISが使われている例。

今回使用するGIS…「地理院地図（ちりいんちず）」「今昔（こんじゃく）マップ」
★「地理院地図」…日本国内を測量して地形図や航空写真などをつくっている文部科学省の機関「国土地理院」が公開している、インターネット上でだれでも無料でみられるGIS

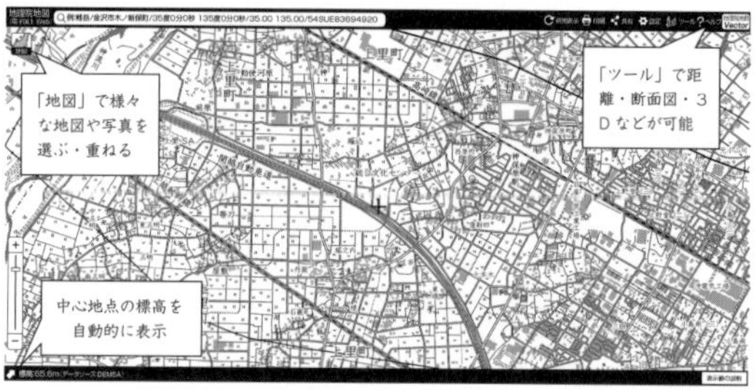

「地図」で様々な地図や写真を選ぶ・重ねる
「ツール」で距離・断面図・3Dなどが可能
中心地点の標高を自動的に表示

「地理院地図」を使ってできるようになってほしいこと
①左上の「地図」→「標高・土地の凹凸」→から、「陰影起伏図」を表示（「全球版」ではないほう）
左下の「選択中の情報」から、「透過率」を50%にして合成してみる。
②「情報」→「空中写真・衛星画像」で「全国最新写真シームレス」と「1974～1978年」を表示。
写真や地図のレイヤー（層）を非表示にしたり、レイヤーの上下を入れ替えたりしてみる。
③右上の「ツール」→「計測」で、距離と、面積をしらべる。
④右上の「ツール」→で「断面図」を使って、まずは適当に２点間の断面図を作ってみる。
できたら、２点以上の好きなコースをとって、断面図を作ってみる。
⑤右上の「ツール」→で「3D」を使って、「カスタム」で好きな範囲の3Dモデルをつくって、拡大したり、回したり、「高さ方向の倍率」を変えたりしてみる。

本時の授業展開

1　導入

前時に学習した地形図に加えて、より効率的に情報を得るために、GIS（地理情報システム）があることを説明する。

2　展開

１人１台のタブレット・学習用PCを準備する。

①地理院地図

標準地図を表示して、拡大・縮小・地図の移動などを行いながら学校、自宅などいくつかの場所を調べて基本的な操作を確認する。

「陰影起伏図」を表示し、土地の凹凸が分かりやすいことをつかむ。地形図では等高線に表れないが、わずかな土地の高低が存在することを知る。また、透過率を操作して標準地図などと組み合わせる方法を理解する。

「年代別の写真」から、最新の写真と比べて適度に変化の大きい時期の写真を選択し、比較してみる。また、レイヤー（層）の上下移動や表示／非表示の方法を確認する。

距離と面積の測定ツールで、家から学校までの距離や、学校の面積の測定などを行ってみる。

断面図の作成ツールで、単純な２点間の断面図を作成し、地域全体の高低差の様子を大きくつかむ。次に、自宅から学校までのルートで断面図を作成してみる。

ツールで地域の３Ｄモデルを作成し、拡大・回転・高さ比率の変更などの操作を行う。自分の地域の地形が平坦な場合は、富士山など分か

★「今昔マップ」…埼玉大学の谷教授が公開している、昔と今の地図を２画面で比べられる PIS

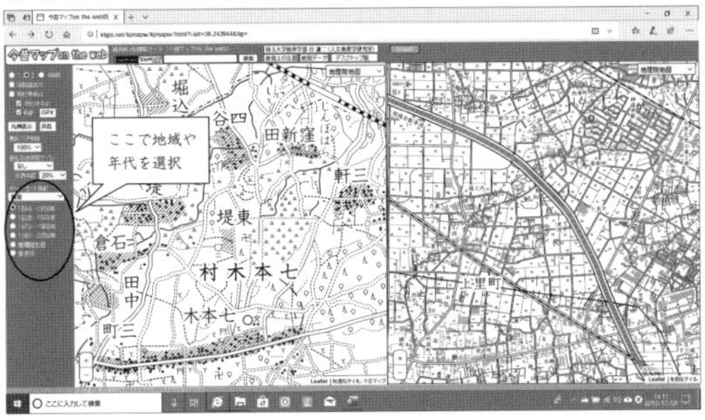

「今昔マップ」を使ってできるようになってほしいこと

①トップ画面の右側の「収録地域」から、「広域５万図」の中の「関東」を選択

②左の地図を移動・拡大・縮小すると右の地図も連動して動くので実際にやってみる。

③年代の印をいろいろ変えて、さまざまな年代を表示して、変化を見てみる。

やってみよう！！

1 ①【地理院地図】断面図を使って、自分の通学路でいちばん標高が高い地点を探してみよう！

地理院地図の断面図機能を活用して、通学路のルートの断面図を作成する。その中でもっとも標高が高い地点を調べ、地点を記入する。

②【地理院地図】最新の空中写真と古い空中写真（1974～78）を標準地図と見比べてみよう

住宅が増えている、高速道路や新幹線ができている、農地や道路の形が変わっている、地名が変わっている　等

③【地理院地図】上里町周辺を陰影起伏図と色別標高図で表示して何が分かるか見てみよう

北へいくほど土地が低くなっている、等高線では分からなくても少し地面がでこぼこしている、住宅はやや高いところに建てられている　等

④【今昔マップ】学校の周辺の昔（1894～1915）（1928～1945）の土地利用を比較してみてみよう

昔はほとんどが桑畑だったが今は全くない。昔は学校がなく農地だった。道の形が変わっていないところは昔から家が多かった。年代が進むごとに建物が増えている。　等

りやすい地形を選択することもできる。

②今昔マップ

学校周辺を表示し、拡大・縮小・移動に合わせて左右両方の地図が連動する基本的な操作を理解する。様々な年代の地図に切り替え、変化を読み取る。

学習した内容を生かして、プリントの課題に取り組み、情報を読み取る技能を定着させる。

3　まとめ

GIS の活用が便利で有用であることを実感させ、今後の活用に見通しをもたせる。また、前時における紙地図での手作業の理解の上に、GIS の効果的な活用があることを理解する。

ICT 活用のアイディア

1 地理院地図、今昔マップは感覚的に使用することができるようになることが重要なため、教師が大画面でデモンストレーションを行った後は必ず生徒が自分で同じ操作を実施する形をとるようにする。

また、基本的な操作方法をある程度習得したら、生徒に任せて自由に様々な地図やツールを使う時間を取り、好きな場所を見たり好きな操作をしたりする中で習熟できる時間がとれることが望ましい。

対話のアイディア

1 地理院地図、今昔マップの使用方法の習得に関しては、ともにグループ活動での学習が考えられる。ICT への習熟度については日頃の習慣などで差が大きいため、グループ内で互いに質問したり、見せてもらったりしながら学習することが最も学習の効率・効果ともに高くなると思われる。

ワークシートの評価ポイント

- 地理院地図の活用で通学路の距離や高低差、最高地点が分かっている。
- 標準地図や新旧の空中写真同士の比較により、自分の家や学校周辺の変化について概ね読み取れている。
- 「陰影起伏図」の利用によって、平坦な地形にもわずかな凹凸があることを理解できている。
- 「自分で作る色別標高図」の利用によって、例えば南から北に向かってだんだん土地が低くなっているなどの様子が理解できている。
- 今昔マップの利用によって、昔からある道や住宅地と、現在の様子のちがいなどが読み取れている。

多面的・
多角的に学ぶ　5/6

学校周辺の野外調査を行う

本時の目標

実際の景観から地域の特色を読み取ったり、地形図や空中写真では分からない地形や土地利用を読み取ったりする技能を身に付けられるようにする。

本時の評価

地形図と実際の景観や事象の様子を比較してみることで、地域の特色や課題に気付く視点をもてている。また、野外観察を通して、調査活動の楽しさを味わい、身近な地域の地理的事象に関心を深めている。

1

□ 地域調査の手法⑤　～実際に野外調査してみよう～

今回のねらい…地形図や GIS で調べて気が付いた・疑問をもった土地の様子や特徴を、実際にその目で見て確かめてみる。
★地形などの自然物、建物や道路・小さな石造物などの人工物など、その土地の風景からどんなものが読み取れるか、また、それを読み取るための「見方」の基礎を身に付けよう。

観察ポイント①農地の特徴は？…地図の田や畑の場所では実際何が作られている？耕されていない農地（耕作放棄地）はどれくらいある？

道路の北側より南側のほうがわずかに高くなっている、用水路を境に小さな崖がある、高いところは家が多い　等

観察ポイント②土地の高低は？…地形図の等高線には表れない、わずかな土地の高低はどうなっている？また、それによる土地の利用方法のちがいは？

○○な作物が多く栽培されている、畑の記号が実際には水田である、草ぼうぼうの畑（耕作放棄地）が多い　等

観察ポイント③住宅の特徴は？…住宅は新しい？古い？密集している？まばら？ 家のつくりや家の周りにあるものに特色はある？

大きくて古い家には外に農機具置き場がある、新しい家は数軒密集して建てられている、アパートが多い　等

その他自由に疑問や気づきをメモ！…道路の交通量などは？石仏や石碑などはある？

学校の前の道路は交通量が多いが、畑の中の道はほとんど通らない、歩行者は非常に少ない、分かれ道に石仏　等

★先生が指示をした場所で、スケッチをしよう。
美術ではないので上手か下手かは関係なし。大事だと思うもの・ことを自分で選んで描きましょう。

高低差や土地利用への着目、石仏や石碑などへの着目、住宅の形式への着目など、それぞれの観点を生かして描く。

本時の授業展開

学習の準備段階として、必ず教師が事前に地形図や空中写真、GIS の使えるスマートフォンやタブレットを使用してルートを歩いておく。

見るポイントや説明する事項を事前に設定した上で、距離・内容を検討する。説明と指導を含めると、１km 程度の行程が妥当である。

[事前に用意するとよいもの]
・１人１枚のクリップボードやバインダー
・拡声器やハンドマイク
・デジカメ（様子を記録して次時に振り返る）

1　導入

校門に集合し、本時の説明を行う。地形図の記号と実際の景観との比較で分かることや、等高線に表れない土地の高さの違い、住宅や農地の実際の様子など、地形図だけでは分からないことの観察を中心に調査活動を行うことを伝える。また、事故に遭わないよう注意する。

2　展開

配布した地形図に事前に示したルートに沿って進行する。途中、生徒に着目させたいポイントの例として、以下のような点がある。

田や畑の記号の場所では実際に何が栽培されているか、耕作放棄地がどれくらいあるか。

住宅は新しいか古いか、また住宅のつくりや家の周りはどうなっているか（地域によっては屋根や窓等の形、農業用設備や小屋等があるか、屋敷林〈防風林〉があるか、土台が高く盛られているか、集合住宅は多いか、など）。

2 ①「標準地図」＋「陰影起伏図（50％合成）」…基本の地図と今回のルート

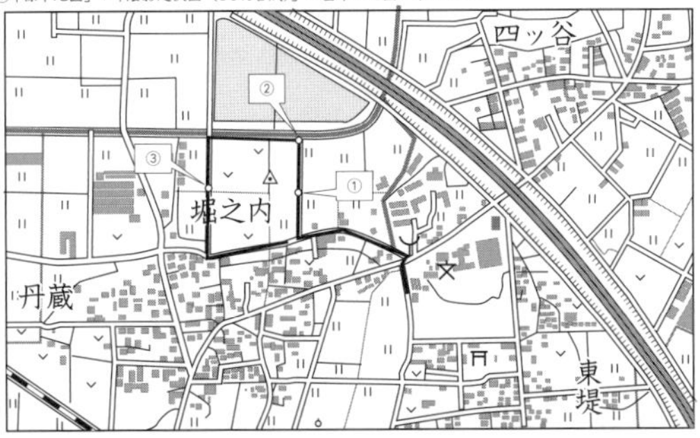

②「空中写真最新」…①の地図と見比べよう。農地や建物は実際どう見えるだろか？

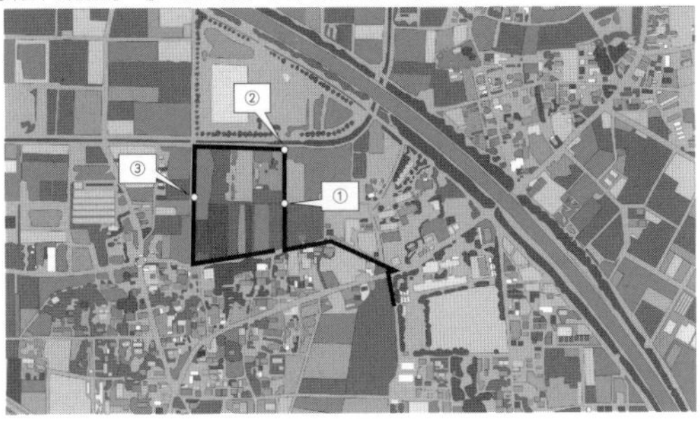

〈振り返り〉

等高線に表れないわずかな地面の高低はあるか、それにより土地利用に違いがあるか。工場や店舗があれば、どのような種類のものか。

道の様子や交通量、危険箇所はどうか。

ルート上の教員が指示した地点で、生徒に景観の中で重要なものを絞り、スケッチさせる。時間は５分ほど。風景を描くのではなく、重要だと思う要素に注目することが大切であることを説明する。

3　まとめ

分かったことや感じたことを振り返らせ、登下校や外出時にも注意して地理的事象を見るように促し、日頃から地域の景観や地理的事象への興味・関心をもたせるようにしたい。

ICT 活用のアイディア

1 可能であればデジタルカメラや学習用タブレットを持ち歩き、観察ポイントを写真撮影できることが望ましい。後で振り返りに活用するだけでなく、まとめをスライドで作成する場合などは画像データとして活用する。印刷して紙のまとめにも活用できる。

2 地理院地図などの GIS を活用することで、同じ範囲の違う観点の地図を複数枚比較させることが可能である。特に、旧版の地図や空中写真、色別標高図などは実際に風景を見る際の参考として分かりやすい。

対話のアイディア

1 プリントの観察ポイントの内容に従い、グループや近くの生徒と話しながら歩くことで様々な視野を持ちながら観察を行う。

2 実際の風景と地形図や空中写真を比べるとどのように見えるか、また地形図と実際の風景で違う点はどこかなどの点について、話し合いながら観察を行う。

ワークシートの評価ポイント

- 地形図には表れていないが、平らに見える土地にも傾斜やわずかな高低差があることが捉えられている。
- わずかな高低差の違いで、家や農地などの土地の利用方法に違いがあることに気が付いている。
- 農地でつくられている作物の種類で多いものに気が付いたり、耕作されていない農地（耕作放棄地）の多い少ないなどに言及している。
- 住宅の傾向として、新しい市街地が、古くからの住宅地か判断したり、住宅の周りの様子（屋敷林など）に気が付いている。

まとめる

6/6

調査の成果から、地域の特色や課題を考える

本時の目標

地形図やGIS、野外調査での調査内容をもとに、地域の特色や課題について話し合い、この先の学習へつなげられるようにする。

本時の評価

地形図や野外調査の成果をもとに、地域の特色や課題について話し合ったことを文章に表現している。また、身近な地域の特色や課題を知ることで、地域により関わっていきたいという意欲や、日本の様々な地域への学習意欲を高めている。

□ 地域調査の手法⑥　～町の特色や課題を考えよう～

今回のねらい…地形図や GIS で分かったこと、野外調査をして気が付いたことなどを振り返って、4つの観点を生かして町の特色や課題を話し合う中で、どんな町なのかをより具体的に理解しよう。
★①「自然環境」 ②「人口」 ③「産業」 ④「交通」の4つの見方から、学習してきた内容を生かして地域の特色と課題をまとめよう。

(1) 単元の学習を振り返って、地域の特色や課題を書き出してみよう
次の4つの観点にそって、学んだことや調べたことを書き出そう。また、PC で調べたり友達との話し合いの中で挙がったりしたこともできるだけ多く書いていこう。

1

観点①「自然環境」
全体的に平坦な地形である、川に挟まれて他県と接している、災害は少ないが川の氾濫の可能性がある、夏は暑く冬は乾燥して強い北西の風が吹く　等

観点②「人口」
人口は約3万人で人口密度が高い、高齢者の割合が○%で今後も増えていく、住宅は駅やショッピングモールの周りに集中している　等

わたしたちの町の特色と課題

観点③「産業」
農業は盛んだが、高齢者中心になっている、工場が多く、製造業の生産額が最も多い、ショッピングモールが複数あり小売業の売上が多い　等

観点④「交通」
町内には駅と高速道路の IC があり新幹線の駅も隣の市にある、IC 周辺に商業施設や物流施設が増えている、東京に新幹線で1時間で行ける　等

☆単元の最初にもっていたイメージや知識と比べて実際にはどうだったか、確認してみよう

本時の授業展開

1　導入

これまでの学習内容を振り返る。地形図で分かったこと、GISで分かったことをもとに、前時の野外調査で撮影した写真などを提示しながら調査結果を振り返る。また、併せて第1時で記入していた地域へのイメージや知っていることを見返し、学習前と調査活動後の違いや見方の変化について確認する。

2　展開

1人1台のタブレットを用意し、GISやインターネット等を活用し、野外調査の成果を振り返りながら、①「自然環境」、②「人口」、③「産業」、④「交通」の4つの観点からグループごとに地域の特色や課題を出し合っていく。

プリントの①～④の観点ごとの枠内に、自身で考えたものやグループでの話し合いを通して出された意見や考えなどを順次書き加えていく。

学級全体で、それぞれの観点においてどのような内容が出されたか、グループごとに発表させた内容の共有を図る。

上記の話し合いで得られた4つの観点の内容をもとに、個人で単元を通してのまとめを作成する。プリントには評価の観点を明記する。

まとめの内容は、①「この地域（町）の特色」と、②「この地域（町）の抱える課題」の2つの観点から作成する。時間によっては、文章のみではなく、グラフや図等を手書き・または印刷、及び切り抜き等を添付し、説明に根

2

(2) ４つの観点から書き出した内容をもとに、地域の特色や課題を説明してみよう

これから町に住む予定の、まったく町を知らない人に対して、町の特色や課題を分かりやすく伝えるつもりで、単元を通してのまとめを書きましょう。書く内容は、次から２つ選び、関連させながら書きましょう。

（選択した観点２つに○　①「自然環境」　②「人口」　③「産業」　④「交通」 ）

【評価のポイント】

それぞれA／B／Cで評価し、総合のA／B／Cとする 総合（　　）

・町の特色や課題を、根拠となるグラフや図、地図などを示しながら具体的に説明できている（　　）

・選択した２つの観点の内容を、しっかりと関連付けながら説明できている（　　）

・説明として分かりやすい内容やレイアウトができており、説得力をもった説明である（　　）

〈振り返り〉

拠を加えて作成できるとよい。

　進行の程度によってはインターネット等で調べたりする時間を多くとり、記述と発表、振り返り等で１時間多く構成できるとよりよい。

3　まとめ

　これまでの単元の学習を振り返り、地域調査を通して身に付いたこと、自身の地域に対する見方や考え方が変わったこと、新しく抱いた問題意識や疑問など、学習成果やこれからの学習に対する意欲などについて振り返り、単元の終末とする。

ICT 活用のアイディア

1 １人１台のタブレットを活用し、「地理院地図」「RESAS」「e-Stat」などのGISや町のホームページなどを活用し、町の地形や統計データ等を調べる。これらから、地域的特色や地域の課題などを項目別に列挙する。

2 今回の事例は紙に文章を中心に記述することを想定しているが、機器の条件や生徒の習熟度によってはGoogleスライドやPowerPointなどを活用して作成したり、発表に活用したりするなどのことも考えられる。

対話のアイディア

1 グループで話し合いながら地域の特色を列挙していく。グループで観点を分担し、伝え合うなどの協力しての作業も考えられる。

2 成績に活用する資料とするため、基本的には個人での記述を前提としている。作成後に互いの内容を発表し合い、考えを深めたり新しい視点を得ることは可能である。

ワークシートの評価ポイント

・埼玉県のもっとも北にあり、群馬県と接している。太平洋側の気候である。ほとんどが平地で、水害を除けば災害は少ない。こうした自然環境の面が捉えられている。

・人口は約３万人で人口密度が高い。工業団地や大きな工場があり、高速道路も近い。小麦などの農業も盛んである。鉄道や高速道路で東京やいろいろな地域と結び付きがあるなど、人口や産業、交通などの見方を活用して捉えられている。

・高齢化や耕作放棄地の増加など地域の課題を捉えられている。

(2) 日本の地域的特色と地域区分

4時間

単元の目標

日本の地形や気候、人口分布など、日本の地域的特色を理解しよう。また、日本の自然環境と人口分布などとの関係で、日本ではどのような自然災害が多いかを捉えよう。

学習指導要領との関連

日本の自然環境や人口分布には、どのような特色があるのだろう。

1時	2時
大観する	多角的・多面的に
(第1時) 日本は環太平洋造山帯に属し、4つのプレートがぶつかる位置にあるため、地震や火山の噴火などの地殻変動が激しく、変化に富む地形をしている。 周囲を海に囲まれた日本列島は、海底からそびえ立つ巨大な山脈である。南北に細長く山がちで平地に乏しい地形の中で人々が暮らしていることを捉えさせたい。	(第2時) 周囲を海に囲まれた日本は、海岸線が長く変化に富んでいる。南北に細長い日本列島の中央には、高い山々が連なっている。そこに降った雨や雪は、短くて急な流れとなって海まで流れる。その流れによって活発となった浸食作用によって、扇状地や三角州などを形成していることを理解させる。 また、これらの地域では、どのような土地利用が行われているのかを、地図や景観写真などから捉えさせたい。

単元を構造化する工夫

東日本大震災の津波の映像を視聴し、日本では地震を含め、様々な自然災害が起こることに気付かせ、なぜ日本は自然災害が多いのかを、単元を貫く問いとして考察させたい。

日本は、環太平洋造山帯の一部として、地震や火山の噴火など、変動の激しい地形であること。周囲を海に囲まれ、季節風の影響を強く受ける地域であることを中心に授業を展開したい。

日本は太平洋の北西に位置する島国である。周囲を海に囲まれた日本列島は、異なる視点で見れば、海底にそびえ立つ巨大な山脈なのである。日本列島が巨大な山脈なのは、環太平洋造山帯に位置し、山になろうとする運動体の一部だからである。それは日本が4つのプレートが集中し、地震や火山の噴火などの地殻変動が激しい地域だからなのである。

南北に細長い日本列島の中央には高い山々がそびえ、そこに降った雨や雪は急な流れの川となる。それらの川の浸食、堆積作用が活発で扇状地や三角州が形成されることを捉えさせたい。

日本は海に囲まれた島国である。沖合を暖流と寒流が流れる。夏は暖かい南東季節風が、冬は冷たい北西季節風が海を渡って日本に吹き付け、湿潤な気候をもたらしている。しかし、南北に細長く変化に富む地形により、地域ごとに気候が大きく異なることを捉えさせたい。

変動が激しく山がちで、降水量の多い気候によって、古来より我が国では地震や火山の噴火、大雨や大雪などの様々な自然災害を被ってきた。それらの自然災害を地形や雨温図などと関連付けて捉えさせる。また、生徒が住んでいる地域の自然災害に対する、防災意識を高めさせたい。

単元の評価

知識・技能	思考・判断・表現	主体的に学習に取り組む態度
○日本の地形や気候の特色、海洋に囲まれた日本の国土の特色、自然災害と防災への取組などを基に、日本の自然環境に関する特色を理解している。	○それぞれの地域区分を、地域の共通点や差異、分布などに着目して、多面的・多角的に考察し、表現している。 ○日本の地域的特色を、地域区分などに着目して、それらを関連付けて多面的・多角的に考察し、表現している。	○日本の地域的特色と地域区分について、よりよい社会の実現を視野にそこで見られる課題を主体的に追究しようとしている。

3時	4時
学ぶ	まとめる
(第3時) 中緯度に位置する日本は、海に囲まれた島国である。沖合を南からは暖流が、北からは寒流が流れる。夏は暖かい南東季節風が、冬は冷たい北西季節風が海を渡って日本に吹き付け、降水量の多い気候をもたらしている。 しかし、南北に細長く変化に富む地形により、地域にごとに気候が大きく異なっていることを、雨温図や景観写真などから捉えさせたい。	(第4時) 環太平洋造山帯に属する日本は、4つのプレードが集中し、地殻変動が激しく地震や火山の噴火の多い地域である。また南北に細長く、中央に高い山脈が連なる日本列島は、季節風の影響を強く受け、南北や東西、内陸や沿岸など、地域による気候差が大きい。 変動が激しく山がちで平野が少なく、降水量の多い気候は、豊かな自然の恵を享受する一方、地震や火山の噴火、大雨や大雪などの様々な自然災害を被ってきた。そのため、日頃から生徒の防災意識を高めておくようにしたい。

課題解決的な学習展開にする工夫

東日本大震災の津波の映像を示し、日本では様々な自然災害があることを気付かせ、なぜ日本ではこのような自然災害が多いのかを考えさせる。日本列島が、海底からそびえ立つ海底山脈であることを示す地図を使って、日本列島が山脈そのものであることを捉えさせる。

次に、世界の造山帯を示す地図を考察し、日本が環太平洋造山帯の一部で、地震や火山の噴火など、地殻変動の激しい地域であることに気付かせる。

また、周囲を海に囲まれ、海流や季節風の影響を強く受ける地域であることから降水量が多い。日本列島の中央部の山々に降った雨や雪は、短くて急な河川となり、地面を浸食し土砂を堆積させる。

このように、活発な造山運動、海流や季節風、河川の浸食、堆積作用によって、複雑な地形を形成するとともに、地域によって気候の差が大きくなるとともに、雨温図や景観写真などと関連付けて、それぞれの地域の気候の特色を捉えさせる。

一方、変動が激しく山がちで平野が少なく、降水量の多い気候は、地震や火山の噴火、大雨や大雪などの様々な自然災害あることを捉えさせるとともに、日頃から生徒の防災意識を高めるようにさせたい。

大観する

山がちな日本の地形

1/4

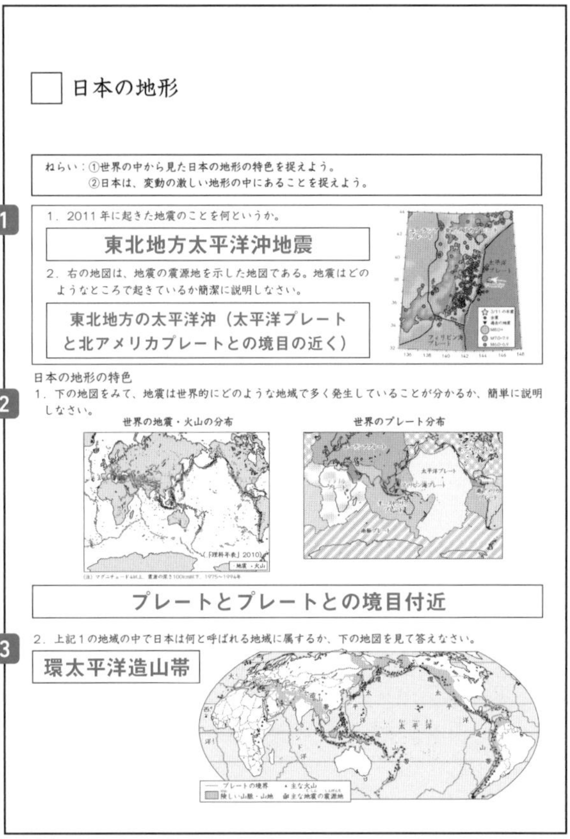

本時の目標

世界から見た日本の地形の特色を捉えられるようにする。

本時の評価

地震は、プレートとプレートとの境目で起きていることを捉えている。

日本が環太平洋造山帯に属し、地震や火山の噴火など地殻変動の激しい地域に位置していることを捉えている。

日本は４つのプレートの境界に位置し、火山や地震などが多い地域であることを理解している。

本時の授業展開

1　導入

2011年に起きた東日本大震災の映像や写真を示し、どのような災害だったのかを確認する。加えて、震源地を示す地図を提示し、地震の名前を確認する。東北地方太平洋沖地震（東日本大震災）であることを確認させる。東北地方太平洋沖地震の震源地は、東北地方の太平洋沖であることを捉えさせる。

2　展開

「世界の地震・火山の分布図」と「世界のプレートの分布」を示す地図を比較し、世界的に地震がどのような地域で発生しているのかについては、プレートとプレートとの境目で起こっていることを気付かせる。

「世界の主な地震と火山の分布」を示す地図を見て、日本はどのような地域に属するのかについては、日本は環太平洋造山帯に属していることを捉えさせる。

日本の地形を示した地図を見て、日本列島はどのような地形の地域なのかを考えさせ、日本列島は海底からそびえたつ巨大山脈であることを気付かせる。

「日本周辺のプレートの分布を示す地図」や地形の模式図を見て、なぜ日本列島が海底からそびえ立つ巨大山脈なのかを考えさせ、日本は４つのプレートが集中し、地殻変動の激しい地域に位置していることを理解させる。

東北地方太平洋沖地震で、なぜ多くの人が犠牲になったのかを、写真資料や日本の地形と人

4 3. 右の地図をみると、日本はどのような地形の地域であることが分かるか、簡潔に説明しなさい。

海底からそびえ立つ山脈である

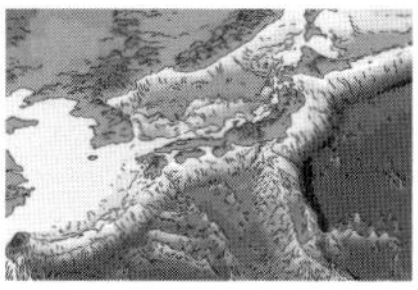

5 4. なぜ上の3のような地形になるのか、下の資料をみて説明しなさい。

(参考資料)

▶プレートによる造山運動

▶プレートによる地震発生のメカニズム

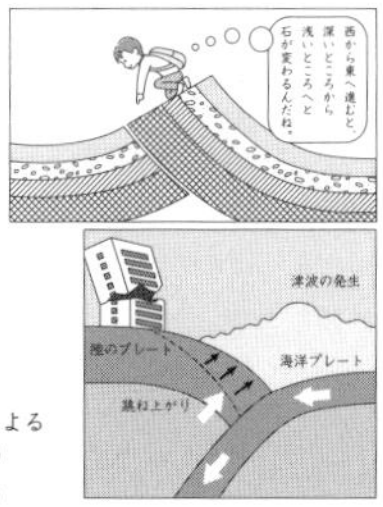

日本周辺のプレート

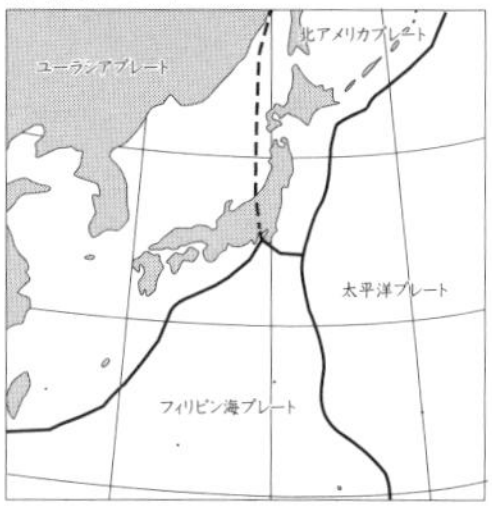

《まとめ》世界からみた日本の"地形"の特色を説明しよう！文章でも箇条書きでもよい。

世界からみた日本の地形の特色は…

4つのプレートが集中して地殻変動の激しい地域

6 5. 2011年の東北地方の地震では、なぜ多く人が犠牲になったのか、右の2つの資料から分かることを書きなさい。

リアス海岸は山が海まで迫っているため、海沿いの狭い低地に多くの人が生活していた。リアス海岸は入り江が狭いため、そこに津波が襲うと、勢いも高さも急激に大きくなったから。

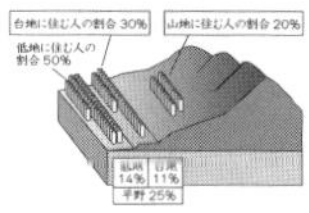

口との関連を示した図とから考える。

東北地方の太平洋側はリアス海岸になっており、狭い入り江に津波が入ってくると、急激に高さが高くなったり、力が強くなったりすることを気付かせる。また、海沿いの狭い低地に住んでいる人が多かったので、被害が大きかったことを理解させる。

3 まとめ

世界的に地震やプレートとプレートとの境目で多く発生している。日本は環太平洋造山帯に属している。日本列島は、海底からそびえ立つ巨大な山脈である。それは、日本が4つのプレートが集中しており、地殻変動の激しい地域であることなどをまとめる。

ICT活用のアイディア

1 東北地方太平洋沖地震の震源地を示す地図を提示し、地震の名前を確認するとともに、震源地がどのあたりかを捉えさせる。

2 の「世界の地震・火山の分布図」と「世界のプレートの分布を示す地図」とを提示し、世界的に地震はどのような地域で発生しているのかを捉えさせる。

3 の「世界の主な地震と火山の分布」を示す地震を提示して、日本はどのような地域に属しているのかを捉えさせる。

4 の日本の地形を示した地図を提示して、日本列島はどのような地形の地域なのかを考えさせる。

5 の「日本周辺のプレートの分布を示す地図」や地形の模式図を見て、なぜ日本列島が海底からそびえ立つ巨大山脈なのかを考えさせる。

6 の景観写真と日本の地形と人口との関連を示した図とから、なぜ、リアス海岸の地域で多くの人が犠牲になったのかを理解させる。

対話のアイディア

6 のリアス海岸の地域で、なぜ多くの人が犠牲になったのかを、近くの席の人と相談して考えさせる。

ワークシートの評価ポイント

・地震はプレートとプレートとの境目で多く起きていることを捉えている。
・日本列島は海底からそびえ立つ山脈であることを理解している。
・日本は4つのプレートの境界に位置し、地震や火山の噴火などの地殻変動が活発な地域であることを捉えている。
・リアス海岸は津波の被害が大きくなること、海沿いの狭い低地に住んでいる人が多かったために津波の被害が大きくなったことを理解している。

多面的・
多角的に学ぶ
2/4

川がつくる地形と海岸の地形

本時の目標

山と川がつくる日本の地形と海岸の地形の特色を捉えられるようにする。

本時の評価

山がちで、急流が多い日本の河川は浸食作用や堆積作用が活発で、扇状地や三角州を形成していることを捉えている。

日本は海岸沿いの狭い平野に、人口の80%が集中していることを理解している。

日本の海岸線は、砂浜海岸やリアス海岸、人工的な埋め立て地などがあることを捉えている。

□ 川がつくる地形と海岸の地形

ねらい：①河川との関連で日本の地形の特色を捉えよう。
②日本の主な地形の特色を理解しよう。

1
1．平野を緑で、川を青で着色しよう。川と平野はどんな関係になっているか、簡潔に説明なさい。

川の下流に平野が形成されている

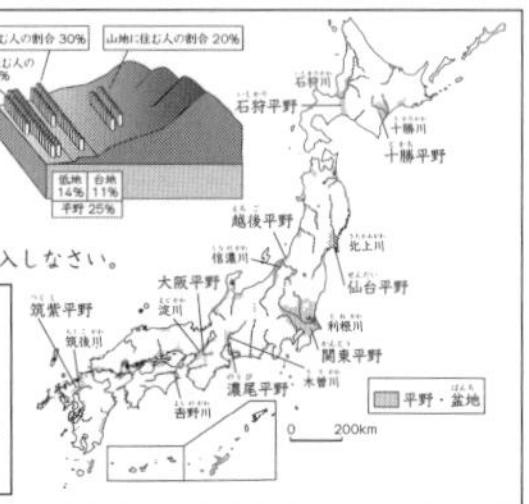

2．右の資料をみて、①②の空欄に適切な語句を記入しなさい。

①日本の山地は、国土の 75 % を占める	①日本人の 80%は、25 %の 平野 に住んでいる

2
日本の地形の特色
1．外国の川と比較して、日本の河川の特色を書きなさい。

短くて急な流れ

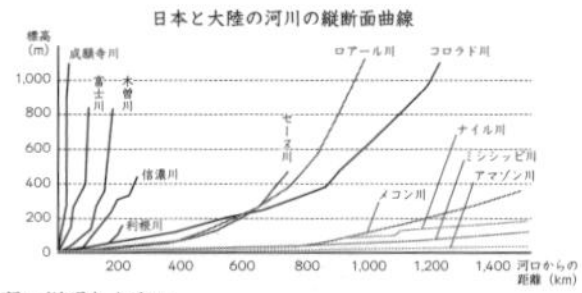

3
2．右下のイラストの地形を何というか。

扇状地

3．右の地形は、どのように形成されるか簡潔に説明しなさい。

山間部を流れてきた川が、盆地や平野に出たところで流れが急に緩やかになり、それまで運んできた粒の大きな砂礫を堆積させて、扇状の緩やかな傾斜地を形成する

本時の授業展開

1　導入

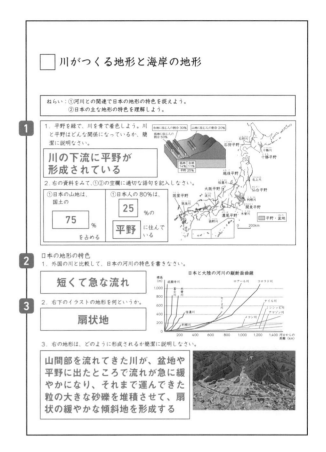

平野を緑で川を青で着色する。川と平野がどのような関係になっているのかを考える。川の下流に平野が形成されていることを捉えさせる。

日本の地形と人口との関係を示した図を見て、日本の山地の割合が国土の75%を占めること、日本人の80%が25%の狭い平野に住んでいることを気付かせる。

2　展開

日本の川の特徴を捉える。1．諸外国の川と比べて日本の川は短くて急なことを捉えさせる。

3．景観写真を見て、どのような地形かを考える。山間部を流れてきた川が、盆地や平野に出たところで流れが急に緩やかになり、それまで運んできた粒の大きな砂礫を堆積して扇状の緩やかな傾斜地を形成させる。このような地形を、扇状地ということを理解させる。

4の景観写真を見て、どのような地形かを考える。三角州である。川の河口に形成される地形で、それまで運んできた粒の細かい土砂を堆積させて三角形の土地を形成させる。このような地形を、三角州ということを理解させる。

日本は周囲を海に囲まれているため、海岸線が長い。6の①、②の海岸線の名称を記入する。また、①、②の海岸線をなぞり、気が付いたことを記入する。①は単調な砂浜海岸、②は海岸線が入り組んでいるリアス海岸であることを気付かせる。

7の写真資料を見て、リアス海岸だとどの

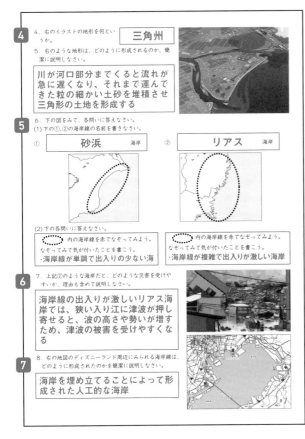

4 4. 右のイラストの地形を何というか。 三角州

5. 右のような地形は、どのように形成されるのか、簡潔に説明しなさい。

川が河口部分までくると流れが急に遅くなり、それまで運んできた粒の細かい土砂を堆積させ三角形の土地を形成する

5 6. 下の図をみて、各問いに答えなさい。
(1) 下の①、②の海岸線の名前を書きなさい。

① 砂浜 海岸　② リアス 海岸

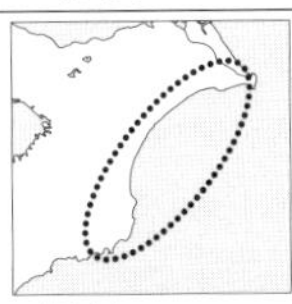

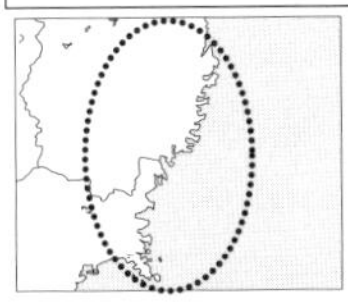

(2) 下の各問いに答えなさい。

（①）内の海岸線を赤でなぞってみよう。なぞってみて気が付いたことを書こう。
・海岸線が単調で出入りの少ない海

（②）内の海岸線を赤でなぞってみよう。なぞってみて気が付いたことを書こう。
・海岸線が複雑で出入りが激しい海岸

6 7. 上記②のような海岸だと、どのような災害を受けやすいか、理由も含めて説明しなさい。

海岸線の出入りが激しいリアス海岸では、狭い入り江に津波が押し寄せると、波の高さや勢いが増すため、津波の被害を受けやすくなる

7 8. 右の地図のディズニーランド周辺にみられる海岸線は、どのように形成されたのかを簡潔に説明しなさい。

海岸を埋め立てることによって形成された人工的な海岸

ような災害を受けやすいかを考え、理由を含めて説明する。リアス海岸は、津波が狭い入り江に入ると高さや勢いが増すため、大きな被害をもたらしやすいことを理解させる。

8については、人工的に埋め立てによって形成された地形であることに気付かせる。

3　まとめ

日本の平野は、河川が運んだ土砂が堆積してできた狭い沖積平野がほとんどである。国土の75%が山地で、平野は25%にすぎず、平野に人口の80%が集中している。日本列島は南北に細長く、国土の中央を高い山が連なっていることなどをまとめる。

ICT 活用のアイディア

1 日本の川や平野、盆地との関係を示した地図を提示し、その色塗りを通して、川と平野との関係を捉えさせる。山地と丘陵地の割合を示した図を提示し、山がちな国土の日本は、25%の狭い平野に人口の80%が集中していることを捉えさせる。

2 の外国の川と日本の川の特色とを比較した図を提示し、日本の川の特色を捉えさせる。外国の川と比べて、日本の川は短くて急な流れであることを気付かせる。

3 4 の景観写真を提示し、それぞれの地形の名前を記させる。またそれぞれどのように形成されたのかを理解させる。

5 の2種類の海岸線の地図を提示し、それぞれの海岸線の名前と特色を記入させる。

6 の景観写真を提示し、5 の②のような海岸線だと、どのような災害を受けやすいか考えさせる。

7 の地図を提示し、ディズニーランド周辺に見られる海岸線が、どのように形成されたのかを考えさせる。

対話のアイディア

3 4 5 6 7 の設問は、班で相談して解答するように促す。

ワークシートの評価ポイント

- 日本の川は、外国の川と比べて流れが急で短いことを捉えている。
- 景観写真を見て、扇状地や三角州であることを読み取るとともに、それらがどう形成されるのかを理解できている。
- 砂浜海岸、リアス海岸、人工海岸（埋め立て地）の特色を捉えることができている。また、リアス海岸が津波の被害を受けやすいこと。埋め立て地がどのように形成されたのかを理解できている。

多目的・
多角的に学ぶ

3/4

日本の気候

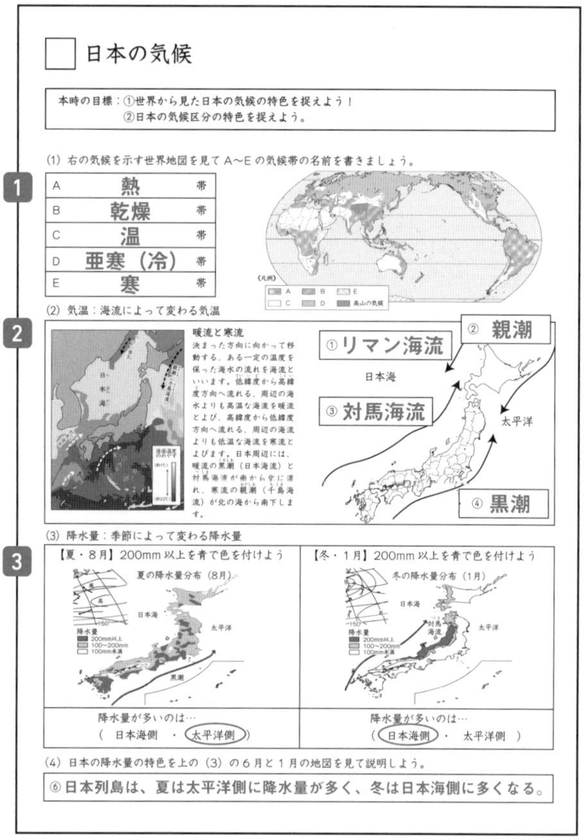

日本の気候
本時の目標：①世界から見た日本の気候の特色を捉えよう！
②日本の気候区分の特色を捉えよう。
(1) 右の気候を示す世界地図を見て A～E の気候帯の名前を書きましょう。
1
A 熱 帯
B 乾燥 帯
C 温 帯
D 亜寒（冷） 帯
E 寒 帯
《凡例》 A B E C D 高山の気候
(2) 気温：海流によって変わる気温
2
暖流と寒流
決まった方向に向かって移動する、ある一定の温度を保った海水の流れを海流といいます。低緯度から高緯度方向へ流れる、周辺の海水よりも高温な海流を暖流とよび、高緯度から低緯度方向へ流れる、周辺の海流よりも低温な海流を寒流とよびます。日本周辺には、暖流の黒潮（日本海流）と対馬海流が南から北に流れ、寒流の親潮（千島海流）が北の海から南下します。
①リマン海流
② 親潮
日本海
③ 対馬海流
太平洋
④ 黒潮
(3) 降水量：季節によって変わる降水量
3
【夏・8月】200mm 以上を青で色を付けよう
夏の降水量分布（8月）
日本海
太平洋
黒潮
降水量
200mm以上
100～200mm
100mm未満
【冬・1月】200mm 以上を青で色を付けよう
冬の降水量分布（1月）
日本海
対馬海流
太平洋
降水量が多いのは…
（ 日本海側 ・ 太平洋側 ）
降水量が多いのは…
（ 日本海側 ・ 太平洋側 ）
(4) 日本の降水量の特色を上の（3）の６月と１月の地図を見て説明しよう。
⑥日本列島は、夏は太平洋側に降水量が多く、冬は日本海側に多くなる。

本時の目標

世界から見た日本の気候の特色や日本の気候区分ごとの特色を雨温図などと関連付けて捉えられるようにする。

本時の評価

世界から見ると、中緯度に位置する日本は北海道や東北の一部を除いて温帯の地域が多いことを捉えている。

日本の気候区分ごとの特色を雨温図や景観写真などを通して理解している。

本時の授業展開

1　導入

世界の気候帯を画像を見て復習する。世界の気候は赤道を中心にほぼ南北対称で、両極に向かって寒くなる傾向にあることを思い出させる。

2　展開

プリントを配布し、課題に取り組む。

日本近海の海流を地図帳から探し、海流の名前を記入させる。海流によって海水温が大きく変わることを気付かせる。

次に、プリントの資料の作業を行い、降水量が季節によって変わることを捉えさせるとともに、季節風と降水量との関係を理解させる。

日本は夏は湿った温かい南東季節風の影響により太平洋側で雨が多く降る。一方、冬は冷たい湿った北西季節風の影響で日本海側に多くの雪が降ることを捉えさせる。

日本の気候区分の色分けを行い、雨温図の読み取りを通して、日本の気候区分ごとの特色を捉えさせる。

北海道の気候は、平均気温が最も低い。南西諸島は平均気温が最も高い。日本海側は冬に降水量が多く、太平洋側は夏に降水量が多い。瀬戸内は、中国山地と四国山地に挟まれているため夏も冬も季節風の影響を受けにくいため温暖で降水量が少ない。内陸は、標高が高く山に挟まれているため降水量は少ない。また、気温は低く寒暖の差が大きいことを捉えさせる。

4

5

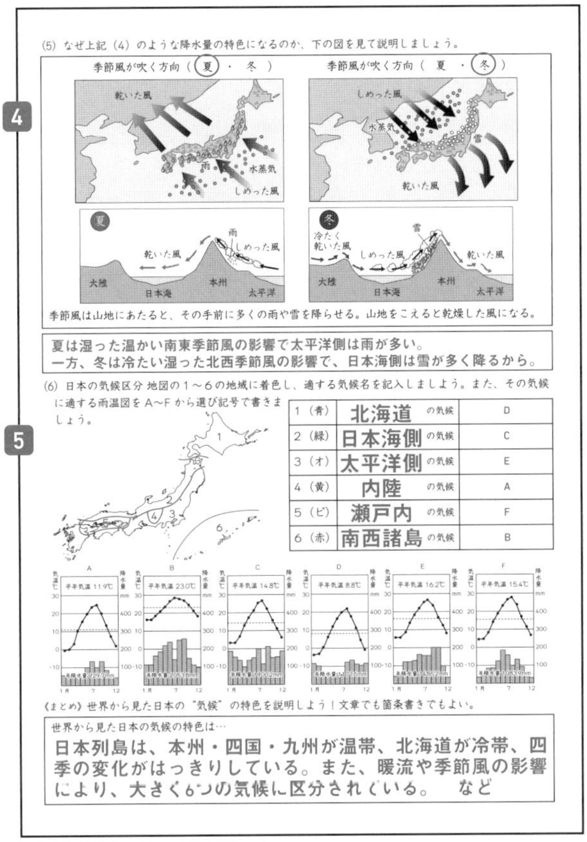
(5) なぜ上記（4）のような降水量の特色になるのか、下の図を見て説明しましょう。

季節風は山地にあたると、その手前に多くの雨や雪を降らせる。山地をこえると乾燥した風になる。

夏は湿った温かい南東季節風の影響で太平洋側は雨が多い。
一方、冬は冷たい湿った北西季節風の影響で、日本海側は雪が多く降るから。

(6) 日本の気候区分 地図の1～6の地域に着色し、適する気候名を記入しましょう。また、その気候に適する雨温図をA～Fから選び記号で書きましょう。

1（青）	北海道 の気候	D
2（緑）	日本海側 の気候	C
3（オ）	太平洋側 の気候	E
4（黄）	内陸 の気候	A
5（ピ）	瀬戸内 の気候	F
6（赤）	南西諸島 の気候	B

《まとめ》世界から見た日本の“気候”の特色を説明しよう！文章でも箇条書きでもよい。

世界から見た日本の気候の特色は…

日本列島は、本州・四国・九州が温帯、北海道が冷帯、四季の変化がはっきりしている。また、暖流や季節風の影響により、大きく6つの気候に区分されている。　など

ICT 活用のアイディア

1の世界の気候を示す主題図を提示して、世界の気候区分を確認する。

2の暖流と寒流が流れている地域の海水温を示す地図を提示する。暖流が流れている海域は海水温が高く、寒流が流れている海域は低いことを捉えさせる。

3の夏と冬の降水量を示す主題図を提示し、夏と冬それぞれどのあたりに降水量が多いのかを捉えさせる。
夏は太平洋側、冬は日本海側が降水量が多いことを気付かせる。

4の夏の季節風が吹く方角と、冬の季節風が吹く方角の主題図を示し、夏に太平洋側に降水量が多く、冬に日本海側に降水量が多い理由を考えさせる。

5の日本地図とA～Fの雨温図を提示し、A～Fの雨温図がそれぞれどの気候区分にあてはまるかを考えさせる。

対話のアイディア

5のA～Fの雨温図が、日本のどの気候区分にあてはまるのかを班の人と相談して考えさせる。

3　まとめ

・南北に細長い日本列島の北海道は平均気温が低く、南西諸島は平均気温が高い。
・日本の夏は南東の季節風の影響で太平洋側は降水量が多く、冬は北西季節風の影響で日本海側の降水量が多い。
・瀬戸内や内陸は、山に囲まれているため降水量が少ない。しかし、温暖な瀬戸内に対して、内陸は標高が高いため気温が低く寒暖の差が大きい。

ワークシートの評価ポイント

・南北に細長い日本の北海道は平均気温が低く、南西諸島は高いことを捉えている。
・日本の夏は南東季節風の影響で太平洋側は降水量が多く、冬は北西季節風の影響で日本海側の降水量が多いことを理解している。
・山に囲まれた瀬戸内や内陸は降水量が少ないことを捉えている。しかし、温暖な瀬戸内に対して、内陸は標高が高いため気温が低く寒暖の差が大きいことも理解している。

まとめる　4/4

自然災害の多い日本の国土

本時の目標

日本にはどのような自然災害が多いかを捉える。また、日頃から身近な自然災害に対して、どんな備えをしたらよいかを考えられるようにする。

本時の評価

地形や気候との関係で、日本には、どのような自然災害があるのかを理解している。

身近に起きる自然災害に対して、どんな備えをしたらよいかを考えている。

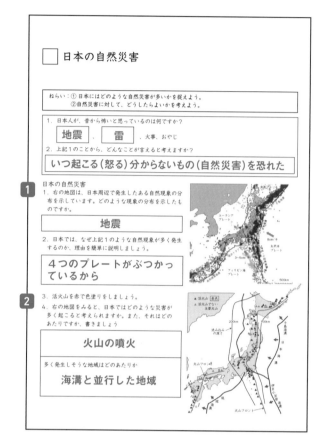

□ 日本の自然災害

ねらい：① 日本にはどのような自然災害が多いかを捉えよう。
②自然災害に対して、どうしたらよいかを考えよう。

1．日本人が、昔から怖いと思っているのは何ですか？
地震 、 雷 、火事、おやじ

2．上記1のことから、どんなことが言えると考えますか？
いつ起こる（怒る）分からないもの（自然災害）を恐れた

1 日本の自然災害

1．右の地図は、日本周辺で発生したある自然現象の分布を示しています。どのような現象の分布を示したものですか。

地震

2．日本では、なぜ上記1のような自然現象が多く発生するのか、理由を簡単に説明しましょう。

4つのプレートがぶつかっているから

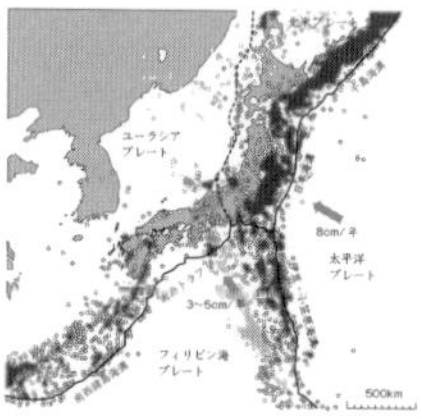

2 3．活火山を赤で色塗りをしましょう。

4．右の地図をみると、日本ではどのような災害が多く起こると考えられますか。また、それはどのあたりですか、書きましょう

火山の噴火

多く発生しそうな地域はどのあたりか

海溝と並行した地域

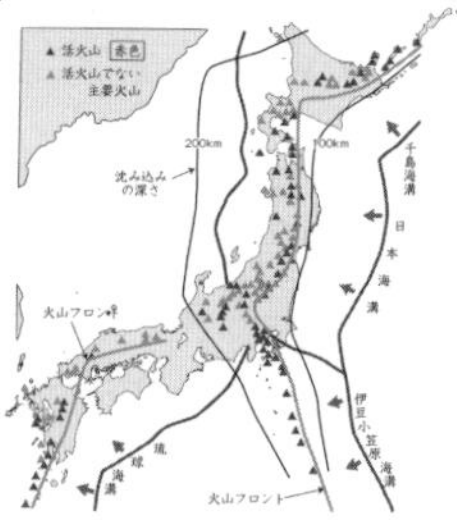

本時の授業展開

1　導入

日本人が、古来よりどのようなものを恐れてきたのかを考えさせる。日本人は「地震、雷、火事、おやじ」といって、いつ起こるか（怒る）か分からないものを恐れてきたことを気付かせる。なかでも、地震や雷に象徴される自然災害を恐れてきたことが分かる。それだけ日本には自然災害が多いことを気付かせたい。

2　展開

日本周辺で発生している自然災害の分布図を示して、どのような現象の分布を示したものかを考えさせる。プレートとプレートとの境目に多く発生していることから、地震だと気付く。なぜ、このような現象が多く発生しているのかを、主題図から考えさせる。「4つのプレートがぶつかっているため」地震が多いことに気付かせる。右の活火山の分布を示した主題図の活火山を赤ペンで着色させる。日本は活火山が多いため、「火砕流や火山灰などの被害が多く発生する」ことを捉えさせる。次に、火砕流や火山灰の被害を被る地域（火山が多く分布している地域）はどこかを主題図を見て考えさせる。「活火山は、海溝と並行して分布している」ことに気付かせる。日本の気候区分図とそれに対応した雨温図をみて、「日本海側」「瀬戸内地方」「南西諸島・太平洋側」では、どのような自然災害が発生しやすいかを、理由を含めて考えさせる。

①日本海側は、「雪害」が起きやすい。理由

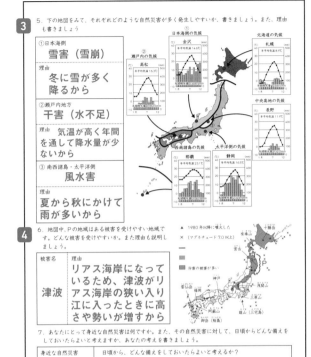

3 5．下の地図をみて、それぞれどのような自然災害が多く発生しやすいか、書きましょう。また、理由も書きましょう

①日本海側 雪害（雪崩）
理由 冬に雪が多く降るから
②瀬戸内地方 干害（水不足）
理由　気温が高く年間を通して降水量が少ないから
③ 南西諸島・太平洋側 風水害
理由 夏から秋にかけて雨が多いから

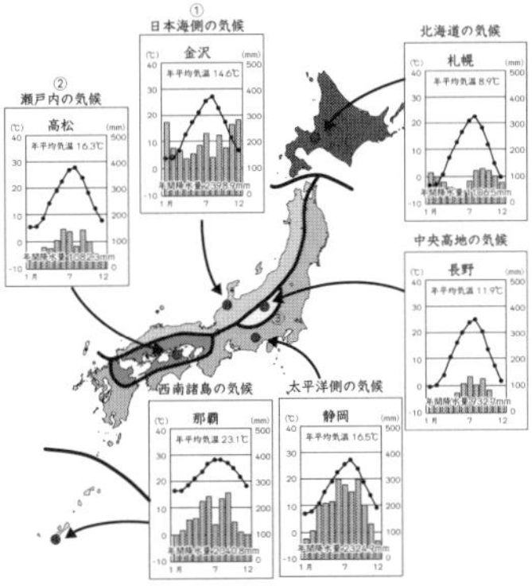

4 6．地図中、Pの地域はある被害を受けやすい地域です。どんな被害を受けやすいか。また理由も説明しましょう。

被害名	理由
津波	リアス海岸になっているため、津波がリアス海岸の狭い入り江に入ったときに高さや勢いが増すから

7．あなたにとって身近な自然災害は何ですか。また、その自然災害に対して、日頃からどんな備えをしておいたらよいと考えますか、あなたの考えを書きましょう。

身近な自然災害	日頃から、どんな備えをしておいたらよいと考えるか？
例：地震 洪水	防災グッツを用意しておく ハザードマップを見て避難経路を確認しておく

は「冬に雪が多いから」である。②瀬戸内地方は、「干害（水不足）」が起きやすい。理由は、「年降水量が少ないから」である。③「南西諸島・太平洋側」は、「風水害」が起きやすい。理由は「夏から秋にかけて、台風や大雨が多いから」であることを気付かせる。

日本地図中Pの地域は、リアス海岸なので、津波の被害を受けやすいことを気付かせる。日頃から自然災害にどう備えたらよいかを考えさせたい。

3　まとめ

日本は自然災害が多い国であることを捉えるとともに、日頃から自然災害に対してどんな備えをしておくことが必要なのかを捉えさせる。

ICT活用のアイディア

1 の地図を提示し、日本周辺で発生した自然災害が、どのような現象なのかを考えさせる。また、プレートとプレートとがぶつかっているとなぜ地震が起きるのかを思い出させる。

2 の地図を提示し、火山が分布している地域では、どのような災害が多く発生するのかを考えさせる。

3 の地図と雨温図を提示し、それぞれの気候区では、どんな自然災害が発生しやすいのかを考えさせる。

4 の地図を提示し、リアス海岸だと津波の被害が大きくなることを思い出させる。

対話のアイディア

1 2 3 4 の設問を、班で協力して解くように働きかける。早く問題が解けた生徒は、つまずいている生徒に、分かりやすく説明するように促す。

ワークシートの評価ポイント

- 日本が、4つのプレートがぶつかり合っているので、地震が多い国であること。海溝と平行して活火山が連なっており、その地域では火砕流や火山灰の被害を受ける可能性が大きいことを理解している。
- 気候区分に対応した雨温図を見て、どのような自然災害が起こりやすいかを捉えることができている。
- 三陸海岸はリアス海岸になっており、津波の被害を受けやすいことを理解している。
- 身近な自然災害に対して、どのような備えをしたらよいかを理解している。

(3) 5時間

九州地方：自然環境

単元の目標

「自然環境」を中核として、九州地方の特色ある地理的事象を他の事象と関連付けて多面的・多角的に考察し、表現する力を育成する。

単元を貫く問い 九州地方の自然環境は人々の生活や産業にどのような影響を及ぼしているのだろう。

1時	2・3時
大観する	多面的・多角的に
〔第1時〕 単元の導入として、「九州地方について知っていること」をクラス全体で共有し、学習への関心を高める。 九州地方の位置を、朝鮮半島や中国、東南アジアとの関係で確認し、九州が歴史的にも重要な交易拠点であった理由を捉える。 また、沖縄がプロ野球のキャンプ地として多くの球団から利用されていることに着目し、沖縄を含む九州の自然環境を捉える。 最後に本時のまとめとして九州の位置や自然環境を踏まえ、「九州地方の自然環境は人々の生活や産業にどのような影響を及ぼしているのだろう」という「単元を貫く問い」を設定する。	〔第2時〕 「火山とともに生きる人々の知恵」という視点から、単元を貫く問いについて考える。鹿児島県の桜島がなぜ島ではないのか、というところから授業を展開する。鹿児島では、火山があることにより、降灰予報が毎日ニュースで流れたり、灰を捨てるための袋や集積所があったりと人々の生活に火山が密接に結び付いていることを理解する。一方、火山があることによって、地熱発電や温泉があることを理解する。 〔第3時〕 「自然環境と農業」という視点から、本時の学習課題について考察する。南部はシラス台地を改良することにより畜産や茶の栽培に力を入れ、全国有数の産地になっていること、宮崎平野では冬でも温暖な気候を生かしビニールハウスによる促成栽培を行っていることを理解する。また、北部では暖かい気候を生かして二毛作を行っていることを理解する。

単元を構造化する工夫

単元を構造化するために、第1時の学習で単元を貫く問いを明らかにする。その上で、第2時から第4時では、九州の自然環境によって生じる（生じてきた）事象とそれに伴い、九州の人々がどのようにその自然環境や影響を受けつつ、産業や生活を発展させてきたかという事象をつかめる展開にしている。

また、第5時はまとめとして、産業や生活を発展させてきた上で、現在課題となっていることを考えることで学習内容に深まりをもたせるようにした。

単元の評価

知識・技能	思考・判断・表現	主体的に学習に取り組む態度
○九州地方の地域的特色を、「自然環境」を中核として考察し、自然環境は、人々の生活や産業にどのような影響を与えているかを理解している。	○「自然環境」を中核としながら、九州地方に暮らす人々の生活と産業との関係について多面的・多角的に考察している。	○九州地方の自然環境と生活、産業との関係について関心をもち、九州地方の特色を主体的に追究しようとしている。

4時	5時
学ぶ	まとめる
〔第4時〕 「工業の移り変わりと環境保全」という視点から本時の学習課題について考察する。北九州市にある洞海湾がかって「死の海」と言われる状況だったことを、写真から読み取る。また、なぜ、このような状況になったのかを地図やグラフなどから理解する。かつて洞海湾沿岸は九州工業地帯の中心として発達したこと、またその背景には筑豊炭田からの石炭や中国からの鉄鉱石を利用した鉄鋼業が盛んだったことを理解する。 現在、北九州市は、市民・企業・自治体が一体となってリサイクルに取り組むエコタウン事業を推進していることを理解する。さらに2021年からはSDGsの達成に向けた取組を行っていることにも言及したい。	〔第5時〕 「沖縄県の観光開発と環境保全」という視点から本時の学習課題について考察する。前半は、さんご礁の海が重要な観光資源になっており、年々観光客が増加し、観光収入も増大していることを確認する。その一方で、観光開発による赤土の流入やさんごの白化現象が起きていることを理解する。 後半は、沖縄県の自然環境を保全しながら観光業を発展させていくためにはどのような取組が必要かについて自分の意見を書く。これまでの学習を踏まえて、レポートにまとめる。

課題解決的な学習展開にする工夫

課題解決的な学習展開にするために、毎時間、最後に本時に学習したことを自分の言葉でまとめる問いを作成した。

また、第1時から第5時にかけて徐々に問題の難易度が上がるように問いを投げかけるようにしたい。第1時から第3時まではその時間に習ったことを活用して解答を導くことができるが、第4・5時については、SDGsの資料やタブレットを活用して記述を行うようにした。生徒が主体的に探究するように学習展開を工夫した。

大観する　1/5

九州地方の自然環境

本時の目標

九州地方の位置と自然環境の特色を捉えられるようにする。

本時の評価

九州地方の位置を捉えている。

九州地方が火山活動に由来する地形や温暖多雨の気候からなっていることを理解している。

□ 九州地方の位置と自然環境

ねらい：九州地方の位置と自然環境の特色を捉えよう。

1 1．九州地方について、知っていることを挙げてみましょう。（観光地や食べ物、特産物など）

明太子（福岡）、カステラ（長崎）さつまいも（鹿児島）、マンゴー（宮崎）、あまおう（福岡）、くまもん（熊本）、温泉（大分）、さんご礁（沖縄）など

2．右の地図は福岡市を中心にしている地図です。様々な都市との距離を確認し、気付いたことをかきましょう。

朝鮮半島との距離が近く、ソウルから福岡は大阪から福岡と同じ500km圏内である。福岡から東京、福岡からシャンハイの距離が1000kmと同じくらいである。（1）

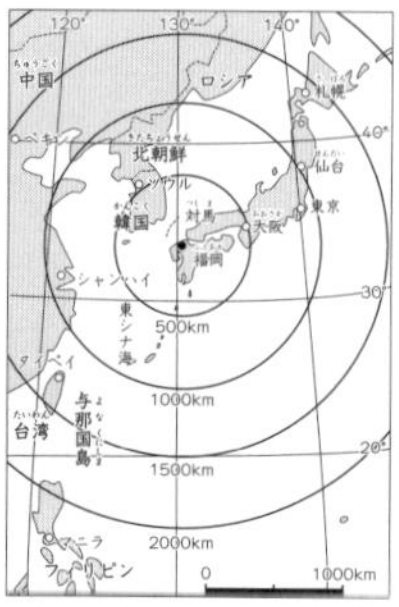

2 3．次の空欄に当てはまる地形の名前を答えましょう。

←九州地方の自然環境

ア	筑紫	山地
イ	筑紫	平野
ウ	九州	山地
エ	宮崎	平野
オ	東シナ	海
カ	太平	洋

本時の授業展開

1　導入

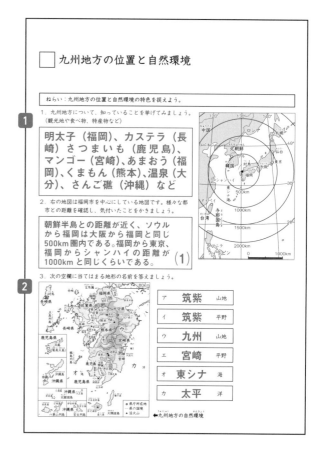

単元の導入として、九州地方について知っていることを自由に発言させることで、九州地方に対するイメージを広げるとともに興味・関心をもたせる。教室前方に九州全土の地図を提示し、生徒から出された内容が九州の中のどこに関係するものかを確認していく。

2　展開

まずは2の問題を活用しながら九州地方の位置を確認する。日本の中の位置だけではなく、朝鮮半島や台湾との位置関係などに着目させ、九州はかつて外国との窓口であったことを思い出させる。また、かつて、なぜ防人を配置したのか、元寇では元がなぜ、九州から攻めてきたのかなど、歴史的分野との関連も確認したい。

次に九州地方の自然環境について、学習する。地域全体が海に囲まれており、島が多く点在していることに注目させたい。また、九州山地があることにより、九州地方の中でも南北で気候が大きく異なる。それぞれの地形の位置と名称については確実に押さえさせたい。雨温図を見ると、宮崎と福岡では降水量が大きく異なっている。南東から吹いてくる夏の季節風と九州山地の影響で宮崎が福岡より降水量が多くなることを捉えさせたい。

また、九州地方には多くの火山が分布していることに加え、世界最大級のカルデラをもつ阿蘇山の存在も確認したい。

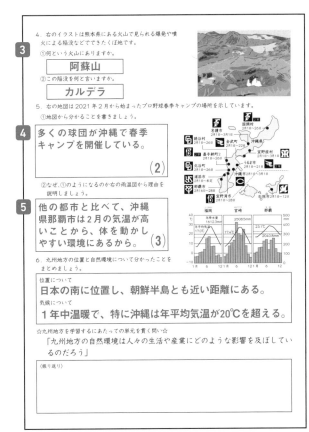

4．右のイラストは熊本県にある火山で見られる爆発や噴火による陥没などでできたくぼ地です。

3

①何という火山にありますか。

阿蘇山

②この陥没を何と言いますか。

カルデラ

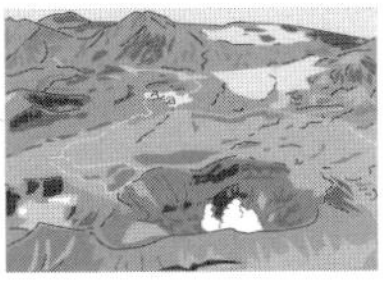

5．右の地図は2021年２月から始まったプロ野球春季キャンプの場所を示しています。

①地図から分かることを書きましょう。

4

多くの球団が沖縄で春季キャンプを開催している。 (2)

②なぜ、①のようになるのか右の雨温図から理由を説明しましょう。

5

他の都市と比べて、沖縄県那覇市は2月の気温が高いことから、体を動かしやすい環境にあるから。 (3)

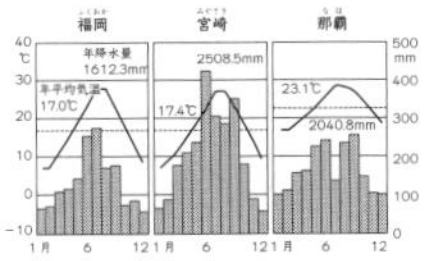

6．九州地方の位置と自然環境について分かったことをまとめましょう。

位置について
日本の南に位置し、朝鮮半島とも近い距離にある。
気候について
１年中温暖で、特に沖縄は年平均気温が20℃を超える。

☆九州地方を学習するにあたっての単元を貫く問い☆

「九州地方の自然環境は人々の生活や産業にどのような影響を及ぼしているのだろう」

〈振り返り〉

さらに野球の春季キャンプに着目させ、多くのプロ野球球団が２月から沖縄や宮崎でキャンプを行うことを確認した上で、なぜ、これらの地域をキャンプ地として選ぶのかを考えさせる。その際に、雨温図を読み取らせ、那覇や宮崎は他の都市と比べて２月の気温が高いことや降水量が少ないことに気付かせる。

3　まとめ

九州の位置と気候について、自分の言葉でまとめを行う。その際、本時の学習を踏まえ、九州が中国や朝鮮半島に近いこと、１年中温暖な気候であることを確認する。最後に、今後も自然環境を手がかりに九州地方を見ていくことに言及する。

ICT 活用のアイディア

1 の地図を提示し、福岡－大阪と福岡－ソウルの距離や福岡－東京と福岡－シャンハイの距離がほぼ同じであることを捉えさせる。

2 の地図を提示し、九州地方の山地や平野、海洋の名前を捉えさせる。

3 の写真を示し、カルデラの成り立ちを説明する。動画でカルデラができる様子も提示できるとよい。

4 の地図を提示し、多くの球団が春季キャンプを開催していることを捉えさせる。

5 九州地方３か所の雨温図を示し、気候の特色を捉えさせる。その際に、那覇は南西諸島の気候となっており、他の２都市と異なることを説明する。

対話のアイディア

1 の地図を見て、「九州地方は日本の中でどのような場所に位置しているかな」「福岡を中心としたときに同じくらいの距離にある都市はどことどこかな」と発問し、近くの席の生徒と話し合わせる。

3 の写真を見て、「どのような特徴がある地形だと思うか」「どうやってこのような地形ができたか」などグループで話し合わせる。

ワークシートの評価ポイント

(1)の空欄では、地図を活用し、福岡から各年までの位置が正しく捉えられていること。また、日本の都市と外国の都市で比較ができていること。

(2)の空欄では、地図や雨温図を活用し、沖縄で春季キャンプを行う球団の多さに言及していること。

(3)の空欄では、雨温図を読み取り、他の都市と比較して那覇の気温が高いことを正しく読み取れていること。

多面的・
多角的に学ぶ　2/5

火山とともに生きる人々の知恵

本時の目標

火山は人々生活や産業にどのような影響を与えているかを理解できるようにする。

本時の評価

桜島の火山噴火に伴う自然災害の実情や災害報道、人々が行っている火山灰対策を理解している。

九州地方が火山の恵みを温泉地や地熱発電所に利用していることを理解している。

□ 火山とともに生きる人々の知恵

ねらい：火山は人々生活や産業にどのような影響を与えているかを理解する。

1．右のイラストは上からみた桜島です。気付くことを書きましょう。

①桜島の位置を地図帳で確認しましょう。

②写真から気付くことを書きましょう。

1

・桜島という名前なのに島になっていない。
・白い煙が出ている。

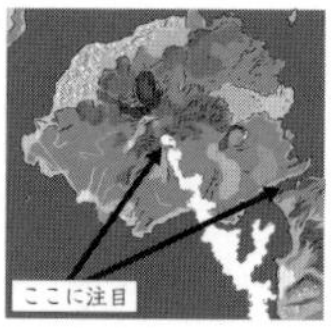

2．次の資料は桜島にある鳥居のイラストです。資料を読んで、なぜ、このような鳥居があるのか理由を書きましょう

2

大正3年の大噴火は、数日前から地震が多く発生したり頂上付近で崩落が起こったり、あるいは海岸で急に温泉が噴き出すなどの予兆現象がみられたそうです。

1月12日にはじまった噴火で溶岩が大量に流れ出し、しばらくして反対側の山の中腹からも爆発が起こりました。その後、爆発はますます激しくなって、噴煙は 7000m以上にも達し、あたり一面に降り注ぎました。流れ出した溶岩は、幅 2000m高さ 40m にもおよび、15日には溶岩が海岸に達し、19日には島全体を覆いました。ちなみに溶岩の早さは毎時 50cm で噴出量は 30 億トンと推定されます。

3

大正3年の大噴火により、溶岩が流れ出し、鳥居が押し寄せた溶岩により埋まってしまったから。　(1)

3．火山があることによって日常生活ではどのような影響がありますか。書きましょう。

4

日常的に灰が降ってくるため、降灰予報がニュースで放送されており、それを見ながら洗濯物を干す。灰が積もってしまうため、専用のごみ袋に入れ、専用の収集所に出す必要がある。　(2)

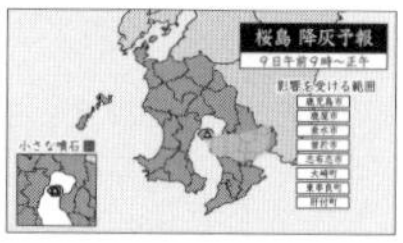

本時の授業展開

1　導入

1の資料は鹿児島県にある桜島を上空から見た写真である。写真から、桜島が島ではないことを確認させるとともに、白い煙が出ていることに気付かせる。

その際、地図帳で桜島の位置を確認し、地図上でも大隅半島と完全にくっついており、島になっていないことに注目したい。

2　展開

次になぜ、桜島が島ではないのに島という名称がついているのかを考えさせる。2の資料から火山から噴き出した火砕流により、もともと島だった桜島は大隅半島とくっついてしまったことを理解させる。その際、埋没鳥居の写真や説明文にある噴煙7000m、噴出量が30億トンというところから、噴火のすさまじさを生徒に想像させたい。

また、桜島が現在でも活動を続ける活火山であることを説明し、鹿児島の人たちはどのように火山と共存しているのかを考えていく。

3の資料を活用し、活動している火山があることにより、空から雨だけではなく灰が降ってくる生活だということを理解し、そのために灰を捨てるための専用のごみ袋や専用の捨て場があること、天気予報では降灰予想が放送されることを資料から読み取る。

一方、火山があることにより様々な恩恵も受けている。

4の資料により、地熱発電が盛んであるこ

5
4．次は火山を活用した発電方法を利用した発電の県別割合を示したグラフと発電所の写真です。
①グラフのうち、九州地方の件を赤で着色しましょう。

②発電方法の名称を書きましょう

地熱　発電

6
5．次のグラフは温泉の源泉数と１分あたりの湧出量です。
九州地方のグラフを赤で着色しましょう。

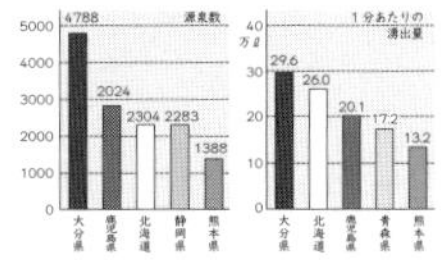

⬆九州地方の主な温泉地と宿泊者数
〈平成30年度　温泉利用状況、ほか〉

6．右は九州地方の温泉地と宿泊者数です。分かることを書きましょう。

大分、熊本、鹿児島は温泉が多くあるため、温泉宿泊者がとても多い。 (3)

7．火山があることによって人々の生活や産業にどのような影響があるかを説明しましょう。

火山があることにより、噴火に関する情報を常に収集する必要がある。灰により洗濯物が干せないなどの不便な点はあるが、温泉に恵まれ、それを目当てにした観光客が集まってくるなどの利点もある。 (4)

〈振り返り〉

と、温泉の湧出量が日本有数であることを確認する。

また、５の資料から温泉があることにより、観光客が多く訪れており、その経済効果はとても大きいことを確認する。その際に、「ななつ星」をはじめとし、「ゆふいんの森」や「はやとの風」など自然環境を観光資源とした観光列車が多くあることにも触れたい。

3　まとめ

火山があることによって生活にどのような影響が出ているかを本時の学習を踏まえて自分の言葉でまとめる。

ICT活用のアイディア

1の図版を提示し、島という名称がついているにもかかわらず、島になっていないことと中央部は噴煙があがっていることに気付かせる。実際に噴火している動画なども視聴する。

2　3 4の写真や図を提示し、桜島とともに生活をしていくためにはどんな工夫がされているのかを捉えさせる。

5のグラフを提示し、大分と鹿児島を合わせると地熱発電の４割に及ぶことを捉えさせる。

6のグラフと地図より、九州地方は火山があることにより温泉という重要な観光資源を得ていることを説明する。

対話のアイディア

1の図を見て「地名から何か疑問に感じることはないか」「なぜ、そのような地形になっているのか」について、近くの生徒と話し合わせる。

6のグラフと地図を見て、「温泉宿泊者数が多いのはどこで、どのような利点があるのか」について、近くの生徒と話し合わせる。

ワークシートの評価ポイント

(1)の空欄では、写真資料から鳥居が埋没してしまったことに気付き、その理由について文章資料から火山の噴火と結び付けて答えられていること。

(2)の空欄では、提示されている資料を活用し、火山が日常的に降るため降灰予報が活用されていること、克灰袋や収集所が必要なことを読み取れている。

(3)の空欄では、温泉が多くある件ほど、宿泊者数が多くなっていることを正しく読み取れている。

(4)の空欄では、本時で習った内容を生かし、不便な点、利点の両方を正しく記載していること。

多面的・多角的に学ぶ

3/5

自然環境を生かした九州地方の農業

本時の目標

九州地方の人々が、自然環境を生かして農業を行っていることを理解できるようにする。

本時の評価

九州地方の自然環境と農業との関連について適切に読み取り、九州南部の畜産やシラス台地での畑作、北部での稲作の実態を理解している。

□ 自然環境を生かした九州地方の農業

ねらい：九州地方の人々が、自然環境を生かして農業を行っていることを理解しよう。

2
1．白地図に筑紫平野と宮崎平野を斜線、筑後川を青、シラスが分布している地域を赤で記入しましょう。

1

2．次のグラフは肉牛・豚・にわとりの県別飼育数である。九州地方の県を着色しましょう。

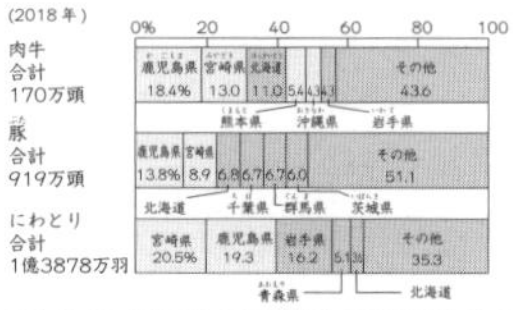

↑牛肉・豚・にわとりの県別飼育数（「畜産統計」2018年）

3．鹿児島県では、競争力をつけるためにどのような工夫をしていますか。右のロゴを参考に書きましょう。

他県とのちがいを出すために、質のよい肉を生産してブランド化している。

3
4．次のグラフは茶の都道府県別生産割合です。鹿児島県で茶の栽培が盛んな理由を書きましょう。

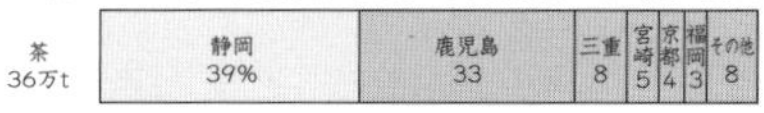

鹿児島県にあるシラス台地は、日当たりがよく水を非常に通しやすい。茶の栽培は水はけのよい土地に適しているため、鹿児島県では茶の栽培が盛んになっている。 (1)

本時の授業展開

1　導入

第1時の冒頭であげた九州地方の有名な食品や特産物を再度取り上げる。その際に県名もあげさせることで、九州地方の中でも、場所によってとれる農産物が違うことに注目する。

2　展開

白地図で農業と密接に関わる地形を確認する。その際に、シラスとは何か、教科書を活用して正しく理解する。また、第1時で取り上げた雨温図を見直し、筑紫平野と宮崎平野では夏の降水量にかなり差があることを確認する。

次に地域別に行っている農業を見ていく。最初は鹿児島、宮崎の畜産から見ていきたい。九州南部にはシラス台地が広がっているが、シラス台地は水を通しやすく、かつては農業に向かない土地であったこと。ダムや農業用水の整備を行ったことでシラス台地の農業は大きく変化し、現在、鹿児島・宮崎は畜産のシェアが全国で高いシェアであることを理解する。また、現在は外国産の安い肉に対抗するために家畜を効率よく育てるだけでなく、質を向上し、ブランド化していることを資料から読み取らせる。

また、鹿児島の茶はトップの静岡とほとんど差がなくなっており、全国有数の茶の栽培地である。茶は日当たりがよく水はけのよい土地に適していることから、シラス台地が茶の栽培に適した土地であることを生徒自身が結び付けられるとよい。

次に宮崎平野におけるビニールハウスを活用

4

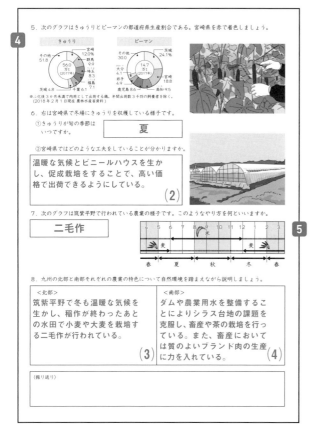

5．次のグラフはきゅうりとピーマンの都道府県生産割合である。宮崎県を赤で着色しましょう。

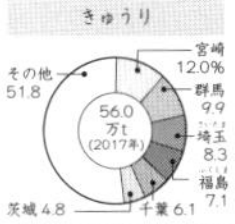

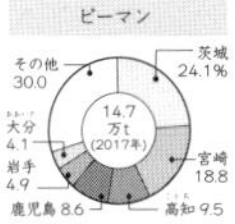

※ふ化後３か月未満で肉用として出荷する鶏。年間出荷数３千羽の飼養者を除く。（2018年２月１日現在 農林水産省資料）

6．右は宮崎県で冬場にきゅうりを収穫している様子です。

①きゅうりが旬の季節はいつですか。 **夏**

②宮崎県ではどのような工夫をしていることが分かりますか。

温暖な気候とビニールハウスを生かし、促成栽培をすることで、高い価格で出荷できるようにしている。 (2)

7．次のグラフは筑紫平野で行われている農業の様子です。このようなやり方を何といいますか。

二毛作

5

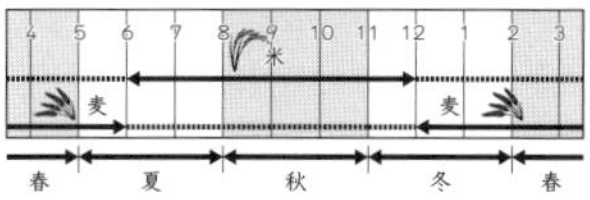

8．九州の北部と南部それぞれの農業の特色について自然環境を踏まえながら説明しましょう。

<北部>	<南部>
筑紫平野で冬も温暖な気候を生かし、稲作が終わったあとの水田で小麦や大麦を栽培する二毛作が行われている。 (3)	ダムや農業用水を整備することによりシラス台地の課題を克服し、畜産や茶の栽培を行っている。また、畜産においては質のよいブランド肉の生産に力を入れている。 (4)

（振り返り）

した促成栽培を見ていく。時期を早めて栽培する促成栽培や遅らせて栽培する抑制栽培はこの後の諸地域学習でも出てくるので語句の意味をしっかりと捉えさせる。

最後に、筑紫平野が広がる福岡は九州有数の穀物地であり、温暖な気候を生かして二毛作が行われていることを確認する。

3　まとめ

本時の学習を振り返り、北部と南部では農業が大きく異なることを確認する。穀物地であり、米や小麦、大麦の二毛作を行う北部に対し、シラス台地の土壌を改良し続けることで畜産が盛んになった南部があり、そこには自然環境が大きく関わっていることを再度確認したい。

ICT 活用のアイディア

1の地図を提示し、地図帳の九州地方の地形を参考に、生徒とともに設問にある地形を書き込みながら位置を確認する。

2のグラフを提示し、すべて鹿児島と宮崎が上位であることを確認する。また、１の地図より２県がシラス台地であることに気付かせる。

3のグラフを提示し、鹿児島が茶の栽培が盛んなことを確認し、理由を説明する。

4のグラフを提示し、宮崎平野では野菜の栽培が盛んであることを確認する。

5のグラフを提示し、二毛作のやり方を確認する。その際に二期作との違いを説明する。

対話のアイディア

2のグラフを見て、「なぜ、鹿児島や宮崎では畜産が盛んに行われているのか」「鹿児島や宮崎はどのような自然環境にあるのか」と発問し、近くの席の人と話し合わせる。

5のグラフを見て、「このような方法を何というのか」「なぜ、筑紫平野ではこの方法を取り入れているのか」と発問し、近くの席の人と話し合わせる。

ワークシートの評価ポイント

(1)の空欄では、シラス台地の特色と茶の栽培条件をそれぞれあげて説明できていること。

(2)の空欄では、ビニールハウスを用いて促成栽培をしていること。また、温暖な気候が促成栽培を可能にしていることが捉えられてること。

(3)と(4)の空欄では、本時の学習から、北部、南部それぞれの特色を地形から正しく説明できていること。

多面的・
多角的に学ぶ

4/5

工業の移り変わりと環境保全

本時の目標

九州地方では、自然環境の保全と産業の発展を両立させるためにどのような取組をしてきたのかを理解できるようにする。

本時の評価

北九州市の新旧写真の比較から環境が大きく改善したことを読み取り、市の環境保全への取組を理解している。

アジアに近いという立地から、原料が調達しやすいことで発達した九州の工業について理解している。

□ 工業の移り変わりと環境保全

ねらい：九州地方では、自然環境の保全と産業の発展を両立させるためにどのような取組をしてきたのかを理解しよう。

1

1960 年代

1988 年

1．上のイラストは北九州市にある洞海湾の変化です。どのように変化したかを書きましょう。

1960 年代の洞海湾は、海に大量の汚染物質が流れているが、1988 年の洞海湾はきれいな海になっており、埋立地には緑も見えている。

2．次のグラフは北九州工業地域の工業生産の変化です。もともと盛んだった工業は何ですか。

金属

2

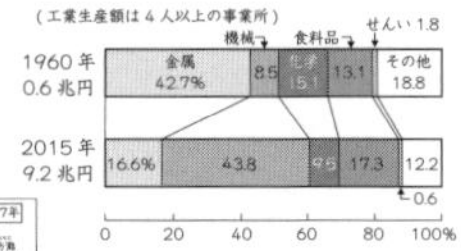

3

北九州工業地帯の変化

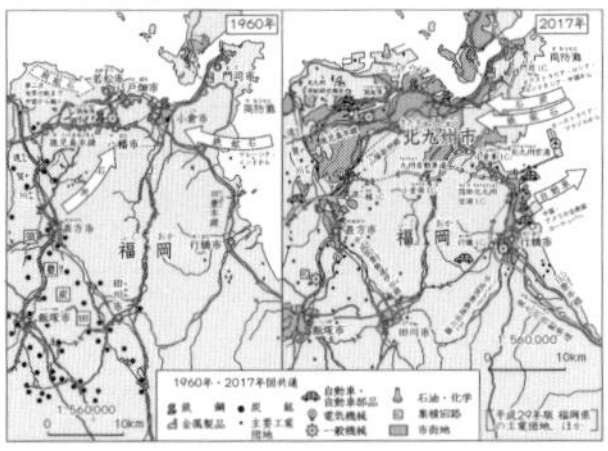

3．左の地図をみて、1960 年の北九州工業地帯では燃料である石炭をどこから手に入れているかを書きましょう。

福岡県内にある筑豊炭田で採掘して、手に入れている。

本時の授業展開

1　導入

１の資料は北九州市にある洞海湾の様子である。洞海湾は1960年代に重工業が発展する一方、激しい公害をもたらし「死の海」と呼ばれ、大腸菌すら住めない海だったことを示す。なお、空は「ばい煙の空」と化し、大気汚染は国内最悪を記録している。一方、1980年代には、環境再生を果たし、奇跡のまちとして国内外で紹介されている。

2　展開

最初に、北九州工業地帯が発展した背景を確認する。北九州市は鉄鋼業を中心に発展していたことを２のグラフから確認する。

３の地図の読み取りから、北九州市の近くにはかつて筑豊炭田と呼ばれる炭鉱があったことを確認する。筑豊炭田の石炭と中国から輸入した鉄鉱石により官営八幡製鉄所で鉄鋼業が行われていたことを説明する。

次に、2017年の地図を読み取り、今では筑豊炭田は閉鎖され、石炭や鉄鉱石はオーストラリアなどから輸入していること。自動車の製造が盛んになり、完成した製品は海外へ輸出されていることを気付かせたい。

また、1960年は市街地がほとんどなかったが、2017年には北九州市の多くが市街地へと変化していることにも着目する。

現在、北九州市はエコタウンに選ばれている。５の地図から新たに埋め立てが行われ、廃棄物処理場やごみ処理工場のほか、風力発電

4．1960年と比較して、2017年はどのような変化をしていますか。気付いたことを書きましょう。

石炭や鉄鉱石などの資源はオーストラリアを中心とした海外からの輸入が多くなっている。炭鉱は工業団地になり、鉄鋼以外の製品もつくるようになった、なかでも自動車は海外に輸出されている。 (1)

5．現在、北九州市はエコタウンに選ばれています。エコタウンとしてどのような取組をしているか、資料を参考にして書きましょう。

埋め立てが行われ、ごみ処理場や廃棄物処理場、風力発電所、環境コンビナートや研究所ができており、環境関連施設が多くある。 (2)

4

環境都市を目指す北九州市

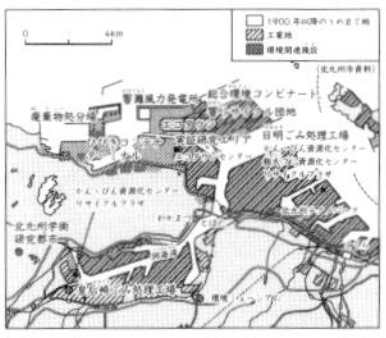

6．右のグラフから、北九州市全体でどのような取組がされているのか、書きましょう。

リサイクル率は向上し、ごみ排出量が削減されており、住民も含めた北九州市全体でエコに取り組んでいる。 (3)

5

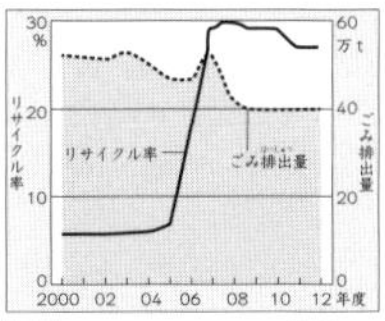

北九州市のリサイクル率とごみ排出量の移り変わり
(「一般廃棄物処理実態調査結果」平成24年度ほか)

7．北九州市の取組をSDGsの17の目標に照らし合わせ、どのゴールと深く関係しているか、あなたの考えを書きましょう。

[例] ゴール11
住み続けられるまちづくりをと深く関係していると考えた。大気汚染や海の汚染かの排除に積極的に取り組み、今ではエコタウンに認定されるまでに回復し、住み続けられるまちへと変化している。 (4)

〈振り返り〉

所や研究エリアが設けられていることから、洞海湾周辺は環境に配慮した建物が多くあることを読み取る。

また、6の資料からは、多くの施設をつくっただけではなく、実際にリサイクル率は向上し、ごみ排出量は減少しているなど、市全体でエコタウンとしての取組を行っていることにも着目する。

3 まとめ

北九州市では、環境に配慮した様々な取組が行われており、それらは現代社会の課題を解決するためのSDGsにもつながっていることを意識させたい。

ICT活用のアイディア

- 1の写真を授業の導入として提示し、洞海湾の様子がどのように変化したのかを確認する。
- 2のグラフを示し、北九州工業地帯の工業生産の変化を捉えさせる。かつては金属が盛んだったが、現在は機械の割合が多いことを確認する。
- 3の地図を掲示し、北九州工業地帯の変化に気付かせる。他の工業地帯と比較し、現在、全国における北九州工業地帯の工業生産割合は低くなっていることを説明する。
- 4 5の図とグラフを提示し、現在の北九州市はエコタウンとして取組を行っていることを確認する。

対話のアイディア

- 1の写真を見て、「1960年代の洞海湾がどのような状況か」「なぜ、そうなっているのか」「1988年の洞海湾で見られた変化はどうか」と発問し、近くの生徒と話し合わせる。
- 4 5の図とグラフを見て、「どのような取組がされているのか」「その取組はどんな効果をもたらすのか」という設問について、近くの生徒と話し合わせる。

ワークシートの評価ポイント

(1)の空欄では、筑豊炭田の石炭が使われなくなり海外からの輸入になったこと、鉄鋼以外の産業が増えて自動車を輸出していることを読み取れている。

(2)の空欄では、地図から環境に配慮した施設が多く設置されたことを読み取れている。(3)の空欄では、グラフを正しく読み取れている。

(4)の空欄では、[例] を参考に、深く関係していると思うゴールを示し、なぜそのように考えたか自分なりの考えを理論的に説明できている。

まとめる

5/5

沖縄県の観光開発と環境保全

本時の目標

沖縄県の自然環境の特色を理解し、観光開発と環境保全の関係について考えられるようにする。

本時の評価

沖縄の自然環境の特色について、南西諸島のさんご礁に着日し、観光開発による環境への影響を理解している。

沖縄県の観光業の課題、これからの観光開発の在り方について主体的に追究し、解決しようとしている。

□ 沖縄県の観光開発と環境保全

ねらい：沖縄県の自然環境の特色を理解し、観光開発と環境保全の関係について考えよう。

1

1．右のイラストは沖縄の慶良間諸島の海です。沖縄の海にはどのような特色があるかを書きましょう。

さんごが集まってできた
さんご礁を見ることができる。

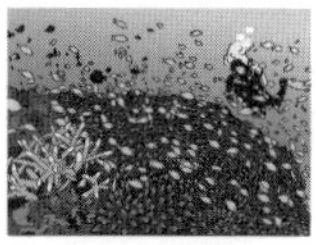

2

2．那覇市の雨温図をみて、平均気温と年降水量を書きましょう。

平均気温：23.1℃　年降水量：2040.8mm

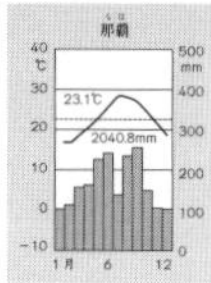

3

3．次の地図は沖縄県の土地利用です。凡例にならって着色しましょう。
さとうきび畑…黄、パイナップル畑…赤。アメリカ軍用地…青

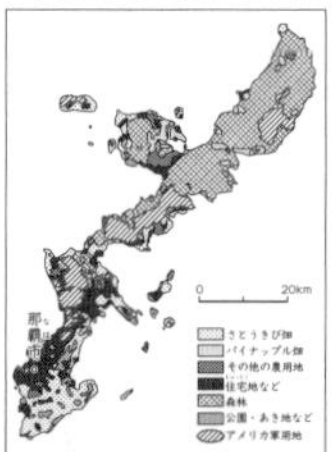

(土地利用は2006～2009年、アメリカ軍用地は2017年)

4．次のグラフは沖縄の観光客数と観光収入の移り変わりです。分かることを書きましょう。

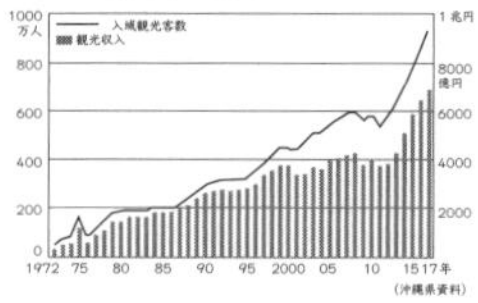

⬆沖縄県の観光客数と観光収入の移り変わり

4

1972 年には 50 万人もいなかった観光客が年々増加し、2017 年には 600 万人を超えており、観光収入は 1 兆円近くまで増えている。 (1)

本時の授業展開

1　導入

「沖縄といえばどんなものを思い浮かべるか」という発問を冒頭で行う。「シーサー」「さとうきび」「首里城」などいろいろな解答が出てくることが予想される。九州地方の学習最後になる本時では沖縄県を中心に取り上げることを確認する。

2　展開

1で最後の課題となるさんご礁について取り上げる。さんご礁はさんごが集まってつくられる地形で、水温が高くきれいな海の浅瀬に見られることを取り上げ、2で那覇の雨温図をみることにより、1年を通して気温が高いことを確認する。

3では、沖縄県の土地利用について取り上げる。パイナップル畑やさとうきび畑など、温暖な環境下でのみ生育する農作物を生産していることに注目する。

一方、アメリカ軍用地があり、日本全体の約7割が沖縄県にあることも説明する。沖縄がかつて琉球王国をつくっていたこと。1879年に琉球藩が廃止になり沖縄県が設置されたこと。第二次世界大戦末期には激戦地になって多くの犠牲者を出し、1972年まではアメリが軍の軍政下に置かれていたことなど、歴史的分野との関連も確認しておきたい。

次に観光客と観光収入の移り変わりを見ることにより、沖縄県の観光業は近年も発展し続けており、2017年には観光収入1兆円に届く勢いであることを確認する。

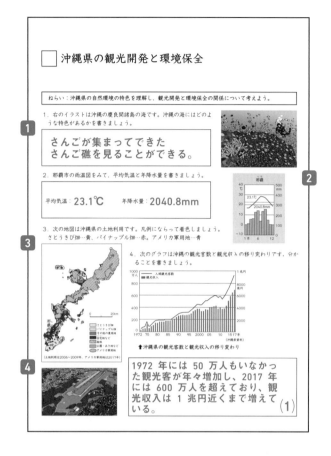

5

海に流れだす赤土：サンゴ礁海域への陸上からの赤土の流入は、南西諸島海域に共通する課題となっている。

サンゴの白化現象：生息環境の大きな変化によってサンゴがストレスを受け、サンゴの白化が引き起こされると考えられている。

5．観光客の増加にともない、問題になっていることを上のイラストを参考にして書きましょう。

沖縄の観光資源であるきれいな海が赤土の流入やサンゴの白化現象により失われつつある。 (2)

[課題] 沖縄県の自然環境を保全しながら観光業を発展させていくためにはどのような取組が必要でしょうか。あなたの考えを書きましょう。

＜評価の基準＞

① 自然環境の保全と観光業の発展という２つの面から多面的・多角的に伝えられているか。
② 中学生として適切な文章の質と量で記入ができているか。
③ 具体的な事例をあげながら、自身の言葉で書けているか。

〈振り返り〉

このような状況下で新型コロナウイルスが全世界に広がったことで沖縄県はどのような影響を受けたかも考えさせたい。

観光業が発展している一方で、赤土やさんごの白化現象が深刻になっていることを確認する。沖縄の重要な観光資源であるさんご礁であるが、観光業の発展に伴って失われつつあるという状況に気付かせたい。

3 まとめ

まとめの活動として、沖縄の自然環境を保全しながら観光業を発展させるためにはどのような取組が必要かについて考える。教科書のほか、タブレットの活用など様々な情報手段を駆使し、生徒が自分の言葉で記入できるようにする。

ICT 活用のアイディア

1の写真と2の雨温図を提示し、沖縄県の海にはさんご礁が見られることを捉えさせる。また、さんご礁が育つ条件として、１年を通して温暖な気候があることを確認する。

3の地図を提示し、沖縄県の土地利用について、確認する。さとうきび畑やパイナップル畑のほか、アメリカ軍用基地があることに気付かせる。

4のグラフを提示し、沖縄の観光客数と観光収入が年々増加していることを確認する。

5の図より、重要な観光資源であるさんご礁の白化や赤土の流入が起きていることを説明する。

対話のアイディア

1 2を見て、「沖縄の海で見られる自然現象を何というか」「なぜ、沖縄ではこのような現象を見ることができるのか」といった設問を近くの生徒と話し合わせる。

5の図を見て、「なぜ、このような被害が起きているのか」「これらの被害が及ぼす影響は何か」「どうすればこの状況を解決することができるのか」といった設問について、近くの生徒と話し合わせる。

ワークシートの評価ポイント

(1)の空欄では、グラフから観光客が年々増加し、近年は600万人まで増えていることを読み取れている。観光収入も大きく伸びており、現在は１兆円に迫る勢いであることを読み取れている。

(2)の空欄では、写真資料から、沖縄の重要な観光資源であるきれいな海が失われつつあることを読み取れている。

（3）中国・四国地方：交通や通信

5 時 間

単元の目標

「交通網の発達と人々の生活の変化」を中核として、中国・四国地方の地域的特色を理解し、交通網が発達したことによる利点と問題点を踏まえて、地域のよりよい在り方について主体的に追究して考察し、表現する。

単元を貫く問い

交通網の発達は地域にどのような影響を与えるのだろう。

1 時	2・3 時
大観する	多面的・多角的に
〔第 1 時〕 単元の導入として、中国・四国地方の名産品や観光地などを紹介し、学習への関心を高めるとともに、中国・四国地方の自然環境にはどのような特徴があるのかを、地形や気候区分に着目して考える。 また、1985年頃と現在の中国・四国地方の交通網の発達に関する資料から、どのような変化が見られるのかを捉え、「交通網の発達は地域にどのような影響を与えるのだろう」という単元を貫く問いを設定する。	〔第 2 時〕 前時に設定した「交通網の発達は地域にどのような影響を与えるのだろう」という単元を貫く問いについて、第 2 時では工業に着目して捉える。具体的には、中国・四国地方の工業地域が瀬戸内海沿岸に分布している理由を、分布図などの資料から情報を適切に読み取り、交通網と工業の関係について考える。この学習を通して、交通に便利でかつ地形的に恵まれた地域では工業が盛んになることを理解する。 〔第 3 時〕 「交通網の発達と農業」という視点から、単元を貫く問いについて考察する。瀬戸内の気候を生かした農業や高知平野のビニールハウスを用いた促成栽培を中心に、中国・四国地方の農業の特色を理解させるとともに、交通網の発達によって遠くの地域にまで輸送できるようになったことについて理解する。

単元を構造化する工夫

単元を構造化するために、第 5 時の学習から逆向きに授業を設定した。本単元では「交通網が発達したことによる利点と問題点を踏まえて、中国・四国地方のよいよい在り方について考察させる」ことが目標である。その目標を達成するための学習活動は第 5 時に設定し、第 5 時までの学習で、交通網が発達したことによる「利点」と「問題点」を生徒に捉えさせるように単元指導計画を作成した。第 1 時の学習で単元を貫く問いを設定し、第 5 時までに、中国・四国地方の地域的特色について、「交通網の発達」を中核として確実に理解させることで、第 5 時の学習に深まりをもたせるようにした。

単元の評価

知識・技能	思考・判断・表現	主体的に学習に取り組む態度
○中国・四国地方の地域的特色を、「交通網の発達と人々の生活の変化」を中核として考察し、交通網が発達したことによる利点と問題点について理解している。	○「交通網の発達と人々の生活の変化」を中核として、交通網が発達したことによる地域の変化を、利点と問題点の両面から多面的・多角的に考察するとともに、地域のよりよい在り方について、地域おこしの事例などを参考に考察し、表現している。	○交通網の発達による人々の生活の変化について、交通網が発達したことによる利点と問題点を踏まえて、中国・四国地方のよりよい社会の在り方について、主体的に追究しようとしている。

4時・5時	5時
学ぶ	まとめる
〔第4時〕 「交通網の発達と人々の生活の変化」という視点から単元を貫く問いについて考察する。本州・四国連絡橋が開通したことで、人々の生活にはどのような変化があったのかについて、資料から適切に情報を読み取る。このような活動を通して、交通網の発達によって他地域との結び付きが一層強まり、人々の生活に便利になったが、一方で、フェリーの減便・廃便により橋の架かっていない人々の生活が不便になっていることや、ストロー現象によって、過疎化が一層深刻化している現状について理解する。 〔第5時・前半〕 地域の過疎化に対して、中国・四国地方の人々がどのように向き合い、どのような工夫をしているのかについて、調べ学習を行い、「地域おこし」の事例についての認識を深める。	〔第5時・後半〕 「交通網の発達は地域にどのような影響を与えるのだろう」という問いについて、交通網が発達したことによる利点と問題点の両面からワークシートに整理する。そして、よりよい中国・四国地方にしていくための方策について、地域おこしの事例を参考にして考える。一人一人が考えた内容はグループワークを通して、意見交換を行う。最終的に、これまでの学習を踏まえて、レポートにまとめる。

課題解決的な学習展開にする工夫

課題解決的な学習展開にするために、単元を貫く問いを第1時で設定した。そして、第2時から第4時までは、「工業と交通網の発達」「農業と交通網の発達」「人々の生活の変化と交通網の発達」というように、全て単元を貫く学習課題について、多面的・多角的に捉えられるように学習展開を工夫した。特に、単元の前半は、交通網が発達したことによる利点に関する内容を中心に学習し、単元の後半部分で交通網が発達したことによる課題を捉えさせることで、第5時の「よりよい地域の在り方」について考察しやすいようにした。また、タブレットの検索機能などを活用して地域おこしの事例を調べさせるなど、地域のよりよい在り方について生徒が主体的に考察できるように学習展開を工夫した。

多面的・
多角的に学ぶ

1/5

中国・四国地方の自然環境

本時の目標

「山陰」「瀬戸内」「南四国」のそれぞれの自然環境を理解できるようにする。

本時の評価

中国・四国地方に関する資料を適切に読み取り、「山陰」「瀬戸内」「南四国」のそれぞれの自然環境を理解している。

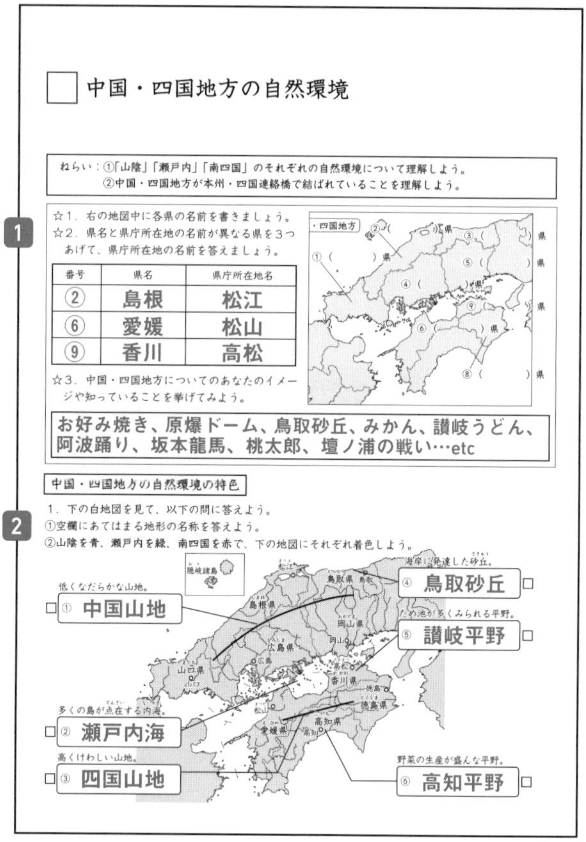

中国・四国地方の自然環境

ねらい：①「山陰」「瀬戸内」「南四国」のそれぞれの自然環境について理解しよう。
②中国・四国地方が本州・四国連絡橋で結ばれていることを理解しよう。

1

☆1．右の地図中に各県の名前を書きましょう。
☆2．県名と県庁所在地の名前が異なる県を３つあげて、県庁所在地の名前を答えましょう。

番号	県名	県庁所在地名
②	島根	松江
⑥	愛媛	松山
⑨	香川	高松

☆3．中国・四国地方についてのあなたのイメージや知っていることを挙げてみよう。

お好み焼き、原爆ドーム、鳥取砂丘、みかん、讃岐うどん、阿波踊り、坂本龍馬、桃太郎、壇ノ浦の戦い…etc

中国・四国地方の自然環境の特色

2

1．下の白地図を見て、以下の問に答えよう。
①空欄にあてはまる地形の名称を答えよう。
②山陰を青、瀬戸内を緑、南四国を赤で、下の地図にそれぞれ着色しよう。

本時の授業展開

1　導入

まず、中国・四国地方に関する生徒の興味・関心を喚起したい。そこで、プレゼンテーションソフトを用い、中国・四国地方に関する有名な観光地や食べ物、建築物などを掲示する。また、ワークシートで中国・四国地方の都道府県の名称と位置を簡単に確認した後、中国・四国地方に対して、生徒がどのような印象を抱いているのかを確認する。ここで出てきた意見は展開や次回以降の授業で活用していきたい。

2　展開

ワークシートで、中国・四国地方の地域区分や地形、気候について資料から読み取らせる。その際、中国・四国地方は中国山地、四国山地を境として便宜上、「山陰」「瀬戸内」「南四国」の３つの地域に区分されることを押さえたい。雨温図を読み取らせる際には、「日本の地域的特色と地域構成」で学習した内容を振り返るようにする。日本の気候が季節風の影響を受けて、太平洋側と日本海側では気候が異なることや、山地に挟まれた地域では年降水量が比較的少なくなることなどは、地理的な見方・考え方の基礎となるため、確実に生徒に理解させる。

解説の場面では、瀬戸内では降水量が少ないことを克服するために、香川県では昔からため池が利用されてきたことや、稲作に不向きだったことから小麦を使った讃岐うどんが全国的に有名になった経緯について説明し、生徒の関心を高める。また、広島の特徴的な地形をスライドで提示し、近年、土砂災害や河川の氾濫に見

2．下の3つの地域は、それぞれ山陰、瀬戸内、南四国の代表的な都市の雨温図である。鳥取、高松、高知が、山陰、瀬戸内、南四国のどれにあたるかを答え、それぞれの特色を簡単に説明しよう。

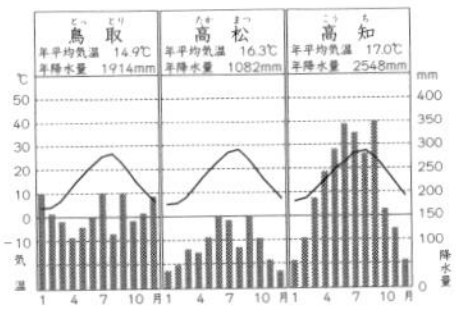

鳥取（ 山陰 ）	高松（ 瀬戸内 ）	高知（ 南四国 ）
特色 冬に吹く北西の季節風の影響で比較的冬の降水量が多い。	特色 中国山地と四国山地に挟まれているため、年間を通して降水量が少ない。	特色 夏に吹く南東の季節風の影響で夏の降水量が多い多雨地域。

4．降水量が少ないことから、瀬戸内では右上のような農業用の池が整備されている。これを何といいますか？

ため池

単元を貫く問いを設定しよう

5．右の資料から、中国・四国地方のどのような変化が読み取れるか、箇条書きでいくつか挙げてみよう。

1985年と2015年を比較すると、
・高速道路が発達している。
・本州と四国の間に橋が架かった。
・3時間で行ける範囲が広がった。

中国・四国地方の高速道路網と所要時間の変化（本州四国連絡高速道路資料，ほか）

☆単元を貫く問い☆

3 交通網の発達は地域にどのような影響を与えるのだろう。

〈振り返り〉
中国・四国地方の自然環境について理解することができました。交通網の発達によって人々の生活がどのように変わるのかをしっかりと勉強したいです。

舞われていることなどについて、地形の面から説明し、自然環境が地域の人々の生活に与える影響について理解を深めさせたい。自然環境については動画等を用いるとより有効である。

3　まとめ

最後に、中国・四国地方の交通網の発達に関する資料を取り上げ、単元を貫く問いを生徒に提示する。瀬戸大橋の開通を筆頭として、本州と四国は3つのルートで結ばれた。また、近年の高速道路の発達によって、地域間の結び付きや人々の生活が大きく変化してきている。「交通網の発達が地域に与える影響」について、今後の学習で考察させることで、中国・四国地方の地域的特色を理解させるだけでなく、地理的な見方・考え方の基礎を養わせたい。

ICT活用のアイディア

1 中国・四国地方について知っていることやイメージを、タブレットを使って言葉や景観写真で表現させる。教師側もプレゼンテーションソフトを用いて、有名な地形や観光名所などの写真を提示する。

2 中国・四国地方の地形の景観写真や雨温図などをスライドで提示して中国・四国地方の自然環境を視覚的に解説する。また、GoogleEarthなどのアプリを利用して実際に現地の様子を大観する。

3 学習のまとめに、NHK for Schoolを視聴し、本時の学習への理解を深める。また、瀬戸大橋開通後の現地の様子と現在の様子を比較させ、次回以降の学習につなげる。

対話のアイディア

1 中国・四国地方について知っていることやイメージをタブレットを使って全体で共有し、他の人が中国・四国地方についてどのような印象を抱いているのかを知る。

2 山陰・瀬戸内・南四国のそれぞれの自然環境の特徴や違いについて、近くの席の人々と説明し合いながら確認する。

ワークシートの評価ポイント

・教科書や地図帳などを活用して、中国・四国地方の地形や気候、国名を適切に調べることができている。
・中国・四国地方のイメージや印象について、自分自身で考えたことや他の人の意見を記述することができている。

多面的・多角的に学ぶ

2/5

瀬戸内工業地域

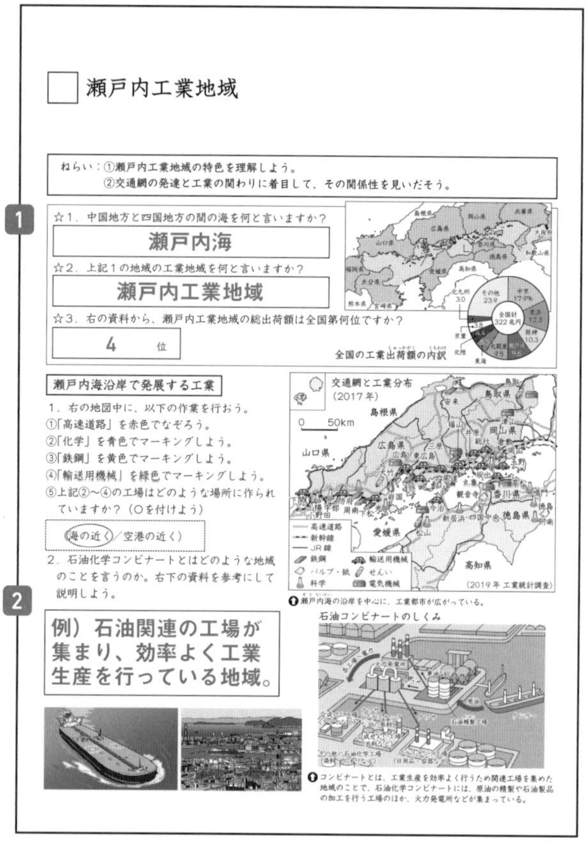
瀬戸内工業地域

ねらい：①瀬戸内工業地域の特色を理解しよう。
②交通網の発達と工業の関わりに着目して、その関係性を見いだそう。

1

☆1．中国地方と四国地方の間の海を何と言いますか？

瀬戸内海

☆2．上記1の地域の工業地域を何と言いますか？

瀬戸内工業地域

☆3．右の資料から、瀬戸内工業地域の総出荷額は全国第何位ですか？

4 位

瀬戸内海沿岸で発展する工業

1．右の地図中に、以下の作業を行おう。
①「高速道路」を赤色でなぞろう。
②「化学」を青色でマーキングしよう。
③「鉄鋼」を黄色でマーキングしよう。
④「輸送用機械」を緑色でマーキングしよう。
⑤上記②～④の工場はどのような場所に作られていますか？（○を付けよう）

（海の近く／空港の近く）

2．石油化学コンビナートとはどのような地域のことを言うのか。右下の資料を参考にして説明しよう。

2

例）石油関連の工場が集まり、効率よく工業生産を行っている地域。

瀬戸内海の沿岸を中心に、工業都市が広がっている。

石油コンビナートのしくみ

コンビナートとは、工業生産を効率よく行うため関連工場を集めた地域のことで、石油化学コンビナートには、原油の精製や石油製品の加工を行う工場のほか、火力発電所などが集まっている。

本時の目標

瀬戸内工業地域の特色について理解できるようにする。

本時の評価

中国・四国地方の工業に関する資料を適切に読み取り、瀬戸内工業地域の特色を理解している。

本時の授業展開

1　導入

「日本の地域的特色と地域区分」の単元での既習を生かし、「原油や鉄鉱石はどのようにして日本に送られてくるか？」という発問を投げかける。原油などの資源は重たく、一定の体積を要するため、日本にはタンカーという船で輸送されてくることを説明するとともに、本時では「瀬戸内工業地域」について学習することや総出荷額について確認する。

2　展開

ワークシートで瀬戸内工業地域の特色に関する資料の読み取りを行う。地図に着色する活動を通して、「化学」や「鉄鋼」、「輸送用機械」の工場が瀬戸内海沿岸に分布していることを捉えさせる。また、石油化学コンビナートがどのような仕組みになっているかを資料からの読み取りを通して理解させる。次に、瀬戸内工業地域の特色について、全国平均との比較から捉え、全国的に見ても「化学」や「鉄鋼」の割合が高いこと、水島臨海工業地域では、特にその傾向が顕著なことを資料の読み取りを通して確認する。また、なぜ瀬戸内工業地域で、このような工業が盛んになったのかについて、資料の読み取りを通して理解させる。

一方で、1964年に比べると、近年では「化学」や「せんい」の割合が減少し、「機械」の割合が高くなっていることにも着目させ、外国との競争などの影響で工業出荷額が伸び悩んでいることや、炭素繊維などの新しい工業などを行っていることについて捉えさせる。解説の場

3．右の資料を見て以下の問いに答えよう。

①瀬戸内工業地域（2018年）と全国平均を比べて、割合が高いものを２つ答えよう。

金属	化学

②瀬戸内工業地域の中でも水島臨海工業地域では、特に、どのような傾向が見られるかを簡単に説明しよう。

例）瀬戸内工業地域の中でも特に化学の割合が高い。

③1964年と2018年では、瀬戸内工業地域の工業製品出荷額の割合はどのように変化しているかを説明しよう。

瀬戸内工業地域の工業製品出荷額割合の変化

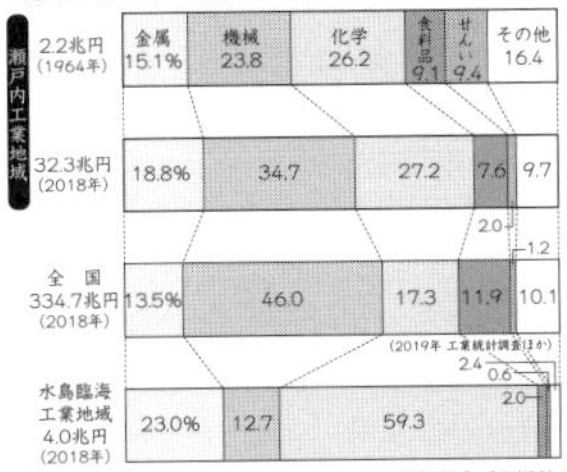

（2019年 工業統計調査ほか）
※4人以上の事業所の統計　（2019年 岡山県工業統計調査）

・金属と機械類の割合が増えている。
・食品やせんいの割合が減っている。
・工業出荷額も大幅に増えている。

3 4．化学や鉄鋼、輸送用機械が瀬戸内工業地域で発達した理由を右の資料を参考にして説明しよう。

原油や鉄鉱石など重たい物質を輸出入するための船を発着しやすく、市街地から離れていて、埋め立てによって工場用地を確保しやかったため。

コラム 瀬戸内海沿岸はなぜ重化学工業地域になった？

① 重くて、かさばる原燃料や工業素材を安く大量に運ぶには船が最適。
② 火気の危険や騒音をともなう重化学工業の工場は市街地から離れたところにおきたい。
③ ①②の条件を満たす瀬戸内海沿岸は遠浅なため、埋め立てにより工場用地を確保しやすい。
こうして、この地域では1960年代から工業用地としての埋め立てが増え、石油精製や鉄鋼生産を行う工場とこれからの素材を利用する化学工場や自動車工場などが隣接して建設されるようになった。埋め立てが進んだ瀬戸内海では自然海岸が４割を切っている。

瀬戸内海の自然海岸の割合

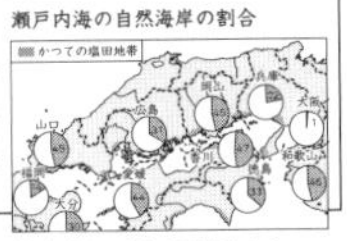

5．以前に比べて、瀬戸内工業地域で機械工業の割合が高くなったのはなぜだろう。その理由を、教科書の本文などを参考に、調べて答えよう。

化学工業が外国との競争で伸び悩んでいるから。また、炭素繊維の開発や造船工場の施設を利用した鉄道車両などの製造も行われているから。

4 （振り返り）
瀬戸内工業地域は船が船舶しやすい利点を生かした工業を行っていることが分かりました。また、どうして他の地域から工場が移ってきたのか気になりました。

面では、瀬戸内工業地域の移り変わりが分かる写真や映像資料を用いて、重化学工業が発達していった過程について捉えさせたい。

3　まとめ

瀬戸内工業地域の地域的特色についてまとめた後、交通網と工業の関係について確認する。瀬戸内工業地域では、塩田の跡地や遠浅の海岸を埋め立てた広大な土地を生かして重化学工業が発達してきたこと、近年では広島県などを中心に、自動車関連工場の進出も著しいことを分布図を提示して気付かせる。また、近年の高速道路の発達に伴い、これまで工業が発達していなかった中国地方の山間部にも工場が建設されていることにも着目させ、交通網と工業の関係についての理解を深めさせたい。

ICT活用のアイディア

1 授業の導入で、プレゼンテーションソフトを用いて、石油化学工場やタンカーなどの写真を提示して、世界や日本のエネルギーについて学んだことを復習する。

2 石油化学コンビナートの仕組みについては生徒が理解しづらいため、スライドに詳細な関連資料を提示し、理解を深めさせる。

3 瀬戸内工業地域の移り変わりが分かる新旧マップをタブレット内で共有して、瀬戸内海の埋め立て地の様子や工場が移転してきた様子を捉えさせる。

4 石油化学コンビナートの仕組みや瀬戸内工業地域の特色について、動画で確認する。

対話のアイディア

1 瀬戸内工業地域の工業の特色を、これまで学習してきたことを基に予想し、それを全体に共有する。

3 以前に比べて、瀬戸内工業地域の割合が高くなった理由を、近くの人と話し合い、瀬戸内工業地域の移り変わりについての理解を深めさせる。

ワークシートの評価ポイント

・瀬戸内工業地域では石油化学工業や鉄鋼業が盛んなことを資料からの読み取りを通して捉えることができている。
・瀬戸内工業地域が外国との関わりから、近年では機械工業が盛んになっていることなどについて適切に捉えることができている。

多面的・
多角的に学ぶ

3/5

交通網を生かして発展する農業

本時の目標

中国・四国地方の農業の特色について理解できるようにする。

本時の評価

中国・四国地方の農業に関する資料を適切に読み取り、交通網の発達が農業に与えた影響について理解している。

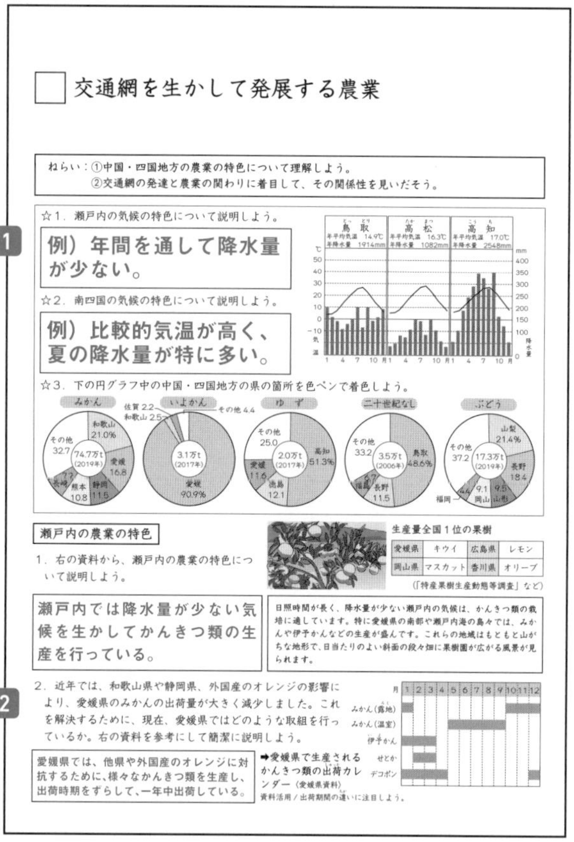

本時の授業展開

1 導入

資料から、中国・四国地方で有名な農産物を捉えさせる。小学生の学習段階で「愛媛県＝みかん」というイメージをもっている生徒が多いと考えられるが、ここでは「いよかん」の生産量に着目させ、ほとんどを愛媛県が生産している状況について興味・関心をもたせる。また、農業と気候とは密接に関わっているため、第１時で学習した雨温図を再度用いて、中国・四国地方の気候について復習する。

2 展開

ワークシートで中国・四国地方の農業に関する資料を読み取らせる。まず、瀬戸内の降水量が少なく温暖な気候が、かんきつ類の栽培に適していることを、文章資料の読み取りを通して理解させる。その後、「愛媛県で生産されるかんきつ類の出荷カレンダー」から、愛媛県の農業の工夫について捉えさせたい。愛媛県では和歌山県や静岡県、外国産のオレンジとの競争が激化したことから、みかんだけでなく、他のかんきつ類の生産に力を入れていることや、それらを出荷時期をずらして年中出荷していることについて理解させる。次に、南四国では、高知県でビニールハウスを用いた促成栽培が盛んなことを資料を通して理解させる。その際、九州地方で学習した内容を思い出させ、地域が変わっても同じような気候条件であれば、似たような景観が見られることを意識させたい。

解説する場面では、「山陰」「瀬戸内」「南四国」の農業に関する特徴的な写真を生徒に提示

高知平野の農業の特色

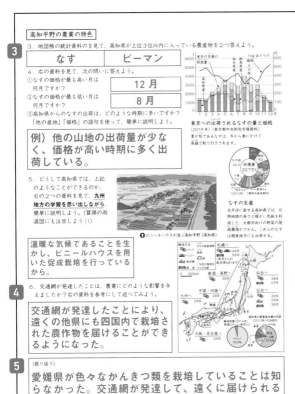

3　3．地図帳の統計資料のを見て、高知県が上位３位以内に入っている農産物を２つ答えよう。

なす	ピーマン

4．右の資料を見て、次の問いに答えよう。

①なすの価格が最も高い月は何月ですか？　**12月**

②なすの価格が最も低い月は何月ですか？　**8月**

③高知県からのなすの出荷は、どのような時期に多いですか？「他の産地」「価格」の語句を使って、簡単に説明しよう。

例）他の山地の出荷量が少なく、価格が高い時期に多く出荷している。

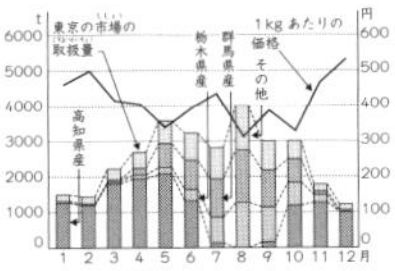

東京への出荷されるなすの量と価格
(2019年)（東京都中央卸売市場資料）
夏が旬であるなすは、冬から春にかけて高値で取り引きされます。

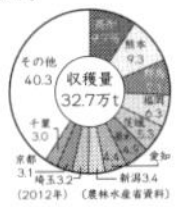

(2012年)（農林水産省資料）

なすの生産

太平洋に面する高知県では、日照時間の長さと暖かい気候を利用した、大都市向けの野菜の促成栽培がさかん。これらのなすは関東地方にも出荷する。

5．どうして高知県では、上記のようなことができるのか、右の２つの資料を見て、**九州地方の学習を思い出しながら**、簡単に説明しよう。（冒頭の雨温図にも注目しよう!!）

ビニールハウスが並ぶ高知平野（高知県）

温暖な気候であることを生かし、ビニールハウスを用いた促成栽培を行っているから。

4　6．交通網が発達したことは、農業にどのような影響を与えましたか？右の資料を参考にして述べてみよう。

交通網が発達したことにより、遠くの他県にも四国内で栽培された農作物を届けることができるようになった。

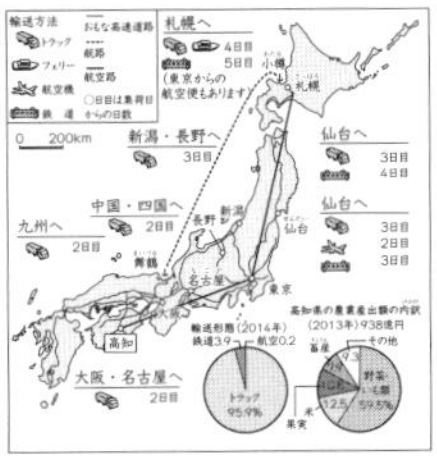

5　〈振り返り〉

愛媛県が色々なかんきつ類を栽培していることは知らなかった。交通網が発達して、遠くに届けられるようになったことはとてもよいことだと思った。

する。どの写真がどの地域で撮影されたものかを予想する活動を行うことで、生徒は写真資料の見方について理解を深めることができ、次回以降の諸地域学習につながるであろう。

3　まとめ

中国・四国地方の学習では、「交通網の発達が地域に与えた影響」に関する考察をテーマに授業を行っている。そのため、まとめでは、交通網が発達したことで中国・四国地方の農業にどのような影響があったのかを捉えさせたい。資料の読み取りを通して、交通網の発達に伴い中国・四国地方の農産物の販路が拡大したことに気付かせたい。解説する際には給食の献立など生徒の身近なところに中国・四国地方の農産物が使用されていないかを調べるのもよい。

ICT活用のアイディア

1 プレゼンテーションソフトを用いて、中国・四国地方の気候について復習する。また、「中国・四国地方で有名な農産物」の資料を画面に映し、本時の学習への関心を高める。

1 山陰・瀬戸内・南四国の農業に関する特徴的な写真を生徒に提示し、どの写真がどの地域で撮影されたものかを予想させる。

3 愛媛県の柑橘類の出荷に関する資料を画面に映し出し、愛媛県の柑橘類の栽培の工夫を捉えさせる。

4 高知平野の促成栽培に関するグラフと宮崎平野の促成栽培に関するグラフを画面に提示し、共通点を考えさせる。

5 NHK for Schoolの動画を用いて、本時の内容の振り返りを行う。

対話のアイディア

1 山陰・瀬戸内・南四国の農業に関する特徴的な景観写真からどの地域で撮影されたものかについて意見を出し合い、全体で予想する。

4 単元を貫く問いである「交通網の発達が農業に与えた影響」について、資料から読み取った情報を基に、グループで話し合う。

ワークシートの評価ポイント

- 中国・四国地方の農業に関する資料を適切に読み取ることができている。
- 交通網の発達が地域に与える影響について読み取った資料を基に、中国・四国地方の農業の特色を捉えながら、適切に表現することができている。

多面的・
多角的に学ぶ

4/5

交通網の整備と人々の生活の変化

本時の目標

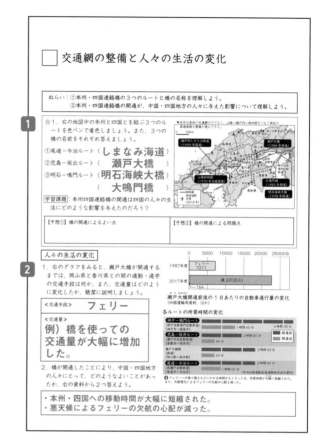

本州・四国連絡橋が開通したことによる利点と問題点について理解できるようにする。

本時の評価

交通網が発達することによって、地域の人々の生活にどのような影響があるのかを、利点と問題点の両面から理解している。

□ 交通網の整備と人々の生活の変化

ねらい：①本州・四国連絡橋の３つのルートと橋の名称を理解しよう。
②本州・四国連絡橋の開通が、中国・四国地方の人々に与えた影響について理解しよう。

1

☆1．右の地図中の本州と四国とを結ぶ３つのルートを色ペンで着色しましょう。また、３つの橋の名前をそれぞれ答えましょう。

①尾道－今治ルート（しまなみ海道）
②児島－坂出ルート（　瀬戸大橋　）
③明石－鳴門ルート（明石海峡大橋）
（　大鳴門橋　）

▼近年は東西の交通網だけでなく、山陰～瀬戸内～南四国をつなぐ南北の高速道路も整備が進んできた。

学習課題：本州四国連絡橋の開通は四国の人々の生活にどのような影響を与えたのだろう？

【予想①】橋の開通によるよい点	【予想②】橋の開通による問題点

人々の生活の変化

2

1．右のグラフをみると、瀬戸大橋が開通するまでは、岡山県と香川県との間の通勤・通学の交通手段は何か、また、交通量はどのように変化したか、簡潔に説明しましょう。

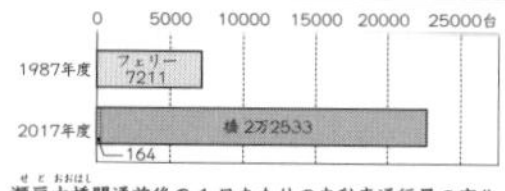

瀬戸大橋開通前後の１日あたりの自動車通行量の変化
〈四国運輸局資料、ほか〉

＜交通手段＞　フェリー

＜交通量＞
例）橋を使っての交通量が大幅に増加した。

各ルートの所要時間の変化

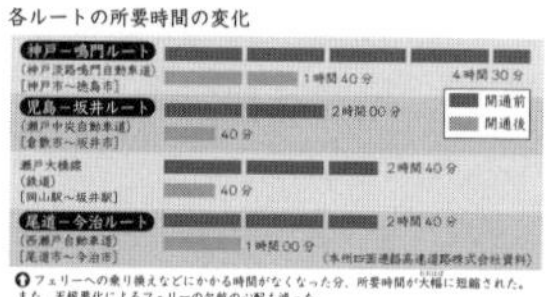

フェリーへの乗り換えなどにかかる時間がなくなった分、所要時間が大幅に短縮された。また、天候悪化によるフェリーの欠航の心配も減った。

2．橋が開通したことにより、中国・四国地方の人々にとって、どのようなよいことがあったか、右の資料から２つ答えよう。

・本州・四国への移動時間が大幅に短縮された。
・悪天候によるフェリーの欠航の心配が減った。

本時の授業展開

1　導入

本時の最初に本州四国連絡橋の名称と位置について確認する。次に瀬戸大橋のパーキングエリアとなっている香川県の与島の写真を見せ、「この島に住む人々の生活は橋が架かったことでどうなったと思う？」と発問する。「移動が便利になって人々の生活が便利になった」「観光客が多くなって島が発展した」などの意見が予想される。また、学習への見通しをもたせるために、本州四国連絡橋が地域に与えた影響について利点と問題点の両面から予想させる。本時までの学習から、橋が架かったことによる問題点を挙げられる生徒は少ないと考えられる。

2　展開

ワークシートの資料の読み取りを通して、本州四国連絡橋が開通したことによる地域の変化について捉えさせていく。まず、最初に瀬戸大橋が開通したことにより、移動手段がフェリーから自動車や鉄道になったことや、大幅に移動時間が短縮して、橋を使って通勤・通学する人の数が圧倒的に多くなったことを捉えさせる。また、四国に住む人々の話から、橋が開通したことにより農産物を遠くの都道府県に輸送できるようになったり、大都市に移動するのが便利になったりしたことを気付かせる。一方で、人々が大都市に買い物に行くようになったことで地元の商店街の売り上げが落ち込んだり、フェリーの減便・廃便によって島に橋が掛かっていない人々の交通手段が制限されてしまったりしたことも捉えさせる。

3．瀬戸大橋が開通してから、通勤・通学者数はどのように変化したか、簡潔に説明しましょう。

例）通勤・通学者が大幅に増加した。

岡山・香川県間通勤・通学定期旅客数の推移

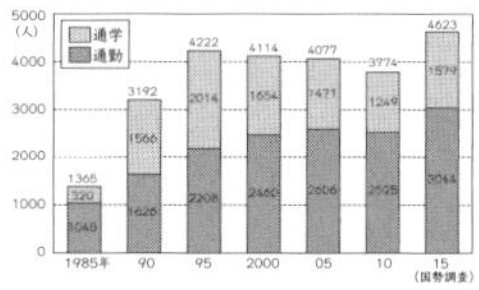

橋の開通による利点と問題点

4．瀬戸大橋開通によってどのような変化があったか、右の資料から分かることを2つ書こう。

高知県産の野菜が遠くの他県まで届けられるようになった。

橋がかかったことで、施設が整った病院へすぐに行くことができるようになった。

5．瀬戸大橋開通にともなう問題点を、右の資料から2つ書こう。

近隣のお店の売り上げが減った。

フェリーの利用者が減ったことで、フェリーの減便・廃便が相次ぎ、橋の架かっていない島の人々の移動手段に影響が出ている。

3 6．右の資料から、本州・四国連絡橋開通に伴い、どのような問題が発生していることが分かるか、簡潔に説明しよう。

橋が開通したことで、小さな経済圏が大きな経済圏に取り込まれるストロー現象の問題が起こっている。

高知平野の農業
高知平野では気候が温暖なため、ビニールハウスを利用して、他の地方では栽培が難しい冬に出荷している。交通手段の発達によって、高知平野の野菜は関東地方や近畿地方など全国に出荷されている。

瀬戸内海の島に住む人の話①
橋がかかったことで、急に体調が悪くなっても施設が整った病院へすぐに行けるようになってとても助かっているわ。

徳島市に住む人の話
高速バスは運賃が安い上に、乗換がなくて、神戸や大阪の中心にあるデパートまで2時間程度で行けるの。とても便利よ。おかげで大阪方面に買い物に行くことが増えたわ。そのかわり、市内のお店にはあまり行かなくなったね。

瀬戸内海の島に住む人の話②
橋がかかったことでフェリーの利用者が減ったの。だからフェリーの便の数が減ったり、廃止になったりしているわ。橋がかかっていない島に住む私たちはとても困っているの。

←向島と本州を結ぶフェリー［広島県尾道市］
約3分で、島と本州の間を結ぶ。瀬戸内しまなみ海道の全線開通以来、利用客が減少している。

解説 瀬戸内海の島々では、古くから船が重要な交通手段だった。しかし、本州四国連絡橋などの多くの橋が建設されたことで、便数が大きく減少している。船が唯一の交通手段である島もあり、その存続が課題となっている。また、交通網が発達したことで人が大都市へ吸い寄せられるストロー現象も問題視されている。

〈振り返り〉

最後に、交通網が発達したことにより、巨大な経済圏に小さな経済圏の人々の経済活動が吸い込まれてしまう「ストロー現象」について、資料の読み取りを通して理解させたい。

3　まとめ

本時の学習課題について簡単に整理した後、導入部で取り上げた香川県坂出市の与島の物語について画像や映像を交えながら紹介する。与島は瀬戸大橋開通後、空前の観光ブームとなって島の経済が活性化した一方で、ブームがすぎるとストロー現象により、若い人が島を離れ、高齢化が深刻な問題となっている。また、瀬戸大橋の交通量も想定していたものを下回り赤字となっていることなどから、交通網の発達が地域に与えた影響について多面的に捉えさせたい。

ICT活用のアイディア

1 プレゼンテーションソフトを用いて、本州・四国連絡橋について紹介する。また、香川県の与島の写真を提示し、橋が架かったことにより、この島に住む人の生活にどのような変化があったかを予想させる。

2 橋が架かったことによる人々の生活の変化に関する資料を画面に映し出し、移動時間と移動手段の変化、地域の過疎化について捉えさせる。

3 与島のストロー現象に関する詳細な資料をタブレットで共有し、橋が架かったことによる問題点について具体的に理解する。

対話のアイディア

1 瀬戸大橋のパーキングエリアとなっている香川県の与島の写真を見せ、橋が架かったことによって、この島に住む人々の生活がどのように変わったのかを予想し、全体で共有する。

3 単元を貫く問いである「交通網の発達は、地域にどのような影響を与えるのだろう」について、資料から読み取った情報を基に、利点と問題点についてグループで話し合う。

ワークシートの評価ポイント

・中国・四国地方の交通網の発達による地域の変化に関する資料を適切に読み取ることができている。
・交通網の発達が地域に与える影響について読み取った資料を基に、交通網が発達したことによる地域の利点と問題点を捉えながら、適切に表現することができている。

多面的・多角的に学ぶ　5/5

よりよい中国・四国地方にするために

本時の目標

交通網が発達したことが地域に与える影響について、多面的・多角的に考察するとともに、よりよい中国・四国地方の在り方について意欲的に追究できるようにする。

本時の評価

交通網の発達が地域に与えた影響について利点と問題点の両面から根拠を基にして具体的に説明している。

よりよい中国・四国地方にするために地域おこしの事例や調べた情報を基に、意欲的に追究しようとしている。

□ よりよい中国・四国地方へ

ねらい：①これまで学習してきた内容を振り返り、交通網の発達が地域に与える影響についてまとめよう。
②よりよい中国・四国地方にするために、地域おこしの事例を参考にして自分の考えを述べよう。

1

☆1．これまでの学習を振り返り、交通網の発達が中国・四国地方の人々にどのような影響を与えているのかを、よい点と問題点に分けてまとめてみよう。

【交通網の発達によるよい点】	交通網の発達による問題点
・本州・四国への移動時間が大幅に短縮された。 ⇒橋を利用しての通勤・通学者も増えた。 ・四国で採れた農産物を遠くの他県まで出荷できるようになった。 ・島の人が大きな病院にすぐに行けるようになった。	・フェリーの減便・廃便により、橋の架かっていない島の人々の移動手段に影響が出ている。 ・大都市の商業施設に行くため、地元商店街の売り上げが減った。 ・ストロー現象により少子高齢化が深刻になっている。

学習課題：よりよい中国・四国地方にするために、どうすればよいだろうか？自分の考えを述べよう。

【今の考え】

地域の活性化のために…

1．右の資料から、問題点を克服するためにどのようなことをしていることが分かるか、簡潔に説明しよう。

橋の架かっていない島の人々のために、診療船が巡回している。

➡巡回診療船「済生丸」

瀬戸内海では、島内に医療機関がない島が多く、住民の病気の予防が重視されている。そのため、病院としての設備の整った船が島々を巡回し、診療・検診を行っている

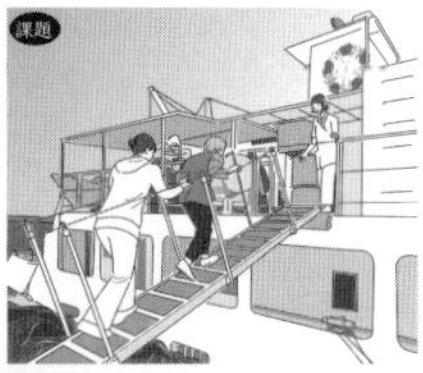

2

2．右の資料から、地域を活性化させるために、馬路村でどのような取組をしていることが分かるか、簡潔に答えよう。

地元のゆずを使った特産品を開発し、村の人々と一緒に PR 活動を行って、地域を盛り上げる活動を行っている。

特産品を生かす　住み分け対策を行い、発生する獣害に対応する。高知県馬路村

⬆ゆずはじまる祭　ゆずしぼり体験などでゆずに親しむ。

ゆずの加工で村をPR!
・特産品のゆずや、木材の加工による産業の活性化。
・「ごっくん馬路村」など、村の名前を入れた商品で知名度の向上を目指す。

➡ゆずの加工品「ごっくん馬路村」

3

★その他、中国・四国地方の地域おこしの取組について、タブレット等を使って調べてみよう。

本時の授業展開

1　導入

まず、これまでの学習を振り返りを行い、交通網の発達が中国・四国地方の人々にどのような影響を与えているのかを、利点と問題点の両面から整理させていく。このような学習活動を通して、交通網の発達が地域に住む人々の生活に大きな影響を与えていることを、しっかりと捉えさせたい。これらを踏まえて、よりよい中国・四国地方にしていくための方策について現時点での自分の意見を述べさせ、本時の学習について見通しをもって取り組ませる。

2　展開

よりよい中国・四国地方にしていくために、まずは実際の地域おこしや巡回診療船などの事例を紹介する。高知県馬路村の事例については、動画資料なども活用して、実際の村の人々の想いなどを捉えさせたい。また、各自で資料集やタブレットなどを活用して中国・四国地方やその他の地域で、どのような取組を行っているのかを調べさせる。調べた内容については白地図等にまとめてグループや全体で発表を行い、多面的・多角的によりよい中国・四国地方にするための方策について考えさせる学習を通して、地域の課題を克服するために努力していることを理解させる。そして、それらを踏まえて、再度、よりよい中国・四国地方にしていくための方策について検討していく。その際は、既習事項を踏まえて地理的な見方・考え方を働かせて、具体的に考察させていきたい。最後に、グループでの話し合いを通じて出された

★まとめ★

問１：交通網の発達は、中国・四国地方の人々にどのような影響を与えたのだろう？

問２：よりよい中国・四国地方にするために、あなたの考えを述べなさい。

≪評価の基準≫

① 交通網の発達による地域の変化のよい点と問題点の両面について適切に述べることができている。（　）
② よりよい中国・四国地方にするために、地域おこしの事例や調べた情報を基に、自分の考えを述べることができている。（　）
③ 具体的に述べることができている。（　）
④ 論理的で筋道の通った文章になっている。（　）

〈振り返り〉

様々な意見を、タブレットを活用して共有し、まとめにつなげていく。

3　まとめ

これまでの学習を踏まえて、レポートにまとめさせる。その際は、評価の基準を明確に示して生徒がレポートに記入する時間を十分に確保した上で取り組ませる。交通網の発達による地域の変化については利点と問題点を整理させながら、文章にまとめさせる。また、よりよい中国・四国地方にするための方策についても、本時で調べた内容などを基にして自分の言葉で具体的に表現させる。最後に、まとめた内容が前時と本時の授業の導入時に予想させた内容とを比較させ、学習の深まりについて自覚させ、学習意欲の向上につなげていく。

ICT 活用のアイディア

1 プレゼンテーションソフトを使って、これまで学んできた内容を簡単に振り返り、本時の学習課題を提示する。

2 地域のおこしの事例として「ごっくん馬路村」で有名な高知県馬路村の事例を動画で紹介する。

3 中国・四国地方の地域おこしの取組を、タブレットを使って調べさせる。調べた内容についてはタブレットで共有し、他の人の意見に触れる。

対話のアイディア

1「交通網の発達による地域の変化」について、各自でまとめたものを発表し、よりよい中国・四国地方にするための方策について、調査前の考えを全体で共有する。

3 各自で調べた地域おこしの事例などを参考にしながら、よりよい中国・四国地方の在り方についてグループで考え、まとめた内容を全体で共有する。

ワークシートの評価ポイント

・交通網の発達による地域の変化のよい点と問題点の両面について適切に述べることができている。
・よりよい中国・四国地方にするために、地域おこしの事例や調べた情報を基に自分の考えを述べることができている。
・具体的かつ論理的で筋道の通った文章になっている。
・学習課題について、グループ内で協力し、意欲的に取り組んでいる。

(3) 6時間 近畿地方：環境問題

単元の目標

近畿地方について、その地域的特色や地域の課題を理解する。
環境を中核とした考察の仕方で取り上げた特色ある事象と、そこで生ずる課題を理解する。
近畿地方において、環境について人々の対応などに着目して、多面的・多角的に考察し、表現する。
近畿地方について、よりよい社会の実現を視野にそこで見られる課題を主体的に追究しようとする。

単元を貫く問い 近畿地方は環境を保全しながらどのように持続可能な発展をしていけるのだろう。

1・2時	3・4時
大観する	多面的・多角的に
〔第1時〕 近畿地方に見られる環境（自然環境、産業の発展と環境保全、都市の住環境）に関する資料を示し、生徒に疑問を出させて単元を貫く問いを設定する。設定に当たっては、「思考・判断・表現」の評価規準に照らし、地理的な見方・考え方が働くものとなるようにする。単元を貫く問いは「近畿地方は環境を保全しながらどのように持続可能な発展をしていけるのだろう」を想定する。 〔第2時〕 近畿地方を大観する。地形や気候、そこで見られる産業など基本的な知識を身に付ける。その際に、単元を貫く問いの「近畿地方は環境を保全しながらどのように持続可能な発展をしていけるのだろう」の解決につながるなど、「多面的に学ぶ」場面で活用できる知識を中心に身に付けられるようにする。	〔第3時〕 近畿地方の農業の発展と環境保全について、「大観する」時間で身に付けた知識と結び付ける。和歌山県の世界農業遺産「みなべ・田辺の梅システム」や兵庫県豊岡市の「コウノトリ育むお米」を例に地形や気候を生かした農業を持続可能な形で発展させていくために環境保全にも取り組んでいる人々の取組について考察する。 〔第4時〕 近畿地方の工業の発展や都市の発達と環境保全について、「大観する」時間で身に付けた知識と結び付ける。阪神工業地帯は古くから工業が盛んであったが、公害問題も深刻だったことを理解する。大阪府の動画「大阪の環境、温故知新」などの資料を使いながら、公害対策に取り組み、住みよいまちづくりを進めている事例や、都市環境として景観を保全する取組に力を入れている京都市の事例をもとに、工業や都市の発展と環境保全のバランスを考えるための知識を身に付ける。

単元を構造化する工夫

近畿地方での環境を中核とする考察を基に単元を貫く問いを設定する。そのうえで、単元の最後の時間にどのような記述が期待されるか解答例を作成する。これが、評価規準（B評価）となる。

「大観する」「多面的・多角的に学ぶ」場面は、先に設定した単元を貫く問いを解決するために学びを積み重ねるものである。

本単元の場合は、「近畿地方は環境を保全しながらどのように持続可能な発展をしていけるのだろう」を考察すると設定している。このことから「多面的・多角的に学ぶ」場面は環境を保全するという観点で学習を進め、「大観する」場面はそれらを理解するために必要な地域的特色に焦点を絞って行う。

単元の評価

知識・技能	思考・判断・表現	主体的に学習に取り組む態度
○近畿地方について、その地域的特色や地域の課題を理解している。 ○環境を中核とした考察の仕方で取り上げた特色ある事象と、そこで生ずる課題を理解している。	○近畿地方おいて、環境について、人々の対応などに着目して、多面的・多角的に考察し、表現している。	○近畿地方について、よりよい社会の実現を視野に置き、そこで見られる課題を主体的に追究しようとする。

5時	6時
学ぶ	まとめる
〔第5時〕 琵琶湖を例に近畿地方に見られる環境保全の取組について、「大観する」時間で身に付けた知識と結び付ける。滋賀県の動画「Mother Lake Goals_ MLGs コンセプトムービー『変えよう、あなたと私から。』」などの資料を使いながら、琵琶湖の水質保全に取り組んでいる事例を考える。 琵琶湖の環境保全の取組が、淀川をはじめとする下流域の人々の生活を左右すること、環境保全の取組が自分自身だけでなく周りの人々や社会全体にとってよりよい生活を送ることにつながるということを理解する。	〔第6時〕 第1時で設定した単元を貫く問いについてまとめる。人間と自然環境との空間的・相互依存的作用などに着目して、近畿地方の環境保全に関する取組を多面的・多角的に考察し、表現する。 まとめるにあたっては、第3～5時で単元を貫く問いについて3つの面（農業、工業や都市の発達、自然環境）で関連を捉えたことを活用する。農業では生産と自然の維持と両立を目指す取組、工業や都市の発達においては経済的な発展と環境保全の両立を目指す取組、自然環境では環境保全のために生活を改善していく人々の努力などについて振り返る。 第1時で単元を貫く問いを設定して見通しをもち、第2～5時までの学習が学習課題解決の要素となり、それらを振り返りながら第6時でまとめることで、多面的・多角的に考察できるようにする。

課題解決的な学習展開にする工夫

「近畿地方は環境を保全しながらどのように持続可能な発展をしていけるのだろう」という単元を貫く問いの解決を図る授業展開としたい。

「大観する」場面では、単元全体を見通すことが主体的に学習に取り組む態度の評価につながる。また、地形や気候の学習が網羅的な学習とならないようにする。あくまで、課題の解決に関連付く内容に絞ることが望ましい。

「多面的・多角的に学ぶ」場面では、本単元の場合は環境に関連して事例を考察する。その際には地理的な見方・考え方を働かせ、主体的・対話的な活動が展開されることが求められる。「まとめる」場面は単元の学びを振り返り、課題解決のための問いに取り組む。

大観する　1/6

近畿地方の学習課題の設定

本時の目標

近畿地方について、そこで見られる課題を諸資料から見いだし、主体的に追究できるようにする。

本時の評価

近畿地方について、自らの学習を見通すために、そこで見られる課題を諸資料から見いだし、主体的に追究しようとしている。

近畿地方の単元を貫く問いの設定
～環境を保全しながら持続可能な発展をめざす取組～

ねらい：近畿地方に関わる資料から単元を貫く問いを設定し、単元の学習の見通しを立てよう。

近畿地方に関係する資料から、疑問点や気になった点を挙げましょう。

1．農業の発展と環境保全の両立

近畿地方の農業の発展と環境保全の両立に関する資料を見て感じたことや疑問をできるだけたくさん挙げましょう。　梅は自然の山で育ったものなのか。農地にコウノトリがやってきて荒らさないのか。

(1) 和歌山県での梅生産の事例

1

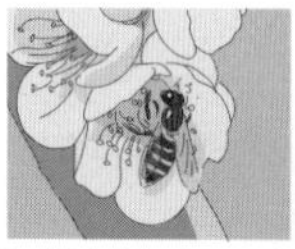

梅の花粉を運ぶニホンミツバチ

【南高梅】

(2) 兵庫県でのコメ生産の事例

2．工業の発展や都市の発達と環境保全の両立

近畿地方の工業の発展や都市の発達と環境保全に関する資料を見て感じたことや疑問をできるだけたくさん挙げましょう。　工場の煙をどのように減らしたのか。京都市の町の看板はなぜ外されたのか。

(1) 大阪府の工業と環境保全の事例

2

1960年代

2020年ごろ

本時の授業展開

1　導入

近畿地方の学習課題を設定するために資料を概観する。資料は第3～5時で取り扱うテーマである農業の発展と環境保全の両立、工業の発展や都市の発達と環境保全の両立、自然環境保全に関連するものを提示する。

2　展開

単元を見通すために、近畿地方における環境保全に向けての取組に関する諸資料を見て、そこから出てくる疑問を書き出す。班活動で書き出した疑問を出し合い、検討する優先順位を付けながら集約させていく。

農業の発展と環境保全の両立では、「梅は自然の山で育ったものなのか」「梅ばかりが育つ山なのか」「農家はミツバチを飼っているか、自然のものなのか」「農地にコウノトリがやってきて荒らさないのか」などが考えられる。

工業の発展や都市の発達と環境保全の両立では、「工場の煙をどのように減らしたのか」「大阪の工場はなくなったのか」「京都市の町の看板は外されたのか」「看板は誰が外したのか」などが考えられる。

自然環境保全では「アオコとは何だろうか」「アオコは環境に関わるものなのか」「アオコが発生したから環境保全活動をしているのか」「マザーレイクゴールズというのは琵琶湖を守るものなのか」などが考えられる。

(2) 京都市の都市の発達と景観保全

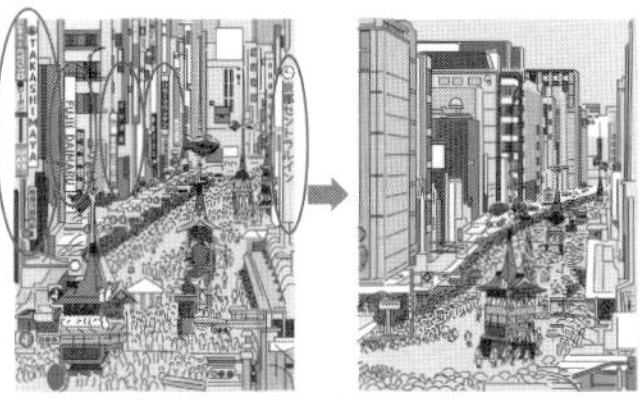

平成19年　⇒　平成27年

3. 自然環境保全

近畿地方の自然環境保全に関する資料を見て感じたことや疑問をできるだけたくさん挙げましょう。

淡水赤潮が発生したから環境保全活動をしているのか。マザーレイクゴールズというのは琵琶湖を守るものなのか。

3 淡水赤潮の発生とプランクトン

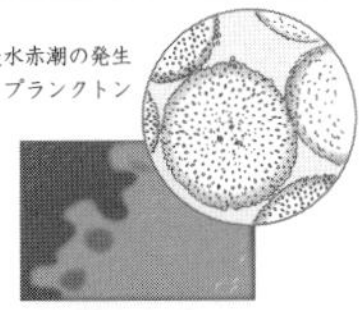

環境保全活動

琵琶湖版SDGsであるマザーレイクゴールズが定められた。

4 課題の設定 近畿地方を学習するにあたって、感じたことや疑問から課題を設定しましょう。

近畿地方は環境を保全しながらどのように持続可能な発展をしていけるのだろう。

〈振り返り〉

3　まとめ

出し合った疑問から、見方・考え方を働かせて取り組む学習課題を教師の支援のもと、設定していく。

例えば、「近畿地方は環境を保全しながらどのように持続可能な発展をしていけるのだろう」などが想定できる。設定に当たっては、地理的な見方・考え方を働かせられる単元を貫く問いにすることに留意する。

ICT活用のアイディア

1の近畿地方の農業と環境保全に関連する資料を大型モニターに提示、個人用タブレットに配信するなどして、資料を見て疑問を出し合う。

2の近畿地方の工業や都市の発達と環境保全に関連する資料を大型モニターに提示、個人用タブレットに配信するなどして、資料を見て疑問を出し合う。

3の近畿地方の自然環境保全に関連する資料を大型モニターに提示、個人用タブレットに配信するなどして、資料を見て疑問を出し合う。

対話のアイディア

1 2 3については資料を見て出てくる疑問をできるだけ多くあげさせ、それをグループで出し合う。他者の資料の見方を知ることにより、自分自身の視点を増やせるようにする。

4では、1〜3で出した疑問を基に対話を通して主題に迫る疑問に精選することで単元を貫く問いづくりを行っていく。問いをつくるに当たっては地理的な見方・考え方を働かせて考察できるものになるよう促す。

ワークシートの評価ポイント

・提示された資料についての疑問を挙げられているか、それらを基に単元を貫く問いを設定して単元の学習の見通しをもっている。

大観する 2/6

近畿地方の自然環境や人口の分布

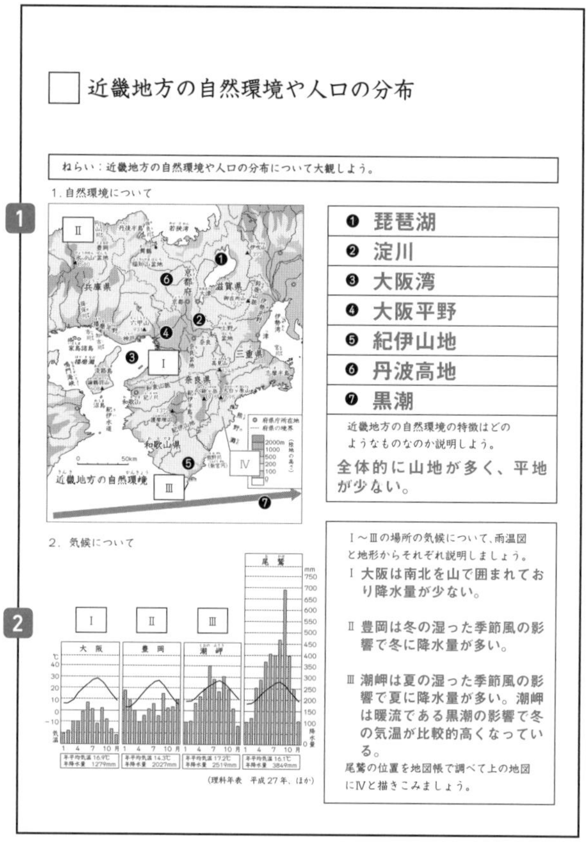

本時の目標

近畿地方について、その地域的特色や地域の課題を理解できるようにする。

本時の評価

近畿地方について、その地域的特色を大観し、理解している。

本時の授業展開

1　導入

「1．自然環境について」の白地図を宿題として完成させてくる。本時のはじめに、その内容を確認する。自然環境の特徴について、書いてきた内容を発表させ、全体で共有する。

「全体的に山地が多く、平地がせまい」という特徴を捉え、第3時の農業の発展と環境保全の授業につなげられるようにする。

「3．都道府県と県庁所在地について」も宿題とし、基本的な事項として身に付ける。

2　展開

「2．気候について」の雨温図を見て、3つの場所の特徴をまとめる。

Ⅰの大阪は南北を山で囲まれており降水量が少ない。Ⅱの豊岡は冬の湿った季節風の影響で冬に降水量が多く、Ⅲの潮岬は夏の湿った季節風の影響で夏に降水量が多い。潮岬は暖流である黒潮の影響で冬の気温が比較的高くなっている。

尾鷲については、夏の降水量の多さがより際立っているが、地図帳などで場所を確認する。雨が多いのは沿岸を暖流の黒潮が流れ、その上を湿った南東季節風が吹き、その風が背後にある山にぶつかり多くの雨を降らせるからであることを捉えさせたい。

「4．人口の分布について」は、1の地形とも比較しながら読み取る。近畿地方は平地が少ないことを導入で確認しているが、その平地に人口が集中していることを関連付ける。

3．都道府県と県庁所在地について

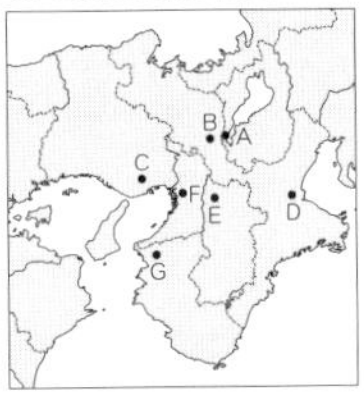

【都道府県名と県庁所在地】	A 滋賀県・大津
B 京都府・京都	C 兵庫県・神戸
D 三重県・津	E 奈良県・奈良
F 大阪府・大阪	G 和歌山県・和歌山

4．人口の分布について

3

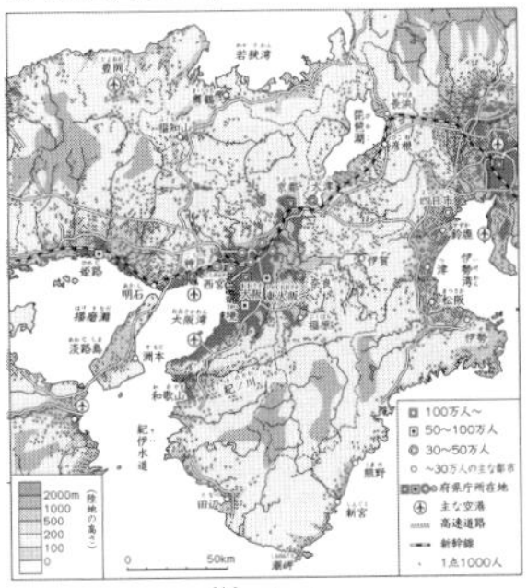

近畿地方の人口

近畿地方の人口の分布について、どのような特徴があるか、地形とも関連付けて説明しましょう。

少ない平地に人口が集中している。

4

1のプリントで挙げた疑問と関係がありそうな資料をひとつ挙げて疑問を深めよう。

平地が少ないから、昔から人が大阪や京都に集中していたのではないか。
人口の多い京都や大阪の人は琵琶湖の水が生活に関わっているのではないか。

〈振り返り〉

3　まとめ

1のプリントで挙げた疑問を一つ取りあげ、それと関連付けられそうな資料をあげる。

例えば、次のことが想定される。

「和歌山県は山が多いので梅を育てているのではないか」

「平地が少ないから、昔から人が大阪や京都に集中していたのではないか」

「人口の多い京都や大阪の人は琵琶湖の水が生活に関わっているのではないか」

ICT 活用のアイディア

1 の地図を大型モニターで提示、個人用タブレットへも配信し、地図帳の一般図を参考に山地や川、平野などの名前を捉えさせる。

2 の雨温図を個人用タブレットに配信し、**1** の地図と雨温図を見ながら都市の場所を確認し、気候の特徴を捉えさせる。雨温図を提示しながら説明させる。

3 の地図を個人用タブレットに配信し、拡大しながら課題に取り組ませる。人口が集中している地域と都市の分布との関係や、交通のつながりを自分で確認できるようにする。

対話のアイディア

2 の雨温図の特徴についてグループで担当を決め、タブレットで示しながら発表させる。

3 の資料を用いて人口の集中している地域と都市の分布との関係を考える際に、グループで読み取れる内容を出し合うようにする。

4 第1時での単元を貫く問いを解決するために活用できると考える資料を選び、どのような点で関連しそうかをグループで話し合わせる。

ワークシートの評価ポイント

- 近畿地方について大観して理解した内容がまとめられている。
- さらに、第1時で挙げた疑問と結び付け、疑問を深められている。

多面的・多角的に学ぶ　3/6

近畿地方の農業の発展と環境保全

本時の目標

近畿地方における環境を中核とした考察の仕方で取り上げた農業の発展と、そこで生ずる課題を理解できるようにする。

本時の評価

近畿地方における環境を中核とした考察の仕方で取り上げた農業の発展と、そこで生ずる課題を理解している。

本時の授業展開

1　導入

和歌山県みなべ町の世界農業遺産「みなべ・田辺の梅システム」について確認する。生態系を守りながら梅の栽培を続けていることを理解するとともに、資料「梅の栽培条件」や地図など第２時で大観した内容と関連付けながら、400年前から梅生産が行われていることとを関連付ける。

2　展開

導入の和歌山県みなべ町の事例を受けて、農業の発展と環境保全の両立について考察させる。

山地が多い地形であることや冬も温暖である気候を生かして古くから梅が生産されているが、農業生産が持続可能なものとなるには、山の保全も両立させなければならない。山の保全には間伐が必要で、そこから備長炭生産を行っている。このように山の保全を行いながら梅を生産することも品質向上とブランド化につながり、農家の生活を支えることになっている。これらの流れを簡潔に説明する。

もう一つの事例として兵庫県豊岡市の事例を挙げる。

絶滅危惧種のコウノトリと農業の共生について調べ学習を行う。農地の生態系を保全することがコウノトリの繁殖につながるとともに、安全でおいしいお米を育てている農家の取組を理解する。

3 梅の栽培条件
日当たりがよく、水はけのよい場所を好みます。開花時（2～3月ごろ）にマイナス4度以下になるとよい実ができません。暖かいところが向いています。

和歌山県みなべ町ではなぜ400年も前から梅の生産が行われているのだろうか。地形や気候、栽培条件を参考に説明しましょう。

ほとんどが山地であり、冬も温暖であることから梅の栽培条件に適しているから。

和歌山県みなべ町での取組はどのような点で農業の発展と環境保全の両立に取り組まれているのだろうか。

梅の栽培が行われている山の環境を保全するために、間伐などの手入れをしたり、間伐材を有効活用するなど環境保全に取り組んでいる。

2．兵庫県豊岡市の事例

コウノトリ育むお米のひみつ
STORK NATURAL RICE

兵庫県豊岡市では、絶滅の危機にあったコウノトリの復活と農業をどのように両立したでしょうか。事例をより詳しく調べて説明しよう。

魚や虫、カエルなどの生物が生きやすい農地とすることで、絶滅危惧種であるコウノトリも食料が確保され数が回復してきている。農業と自然環境の保全の両立が目指されている。

4 ➡コウノトリ復活の要は“農業”
豊岡では、コウノトリの保護から24年後の1989年、長い苦境の道のりを経てコウノトリの人口繁殖に成功。2005年には、コウノトリを自然界に放して野生復帰を目指す取組みもスタートしました。再び自然界で暮らすようになったコウノトリは、生きていくために大量のエサ（魚や虫、ヘビ、カエルなど）を必要とします。コウノトリの主な生息地である“田んぼ”を“生きものいっぱいの田んぼ”にしなければなりません。コウノトリ復活のプロセスで、最も変わらなければならなかったもの…。それは“農業”です。

 5

近畿地方ではどのように農業の発展と環境保全の両立が行われているでしょうか。人間と自然環境の相互依存関係などに着目してまとめましょう。

それぞれの土地の自然環境に合わせた農業が行われている。農業が持続可能なものとなるには、人々の努力で環境保全に努めることが必要となる。

〈振り返り〉

ICT 活用のアイディア

1の資料を大型モニターで提示し、世界農業遺産について教師が説明する。「みなべ・田辺の梅システム」がどのような点で評価を受けているかを捉えさせ、人間と自然環境との相互依存関係の例として生徒の関心を高める。

2と3資料を個人用タブレットに配信し、「みなべ・田辺の梅システム」の場所を、地形や梅の生育条件から考察させる。

4 5の資料を個人用タブレットに配信し、5の資料を大型モニターで提示する。4を読んで自然と農業の共存について考えさせる。

対話のアイディア

1 2 3の資料を用いて、「みなべ・田辺の梅システム」の場所について考察し、グループで根拠を説明し合う。地図から地名を探させるのではなく、果樹栽培から山地であること、栽培条件から温暖な地域であること、日当たりのよい海沿いであることなどの条件が挙げられるようにする。

4 5の資料を用いて、コウノトリの保護が農業にどのようなよい影響をもたらしているかを考察し、グループで話し合う。

3　まとめ

「近畿地方ではどのように農業の発展と環境保全の両立が行われているでしょうか」という問いに対してまとめる。

例えば、次のような記述が想定される。

「それぞれの土地の自然環境に合わせた農業が行われている。農業が持続可能なものとなるには、人々の努力で環境保全に努めることが必要となる」

ワークシートの評価ポイント

・近畿地方の農業の発展と環境保全の両立について、地形や気候を生かしながら農業を行っており、それらが持続可能なものとなるには自然環境の保全も併せて進めることが重要であることを捉えられている。

多面的・
多角的に学ぶ

4/6

近畿地方の工業の発展や都市の発達と環境保全

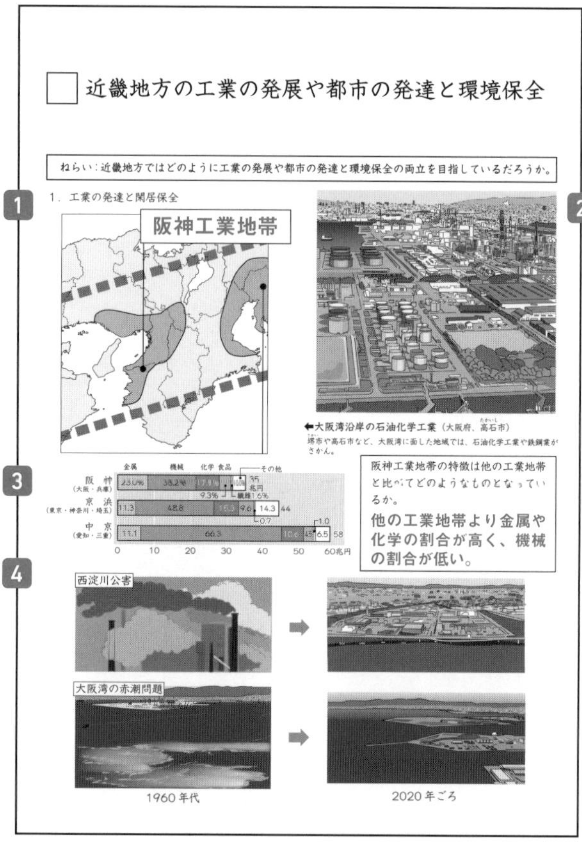

本時の目標

環境を中核とした考察の仕方で取り上げた工業の発展や都市の発達と、そこで生ずる課題や課題の解決策を理解できるようにする。

本時の評価

環境を中核とした考察の仕方で取り上げた工業の発展や都市の発達と、そこで生ずる課題を理解している。

本時の授業展開

1　導入

阪神工業地帯について基本的な事項を確認する。工業地帯の生産についてのグラフを読み取る。「阪神工業地帯の特徴は他の工業地帯と比べてどのようなものとなっているか」の問いに対しては、「他の工業地帯より金属や化学の割合が高く、機械の割合が低い」などが想定される。

2　展開

導入で捉えた阪神工業地帯の環境保全の取組について考察し、約60年前と最近の写真との比較から違いを説明する。例えば、「大気汚染や赤潮問題は改善されている」といった答えが想定される。

大阪府の動画「大阪の環境、温故知新」を見る。「工業化の進展と環境保全をどのように両立させてきたのでしょうか」については、「工業の発達に伴って広がった公害に対して、人々の努力により改善されてきたことを理解する」などが考えられる。

都市化の進展と景観保全については、京都市を例に考える。京都市に観光客が多く訪れている理由の一つが歴史的な景観の美しさが挙げられる。どのように都市化の進展と景観保全を両立しているかを景観写真の比較から考える。

その景観は、歴史的に古いという理由だけで保全できるものではなく、景観条例に合わせて人々が努力をした結果であることを理解する。

過去と現在の写真を見て、約60年前から最近ではどのように環境が変化しているか、説明しましょう。

60年前は公害が広がっていたが、改善されている。

大阪府の動画「大阪の環境、温故知新」を観てみましょう。工業の発達と環境保全をどのように両立させてきたのでしょうか。

住み続けられる町とするために人々が環境を改善する努力をし続けている。

2．都市の発達と景観の保全

5

京都に観光客が訪れる理由は何だと考えられますか。

歴史的な街並みが美しいから。

6

平成19年　⇒　平成27年

京都市の景観条例によって変化した風景。都市の発達と景観保全をどのように両立させているでしょうか。

看板が多く出ていたが景観条例に合わせて努力をして美しさが保たれている。

近畿地方ではどのように農業の発展と環境保全の両立が行われているでしょうか。人間と自然環境の相互依存関係などに着目してまとめましょう。

近畿地方では平野を中心に工業の発展や都市の発達が見られる。環境問題や景観問題が出たが、地域の持続可能な発展のための改善が図られている。

〈振り返り〉

ICT活用のアイディア

1 2 3 の資料を大型モニターで提示、個人用タブレットに配信し、1の地図で阪神工業地帯の位置、2の写真や3のグラフから工業の特徴を捉えさせる。

4の写真を大型モニターで提示し、環境の変化を捉えさせるとともに、動画「大阪の環境、温故知新」（大阪府）を視聴する。

5の資料を大型モニターで提示して、京都の魅力について挙げさせる。

6の資料を大型モニターに提示し、京都市の市街地の景観の変化について捉えさせる。

対話のアイディア

4の資料から、阪神工業地帯の環境がどのように変化しているかを挙げさせ、なぜ変化したのかを予想させる。グループで考えを発表し合う。他者の視点も取り入れたうえで、動画を視聴し、理解を深められるようにする。

6の資料から、京都市の景観の変化を捉えさせたうえで、なぜ京都市は観光客をひきつける魅力があるのか、都市の発達と景観保全の両立について考え、グループで発表し合う。

3　まとめ

「近畿地方ではどのように工業化や都市化の進展と環境保全の両立を目指しているのだろうか、目指す地域の姿に着目してまとめましょう」の問いに対してまとめを行う。

例えば、次のようなまとめが想定される。

「近畿地方ではせまい平野に人口が集中し、その地域を中心に工業化や都市化の進展が見られる。地域によっては工業化によって環境問題が、都市化の進展によって景観問題が見られたが、地域の持続可能な発展のための努力によって改善が図られている」

ワークシートの評価ポイント

- 近畿地方の工業の発展や都市の発達について、環境問題や景観問題につながることを理解している。
- 人々の努力によって近畿地方の環境問題や景観問題が改善され、地域の持続可能な発展につながっていることが捉えられている。

多面的・
多角的に学ぶ

5/6

近畿地方の自然環境保全
～琵琶湖を例に

本時の目標

環境を中核とした考察の仕方で取り上げた琵琶湖の環境保全の取組と、そこで生ずる課題を理解できるようにする。

本時の評価

環境を中核とした考察の仕方で取り上げた琵琶湖の環境保全の取組と、そこで生ずる課題を理解している。

本時の授業展開

1　導入

琵琶湖の水利用に関する地図から琵琶湖の水を利用している地域を確認し、琵琶湖の環境が広い地域に影響を及ぼすことを地理的に捉える。その上で、琵琶湖の水が汚れてしまうことの影響について考える。

例えば、「琵琶湖の水が汚れることは、琵琶湖周辺の住民だけでなく、京都や大阪の人の生活にも影響を及ぼしてしまう」といった記述が想定される。

2　展開

1970年代後半、繰り返し発生した淡水赤潮の写真から、淡水赤潮がどのようなものかを捉える。それに対して、琵琶湖周辺の住民がどのような取組をしてきたかを考察させる粉せっけん運動や買い物キャンペーンなどの環境保全活動を例に挙げて取組の意義を考える、共通しているのは琵琶湖の水質、周辺の自然環境を住民自らの手で守っていこうとする点である。

それを理解した上で、淡水赤潮の発生件数の推移グラフを読み取り、水質の変化について説明する。

次に、自然環境保全のための人々の取組を確認し、琵琶湖版 SDGs として定められたマザーレイクゴールズの動画を視聴する。

これは、住民や企業、市民団体、自治体などが関わり、琵琶湖を切り口とした持続可能な社会へ向けた目標である。人々のこれからの取組のイメージをもたせる。

琵琶湖周辺の環境保全活動

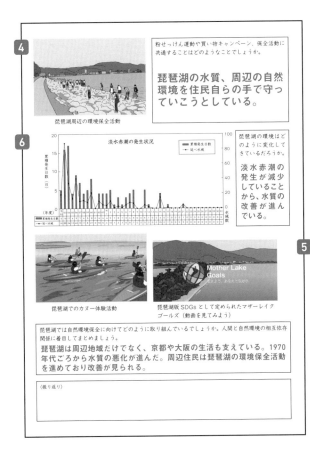

粉せっけん運動や買い物キャンペーン、保全活動に共通することはどのようなことでしょうか。

琵琶湖の水質、周辺の自然環境を住民自らの手で守っていこうとしている。

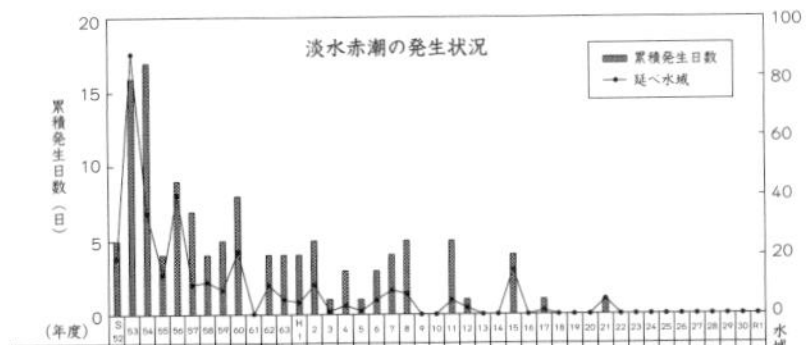

（年度）	S52	53	54	55	56	57	58	59	60	61	62	63	H1	2	3	4	5	6	7	8	9	10	11	12	13	14	15	16	17	18	19	20	21	22	23	24	25	26	27	28	29	30	R1
累積発生日数	5	16	17	4	9	7	4	5	8	0	4	4	4	5	1	3	1	3	4	5	0	0	5	1	0	0	4	0	1	0	0	0	1	0	0	0	0	0	0	0	0	0	0
延べ水域	19	88	34	13	40	10	11	8	21	0	10	5	4	10	1	3	1	5	8	7	0	0	5	2	0	0	15	0	1	0	0	0	5	0	0	0	0	0	0	0	0	0	0

琵琶湖の環境はどのように変化してきているだろうか。

淡水赤潮の発生が減少していることから、水質の改善が進んでいる。

琵琶湖でのカヌー体験活動

琵琶湖版 SDGs として定められたマザーレイクゴールズ（動画を見てみよう）

琵琶湖では自然環境保全に向けてどのように取り組んでいるでしょうか。人間と自然環境の相互依存関係に着目してまとめましょう。

琵琶湖は周辺地域だけでなく、京都や大阪の生活も支えている。1970年代ごろから水質の悪化が進んだ。周辺住民は琵琶湖の環境保全活動を進めており改善が見られる。

〈振り返り〉

3　**まとめ**

「琵琶湖では自然環境保全に向けてどのように取り組んでいるでしょうか。人間と自然環境の相互依存関係に着目してまとめましょう」についてまとめる。

例えば、次のようなまとめが想定される。

「琵琶湖は周辺地域だけでなく、京都、大阪の生活も支えている。1970年代ごろから水質の悪化が進んだ。周辺住民は琵琶湖の環境保全活動を進めており改善が見られる」

ICT 活用のアイディア

1 2の資料を大型モニターで提示し、琵琶湖の水が流れる地域について捉えさせるとともに、水質汚濁の影響の及ぶ地域について考察させる。

3 4の資料を大型モニターで提示し、なぜ琵琶湖周辺の地域で環境を意識した生活が進められているのか、理由を考察させる。

5琵琶湖版 SDGs として定められたマザーレイクゴールズの動画を視聴し、琵琶湖の環境保全に一人一人が関わる意義について考察させる。

対話のアイディア

2の資料から琵琶湖の富栄養化の影響について捉えさせるとともに、1の地図からどのように影響が広がるかを予想させ、グループで考えを出し合わせる。

3 4の資料から周辺地域住民の環境保全活動に共通する考え方について考えさせ、また、6の資料から、淡水赤潮の発生状況の推移を捉えさせてグループ活動を行う。環境保全活動がもたらした変化と人々の自然との向き合い方との関係について発表し合う。

ワークシートの評価ポイント

・琵琶湖の水質の悪化が進んだことを受けて住民が環境保全活動に取り組んでいることを理解している。

・琵琶湖周辺地域の住民の考え方や環境保全活動によって、琵琶湖の環境が改善されている関係について捉えられている。

まとめる

6/6

近畿地方のまとめ

本時の目標

近畿地方での環境を中核とした考察について学習してきた内容を振り返りながら理解した内容をまとめ、人々の対応を地域的特色と関連付けて主体的に考察し、追究できるようにする。

本時の評価

近畿地方での環境を中核とした考察について学習してきた内容を振り返りながら理解した内容をまとめ、人々の対応を地域的特色と関連付けて主体的に考察し、追究している。

□ 近畿地方についてのまとめ

ねらい：近畿地方について環境から考察したことをまとめよう

近畿地方の単元を貫く問い
近畿地方は環境を保全しながらどのように持続可能な発展をしていけるのだろう。

1

1．農業の発展と環境保全について、近畿地方の特徴を表している資料を一つ選び、まとめましょう。

資料
※コウノトリ育むお米の栽培風景の写真を選んだ場合

取りあげた資料から分かる近畿地方の特徴
農業を行う際に、その土地の生態系を守ろうとする人々の努力がある。それによって絶滅危惧種のコウノトリが復活してきている。

お互いに発表をした後に気付いたことの追加

2

2．工業の発展や都市の発達と環境保全について、近畿地方の特徴を表している資料を一つ選び、まとめましょう。

資料

取りあげた資料から分かる近畿地方の特徴

お互いに発表をした後に気付いたことの追加

3

3．琵琶湖における自然環境保全について、近畿地方の特徴を表している資料を一つ選び、まとめましょう。

資料

取りあげた資料から分かる近畿地方の特徴

お互いに発表をした後に気付いたことの追加

本時の授業展開

1　導入

これまで扱った資料を提示用として別に用意する。プリントで配布し切り抜いてワークシートに貼り付ける、タブレットに配信してデータとして活用するなどの方法が考えられる。

農業の発展と環境保全の両立、工業化や都市化の進展と環境保全の両立、自然環境保全についてそれぞれの特徴を表していると考える資料を一つずつ選び、それについて理解していることを説明する。この部分で本単元の「知識・技能」の評定に用いる評価を行う。

また、単元を貫く問いに対して取り上げた３つの資料の内容が妥当であるか、単元の学習を振り返って追究しようとしているかという視点から、本単元の「主体的に学習に取り組む態度」の評定に用いる評価を行う。

2　展開

取り上げた資料から分かる近畿地方の特徴について班活動で相互に発表し、考えを広げたり深めたりする。

農業の発展と環境保全の両立、工業の発展や都市の発達と環境保全の両立、自然環境保全についてそれぞれ発表し合い、質問や意見交換をする。

3　まとめ

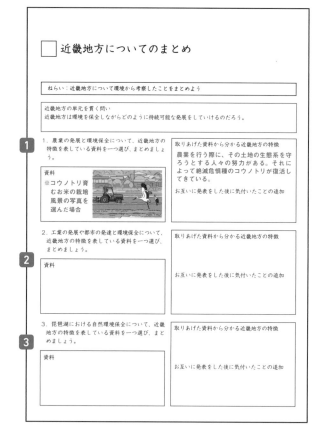

農業の発展と環境保全の両立、工業化や都市化の進展と環境保全の両立、自然環境保全について捉えた内容を基に近畿地方の特徴について

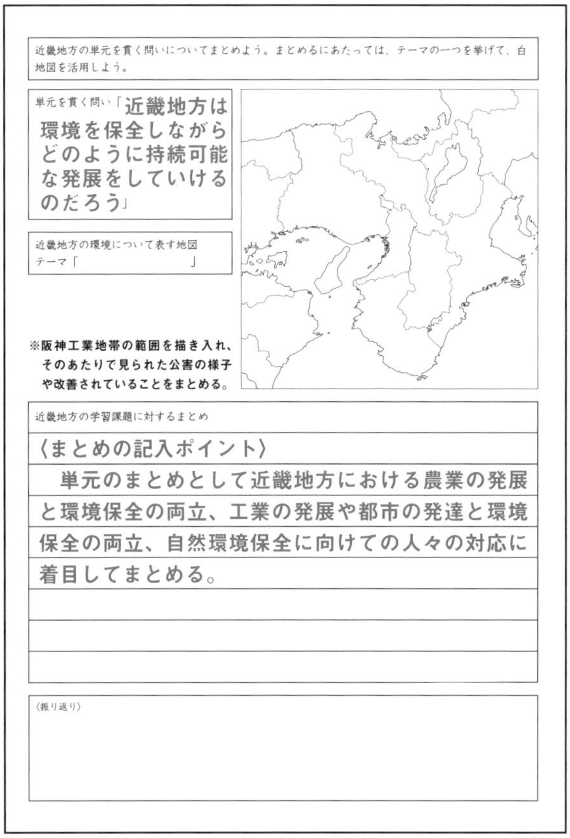

近畿地方の単元を貫く問いについてまとめよう。まとめるにあたっては、テーマの一つを挙げて、白地図を活用しよう。

単元を貫く問い「近畿地方は環境を保全しながらどのように持続可能な発展をしていけるのだろう」

近畿地方の環境について表す地図
テーマ「　　　　　　」

※阪神工業地帯の範囲を描き入れ、そのあたりで見られた公害の様子や改善されていることをまとめる。

近畿地方の学習課題に対するまとめ

〈まとめの記入ポイント〉
　単元のまとめとして近畿地方における農業の発展と環境保全の両立、工業の発展や都市の発達と環境保全の両立、自然環境保全に向けての人々の対応に着目してまとめる。

〈振り返り〉

＊このワークシートとは別に、第５時までに扱った資料を集めたプリントを準備する。

白地図と記述でまとめる。この部分で本単元の「思考・判断・表現」に関わる評定に用いる評価を行う。白地図のまとめ方としては、次のものが想定される。

①山地と平地を色で塗り分け、和歌山県の梅生産が盛んなみなべ町を描き入れ、この地域での持続可能な農業生産についてまとめる。

②阪神工業地帯の範囲を描き入れ、そのあたりで見られた公害の様子や改善された様子についてまとめる。

③琵琶湖とそこから流れる淀川を描き入れ、琵琶湖の水を生活に使う地域を示す。琵琶湖の水質が悪化することによって考えられる影響や、琵琶湖周辺で取り組まれている環境保全活動を記入する。

ICT 活用のアイディア

1では農業の発展と環境保全について、2では工業の発展や都市の発達と環境保全について、3では琵琶湖における環境保全について、近畿地方の特徴を表すと考える資料を選ぶ。これまでワークシートで使った資料を個人用タブレットに配信し、各自でそれらの資料を再度見ながら選ばせる。

1～3で選んだ資料について、グループで発表させる。発表では選んだ資料をタブレットに示しながら行う。

対話のアイディア

1 2 3の資料を一人一人が選び、資料の内容や選んだ理由を発表し合う。これにより、「単元を貫く問い」に迫る考察の視点を共有することにつなげていく。自らの考えだけでなく、他者の考えを取り入れながら深い考察となるようにする。

ワークシートの評価ポイント

・考察した３つの題材をもとに、発展だけでなく環境を保全する取組とともに行われ持続可能な社会をつくろうとしていることを理解している。
・近畿地方における人間の営みと環境保全について地図に表現している。
・学びを振り返って自らの学習状況を捉え、追究しようとしている。

（3） 6時間 中部地方：産業

単元の目標

産業を中核とした考察の仕方で取り上げた特色ある事象と、それに関連する他の事象からなる、中部地方の地域的特色や地域の課題を理解する。また、中部地方内の3地域で異なる産業が見られる理由を、自然環境の特色や地域内の結び付き、人々の対応や歴史的背景などと有機的に関連付けて多面的・多角的に考察し、表現する。

単元を貫く問い

中部地方の3地域で異なる産業が見られるのはなぜだろう。

1時	2～5時
大観する	多面的・多角的に
〔第1時〕 中部地方の学習の基礎となる、位置や都道府県名、地形の分布、気候の特色を概観する。 地形については、地図帳を活用し、日本アルプスに代表される山がちな中央部と、そこから日本海側や太平洋側に流れる信濃川や天竜川、川の働きによって形成される甲府盆地や長野盆地、越後平野や富山平野、濃尾平野などの平地の位置と名称を理解させる。 気候については、雪が多い日本海側、標高が高く、夏が冷涼で冬の冷え込みが厳しい中央高地、夏から秋にかけて降水量が多く、冬も比較的温暖な太平洋側の3つの地域ごとの気候の違いを捉えさせる。 これらの学習を総合し、それぞれの自然環境の違いから、中部地方は北陸、中央高地、東海と3つに地域区分できることを理解させる。そして、次時からの産業に関する追究課題を設定する。	〔第2時〕 地図帳の一般図から、北陸で目立つ記号（稲作、チューリップ、伝統産業）を見付けさせ、それぞれの産業がなぜ発達したのか、資料から読み取った情報を結び付けながら考察していく。また、産業を発展させた背景として共通することを考察させ、雪が多い気候や人々の工夫が、特色ある産業を発展させたことを理解させる。 〔第3時〕 地図帳の統計資料から、中央高地で生産が盛んな産物を見いだすとともに、一般図からその生産が盛んな地域を探させる。そして、なぜその場所での生産が盛んなのか、どのようにその産業が成立していったのか（歴史的背景）、どんな生産の工夫があったのかを考察していく。また、果樹栽培や高原野菜栽培に共通する背景についても考察させる。

単元を構造化する工夫

産業を中核とした考察の仕方で地域的特色を捉える見方を養うため、単元計画の段階で、産業面で目立つことを教師自身が見いだすことからはじめていきたい。

それらの社会的事象の中から、他の事象（自然環境や他地域との結び付きなど）に関わりが深いものをピックアップしていくと、産業を中核として、他の事象と有機的に関連付けていくことが可能となる。

そして、学習の中で事例として登場する場所について、第1時の自然環境の学習の中で扱うと、後で学習する場所が理解しやすくなる。このように、単元を逆向きに設計していくことが大切である。

単元の評価

知識・技能	思考・判断・表現	主体的に学習に取り組む態度
○産業を中核とした考察の仕方で取り上げた特色ある事象と、それに関連する他の事象からなる、中部地方の地域的特色や地域の課題を理解している。 ○地図帳等の諸資料を、地理的な見方・考え方を働かせながら適切に読み取ることができる。	○中部地方内の３地域で異なる産業が見られる理由を、自然環境の特色や地域内の結び付き、人々の対応や歴史的背景などと有機的に関連付けて多面的・多角的に考察し、表現する。	○中部地方について、よりよい社会の実現を視野にそこで見られる産業の特色や自然環境との関わり、人々の工夫などを主体的に追究しようとしている。

	6時
学ぶ	まとめる
（第４時） 統計から見いだした、東海で盛んな茶の栽培や、渥美半島での野菜や花き栽培に着目し、なぜこの地域でこれらの栽培が盛んになったのかを理解する。また、お茶の栽培や、施設園芸農業における工夫についても、資料から捉えさせたい。 （第５時） 東海の自動車工業や楽器生産を中心に、これらの産業がなぜ発展したのかを歴史的背景や位置に着目して追究する。特に自動車工業は、港や高速道路といった交通の発達した場所に立地していること、原料の調達や輸送のしやすさなどと関わっていることを、資料から捉えさせる。そしてどちらも、昔からの産業と関わる技術を応用していることに気付かせたい。	（第６時） 中部地方の３地域の学習を踏まえ、ワークシートに各地域の産業及び自然環境、交通、人々の工夫や努力といった地域的特色をまとめ、その後、関連する事象同士を矢印でつなぐ作業を行う。この作業を終えた後、ワークシート全体を振り返って、この地域の特色を短い文章で表現させる。 また、単元の学習を振り返り、今後もっと学びたいと思ったことや考え続けていきたいこと（課題）、中部地方の学習で得た自分の住んでいる地域でも活用できそうなことなどを書く「振り返りシート」をまとめさせ、単元の学習を総括し、次の学習へとつないでいきたい。

課題解決的な学習展開にする工夫

単元全体では、「単元を貫く問い」を設定し、その問いに対する答えを、学習全体を通して考えさせていくことが、課題解決的な学習につながる。

単元を貫く問いを意識させるために、例えば振り返りシートを用意し、単元の問いやそれに迫るための各時間の問いを用意しておき、問い→学習→解答のサイクルをつくっていくようにしたい。

また、各時間の学習展開も、事象（学習課題）を見いだす→なぜだろう？（問い）→根拠となる資料の読み取り→考察→背景を理解するというサイクルを基本として進めていくと、生徒が主体的に資料を読み取り、考察し、考察を通して理解を深める学習展開が期待できるようになる。

大観する 1/6

異なる自然環境が見られる中部地方の3地域

本時の目標

本州の中央部に位置する中部地方の地域内に見られる、地形や気候の違いを理解できるようにする。

本時の評価

本州の中央部に位置する中部地方は、日本海側の北陸、内陸の中央高地や、太平洋側の東海と三つの地域に分かれること、北陸は冬に雪が多く、中央高地は夏でも涼しい。東海は冬でも温暖な気候であることを捉えている。

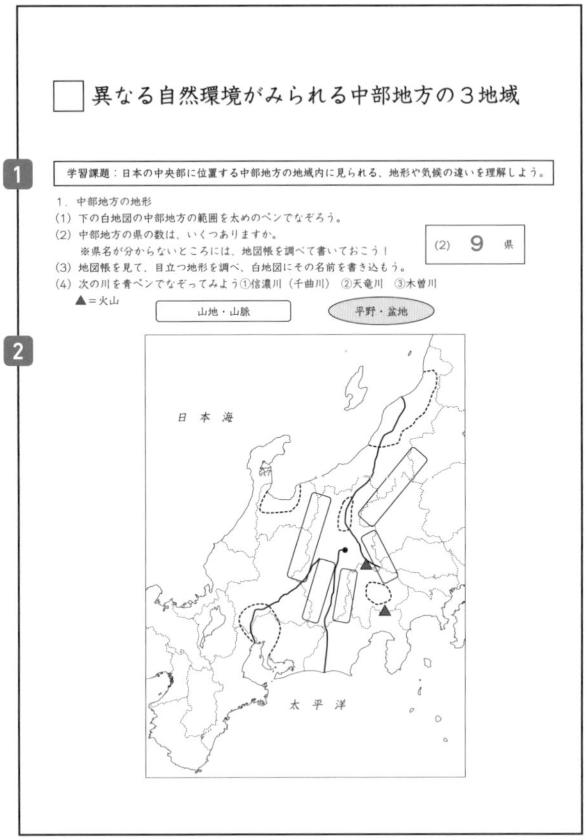

□ 異なる自然環境がみられる中部地方の３地域

1 学習課題：日本の中央部に位置する中部地方の地域内に見られる、地形や気候の違いを理解しよう。

1．中部地方の地形
(1) 下の白地図の中部地方の範囲を太めのペンでなぞろう。
(2) 中部地方の県の数は、いくつありますか。
※県名が分からないところには、地図帳を調べて書いておこう！
(3) 地図帳を見て、目立つ地形を調べ、白地図にその名前を書き込もう。
(4) 次の川を青ペンでなぞってみよう①信濃川（千曲川） ②天竜川 ③木曽川

(2) 9 県

▲＝火山

山地・山脈

平野・盆地

2

本時の授業展開

1 導入

本時で学習する中部地方の範囲及び県名、県の数を地図帳で確認し、ワークシートに記入する。その後、地図帳の一般図や衛星画像などを用いて、地域の特色について概観する。

2 展開

地図帳を活用しながら、ワークシートの作業を進めていく。主な山地や山脈、火山、平野、盆地、川の名称を確認し、時間があれば着色をするよう指示する。作業終了を見計らって、黒板にそれぞれの名称を書かせて確認する。

写真や映像等で、それぞれの実際の様子を確認することも併せて行いたい。

次に、高田、軽井沢、静岡の３つの雨温図を提示し、その読み取り作業を行う。

机間指導の中で、読み取りがうまくできていない生徒には適宜読み取りの視点をアドバイスする。読み取りの視点とは、気温では、最も暑い時期と最も寒い時期の比較をしてみること、降水量では、最も降水量が多い時期は何月頃であるか、全体的な降水量は多いか少ないか、などである。

逆に早く終わった生徒に対しては、読み取った気温や降水量の特色がなぜ生じるのかについて、背景となる要因を考えさせたり、根拠となる資料を調べさせたりする。

生徒が雨温図の読み取りを終えた時点で、気温や降水量の特徴について発表し、全体でも確認する。そして、３地域を象徴する写真（新

2．中部地方の気候

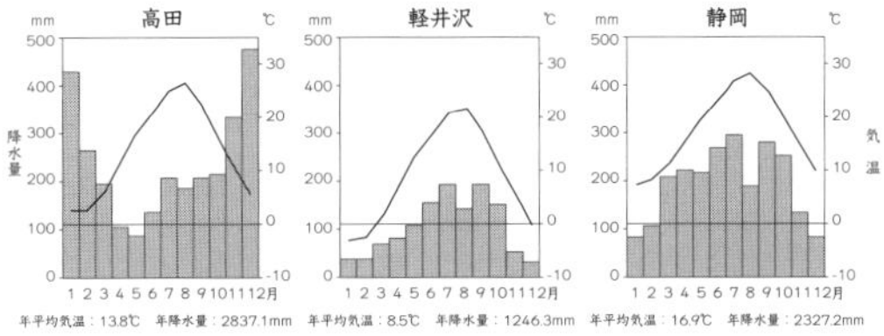

(1) 高田、軽井沢、静岡の位置を地図帳で確認しよう。
(2) それぞれの雨温図の特色を読み取り、下の表にまとめよう。

3

	北　陸	中央高地	東　海
	高田（新潟県）	軽井沢（長野県）	静岡（静岡県）
気温	・３地域の中で一番北に位置し、夏は気温が高くなる。	・夏は 20度くらいと涼しい。 ・冬は 寒さが厳しい。	・冬は 10 度近くで温暖な気候
降水量	・冬に雪がたくさん降る。	・３地域の中で最も少ない。 ・夏～秋が最も多い。	・比較的降水量が多い。 ・夏～秋が最も多い。

(3) それぞれの地域の気候の違いには、どのようなことが関係しているのだろう。

4

・高い山が中部地方の真ん中に位置していること
・冬の北西（大陸からの）季節風や対馬海流、黒潮などの暖流
・標高が高いこと（中央高地の夏の涼しさ）

〈振り返り〉
中部地方はその自然環境の特色から、日本アルプスなどの高い山脈が位置する中央部の中央高地、冬に北西の季節風が吹き、雪が多い北陸、夏から秋に降水量が多い東海の３つの地域に区分できる。

潟県等の大雪、中央高地の上高地の避暑や登山の様子、伊豆半島の河津桜など）を見て、気候のイメージをつくる。

最後に、雪が多い理由、夏が涼しい理由、夏から秋に雨が多い理由を、資料を使いながら全体で確認する。

3　まとめ

地形や気候の特色を振り返り、それらの違いによって、中部地方は北陸、中央高地、東海の３地域に分かれることを確認して白地図に記入する。

最後に、〈振り返り〉の欄を記入し、本時の学習の振り返りとする。

ICT 活用のアイディア

1 地図帳の一般図を提示し、中部地方の県の範囲を確認する。また、衛星画像を提示し地形に関する関心を高める。

2 作業の進み具合を見て、ワークシートの完成版を提示して確認させるとともに、具体的な写真を提示して、地形に関するイメージを具体化する。

3 ３地域の雨温図を提示する。読み取りが終わった段階で、各地域の写真を提示する。

対話のアイディア

3 雨温図の読み取りを個人で行ってもいいが、学級の状況に応じてペアワークを取り入れることも考えられる。

4 各自でワークシートに記入する前に、ペア又は４人程度の小グループで相談させてもよい。

ワークシートの評価ポイント

・中部地方の主な地形の位置や名称を地図帳から読み取り、ワークシートに適切に記入できている。
・雨温図を正しく読み取り、３つの地域で気候が異なることを読みとっている。
・気候の違いが生じる原因について、多面的に考察して記述している。

多面的・
多角的に学ぶ

2/6

北陸で盛んな稲作と伝統産業・地場産業

本時の目標

北陸地方で、稲作や伝統産業・地場産業が盛んに行われるようになった背景やその共通点を考察し、理解できるようにする。

本時の評価

冬に積雪が多い北陸地方で、稲作や伝統産業・地場産業が盛んに行われるようになった背景やその共通点を考察し、考察した結果を理解している。

□ 北陸で盛んな稲作と伝統産業・地場産業

学習課題：北陸では、なぜ稲作や伝統産業・地場産業が盛んに行われるようになったのか、その背景を考えよう。

1．地図帳を眺めて　北陸で目立つ記号や色を見付け、書き出そう。

1 水田（稲作）、チューリップ（花、球根）／織物（布）、漆器、和紙

2．稲作とチューリップ栽培に見られる工夫
(1) 北陸で、主に水田が広がっているところに色を塗ろう。
(2) 越後平野での米作りの工夫についてまとめよう。

2
・もともとは湿原や湖沼が広がるため、（洪水）がよく起こっていた。
→排水路の整備や干拓などで農地の整備をしたことで、春の豊富な（雪解け水）を有効利用できるようになった。
・「コシヒカリ」のような（銘柄米）を品種改良によって生み出した。

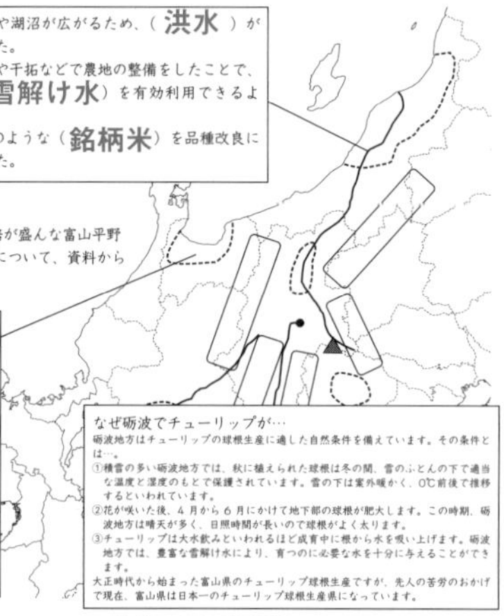

(3) チューリップの球根栽培が盛んな富山平野（・砺波平野）での工夫について、資料からまとめよう。

・冬に（雪）が多く、ちょうどいい温度と湿度で球根が保護される。
・花が咲いた後の４月から６月に晴天が多い。
・球根が太る時期に、豊富な（雪どけ水）を使い、水を十分に与えられる。

3
なぜ砺波でチューリップが…
砺波地方はチューリップの球根生産に適した自然条件を備えています。その条件とは…。
①積雪の多い砺波地方では、秋に植えられた球根は冬の間、雪のふとんの下で適当な温度と湿度のもとで保護されています。雪の下は案外暖かく、0℃前後で推移するといわれています。
②花が咲いた後、４月から６月にかけて地下部の球根が肥大します。この時期、砺波地方は晴天が多く、日照時間が長いので球根がよく太ります。
③チューリップは大水飲みといわれるほど成育中に根から水を吸い上げます。砺波地方では、豊富な雪解け水により、育つのに必要な水を十分に与えることができます。
大正時代から始まった富山県のチューリップ球根生産ですが、先人の苦労のおかげで現在、富山県は日本一のチューリップ球根生産県になっています。

（出典）一般社団法人砺波市観光協会 http://www.tonami kankou.org/tulip/

本時の授業展開

1　導入

地図帳の一般図を利用し、北陸の各県にまたがって目立つ色や記号を見いだす。例えば漆器など、地域によって名称が違うものも、同じ仲間であることなどに留意してまとめる。生徒の既習知識と関連付けながら生徒が見いだしたことを発表し合い、本時の学習課題を確認する。

2　展開

まず、農業に関する稲作とチューリップ栽培から背景について考えさせたい。稲作が盛んな主な地域を、ワークシートに着色させ、位置を（必要であれば名称も復習）確認する。

次に、教科書や映像等を活用し、米作りが盛んになった背景について調べ、ワークシートに記入し、答え合わせをする。なお、具体的な排水路の様子や、銘柄米をスーパーなどで販売している写真資料などを用いて、地域の人々の工夫や日常生活との関わりについて実感をもたせる指導を心がけたい。

続いて、チューリップ栽培についても資料から読み取ったことをまとめていく。その際、稲作との共通点を考察し、雪や雪解け水やといった関連があることをひとまず確認しておく。

伝統産業と地場産業について、まずは言葉の意味を教科書等から確認する。地場産業については、導入の作業では出てこない可能性が高いので、伝統産業と合わせてここで紹介しておきたい。具体的な製品名（例：めがね枠）を挙げて全国シェアを紹介したり、米を使った食品産

3. 北陸で盛んな伝統産業と地場産業

(1) 言葉の意味を確認しよう

①伝統産業…古くから受け継がれてきた技術を用いて、織物や漆器、陶磁器など、現代の生活でも使われる（伝統的工芸品）を作る産業。

②地場産業…古くから受け継がれてきた（技術）や、地元でとれる原材料などを生かし、地域と密接に結び付いて発達してきた産業。
例）米→日本酒や（もち、米菓）などを作る食品産業

帝国　教 P231 5

4

(2) 北陸で、伝統産業や地場産業が発展したのはどうしてでしょうか。教科書などの資料を参考に考えてみよう。
※北陸はどのようなところ？ 自然環境との関わりから考えてみよう。

（出典）小千谷市 Web ページ

5

自分の考え
- 冬に「雪」が多く、冬でもできることを地元の人が考えたから。
- 水田の単作の地域だったことから、農作業が行えない冬に副業をはじめたから。
- 昔から技術が培われていたり、米などの原材料が取れていたりしたから。

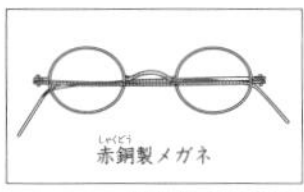

（出典）NHK for School

4. まとめ
北陸で稲作や伝統産業・地場産業が盛んに行われるようになった背景に共通していることは、どんなことでしたか。

- 冬に「雪」が多い気候
- 暮らしをよりよくしようとする人々の工夫の積み重ね

〈振り返り〉
北陸では雪が多く、豊富な雪解け水を利用した稲作や球根栽培が盛んだ。また、冬に農業ができなかったためにはじめた副業などの工夫をきっかけに、伝統産業や地場産業も盛んに行われている。

業を例に具体物や写真を使って紹介したりすることが考えられる。

その後、これらの産業が北陸地方でなぜ発展したのかを考察していく。諸資料から、雪との関連を見いだせるよう、必要に応じて資料を指定したり提示したりするとよい。また、グループで資料を基に話し合いながら、課題解決を図ることも考えられる。

3　まとめ

最後に、授業全体を振り返って、北陸の産業が発展した背景に共通しているものは何かを考えさせ、ワークシートに記入させる。数名を指名し、確認する。また、〈振り返り〉欄に、分かったことや気付いたことを記入する。

ICT 活用のアイディア

1 地図帳の一般図を提示する。

2 3 NHK for School のクリップ動画など、米作りの工夫について分かりやすくまとめて紹介している映像を利用できる。また、チューリップの栽培の様子については、砺波市などのホームページにある写真や動画が利用できる。

3 NHK for School の10min.Box などの動画を適宜利用したい。また、地場産業や伝統産業の具体物の写真を提示する。

対話のアイディア

1 北陸は、地図帳の複数ページにまたがることから、地図帳を重ねて一つの地図にしたものを利用し、4人程度の小グループで、地図の読み取りを行う。

5 個人でワークシートに記述したのち、小グループで伝統産業や地場産業が発達した背景について話し合い確認する。

ワークシートの評価ポイント

- 北陸地方で盛んな産業を、地図帳から見いだすことができている。
- 北陸地方で盛んな産業の背景には、「雪」が深く関わっていることを捉えている。

多面的・
多角的に学ぶ

3/6

中央高地の果樹栽培と野菜栽培

本時の目標

中央高地で、果樹と野菜の栽培が盛んに行われるようになった背景を考察し、理解できるようにする。

本時の評価

中央高地で、果樹と野菜の栽培が盛んに行われるようになった背景を考察し、考察した結果を理解している。

□ 中央高地の果樹栽培と野菜栽培

学習課題：中央高地で、なぜ果樹栽培と野菜が盛んに行われるようになったのか、その背景を考えよう。

1 1．地図帳から確かめよう
(1) 中央高地の各県で生産が盛んな農産物を、地図帳の統計資料から見付けてみよう。
(2) 地図帳で、これらの農産物が主にどこで生産されているか、場所を確認しよう。

長野…キャベツ、（ 白菜 ）、（ レタス ）→浅間山の南側、菅平、（野辺山原(八ヶ岳東部)）
（ りんご ）、（ ぶどう ）、（ もも ）、（ なし ）→（ 長野盆地 ）
山梨…（ ぶどう ）、（ もも ）、（さくらんぼ）→（ 甲府盆地 ）

2．盆地で盛んな果樹栽培
(1)「盆地」とはどのような地形だったかを振り返ろう。

例）周りを山に囲まれている平地のこと。川が山を削ってできた地形。川が山から盆地に流れ出るところには扇状地がよく見られる。

2 (2) 盆地ではなぜ果樹栽培が盛んなのか、教科書などから調べてみよう。

・日当たりや水はけがよい扇状地が広がっているから。
・内陸で昼夜の気温差が大きいから。

(3) 甲府盆地では、どのように果樹栽培が盛んになってきたかまとめよう。また近年、果樹栽培に関連してどのような産業が盛んになっているか、地図帳や教科書からまとめよう。

3 <以前の様子>
・明治～昭和の初め…（① 養　蚕 ）のための桑畑が多かった
↓ （② 製糸業 ）の衰退
・桑畑に代わって果樹栽培が広がる
<近年の変化>
・ぶどうを原料とした（③ ワイン ）の生産も盛ん
⇒（④ ワイナリー ）の増加
・収穫体験などができる（⑤ 観光農園 ）も増加
→ 鉄道や（⑥ 高速道路 ）を利用し来県する観光客の増加にもつながっている。

本時の授業展開

1　導入

前時では地図帳の一般図を活用したが、本時では統計資料（作物統計）のグラフから、中央高地で目立つ産物を探し、その後で、生産が盛んな場所を地図で調べる。そして、なぜこれらの場所で生産が盛んなのかを予想し、学習課題へとつなげていく。

2　展開

はじめに、果樹栽培が盛んに行われている場所が盆地であることに着目する。盆地はどのような地形かを復習し、ワークシートに記入する。NHK for School の映像資料には、ぶどう農家のインタビュー映像などがあるため、活用したい。

次に、甲府盆地の土地利用の変化を示す資料を見て、桑畑から果樹園へと土地利用が変化してきた様子や、ワイナリー、観光農園も増加していることを読み取り、ワークシートにまとめる。

続いて、主に野辺山原での野菜栽培に注目する。地図帳や地理院地図から地域の標高を読み取り、およそ1000m 程度の標高があることを確かめる。

最後に、東京市場へのレタスの出荷状況の資料を見て、主に夏の時期にレタスが出荷されていることを読み取る。

レタスは暑さに弱い作物であるが、野辺山原などで夏に栽培することができるのはなぜか、これまで学習した知識などを活用して考察す

3．長野県で盛んな野菜栽培の工夫

4 (1) キャベツ、レタス、白菜などが盛んに栽培されているところは、どのようなところですか。

・標高 1000m 以上の高原
・標高が高く、涼しい気候のところ

(2) (1) のようなところで栽培されている野菜を何と呼んでいますか。　**高原野菜**

(3) 下の図は、東京へ出荷されるレタスの月別、産地別出荷量を表しています。

①長野県では、何月から何月にかけて、出荷量が多くなっていますか。

例）夏から秋の期間にかけて(5月から10月にかけて) 多くなっている。

東京へ出荷されたレタスの量（2014年）
東京都中央卸売市場統計情報より作成

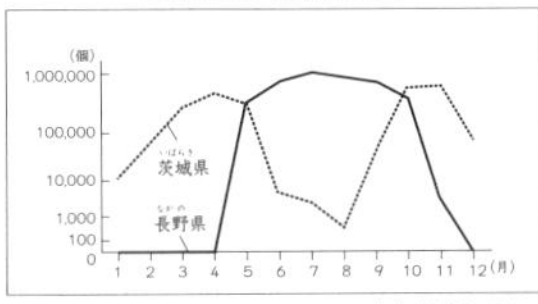

出典：NHK for School

②レタスは本来、茨城県のように春または秋によく育ち、出荷される作物です。なぜ長野県の高原にある産地では、①の期間に多く出荷できるのですか。

長野県の高原は標高が高いため、夏でも春〜秋くらいの気温になっている。そのため、夏でもレタスがよく育つから。

5 4．まとめ　中央高地で果樹栽培や野菜栽培が盛んな背景には、どのような自然環境が関係していたか、共通点を自分の言葉で書いてみよう。

果樹栽培には扇状地などの土地が、高原野菜の栽培には標高が高いことが関係していた。だから、どちらも「山」が関係しているといえる。

〈振り返り〉
中央高地では果樹栽培が盛んで、主に日当たりや水はけのよい盆地の扇状地を利用している。最近では、観光農園やワイナリーも増えている。標高が高く夏でも気候が涼しいところでは、高原野菜の栽培が盛んである。

る。世界の様々な地域の生活と環境や、南アメリカ州、ヨーロッパ州などで学習した標高の高い地域の涼しい気候を生かした農業の工夫と同じような見方・考え方で捉えることができることを確認する。

3　まとめ

学習のまとめとして、前時と同じように、果樹栽培と高原野菜栽培に共通することはどんなことか考察するため、4人グループ程度の学習班で話し合う。山がちな中央高地であるからこそ、盆地や標高の高い土地が広がっていることに気付くことができるように整理していく。

最後に、学習全体をまとめ、本時の振り返りを記入する。

ICT 活用のアイディア

1 地図帳の統計資料を提示し、読み取りに必要な部分を拡大する。

2 扇状地の地形を、地理院地図の等高段彩図などを利用して表示する。
また、NHKforSchool などの動画を利用して、盆地で果樹栽が盛んな理由を考えさせる。

3 地図帳を提示し、甲府盆地の土地利用について比較する。

4 地図帳を提示し、高原野菜栽培が盛んな地域を見いだす。その後、レタスの出荷量のグラフを提示する。

対話のアイディア

1 ペアワークの形で、統計資料を読み取ることも考えられる。

2 盆地で果樹栽培が盛んな理由について、映像や教科書からまとめた内容をペアで確認する。

5 果樹栽培と高原野菜栽培に共通する背景にはどのようなことがあるかを、４人程度の小グループで話し合う。

ワークシートの評価ポイント

・中央高地で盛んな農業の種類や、その特色を地図帳などの資料から読み取って記述している。
・それぞれの農業が盛んに行われている背景について、主に自然環境や交通網の面から捉えている。

多面的・
多角的に学ぶ

4/6

東海の農業の工夫
―牧之原と渥美半島

本時の目標

東海で、農業を発展させてきた工夫を、自然環境や結び付きの視点から捉え、理解できるようにする。

本時の評価

東海で、農業を発展させてきた工夫を、自然環境や結び付きの視点から捉え、理解している。

□ 東海の農業の工夫～牧之原と渥美半島

学習課題：東海では、各地でどのような工夫をしながら農業を発展させてきたのか、自然環境や結び付きの視点から考えよう。

1．地図帳から確かめよう
(1) 東海の各県で生産が盛んな農産物を、地図帳の統計資料から見付けてみよう。
(2) 地図帳で、これらの農産物が主にどこで生産されているか、場所を確認しよう。

1

静岡…（ みかん ）→（ 浜名 ）湖の北など、南向きの山と平野の間の斜面を利用
（ 茶 ）→磐田原や（ 牧之原 ）
愛知…トマト、（ キャベツ）、（ きく ）→（ 渥美半島 ）
（きゅうり）、なす →岡崎平野など

2．静岡県で盛んな茶の栽培の工夫
(1) 茶は、どのような自然環境のところが栽培に適しているのか調べよう。

2

気候	地形
温暖で霜の降りることが少ないところ	台地などの日当たりや水はけがよいところ

(2) 茶の栽培や茶葉の生産に関する工夫について、まとめよう。

①防霜ファン

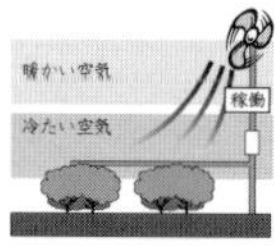

出典：農研機構Webページ

（出典）Google Map

②製茶工場の位置

例）茶畑のすぐ近くに工場があることで、鮮度を保ったままお茶に加工できる。

春先の冷え込みが厳しい朝晩にファンを回し、
①上空にある温かい空気を畑に送ることで、霜を防ぐことができる。
②茶畑のすぐ近くに工場があることで、鮮度を保ったままお茶に加工できる。

3．渥美半島の農業の工夫
(1) 渥美半島に通っている用水路の名前を調べ、書きなさい。

豊川用水

（出典）水資源機構豊川用水総合事業部Webページ

本時の授業展開

1　導入

地図帳の一般図からは多様な産物が読み取ることができるため、前時と同様に、統計資料を用いて、東海で生産が盛んな農産物を見いだす。そして、主な産物を絞り込んだ上で、どこで生産が盛んかを確認する。そして、学習課題として、これらの生産が盛んな背景について考えていくことを確認する。

2　展開

はじめに、牧之原などで生産が盛んなお茶に注目する。教科書等の写真を見ながら、温暖で水はけがいい台地などが茶の栽培に適していることを調べ、ワークシートにまとめていく。また、茶畑にある防霜ファン、製茶工場の立地についてまとめていく。

次に、多様な農業が行われている渥美半島の歴史に触れ、豊川用水が引かれる以前は農業が盛んでなかったことを理解する。用水が引かれた後に、キャベツやきくなどの栽培が盛んになったことを確認し、それぞれ、なぜ栽培が盛んなのか、その背景に迫っていく。

キャベツ栽培については出荷時期に着目し、冬から春に、温暖な気候であるから栽培・出荷できること（自然環境との関係）を捉えさせたい。

きくの栽培については、電照栽培の写真を見て、どのような工夫かを考えたい。きくの植物としての性質に関する資料も併せて提示し、それを基に考えさせたい。

(2) なぜこの用水路を作ったのですか。

3 大きな河川がなく、大地や砂丘が多い地域のため、水不足に悩まされていたから
<メモ> 用水路を引くことで農業が盛んになった

(3) 渥美半島でのキャベツ栽培の工夫について、資料を参考に考えよう。

【資料の読み取り】渥美半島では、キャベツを主に（ 冬 ）から（ 春 ）にかけて出荷している。

《資料》田原市のキャベツ出荷時期

出荷時期	1	2	3	4	5	6	7	8	9	10	11	12

出典：田原市Webページ

→なぜこれが可能なの？

例）太平洋に面していて、冬でも雪が降らず温暖な気候な地域だから

(4) 渥美半島で盛んな「きく」栽培の工夫について考えよう。

①右のイラストのように、明かりをつけてきくを栽培しているのは、何のためか調べよう。

4 明かりをつけて日照時間を延ばすことで、花の成長を抑え、冬に出荷することができるから。

②きくのほかにも、この地域ではビニールハウスや温室を使った農業を盛んに行っています。このような農業を何と呼んでいますか。

施設園芸農業

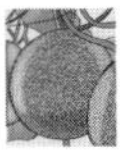

③この地域で、様々な農産物を生産できるのは、どのような背景があるからですか。

5
- 冬でも温暖なため、温室の暖房にかかる燃料費を抑えることができるから。
- 名古屋、大阪や東京といった大都市への輸送がしやすい位置だから。

〈振り返り〉
東海では温暖な気候を生かし、台地では茶やみかんを、水が少なかった渥美半島では用水路を引き、冬の温かい気候を生かして、キャベツやきく、ビニールハウスを利用した施設園芸農業など、多様な農業を行い、大都市へ出荷している。

ICT 活用のアイディア

1 地図帳の統計資料及び地図を提示し、盛んな農産物及びその産地を確認する。

2 地図帳や地理院地図の等高段彩図を提示したり、衛星画像を提示したりして、茶畑の分布やその様子を確認する。

3 豊川用水の歴史や、どこから水を引いているかが分かる情報が掲載されているホームページなどを提示する。

4 NHK for School などの動画を活用し、電照栽培の工夫について理解させる。

対話のアイディア

1 2 ペアワークで統計資料や地図（分布）を読み取ったり、茶の栽培に適した場所について調べたりすることが考えられる。

3 用水路を引いた理由について、短い時間で近くの人と相談させる。

5 渥美半島で多様な農業が展開されている背景について、地図帳などを用いながら４人程度の小グループで話し合う。

きくの栽培に代表される、ビニールハウスなどを利用した施設園芸農業が盛んであることをまとめた後、改めて様々な農産物の栽培が盛んなことに目を向ける。これらの農産物がどこで消費されているのかを、地図を使って考える。

手がかりとして、高速道路のつながっている先を考えさせたい。名古屋、大阪や東京といった大都市への輸送のしやすさも、農業が盛んな背景の一つであることに気付かせたい。

3　まとめ

本時の学習内容を〈振り返り〉に記入させる。農業を発展させた工夫にはどんなものがあったかに触れるよう声をかけるなど、振り返りの視点を明確にしたい。

ワークシートの評価ポイント

- 東海の各県で盛んな農業を、地図帳から適切に読み取っている。
- 茶の栽培や、渥美半島で野菜や花の栽培が盛んな背景について、地形や気候などの自然環境の面を中心に多面的に考察し、まとめている。

多面的・
多角的に学ぶ

5/6

東海で盛んな自動車、楽器づくり
―歴史との関わり

本時の目標

東海で、自動車工業や楽器生産が盛んな背景には、どのようなことが関わっているのかを考察できるようにする。

本時の評価

東海で、自動車工業や楽器生産が盛んな背景には、歴史的背景や交通などの要素が関わっていることを考察している。

□ 東海で盛んな自動車、楽器づくり

1

学習課題：東海で、自動車工業や楽器生産が盛んな背景には、どのようなことがあるのだろうか。

1．愛知県で盛んな自動車工業
(1) 地図帳の統計グラフから、全国の輸送機械工業の生産額に占める愛知県の割合を読み取ろう。　38.7％（2016年）

2

(2) 愛知県で自動車工業が盛んになった歴史的背景について、まとめよう。
①江戸時代のころ…綿　花 栽培が盛ん⇒綿織物を織る 繊　維 産業が発展。
②織物機械をつくる技術が発展　⇒1933年にその技術を生かして 自動車 生産を始める企業が登場。

（出典）豊田自動織機 Webページ

(3) 地図帳の「名古屋市とそのまわり」の地図を読み取り、現在の自動車生産の様子について気付いたことをまとめよう。

3

・自動車の組み立て工場の近くに、たくさんの部品・関連工場がある。
・東名高速道路を使って、大阪や東京に完成した自動車を運んでいる。
・近くの名古屋港や三河港から、国内に自動車を運んだり、海外に輸出したりしている。

(4) 地図帳の「中部地方の資料」の中から、工業に関する資料を見付け、東海全体を見るとどのようなことが言えるだろうか。気付いたことを書きだしてみよう。

・伊勢湾の周りでは、自動車工業以外の化学工業も盛んだ。
・自動車工業は、三重県や静岡県でも行われている。
・工業生産額が高い都市が、主に愛知県や、高速道路沿いに多く見られる。

(5) それぞれの地域の名前を書きましょう。
①伊勢湾一帯に広がる工業が盛んな地域　中京工業地帯
②静岡県の太平洋沿岸の工業が盛んな地域　東海工業地域

本時の授業展開

1　導入

小学校で、工業生産の学習の中で自動車工業について学習したり、前の「内容のまとまり」の中で日本の工業の盛んな地域について、学習していると思われる。

そこで、既習知識を利用しながら、東海で輸送機械工業が盛んであることを導き、統計資料を使って、愛知県が全国に占める割合を調べる。また、静岡県の全国シェアが100％であるグラフを見て、何の楽器生産のグラフなのかも併せて考える。

2　展開

はじめに、自動車の生産が愛知県で盛んな歴史的背景について考える。教科書等を使い、自動車を作るようになった経緯について調べ、ワークシートの作業を進める。こうして歴史的背景を理解した上で、自動車工業がさらに発展した理由を、地図を読み取りながら立地、交通網、人口などの視点から考察する。考察したことを最後に発表し、共有する。

ここまでは自動車工業に焦点化していたが、地域を東海全体に広げ、どのような工業が盛んだと言えるかを地図帳の資料図から読み取る。

これらの情報を総合すると、伊勢湾一帯に中京工業地帯が、静岡県の太平洋沿岸に東海工業地域が広がっているという、地域の工業の分布を理解することにつながる。

最後に、ピアノ生産について学習する。地図帳からピアノの記号を探し、浜松を中心とした

2．東海工業地域で目立つ楽器生産

(1) 静岡県が全国の生産量の100%を占める楽器は何ですか。［ピアノ］

(2) 地図帳から、(1) の楽器生産が主に行われている静岡県の都市を見付けよう。［浜松］市

(3) (2) の都市で楽器の生産が盛んになった背景を調べ、まとめよう。

4 ①［天竜］川の上流から運ばれる［木材］を加工する拠点だった。

②［木材加工］の技術を生かして、楽器生産が盛んになった。

⇒細かな金属部品を加工する技術などを応用し、［オートバイ］生産も始めるようになった。

3．まとめ

○東海地方で工業が盛んになった背景には、どのようなことが関係していたかを記入しよう。

5 自動車生産もピアノ生産も、どちらも地域で古くから行われていた産業に関する技術から発展した。また、自動車などの工業は、輸送に便利な高速道路沿いや港の近くで特に発達している。

〈振り返り〉

地域が中心地であることをつかむ。

教科書またはNHK　for Schoolの動画を利用し、なぜ浜松でピアノなどの楽器生産が盛んになったのか、主に歴史的な背景からまとめていく。

3　まとめ

本時の学習を振り返り、歴史的背景の視点や交通網の視点から、工業が盛んになった背景をまとめる。その際、小グループで話し合う活動も考えられる。〈振り返り〉の欄には、学習を通して気付いたことや、もっと知りたいことを記入させる。

ICT活用のアイディア

1 小学校で学習した自動車製造の様子を写真や動画で見せ、想起させる。

2 トヨタ自動車75年史や、豊田自動織機の豊田佐吉物語などのホームページ資料を提示する。

3 読み取りの後に地図帳を提示し、具体的な場所や記号の分布を見ながら確認する。

4 NHK for Schoolの動画などを利用して、楽器生産の背景について理解する。

対話のアイディア

1 小学校時代にどのような学習をしたか、近くの人と確認する。

3 地図帳を使って、４人程度の小グループで地図を読み取る。

5 東海地方で工業が盛んになった背景について、小グループで話し合う。

ワークシートの評価ポイント

・愛知県の自動車工業の特色や広がりについて、地図帳から交通網との関わりを見いだして記述している。

・自動車生産と楽器生産にはともに、歴史的に盛んだった産業とのつながりがあることを、「3．まとめ」のところに記述している。

まとめる　6/6

中部地方のまとめ
―特色ある産業とその成立背景

本時の目標

単元を通して学習した、三地域それぞれに見られる特色ある産業とその成立の背景にある事柄を表にまとめ、その関係を結び付けて表現できるようにする。

本時の評価

単元を通して学習した、三地域それぞれに見られる特色ある産業とその成立の背景にある事柄の関係を結び付けて表現している。

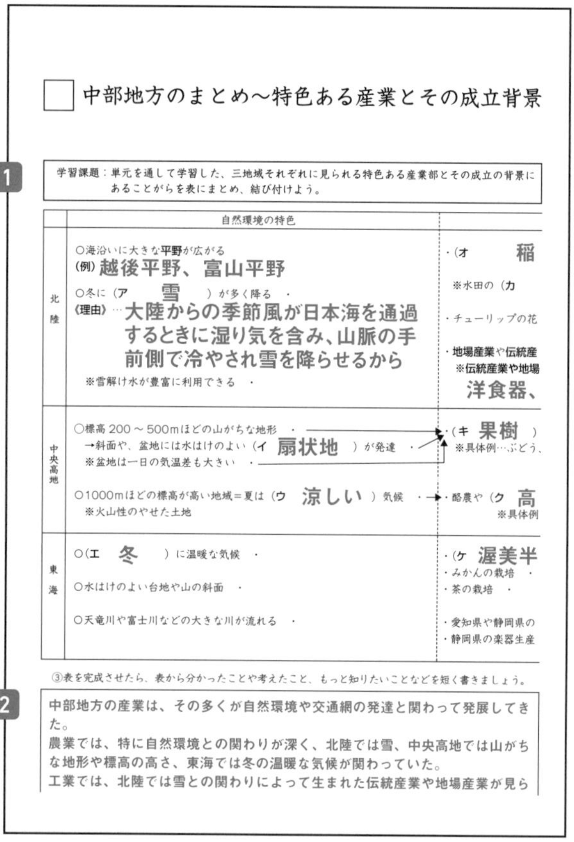

□ 中部地方のまとめ～特色ある産業とその成立背景

1 学習課題：単元を通して学習した、三地域それぞれに見られる特色ある産業部とその成立の背景にあることがらを表にまとめ、結び付けよう。

	自然環境の特色	
北陸	○海沿いに大きな平野が広がる (例) 越後平野、富山平野 ○冬に（ア　雪　）が多く降る　・ 〈理由〉…大陸からの季節風が日本海を通過するときに湿り気を含み、山脈の手前側で冷やされ雪を降らせるから ※雪解け水が豊富に利用できる　・	・（オ　稲 ※水田の（カ ・チューリップの花 ・地場産業や伝統産 ※伝統産業や地場 洋食器、
中央高地	○標高 200 ～ 500mほどの山がちな地形　・ →斜面や、盆地には水はけのよい（イ　扇状地　）が発達　・ ※盆地は一日の気温差も大きい　・ ○1000mほどの標高が高い地域＝夏は（ウ　涼しい　）気候　・	・（キ　果樹　） ※具体例…ぶどう、 ・酪農や（ク　高 ※具体例
東海	○（エ　冬　）に温暖な気候　・ ○水はけのよい台地や山の斜面　・ ○天竜川や富士川などの大きな川が流れる　・	・（ケ　渥美半 ・みかんの栽培　・ ・茶の栽培　・ ・愛知県や静岡県の ・静岡県の楽器生産

③表を完成させたら、表から分かったことや考えたこと、もっと知りたいことなどを短く書きましょう。

2 中部地方の産業は、その多くが自然環境や交通網の発達と関わって発展してきた。
農業では、特に自然環境との関わりが深く、北陸では雪、中央高地では山がちな地形や標高の高さ、東海では冬の温暖な気候が関わっていた。
工業では、北陸では雪との関わりによって生まれた伝統産業や地場産業が見ら

本時の授業展開

1　導入

これまでの単元の学習を振り返ることを本時のねらいとして共通確認した後、ワークシートを配布する。中央高地を例に、作業の進め方（特に矢印の意味や引き方）について説明する。作業に際して、ノート等を自由に参照してよいことを伝える。

2　展開

はじめに、単元の学習のキーワードに当たる、かっこに当てはまる語句を記入する。ただし、本時の中心的な活動は矢印を引き、事象同士の関係について考察・表現することであるため、ある程度の時間を確保したところで、答えの確認を行う。生徒同士で相互に確認させてもよいだろう。

作業時間を一定時間で区切ることで、矢印が全く引けない生徒を出さないように工夫したい。

50分授業で考えると、導入（説明）７分、作業①（語句・確認）15分、作業②20分、まとめ８分程度を想定している。

作業が終わらないようであれば、自宅学習の課題にして、後日回収することも考えられる。

反対に、第５時が終わった段階でこのワークシートを配布し、復習的にかっこ内に語句を入れる作業に取り組ませておくと、さらに考察・表現する時間を確保できる。

3　まとめ

作成した表と矢印を見ながら、表から分かっ

〈振り返り〉

【活動】
①表中の「北陸、中央高地、東海の特色ある産業や暮らし」や「自然環境の特色」の**ゴシック体部分**に適する言葉や内容を振り返ってまとめよう。(学習したことを自分で加筆してもよい)
②表中の関連することがらの ・ と ・ どうしを、矢印 (→) で結ぼう。(例：中央高地)

特色ある産業や暮らし	その他の要素 (結び付き、歴史、工夫や努力 など)
作) が盛ん ・ 単作) 地帯 や球根の栽培が盛ん ・ 業が盛ん ・ **産業の具体例**… 織物、漆器、メガネわく など	・大河津 (サ 分水路) を作り、湿地帯の排水や土地改良を行う ・収穫量が多くおいしい (シ 銘柄(ブランド)米) を開発 ・品種改良 ・農閑期の (ス 副業) として発達 ※江戸時代に藩が奨励したものもある
栽培が盛ん (山梨、長野) ・ 桃、りんご 原野菜) の栽培が盛ん ・ …レタス、はくさい	・観光農園やワイナリーを増やし、地域を活性化 ※桑畑 (養蚕) から時代とともに転換 東京からの日帰り旅行 ・高速道路網の発達 人口の多い関東に新鮮なまま出荷できる
島) でのきくやキャベツなどの栽培 ・ (コ 自動車) 関連産業 ・ (浜松市)、製紙工業 (富士市) ・	・(セ 豊川用水) の整備により、水が得られるように ・港や高速道路などの輸送網の発達 ・地域で伝統的に盛んだった産業の技術を生かす

れ、東海では地元の技術を生かした自動車工業や楽器産業が目立っていた。
特に東海では工業が盛んで、これには高速道路や港などの交通網の整備が大きく関わっていた。
また、どの地域でも、そこに暮らす人々の工夫や努力によって、産業が発展したことを感じた。

たことや考えたこと、もっと知りたいことなどを**2**の箇所に記入する。また、〈振り返り〉で自己評価を行う。このワークシートは「評定に用いる評価」の資料として活用する。

ICT 活用のアイディア

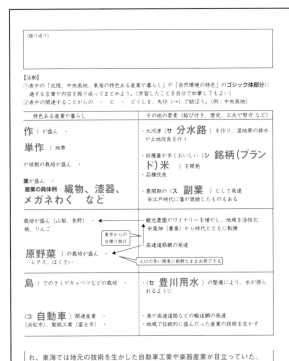

1 ワークシートを提示し、具体的に矢印を書き込みながら作業方法について説明する。もしくは、個人の端末上で直接ワークシートに書き込めるのであれば、教師がやり方を見せたうえで、生徒にも同様に端末上で作業させる。

対話のアイディア

2 個人でのまとめが中心の時間だが、作業の進み具合を見て、途中でどのように矢印を結んだか、互いに見合う時間をとるとよい。また、表から考えたことを書く欄についても、どんなことを書いたか近くの人と相談できる時間を短時間でよいので設けたい。

ワークシートの評価ポイント

- 関連する事象同士を矢印でおおむね結び付けることができている。
- 結び付けた結果を踏まえ、中部地方の各地の産業の特色には、自然環境等と関連が深いことを見いだし、記述している。
- 学習を通して浮かんだもっと知りたいことをなどを記述している。

(3) 6時間 東北地方：人口・都市・村落を中核として

単元の目標

東北地方の地域的特色（特に人口・都市・村落について）を踏まえ、過疎化が進む背景にある自然環境や産業と人々の生活がどのように結び付いているのかを多面的・多角的に考察する。また、過疎化問題を解決するには、どのような取組があるのかを考える。

単元を貫く問い 東北地方の特色を理解した上で東北地方が抱える課題の解決策を考えよう。

1時	2・3時
大観する	多面的・多角的に
〔第1時〕 東北地方を眺める 東北地方の自然環境を地図帳で調べる学習を通して、その特色を大観する。奥羽山脈が東北地方の中央を東西を分ける形で通っていることや、平地が少ないことを理解する。 太平洋側・中央部・日本海側の雨温図を比較する学習を通して、中部地方とは異なり、地域ごとの気候の変化が小さいことを理解する。 特に、太平洋側が寒流の影響で冷夏を迎えることがあることを資料から読み取らせ、これまで学んできた地域との違いを明確にする。	〔第2時〕 東北地方の自然環境と産業の関わり 庄内平野や山形盆地で盛んな農業について考える学習や郷土料理に使われている材料の生産について考える学習を通して、各地域の特産物は地形や気候に合ったものであることを理解する。 三陸沖は暖流と寒流の潮目となっており、世界有数の好漁場で魚の水揚げが多いことを確認し、食を通して自分たちの生活にも密接に関係していることに気付かせる。 〔第3時〕 東北地方の伝統的な生活・文化 東北地方では伝統工芸品が盛んにつくられてきたことを確認する。また、東北地方では冬になると出稼ぎをする人が非常に多かったことを資料から読み取る。 東北地方の大きな祭りが8月に開催される理由を考える。また、本時で学習してきたことが東北地方の地理的な条件とどのような関わりがあるかを考える。

単元を構造化する工夫

まず、本単元の「ゴール」である「東北地方の地域的特色を捉えること」「捉えた地域的特色と東北地方の課題である過疎化とを関連付けること」を達成するために必要な要素を単元を構造する前に確認する。

第1時で東北地方の自然環境や気候を確認し、生活していく上で困難な条件がたくさんあることを捉えさせ、それを第2時〜第4時の学習につなげていく。第2時〜第3時ではそのような自然環境の中、様々な工夫を凝らして特徴的な文化をつくり上げてきたことを学習するが、第4時では過疎化が進行しているという課題を抱えていることを捉える。そして、それを解決するために「活性化」「集住」の2つから選択する学習を行う中で、それまでに捉えた東北地方の特色との関連付けを行っていく。

単元の評価

知識・技能	思考・判断・表現	主体的に学習に取り組む態度
○東北地方の地域的特色や地域の課題を理解しており、他地域より深刻に見られる過疎化の問題の地理的な要因について理解している。	○東北地方の地域的特色を、人口や都市・村落を中核として、他の事象やそこで生ずる課題と有機的に関連付けて多面的・多角的に考察し、表現している。	○東北地方の地域的特色や課題の解決のために見通しをもって学習に取り組み、その成果を生かしながら改善を加え、よりよい考えをつくろうとしている。

4・5時	6時
学ぶ	まとめる
〔第4時〕 東北地方の人口構成 遠野市の人口に関する資料から、過疎化や高齢化のため一人暮らしが多いことを読み取り、このような人口構成だとどのような問題が起きるかを考える。 東北地方は、全国の中でも特に過疎化が進んでいるが、本単元で学習したことを振り返りながらその理由を考える。 〔第5時〕 過疎化を考える 過疎の改善に成功している徳島県神山町の取組と人々が住む場所をまとめる「コンパクトシティ」という構想を紹介する動画をそれぞれ視聴し、それぞれのメリットとデメリットについて考える。	〔第6時〕 活性化か、集住か 東北地方の過疎化を解決するために、前時に学習した神山町のような「地域活性化」か、コンパクトシティのような「集住」かを選択するとしたらどちらを選ぶかを考える。その際、生徒の思考が可視化しやすくなるようにトゥールミンモデルを活用する。

課題解決的な学習展開にする工夫

全国的な課題である過疎化の解決策について考えていく学習だが、その課題の背景に地理的な要因が多分にあることを単元全体を通して捉えていく。

単元のはじめに課題を提示してその解決に向かっていくという本来の課題解決的な学習の形ではないが、学習を進めがら生徒自身が東北地方だからこそ表れる課題であることに気が付き、それに合った解決法を選択することで効果的な学習展開になると考える。

また、最終時には、自身の意見を基に討論を行うことで、多面的・多角的に課題について考えることが可能になる。

大観する 1/6

東北地方を眺める

本時の目標

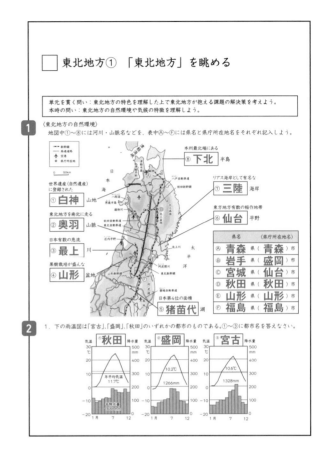

東北地方の自然環境や気候の特徴を理解できるようにする。

本時の評価

東北地方の地形について理解している。また、既に学習した他の地方と比べて東北地方にはどのような気候の特徴があるかを読み取っている。

□ 東北地方① 「東北地方」を眺める

単元を貫く問い：東北地方の特色を理解した上で東北地方が抱える課題の解決策を考えよう。
本時の問い：東北地方の自然環境や気候の特徴を理解しよう。

1 〈東北地方の自然環境〉
地図中①～⑧には河川・山脈名などを、表中Ⓐ～Ⓕには県名と県庁所在地名をそれぞれ記入しよう。

世界遺産（自然遺産）に登録された ①白神 山地
東北地方を南北に走る ②奥羽 山脈
日本有数の急流 ③最上 川
果樹栽培が盛んな ④山形 盆地
日本第4位の面積 ⑤猪苗代 湖
東方地方有数の稲作地帯 ⑥仙台 平野
リアス海岸として有名な ⑦三陸 海岸
本州最北端にある ⑧下北 半島

	県名		（県庁所在地名）	
Ⓐ	青森	県（	青森	）市
Ⓑ	岩手	県（	盛岡	）市
Ⓒ	宮城	県（	仙台	）市
Ⓓ	秋田	県（	秋田	）市
Ⓔ	山形	県（	山形	）市
Ⓕ	福島	県（	福島	）市

2 1．下の雨温図は「宮古」、「盛岡」、「秋田」のいずれかの都市のものである。①～③に都市名を答えなさい。

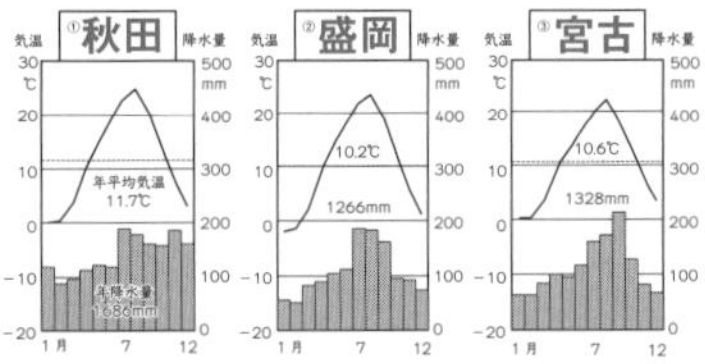

本時の授業展開

1 導入

東北地方について知っていること（観光スポットや名物料理など）を自由に発表させる。

2 展開

地図帳を使って地図中の①～⑧に入る語句と県名、県庁所在地を調べて記入させる。早調べのゲーム形式にして楽しみながら早く情報を調べる力を鍛える。

「宮古」「盛岡」「秋田」の雨温図を選ぶ学習を通して、これまでの地域とは異なり、そこまで大きく気候に差が出ていないことに気付かせる。多少の気温差や降水量の違いから判別するように解説する。

2に取り組む。太平洋側なのにそこまで温暖にならないことなど、中部地方などの既習済みの地域と比較して、そこまで気候の差が出ないことを確認する。

大型提示装置に海流の図を示し、3について考えさせる。日本海側には中部地方と同じように暖流の対馬海流の影響が見られるが、太平洋側には寒流の千島海流の影響が見られることを読み取らせる。

これまでの学習を踏まえて、《知識》の（　）に穴埋めをしながら解説する。特に、「やませ」については、次時の農業の学習に向けて生徒の印象に残るように強調したい。

4に答える。南北に細長く山がちな東北地方は、中央部に奥羽山脈があることによって東西に大きく分けられ、地域間の移動も容易では

3 2. 1 の雨温図のうち、これまで学習した地域と少し異なる気候になっている雨温図を選びなさい。また、そう考えた理由も説明しなさい。

宮古

これまでの地域と違い、太平洋側なのに温暖な気候となっていない。

4 3. 2のような気候になるのはなぜか説明しなさい。

東北地方の太平洋側には寒流の親潮が流れているため、夏に吹いてくる風もあまり温暖なものではないから。

《知識》

東北地方は本州の他の地域と比べて(④ 緯度)が高く、北にいくほど冬の寒さが厳しくなる。日本海側では冬になると北西からの季節風によって冷たく湿った空気が流れるため、(⑤ 雪)がたくさん降る。

東北地方は本州のほかの地域と比べて夏も(⑥ 涼)しくなる。とくに太平洋側で(⑦ やませ)と呼ばれる(⑧ 北東)の冷たい風が吹くと(⑨ 曇り)の日が続き、日照時間が不足して気温が低くなる。そのため、この風が吹くと稲作農家はたびたび(⑩ 冷害)に悩まされる。このため、この風は(⑪ 飢餓風)などと呼ぶこともある。

5 4. 右の資料を見て、Ⓐ－Ⓑ間の断面図を書きなさい。

Ⓐ　　　　　　　　Ⓑ

※断面図の画像を大型提示装置に映しておく。

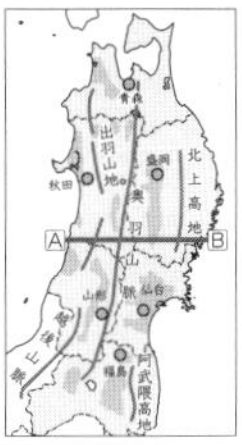

〈振り返り〉

なかったことを捉えさせる。

3　まとめ

本時の学習で使用した資料などを大型提示装置に示しながら授業を振り返り、東北地方の特徴的な自然環境について確認する。ここで学んだ知識を今後の学習に生かせるように説明する。

最後に、〈振り返り〉を記入させる。

ICT 活用のアイディア

1 ワークシートの画像をカラーで見られるようにスライドを生徒に配付する。また、Google Earth で実際の地形（例：奥羽山脈）を見て、「背骨」のように走っていることを確認する。

2 雨温図と地図を同じ画面に映し、東北地方の気候の特徴について説明する。

5 東北地方Ⓐ－Ⓑの断面図の模範解答を大型提示装置に映す。

対話のアイディア

1 では地図帳で各自で調べて空欄に記入させる。早く終わった生徒は周囲の生徒に調べ方を教え、地図を扱う技能を互いに高め合う。

3 では答えをグループで読み合う。他者の意見に納得した場合は答えを変えてもよい。

4 では、これまでに学習してきた海流と風が気候に影響を与えるという知識を応用し、なぜやませが吹くのかをグループで考える。

ワークシートの評価ポイント

・奥羽山脈が中央を遮っていて他のも高地が多いという東北地方の特徴を理解することができている。

・風と海流の関係から太平洋側であるにもかかわらず、夏の気温がそこまで上がらないことに気が付くことができている。

多面的・多角的に学ぶ

2/6

東北地方の自然環境と産業の関わり

本時の目標

東北地方の自然環境と産業にはどのような関係があるかを理解できるようにする。

本時の評価

東北地方に見られる特徴的な地形や気候、海流などの自然環境と農業や郷土料理、漁業などの特徴を関連付けて理解している。

□ 東北地方② 東北地方の自然環境と産業の関わり

単元を貫く問い：東北地方の特色を理解した上で東北地方が抱える課題の解決策を考えよう。
本時の問い：東北地方の自然環境と産業にはどのような関係があるかを理解しよう。

〈東北地方の農業〉

1 1．右の地図中Ⓐ・Ⓑの地域ではどのような作物が栽培されているか。そう考えた理由と共に答えよ。

Ⓐ	作物	稲
	理由	平野が広がっており、大きな河川も流れているから。
Ⓑ	作物	果物
	理由	盆地には扇状地が多く、果樹の栽培に向いているため。

東北地方の自然環境

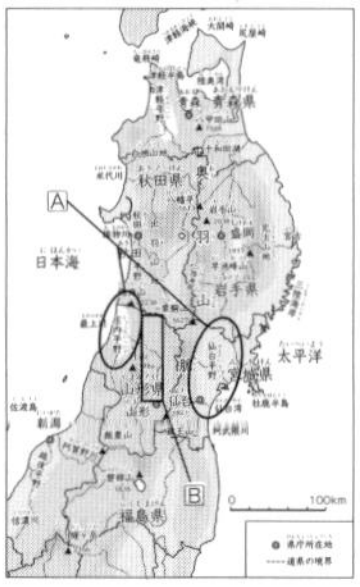

2 2．右の資料から宮城県と岩手県では「ひとめぼれ」の生産が盛んだということが分かる。この品種はどのような特徴があると考えられるか。前時の学習を生かして、下の「トゥールミン」を完成させなさい。

《問い》
「ひとめぼれ」はどのような品種か？

《結論》
「ひとめぼれ」は 冷えに強い 品種

《そう考えた理由》
宮城県と岩手県は東北地方の太平洋側にあり、やませの影響が出やすいから。

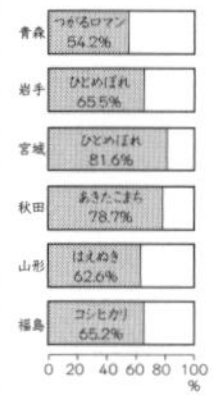

本時の授業展開

1 導入

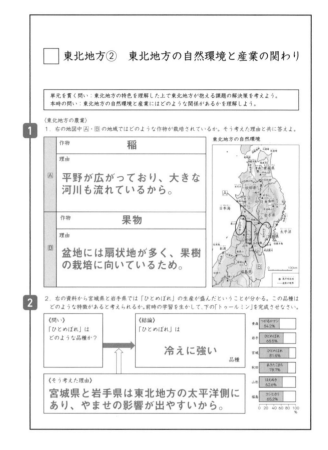

東北地方で盛んに栽培されている作物や名物料理、有名な土産物などには何があるか生徒に自由に発言させる。

2 展開

1について考える。1分ほど経ったところで地理的な条件について確認し、これらの条件に合う作物はどのようなものかを考えさせる。

2について考える。トゥールミンモデルについて説明し、自分の頭で考えたことを自分の言葉で書くように促す。正解、不正解にかかわらず、地理的な条件と関連付けて答えを出すことができている生徒数名に発表させる。

大型提示装置に名物料理の写真を写し、食材に注目させる。

3について考える。既習事項を生かし、芋や小麦は寒さに強い作物であることに気が付かせ、東北地方の太平洋側の気候と関連付けられるようにする。

東北地方の農業についてのまとめや解説をしながら、④〜⑬を記入させ、各県で栽培が盛んな作物などを確認する。

4について考える。既習事項を生かして暖流と寒流の潮目は好漁場となることを確認する。解説をしながら、⑭〜㉑を記入させ、リアス海岸の特徴も漁業と関連付けて理解させる。

3 まとめ

本時の学習で使用した資料などを大型提示装

3 3．岩手県の（① わんこそば ）、秋田県の（② 稲庭うどん ）、山形県や宮城県の（③ 芋煮会 ）など、東北地方には名物料理がたくさんあるが、なぜ、このような料理が伝統的なものとなったのか。食材に注目して説明しなさい。

そば、小麦、里芋などは冷えに強い作物で、凶作で米がとれないときのために栽培が盛んに行われたから。

《知識》秋田平野や（④ 庄内 ）平野などの日本海沿岸や、（⑤ 仙台 ）平野などの北上川流域は稲作が盛んである。1970 年代になると米の消費量が減って米が余るようになったため、政府は米の生産量を減らす（⑥ 減反政策 ）を始めた。その影響で米の産地ではほかの作物への転作が進んだ。盆地や河川の中流・上流では（⑦ 果樹 ）栽培が行われており、津軽平野では（⑧ りんご ）が、山形盆地では（⑨ さくらんぼ ）や（⑩ 洋なし ）が、福島盆地では（⑪ もも ）が多く生産されている。また、山地を生かした林業や牧畜も多く行われており、青森ひば、（⑫ 秋田すぎ ）などの木材や山形牛、（⑬ 米沢牛 ）などの肉牛は全国的にもブランドとして知られている。

〈東北地方の漁業〉

4 4．三陸海岸沖は日本でも屈指の好漁場となっている。
その理由を右の資料を参考にして説明しなさい。

三陸海岸沖は暖流と寒流が交わる潮目となっているから。

《知識》三陸海岸沖は好漁場となっているため、（⑭ 八戸 ）、（⑮ 気仙沼 ）をはじめとする日本有数の漁港が太平洋側にある。リアス海岸は湾が多いため、（⑯ 波 ）が少なく、海が（⑰ 穏やか ）であることから、（⑱ かき ）や（⑲ わかめ ）、（⑳ ほたて ）などの（㉑ 養殖業 ）も盛んである。

〈振り返り〉

置に示しながら授業を振り返り、東北地方の第一次産業がその特徴的な自然環境と大きく関係していることを再度確認する。

〈振り返り〉を記入させる。

次時は東北地方の伝統文化について学習することを説明し、有名な工芸品や祭りについて調べておくように伝える。

ICT 活用のアイディア

1 ワークシートの画像をカラーで見られるようにスライドを生徒に配付する。また、1の地図と実際の平野や盆地の写真を提示し、地形と栽培する作物の関係について説明する。

3 3・4の答え合わせの際は特産品や郷土料理の画像や動画を映し、生活との関係を見いだささせる。

4 潮目の写真や資料を提示し、工業上になる理由を説明する。

対話のアイディア

1 1の答えをグループで読み合う。他者の意見に納得した場合は答えを変えてもよい。

2 2の答えをグループで意見を出し合って考える。

3 3は郷土料理に使われる食材に注目させ、それぞれの地域の自然環境と関連付けて考える。その際に各地域の自然環境について理解できているかどうかをグループで確認し合う。

ワークシートの評価ポイント

・前時の学習を生かし、東北地方の自然環境と特産物や郷土料理との関係について気付くことができている。
・東北地方の太平洋側が好漁場になっている理由が海流の影響であることを理解している。

多面的・
多角的に学ぶ

3/6

東北地方の伝統的な生活・文化

本時の目標

東北地方の伝統的な生活文化が生まれた背景には何があるか、地理的な視点から考えられるようにする。

本時の評価

東北地方の伝統的な生活文化が生まれた背景に、冬の厳しい寒さや夏のやませなど東北地方の自然環境が影響していることに気付いている。

□ 東北地方③　東北地方の伝統的な生活・文化

単元を貫く問い：東北地方の特色を理解した上で東北地方が抱える課題の解決策を考えよう。
本時の問い：東北地方の伝統工芸品や祭りなどが生まれた背景はどのようなものだろうか。

1

東北地方の（[1] 伝統工芸品 ）…☆1

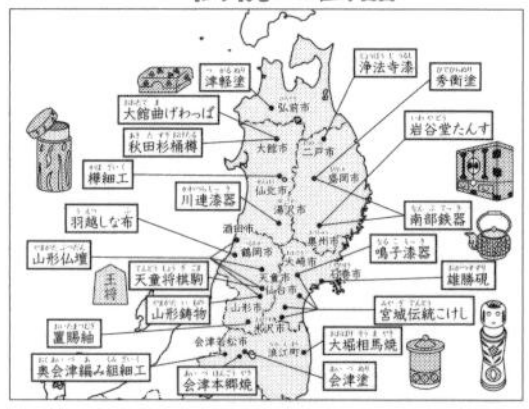

1.「南部鉄器」は岩手県の名産品だが、右の⚒は何の分布だと考えられるか答えなさい。

A.　鉄の原料がとれるところ。

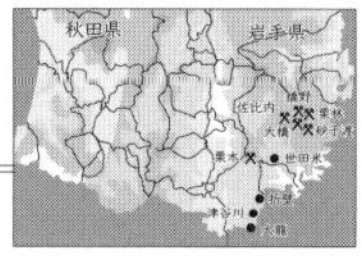

2

2．南部鉄器はステンレス製の製品などが普及したことにより、売り上げが落ち、生産が減った。なぜ売れなくなったのか予想して説明しなさい。

- 値段が高い。
- ステンレスの方が軽くて使いやすい。
- デザイン

3．どのようなことをすれば南部鉄器は再び人気が出るか。アイデアを考えなさい。

- 現代風のデザインにする。
- 南部鉄器の長所を生かして鉄瓶以外の物をつくる。

※特に正解はないが、次のような回答が出てくるように導く。

本時の授業展開

1　導入

生徒に南部鉄瓶の画像を見せ、見たことがあったり、家にあったりするかを確認する。

実際の南部鉄器を生徒にもたせ、重さなどを実感させる。

2　展開

東北地方では様々な伝統工芸品がつくられていることを確認する。特に天童市の将棋駒や宮城県のこけしなどに注目させる。

1について考えさせる。「資源が取れる近くで工業製品がつくられることが多い」という概念的知識を得ているかどうかを見取る。

2と3について考える。ステンレス製品と比較したときの南部鉄器の短所を挙げ、それを補いながら長所を生かすための工夫を考える。

生徒の考えを発表させた後、カラフルな南部鉄瓶や海外で南部鉄器が売られている様子を紹介する。

4の資料を読み取らせる。東北地方での工業の発達と共に出稼ぎ者が減ったことを確認する。なぜ昔は出稼ぎ者が多かったのかについてはあえて触れず、授業のまとめでその理由に気付かせる。

5と6に取り組ませる。祭りの様子を画像や動画で紹介しながら四大祭りの名前を記入させる。竿燈まつりの提灯が稲穂を表していることを確認し、7につなげる。

7について考える。現在は観光客を呼び込むために8月に開催していることを説明した

3 4. 右の資料を見て、1960 年から 2000 年頃までの工業出荷額と出かせぎ者数の関係について説明しなさい。…☆2

東北地方の工業出荷額と出かせぎ者数

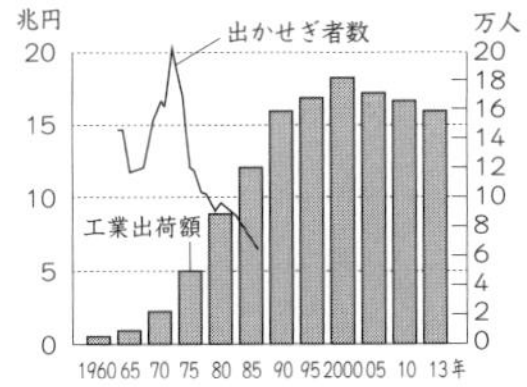

1970 年代までに出稼ぎ者が増加したが、その後、東北地方でも工業が発達したことで、出かせぎに行く必要がなくなったので、少なくなった。

4 5. 東北地方の有名な祭り名前を答えなさい。

◇青森県（ 青森ねぶた祭 ）　◇宮城県（ 仙台七夕まつり ）

◇山形県（ 山形花笠まつり ）　◇秋田県（ 秋田竿燈まつり ）

6. 秋田の祭りの提灯は何を表しているのか説明しなさい。

A. 稲穂

7. 東北の祭りは８月に行われることが多いが、それはなぜか。「本来の理由」を答えなさい。…☆3

《本来の理由》
作物の豊作を願うため。

5 《まとめ》 ☆1 ～ 3 の共通点は何か、書き出しに続けて答えなさい

☆1 ～ 3 が成立した背景には
東北地方の自然環境はたいへん厳しいという
ことが関係している。

〈振り返り〉

上で、本来は豊作を願って収穫前のこの時期に祭りが行われていたことを理解させる。

3　まとめ

本時の学習で使用した資料などを大型提示装置に示しながら授業を振り返った後、「まとめ」の問いを考えさせる。

本時で学習してきた東北地方の伝統的な生活文化には、東北地方の冷涼で厳しい自然環境と関係が深いことに気が付かせる。

最後に、〈振り返り〉を記入させる。

ICT 活用のアイディア

1 ワークシートの画像をカラーで見られるようにスライドを生徒に配付する。

2 2・3 では jamboard を使い、クラス全体から意見を集める。他者の意見を見て、よい考えを見付ける。

4 4 つの祭りの画像や映像を視聴し、祭りの特色や規模の大きさに注目させる。

5 まとめはタブレットで共有ファイルに記入させる。教師がよい意見を選び、大型提示装置に映して紹介する。

対話のアイディア

2 2・3 は個人で取り組むが、他者の意見も見れるようになっている。他者の意見を参考にしながら自分の考えを整理する。

3 4・6・7・まとめは前時までの学習や本時の学習をグループで振り返りながら考える。班員が既習事項を理解できていない場合は班員が説明する。

ワークシートの評価ポイント

・東北地方に伝統工芸品が多くあったことや昔は冬の出稼ぎ者が多かったこと、豊作を願う祭があることなどの背景には「やませ」や冬の厳しい寒さや雪など東北地方の自然環境が関係していることに気付き、説明することができている。

多面的・
多角的に学ぶ

4/6

東北地方の人口構成

本時の目標

東北地方ではなぜ深刻な過疎が進んでいるのかを考えられるようにする。

本時の評価

前時までの学習を生かして、東北地方の過疎の原因が山地が多いことや冬の厳しい寒さなど自然環境と関係するものが多いことに気付いている。

□ 東北地方④　東北地方の人口構成

単元を貫く問い：東北地方の特色を理解した上で東北地方が抱える課題の解決策を考えよう。
本時の問い：東北地方ではなぜ深刻な過疎が進んでいるのかを考える。

1 1．右の資料から遠野市の人口構成について説明しなさい。

少子高齢化が進むとともに、人口全体も少なくなっているので、過疎が進んでいる。

岩手県遠野市のうつり変わり～
年齢別人口構成

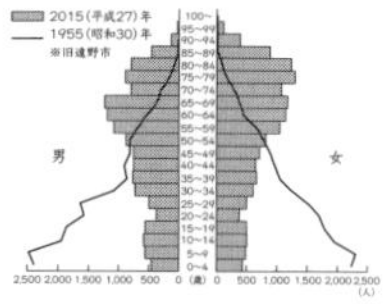

2．1の内容や右の資料から遠野市にはどのような家族構成の世帯が多いかを説明しなさい。

1人や2人の世帯が多いが、これらの家庭は高齢者だけで暮らしている場合が多いと考えられる。

人員別世帯数（2015年）

（世帯）平均2.7人

1人	2,633	5人	689
2人	2,811	6人	406
3人	1,822	7人以上	377
4人	1,188		

（「国勢調査」による）

3．2から、生活していく上でどのような問題があると考えられるか答えなさい。

・買い物が大変
・交通事故の危険性
・通院や救急搬送が大変　など

4．遠野市では若者の都会への流出が続いているが、なぜこのようなことが起こるのか理由を説明しなさい。

・若者が求める仕事がない。
・都市のほうが生活しやすい。

本時の授業展開

1　導入

1に取り組む。遠野市の人口ピラミッドから少子高齢化が見られ、過疎化が進んでいることを読み取る。

また、このようなことは東北地方全体で見られることを説明する。

本時の問いを設定する。その際に、既習事項を生かして過疎化の原因を考えるように説明する。

2　展開

2と3に取り組む。1人、2人で暮らす人が多いことを読み取るだけでなく、上の人口ピラミッドと関連付け、高齢者の単一世帯が多いことに気付かせる。

その後、3で「東北地方で」高齢者の単一世帯だとどのようなことが大変かを考えさせ、東北の地域的特色に着目させる。

4に取り組む。グループで協力して既習事項の確認をしたり、新たに配布した補足資料から過疎化の要因になる事象を読み取ったりする。

【補足資料から読み取ること】
・東北地方の80％以上が豪雪地帯であること
・山が多く、70％が森林であり、交通の便が悪いこと
・有効求人倍率が低く、平均賃金も低いこと
など

※4で記入した理由は遠野市だけでなく、東北地方の数多くの地域で見られることである。なぜ、東北地方ではこのような現象が起こっているのか。これまでの学習や補足資料を参考にして、指定されたグループで考えてみましょう。
※その際、地理的な見方・考え方を働かせるようにすること。

2 5．東北地方で過疎が起きた原因をあげてみよう。

《原因》	《そう考えた根拠》（　　）
・東北地方の8割が豪雪地帯	
・山が多く、70%が森林なので、交通の便が悪い。	
・有効求人倍率が低く、平均賃金も低い	

〈振り返り〉

ICT活用のアイディア

1 ワークシートの画像をカラーで見られるようにスライドを生徒に配付する。

2 では地理的な見方・考え方を働かせて東北地方で過疎が進行した原因を考える。既習事項と関連付けがしやすいように補助資料をスライドで生徒に配付する。また、グループで出た意見を2つに絞り、jamboardを使って代表者が発表する。

対話のアイディア

1 では3～4人グループで協力して考えさせる。理解が早い生徒には班員に答えだけを教えるのではなく、なぜそうなるのかを説明するように伝える。

2 では補助資料から情報を読み取り、東北地方の地理的な特殊性と過疎化の関係を導き出す。グループで協力して資料の読み取りから行い、班員全員が「なぜそう言えるのか」を理解できるようにする。

3　まとめ

本時の学習で使用した資料などを大型提示装置に示しながら授業を振り返り、以下を確認する。

・東北地方では他地域に比べても過疎化が進行していること

・過疎化の原因は、自然環境に大きく関係していること

〈振り返り〉を記入させる。

第5時と第6時でその解決策について考えていくことを説明する。

ワークシートの評価ポイント

・東北地方は日本の他の地域と比較しても、特に過疎化が進んでいることを資料から読み取ることができている。

・過疎化の原因は豪雪地帯が多かったり、産地が多かったりと人間が暮らしていく上で厳しい自然環境が多くあることが大きく影響していることを捉えることができている。

多面的・多角的に学ぶ　5/6

過疎化を考える

本時の目標

神山町の取組とコンパクトシティ構想とを比較し、それぞれのメリットとデメリットを考え、東北地方の過疎化対策に有効な解決策を選択できるようにする。

本時の評価

神山町の取組とコンパクトシティ構想とを比較し、それぞれのメリットとデメリットを考え、東北地方の地域的特色と関連付けて「東北地方の過疎化対策」としてどちらが適しているかを考えている（第６時と共通）。

□ 東北地方⑤「過疎化」を考える

単元を貫く問い：東北地方の特色を理解した上で東北地方が抱える課題の解決策を考えよう。
本時の問い：2つの過疎の対策例のメリットとデメリットについて理解する。

〈スキな町をステキな町へ！神山町の実践例〉

1　1．神山町の映像から分かる取組のメリットを書き出しなさい。

《メリット》

・自然環境など地域の本来もつよさを残しながら活性化することができている。
・若者や外国人など幅広い人材が集まってきている。
・地元の人のことも考えられている。

2．神山町の取組のデメリットを考え、答えなさい。　※広い視点でも考えること。

《デメリット》

・神山町では成功しているが、東北地方ではたくさんの都市で過疎化が進行しているので、すべての地域では難しいのではないか。
・東北地方の自然環境に当てはまるだろうか。

本時の授業展開

1　導入

神山町とコンパクトシティについて簡単に紹介する。それぞれの紹介動画を視聴し、東北地方の過疎化を解決するためにはどちらの方法を選択するのがよいかを考えることを説明する。

2　展開

神山町の紹介動画を視聴する。その際、メモを取りがら観るように説明する。動画の視聴中に出てくる難しい用語などは動画を止めて解説をする。

動画で視聴後、神山町のメリットについてグループで共有し、誤った情報は修正する。その後、デメリットについて意見を出し合い記入する。

数名の生徒に発問し、神山町のメリットとデメリットについてクラス全体で共有する。自分で書けていないものは書き足しておくように説明する。

コンパクトシティ構想の紹介動画を視聴する。その際、メモを取りながら観るように説明する。動画の視聴中に出てくる難しい用語などは動画を止めて解説をする。

動画の視聴後、コンパクトシティのメリットとデメリットについてグループで共有し、誤った情報は修正する。

数名の生徒に発問し、コンパクトシティ構想のメリットとデメリットについてクラス全体で共有する。自分で書けていないものは書き足しておくように説明する。

2

〈これからの街づくりのモデルになる！？コンパクトシティ計画〉

3．コンパクトシティの映像から分かる取組のメリットを書き出しなさい。

《メリット》

- 集住することによって社会サービスを受けやすくなる。
- 人口が集中するので、地域や学校の持続可能性が広がる。
- 人が住まない場所が出てくるので環境問題の対策となる。

4．コンパクトシティの取組のデメリットを考え、答えなさい。　※広い視点でも考えること。

《デメリット》

- 山間部などに住み慣れた人は移住してくれるだろうか。

接続可能なコンパクトシティへ

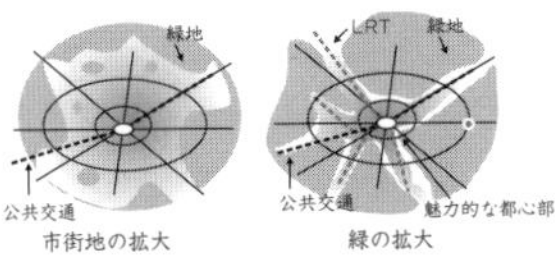

〈振り返り〉

3　まとめ

それぞれのメリットとデメリットを簡単に振り返りながら、次時に東北地方で採用するならどちらがよいかを選択することを説明する。

その際、これまでに学習してきた東北地方の特色と関連付ける必要があるので、よく復習しておくことを伝える。

最後に、〈振り返り〉を記入させる。

ICT 活用のアイディア

1 ワークシートの画像をカラーで見られるようにスライドを生徒に配付する。また、神山町を紹介する動画を大型提示装置で流す。取組のメリットについて映像を見ながらメモをとる。

3 コンパクトシティを紹介する動画を大型提示装置で流す。取組のメリット・デメリットについて映像を見ながらメモをとる。

対話のアイディア

1 動画の視聴後、神山町のメリットについてグループで共有し、誤った情報は修正する。その後、デメリットについて意見を出し合い記入する。

2 動画の視聴後、コンパクトシティのメリット・デメリットについてグループで共有し、誤った情報は修正する。

ワークシートの評価ポイント

- 単元を通して学習してきた東北地方の特色（特に山地が多いことや「冷え」が厳しい気候であること、その影響が見られる産業など）と神山町・コンパクトシティのメリット・デメリットを関連付けて「東北地方過疎対策」として説明することができている。

（第６時と共通）

まとめる

6/6

活性化か、集住か

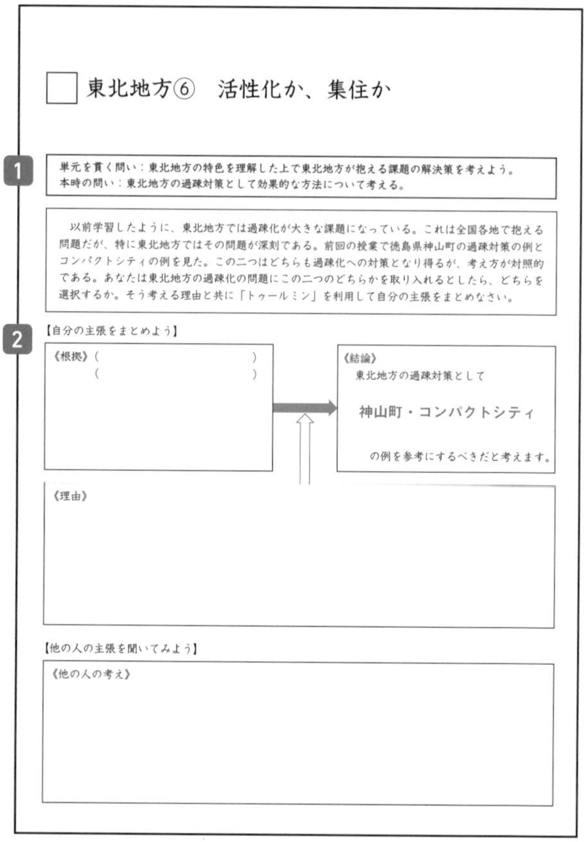
□ 東北地方⑥　活性化か、集住か

1 単元を貫く問い：東北地方の特色を理解した上で東北地方が抱える課題の解決策を考えよう。
本時の問い：東北地方の過疎対策として効果的な方法について考える。

以前学習したように、東北地方では過疎化が大きな課題になっている。これは全国各地で抱える問題だが、特に東北地方ではその問題が深刻である。前回の授業で徳島県神山町の過疎対策の例とコンパクトシティの例を見た。この二つはどちらも過疎化への対策となり得るが、考え方が対照的である。あなたは東北地方の過疎化の問題にこの二つのどちらかを取り入れるとしたら、どちらを選択するか。そう考える理由と共に「トゥールミン」を利用して自分の主張をまとめなさい。

2 【自分の主張をまとめよう】

《根拠》（　　　　）
（　　　　）

《結論》
東北地方の過疎対策として
神山町・コンパクトシティ
の例を参考にするべきだと考えます。

《理由》

【他の人の主張を聞いてみよう】

《他の人の考え》

本時の目標

他の人の意見も参考にしながら、その過疎対策を選んだ理由を東北地方の特色と関連付けて説明できるようにする。

本時の評価

神山町の取組とコンパクトシティ構想とを比較し、それぞれのメリットとデメリットを考え、東北地方の地位的特色と関連付けて「東北地方の過疎化対策」としてどちらが適しているかを考えている（第５時と共通）。

本時の授業展開

1　導入

神山町とコンパクトシティ構想について簡単に復習し、本時の授業の流れを説明する。

2　展開

ワークシートをデジタル配付し、操作方法や授業の流れを説明する。

評価のポイントについて説明する。まずはトゥールミンモデルに自分の考えを当てはめる。

教師は生徒がどちらを選択しているかやどのような理由で選択したのかなどをタブレット上で確認しておく。

自分の意見を入力し終わったら他の人の意見をタブレット上で自由に読む。質問がある場合にはその人のところに自由に行って聞いてもよい。参考になる意見はメモをする。（※意見を変えてもよい）。

他者からの指摘や意見を参考にして、自分の考えの修正を行う。自分の考えが変わらなくても、他者の意見から「こういう意見が出たが、やはりこうだと思う」というように、他者の意見も踏まえていることが分かるように記述させる。

清書用のファイルをデジタル配付し、どのようなポイントに気を付けて書くのかを再度説明する。15分後には必ず提出しなければいけないことを説明する。

教師は生徒の書いている様子をタブレット上で確認しながらよい意見をもっている生徒（で

3 最終的な自分の考察を表現しよう（清書）

私は東北地方の過疎対策として　神山町　・　コンパクトシティ　を参考にするべきだと思います。

↑

その理由は…　《必ずどちらかに○》

・神山町では森や川などの自然環境を生かしていたが、東北地方の冬は非常に寒いので、逆にスキーなどを楽しみたい人を呼び込む。

・東北地方は山地が多いのでコンパクトシティのように平地に集住すれば病院までの搬送時間の問題など様々な課題が解決される。

※単元を通して学習してきた東北地方の特色と神山町・コンパクトシティのメリット・デメリットを関連付けて説明できていればよい。

〈振り返り〉

きれば、神山町・コンパクトシティ構想両方）を選定しておく。

数名の生徒を指名し、発表させる。発表後にその考えのどこがよいのかを説明し、参考にさせる。

3　まとめ

単元全体を振り返り、東北地方の地域的特色と課題について確認する。今回、取り上げた過疎化の課題は日本全国に見られることを伝え、日本の持続可能性を考えたときに避けることのできない喫緊の課題であることを理解させる。

最後に、〈振り返り〉を記入させる。

ICT 活用のアイディア

1 このワークシートは左側をデータで配付する。

2 自分の意見を入力し終わったら他の人の意見を自由に見て、参考になる意見はメモをする。

3 ワークシートの右側を別ファイルで配付する。生徒は記入後にデータを教師に提出する。

対話のアイディア

1 他者の意見を読み、自分の意見を修正する。質問がある場合はその人のところに自由に行って聞いてもよい。知識があいまいな場合は教師に質問をしてもよい。

ワークシートの評価ポイント

・単元を通して学習してきた東北地方の特色（特に山地が多いことや「冷え」が厳しい気候であること、その影響が見られる産業など）と神山町・コンパクトシティのメリット・デメリットを関連付けて「東北地方過疎対策」として説明することができている。

（第 5 時と共通）

(3) 5時間 北海道地方：自然環境を中核とした考察

単元の目標

北海道地方の地形や寒冷な気候などの自然環境に関する事象を中核として、そこに暮らす人々の生活や歴史的背景、文化や産業などについて「観光プラン（ポスター）を作成する」という課題に対して、自然環境が地域の人々の生活・文化や産業などと深い関係をもっていることに着目し、他の事象やそこで生じる課題と有機的に関連付け、多面的・多角的に考察し、表現する。

単元を貫く問い 北海道の寒冷な自然環境をどのように克服し生かすことで観光地として発展してきたのだろう。

1時	2・3時
大観する	**多面的・多角的に**
（第1時） 単元の導入として、単元のまとめで取り組むパフォーマンス課題「観光プラン（ポスター）作成」の内容を評価基準（ルーブリック）とともに提示し、単元のゴールを意識させる。 学習活動として、北海道地方のイメージを共有させ、さらに身近な観光パンフレットから情報を読み取らせることで実社会との結び付きを意識させ、興味・関心を高める。 また、小学校での既習事項を中心にレディネス・テストを実施し、基礎的・基本的な知識内容を確認する。その知識を生かしながら、北海道地方の自然環境を大観するために、白地図に自然環境を描く学習を行う。特に平野と台地の色を塗り分けさせ、地域による環境の違いを理解させる。さらに、那覇（九州地方）の雨温図と北海道各都市の雨温図とを比較させ、北海道地方全体における気候の特徴と地域ごとの気候の特徴を理解させる。	（第2時） 資料から北海道地方の強みと課題を読み取らせ、北海道地方に対する新たな見方を学ばせる。その見方を生かしながら、単元を貫く問いをクラスで検討させ、設定する。問いに対して答えを予想させ、その予想を基にグループで追究課題を決定させ、調査活動を行わせる。 （第3時） 課題を多面的に捉えるために、グループで調査した内容を発表させ、共有させる。これ以降の授業では、生徒が発表した内容を教師が生かしながら、補足していく形を取る。内容を詳しく発表したテーマに関しては時間をかけずに扱うなどの軽重付けを行うことで時間調節を行う。 また、課題を多角的に捉えるため、歴史的背景とアイヌの人々の立場について取り扱う。動画からアイヌ文化の特徴を捉えさせる。明治期に行われた屯田兵の開拓によって北海道が発展する一方、アイヌの人々の生活の場や文化が奪われ、今なお差別や偏見が残っていることを気付かせる。また、人権課題への取組として、アイヌ文化支援法が成立した過程を理解させる。

単元を構造化する工夫

第1時のはじめに、第5時に行う「観光プラン作成」のパフォーマンス課題を評価基準とともに提示することで、単元のゴールからの逆向きで単元や授業が構成されていることを教師・生徒間で意識を共有し、学習を進めていく。これにより、課題を基に単元を1つのかたまりとして捉え、学習の方向性を定めることができる。また、第2時で設定した単元を貫く問いについて、それ以降の毎時の導入時に確認することで、この問いが重要であることを認識させ、粘り強く問い続けることを生徒に意識付ける。さらに、毎時のまとめに行う振り返りを継続することによって授業ごとの変容を自分自身で捉えさせるようにする。また、まとめの記述を繰り返すことで、課題への追究が深まっていく過程を認識させ、学習の意義をより意識させる。

単元の評価

知識・技能	思考・判断・表現	主体的に学習に取り組む態度
○開発に従事した人々の営みによって日本有数の食料生産地域となったことや寒冷な気候を克服し、持続可能な地域の在り方に向けた取組を行っていることを理解している。 ○自然環境を中核とした考察の仕方で取り上げ、冷涼で広大な地域となっていることや、産業、歴史的背景、そこで生ずる課題を理解している。	○北海道地方において、「寒冷な自然環境をどのようにして克服し生かすことで観光地として発展したか」を、地域の広がりや地域内の結び付き、人々の対応に着目して、産業、歴史的背景や、そこで生ずる課題と有機的に関連付けて多面的・多角的に考察し、表現している。	○北海道地方について、よりよい社会の実現を視野に持続可能な地域の在り方を主体的に追究しようとしている。

4時	5時
学ぶ	まとめる
〔第4時〕 産業について取り扱う。農業では、耕作可能な田畑を開拓によって拡げ、さらに品種改良によって生産量の拡大や品質の向上を図ったことを理解させる。また、減反政策により得た広大な畑を活用して、寒さに強い作物を大量生産することで日本有数の食料生産地域になったことや、観光と関連付けてエコツーリズムを行っていることを紹介する。 酪農と工業の関係では、北海道は食品工業中心であり、酪農で生産される生乳も大きな影響を与えていることを理解させる。漁業では、排他的経済水域が設定され、遠洋漁業が衰退した後、養殖業や栽培漁業が盛んに行われ、国内1位の水産物が多いことを理解させる。	〔第5時〕 単元のまとめ学習として、パフォーマンス課題に取り組むが、その前に課題へつなげるために、北海道地方における観光の現状について、資料を読み取らせる。北海道の旅行者は、国内や北海道内の需要が高く、さらに近年はインバウンド需要が増加していることを理解させる。 そして、第1時から提示していた課題である観光プラン（ポスター）作成を、単元を貫く問いを追究してきた成果を生かしながら行わせる。 地域的特色・課題の克服・観光プランとしての実現可能性の3点を盛り込むことを条件として観光プランを作成させる。完成したポスターを基に、ポスターセッションを行わせ、クラスメイト同士で交互に発表させる。 最後は、次の学習につなげるように、新たに調べたいことや学びたいことをまとめさせる。

課題解決的な学習展開にする工夫

第2時において、単元を貫く問いを生徒とともに検討し、設定することで、本単元の課題を明確に意識付けるとともに、この課題を解決することが学習の目的であることを意識させる。さらに、課題解決案を個人で予想させ、それを基に小グループごとに追究を行う調査活動を設定する。生徒自身が興味・関心をもつ課題を設定することで、主体的・対話的に学習を進行させるようにする。また、調査や発表による共有を通じて、生徒が新たに疑問や考えたい課題を生み出し、教師はその内容をできる限り授業に反映させるように対応する。また、最後のまとめで生徒の疑問などを書かせているが、主体的に課題を追究するきっかけになると考えられるため、自身の疑問追究を家庭学習とすることも想定される。

大観する
—資料を読み取り、まとめる

1/5

北海道地方の大観

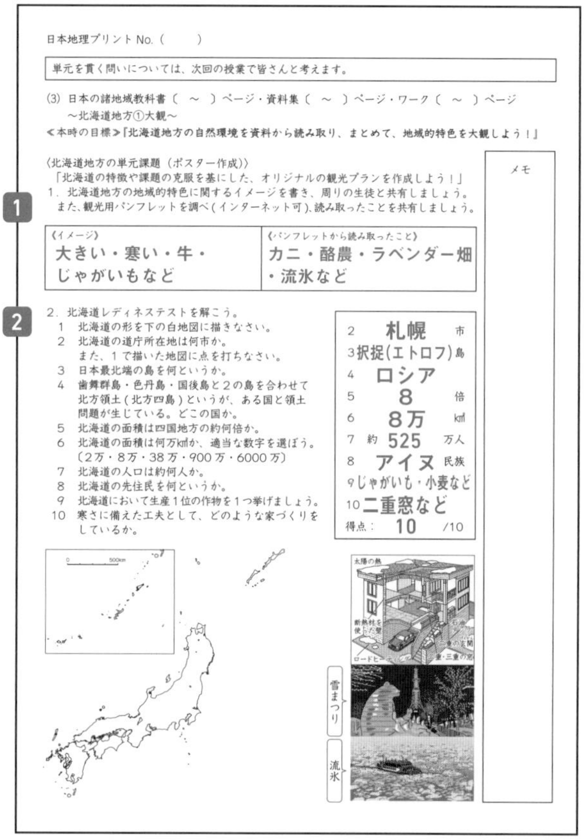
日本地理プリント No.（　　）

単元を貫く問いについては、次回の授業で皆さんと考えます。

(3) 日本の諸地域教科書〔　～　〕ページ・資料集〔　～　〕ページ・ワーク〔　～　〕ページ
～北海道地方①大観～
≪本時の目標≫『北海道地方の自然環境を資料から読み取り、まとめて、地域的特色を大観しよう！』

〈北海道地方の単元課題（ポスター作成）〉
「北海道の特徴や課題の克服を基にした、オリジナルの観光プランを作成しよう！」
1
1．北海道地方の地域的特色に関するイメージを書き、周りの生徒と共有しましょう。
また、観光用パンフレットを調べ（インターネット可）、読み取ったことを共有しましょう。

《イメージ》	《パンフレットから読み取ったこと》
大きい・寒い・牛・じゃがいもなど	カニ・酪農・ラベンダー畑・流氷など

2
2．北海道レディネステストを解こう。
1　北海道の形を下の白地図に描きなさい。
2　北海道の道庁所在地は何市か。
また、１で描いた地図に点を打ちなさい。
3　日本最北端の島を何というか。
4　歯舞群島・色丹島・国後島と２の島を合わせて北方領土（北方四島）というが、ある国と領土問題が生じている。どこの国か。
5　北海道の面積は四国地方の約何倍か。
6　北海道の面積は何万㎢か、適当な数字を選ぼう。〔2万・8万・38万・900万・6000万〕
7　北海道の人口は約何人か。
8　北海道の先住民を何というか。
9　北海道において生産１位の作物を１つ挙げましょう。
10　寒さに備えた工夫として、どのような家づくりをしているか。

2　札幌　市
3　択捉（エトロフ）島
4　ロシア
5　8　倍
6　8万　㎢
7　約　525　万人
8　アイヌ　民族
9　じゃがいも・小麦など
10　二重窓など
得点：　10　/10

メモ

本時の目標

北海道地方の自然環境に関する資料を読み取り、まとめ、地域的特色を大観できるようにする。

本時の評価

北海道地方における山や川、平野などの自然環境の位置や特徴を地図から読み取り、白地図にまとめている。

北海道地方各都市の雨温図を読み取り、北海道地方の気候の特徴を理解している。

本時の授業展開

1　導入

単元のまとめ課題である観光ポスター作成について、課題の内容と評価基準（ルーブリック）を捉え、本単元における学習のゴールを意識する。

北海道地方のイメージを発表し、共有する。

観光会社が提供しているパンフレット、もしくはインターネット上の観光プランを調べ、読み取り、共有する。

教師は生徒のイメージと観光用パンフレットから身近な生活との関連を意識させ、学習の意欲を向上させる。また、生徒の学習前の北海道地方に対する認識を把握する機会とする。

2　展開

北海道地方に関するレディネス・テストを解く。

小学校での既習事項である基礎的・基本的知識を確認する。教師は寒さに備えた工夫に関して、説明を補足するとともに、利雪の例を紹介し、流氷についても説明する。

北海道地方の自然環境を調べ、白地図に描き、まとめる。

特に、石狩平野・十勝平野・根釧台地を色分けし、各地域の気候的特色が異なることを理解する。また、濃霧の影響も確認する。

北海道地方の各都市と那覇の雨温図とを比較し、その他の資料とも関連付け、北海道地方の気候の特徴を説明する。

ICT活用のアイディア

1 タブレットなどを用いて、北海道地方の観光情報を調べさせ、北海道地方のイメージを捉えさせる。

2 北海道の住宅や雪まつり、流氷などの写真や動画を見せ、地域の特色を理解させる。

4 雨温図を示し、気候の特徴を捉えさせる。

5 感想やまとめをタブレットなどを用いて提出させ、生徒の考えの変容を捉えさせる。

対話のアイディア

1 北海道地方のイメージについて、近くの生徒とイメージを発表し合い、共有させる。

2 レディネステストの解答を近くの生徒と共有し、教え合わせる。

3 少人数のグループで互いに協力し合いながら自然環境を調べ、描き込ませる。

4 雨温図や地図から捉えた気候の特徴を近くの生徒と意見交換させる。

3 3．北海道地方の自然環境を地図帳で調べ、白地図に描き入れ、色付けしましょう。特に、①～③の平野・台地は、それぞれ色を変え、強調して描き入れましょう。

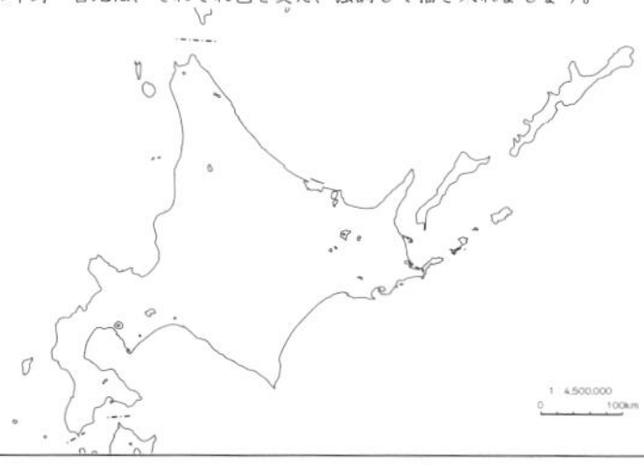

メモ

平野：	①《石狩平野》	・②《十勝平野》	/　③《根釧台地》
川：	石狩川	・十勝川	・天塩川
山地：	石狩山地	・北見山地	・天塩山地　/　日高山脈
山：	大雪山	・有珠山	・昭和新山　/　十勝岳
湖：	サロマ湖	・洞爺湖	・摩周湖　・屈斜路湖
島：	歯舞群島	・色丹島	・国後島　・択捉島　/　知床半島

4 4．北海道各都市と那覇の雨温図を比べ、気候を示す地図と関連付け、気候の特徴を捉えよう。

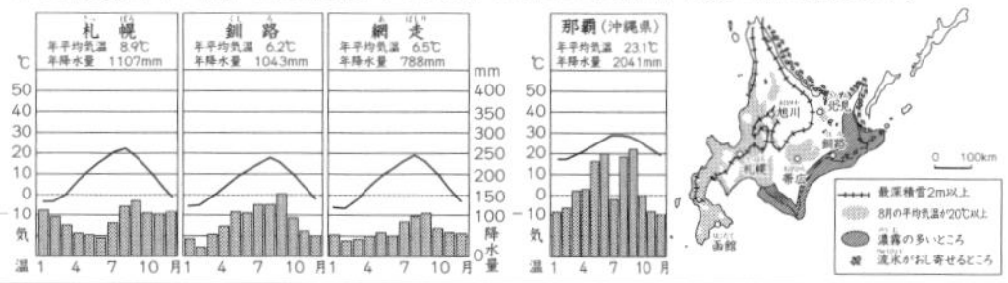

北海道地方の気候について、那覇と比べると、気温は全体的に低く、亜寒帯（冷帯）の気候帯となっている。また、降水量は梅雨がないため、全体的に少ない。日本海側は冬になると北西の季節風が山地に吹き付ける影響で多くの降雪が見られる。一方、太平洋側は降雪が少ないが夏に吹く南東の季節風が親潮に冷やされ、濃霧を発生させ、夏でも気温は上がらない。

5 〈振り返り〉
（例）白地図の作成や雨温図の読み取りから、北海道地方は寒冷で山地・山脈の影響で降水量が少なく、また、地域ごとに気候の違いがあることを捉えられたので、単元を貫く問いの設定や解決に生かしていく。

北海道地方は寒冷で、降水量が少なく、梅雨がないことを確認する。また、各都市ごとの雨温図も比較し、地域ごとの特徴が異なることを理解する。

3　まとめ

授業で学んだ北海道地方の自然環境について、これから生かせると考えたこと、次回以降に学びたいこと、疑問などを〈振り返り〉にまとめる。

ワークシートの評価ポイント

・白地図の作成や雨温図の読み取りから、北海道地方は寒冷で山地・山脈の影響で降水量が少なく、また、地域ごとに気候の違いがあることを捉えられている。

多面的・
多角的に学ぶ
—問いの追究（調査活動）

2/5

北海道地方における単元を貫く問いの追究

本時の目標

北海道地方の自然環境を基に、単元を貫く問いを追究できるようにする。

本時の評価

北海道地方について、自然環境を基によりよい社会を実現するにはどうしたらよいかを主体的に追究しようとしている。

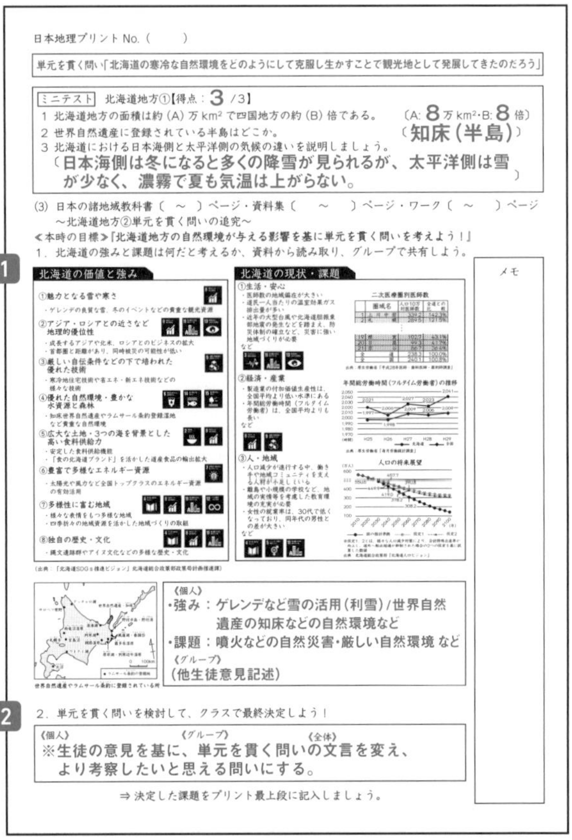
日本地理プリント No.（　　）

単元を貫く問い「北海道の寒冷な自然環境をどのようにして克服し生かすことで観光地として発展してきたのだろう」

ミニテスト　北海道地方①【得点：3 /3】
1 北海道地方の面積は約 (A) 万 km² で四国地方の約 (B) 倍である。　〔A: 8 万 km²・B: 8 倍〕
2 世界自然遺産に登録されている半島はどこか。　〔知床（半島）〕
3 北海道における日本海側と太平洋側の気候の違いを説明しましょう。
〔日本海側は冬になると多くの降雪が見られるが、太平洋側は雪が少なく、濃霧で夏も気温は上がらない。〕

(3) 日本の諸地域教科書〔　～　〕ページ・資料集〔　～　〕ページ・ワーク〔　～　〕ページ
～北海道地方②単元を貫く問いの追究～
≪本時の目標≫「北海道地方の自然環境が与える影響を基に単元を貫く問いを考えよう！」
1．北海道の強みと課題は何だと考えるか、資料から読み取り、グループで共有しよう。

1

北海道の価値と強み
①魅力となる雪や寒さ
・ゲレンデの良質な雪、冬のイベントなどの貴重な観光資源
②アジア・ロシアとの近さなど地理的優位性
・成長するアジアや北米、ロシアとのビジネスの拡大
・首都圏と距離があり、同時被災の可能性が低い
③厳しい自然条件などの下で培われた優れた技術
・寒冷地住宅技術や省エネ・新エネ技術などの様々な技術
④優れた自然環境・豊かな水資源と森林
・知床世界自然遺産やラムサール条約登録湿地など貴重な自然環境
⑤広大な土地・3つの海を背景とした高い食料供給力
・安定した食料供給機能
・「食の北海道ブランド」を活かした道産食品の輸出拡大
⑥豊富で多様なエネルギー資源
・太陽光や風力など全国トップクラスのエネルギー資源の有効活用
⑦多様性に富む地域
・様々な表情をもつ多様な地域
・四季折々の地域資源を活かした地域づくりの取組
⑧独自の歴史・文化
・縄文遺跡群やアイヌ文化などの多様な歴史・文化
（出典：「北海道SDGs推進ビジョン」北海道総合政策部政策局計画推進課）

北海道の現状・課題
①生活・安心
・医師数の地域偏在が大きい
・道民一人当たりの温室効果ガス排出量が多い
・近年の大型台風や北海道胆振東部地震の発生などを踏まえ、防災体制の確立など、災害に強い地域づくりが必要
など
②経済・産業
・製造業の付加価値生産性は、全国平均より低い水準にある
・年間総労働時間（フルタイム労働者）は、全国平均よりも長い
など
③人・地域
・人口減少が進行する中、働き手や地域コミュニティを支える人材が不足している
・離島や小規模の学校など、地域の実情等を考慮した教育環境の充実が必要
・女性の就業率は、30代で低くなっており、同年代の男性との差が大きい
など

二次医療圏別医師数
年間総労働時間（フルタイム労働者）の推移
人口の将来展望

メモ

《個人》
・強み：ゲレンデなど雪の活用（利雪）/世界自然遺産の知床などの自然環境など
・課題：噴火などの自然災害・厳しい自然環境 など
《グループ》
（他生徒意見記述）

2

2．単元を貫く問いを検討して、クラスで最終決定しよう！
《個人》《グループ》《全体》
※生徒の意見を基に、単元を貫く問いの文言を変え、より考察したいと思える問いにする。
⇒ 決定した課題をプリント最上段に記入しましょう。

本時の授業展開

1　導入

前時の復習テスト（3問）を解く。

復習テストは評価に用いないため、場合によって生徒は教材を使用し調べながら解くことや周りの生徒と話し合いながら解くことも想定される。また、前時の復習を行うとともに、本時の導入として内容を生かす。

北海道の強みと課題を資料から読み取り、共有する。今まで知らなかった見方を学び、単元を貫く問いや追究課題の設定に生かす。単元を見通した問いをクラスで決定する。

2　展開

単元を貫く問いに対して予想する。また、疑問や問いに関連する既習事項を挙げる。

これから追究活動を行っていく上で、最初の考え・立場となるので必ず記述し、その予想を基に考察を深める。教師は単元を通じて、生徒の意見の変容を見取り、適宜フィードバックする。

グループで北海道地方や他地方・他分野で学習した見方・考え方を生かし、関連用語をマッピングする。また、追究課題を決定して、解答を予想する。

各グループが追究課題を決定し、解答を予想した段階で、教師主導で各グループがどのような追究課題を設定したか、情報共有する。時間に余裕がある場合は、各グループの代表者が追究課題と解答予想、追究方法などを簡潔にプレゼンする。

3．北海道地方の単元を貫く問いに対する予想を書こう。また、疑問や問いの解決に役立ちそうな既習事項も書きましょう。

《予想》
除雪や防寒対策を徹底して、観光地として整備した。

《疑問》
いつから観光地として発展したのかなど

《関連する既習事項》
交通網の整備はどのように行ったかなど

メモ

3 4．小グループに分かれ、単元を貫く問いに対して、どのような追究課題を設定するか、他の地方で学習した見方・考え方を参考に、マッピングしながら考えましょう。

《北海道地方》

《厳しい自然環境克服》

《観光地として発展》

◇決定した追究課題⇒「寒冷な自然環境の中でどのように稲作を行い、ブランド化しているのか」

◇調査結果予想⇒「気候に合わせた方法の工夫や米そのものを改良し、味を高めた」

4 5．追究課題の具体的な調査方法やその内容の発表方法・役割分担等を決めてから、予想に基づいて調査活動を行いましょう。

《調査方法》
・教科書、資料集、地図帳、図書室の本を活用する。
・インターネットで歴史的背景を調べる。

《発表方法》
・タブレットのプレゼンテーションアプリを用いて発表する。
・内容を分割し、全員で発表を行う。
・会話形式を取り入れて劇のように発表する。

《調査・発表内容メモ》
明治時代の開拓から徐々に耕地が広がっていった。
品種改良により寒さに強く、おいしいブランド米が誕生していった。だが、ブランド化への経緯を調べたが、正確な内容は分からなかった。

5 〈振り返り〉
（例）北海道の強みと課題では、自然環境に影響を受けたものが多かったが、グループで設定した追究課題を基に調査した結果、自然環境以外の要素もたくさんあったので、さらに詳しく調べ、理解を深めたいと思った。

追究課題の調査方法や発表方法を決め、調査活動を行い、内容をまとめる。

グループ内で役割分担し、効率的に調査活動を行う。タブレット等のデジタル端末や図書室、パソコン室などを活用する。

3 まとめ

グループ活動や調査活動を通じて、これから生かせると考えたこと、次回以降に学びたいことや疑問などをまとめる。

追究活動はグループでの活動が主であったが、最後のまとめにおいては、グループ全体の考えとは分け、あくまで一個人としての意見を記述する。

ICT 活用のアイディア

1 北海道地方の強みや課題を考える際に、ワークシートの資料以外の情報をタブレットなどを用い、調べさせる。

3 追究課題を設定する際に、タブレットなど用いて関連する情報を調べさせる。

4 追究課題を調査する際に、タブレットなどを用いて調べさせる。

5 感想やまとめをタブレットなどを用いて提出させ、生徒の考えの変容を捉えさせる。

対話のアイディア

1 北海道の強みと課題について、資料から個人で読み取り、考えた内容を、少人数のグループで共有させる。

2 単元を貫く問いを少人数のグループやクラス全体で検討させ、問いを立てさせる。

3 少人数のグループで単元を貫く問いに対して追究課題を設定するため、マッピングさせながら、考えさせる。

4 少人数のグループごとに追究課題に対して調査活動を行わせる。

ワークシートの評価ポイント

・単元を貫く問いに対する予想や疑問、問いの解決に役立つと考えた既習事項を記述し、単元を見通すことができている。

多面的・
多角的に学ぶ
—調査結果の共有と
人々の営み・文化から追究

3/5

北海道地方の歴史的背景とアイヌ文化

本時の目標

北海道地方において、寒冷な自然環境を乗り越えてきた人々の営みと文化を資料から読み取り、理解できるようにする。

本時の評価

北海道地方における開拓の歴史を鉄道の建設ルートから読み取り、まとめている。

開拓によるアイヌ文化への影響を資料から読み取り、まとめている。

現在生じているアイヌの人々における課題を資料から読み取り、まとめている。

日本地理プリント No.（　　）

単元を貫く問い「北海道の寒冷な自然環境をどのようにして克服し生かすことで観光地として発展してきたのだろう」

ミニテスト　北海道地方②【得点 3 ：/3】※前回ワークシートを参照しながら解答できれば○
1 前回授業で確認した北海道地方の強みと課題をそれぞれ1つずつ書きましょう。
〔強み：ゲレンデなど雪の活用 / 世界自然遺産の知床の自然環境〕
〔課題：噴火などの自然災害・厳しい自然環境〕
2 グループで決定した追究課題を書きましょう。
〔厳しい自然の中での稲作とブランド化〕
3 本日の発表のポイントを書きましょう。〔明治時代から開拓が始まった〕

(3) 日本の諸地域教科書〔 ～ 〕ページ・資料集〔 ～ 〕ページ・ワーク〔 ～ 〕ページ
～北海道地方③調査結果発表・補足1（歴史的背景・アイヌ文化）～
≪本時の目標≫『北海道地方において自然環境を乗り越えてきた人々の営みと文化を資料から読み取ろう！』

1 1．グループごとの調査結果の発表を聴き、単元を貫く問いを多面的・多角的に考察しましょう。

1グループ：追究課題「例：稲作」《メモ》	《質問》	メモ
2グループ：追究課題「畑作」《メモ》	《質問》	
3グループ：追究課題「アイヌ文化」《メモ》	《質問》	
4グループ：追究課題「工業」《メモ》	《質問》	
5グループ：追究課題「漁業」《メモ》	《質問》	

◇新たな疑問やさらに追究したいことを書きましょう。

畑作・酪農はいつごろから、どのように発展していったのかなど

《補足1》<歴史的背景・アイヌ文化>

2 2．札幌市の街並みから特徴を読み取り、京都市と比べましょう。また、なぜこのような街並みになったか考えましょう。

・碁盤の目のように広がっている。
・人工的に開拓を行った都市であることが分かる。

本時の授業展開

1　導入

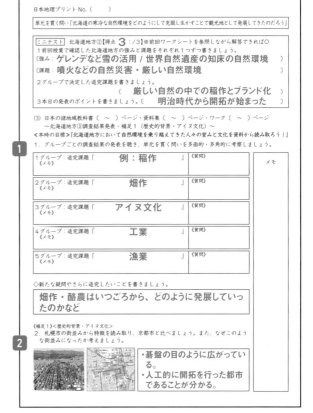

前時の復習テスト（3問）を解く。グループ発表の最終確認を行う。

2　展開

前時において、グループごとに調査した内容を基に発表を行う。発表を聴く際はワークシートに内容をメモし、積極的に質問する。

発表を通じて、新たに出てきた疑問やさらに追究したい内容をまとめる。

札幌市の街並みから特徴を読み取り、京都市と比べ、なぜこのような街並みになったかを考える。

人工的に開拓された結果、京都市同様に碁盤の目のような街並みであることを読み取る。

北海道の名前の由来を調べる。

インターネットを使用できない場合は、生徒に予想させ、教師主導で紹介する。

ウポポイ（民族共生象徴空間）の動画を視聴して気が付いたことをまとめ、アイヌ文化の特徴を捉える。

アイヌ語の地名が記載されている北海道の地図から地名に「ペッ」「シリ」が付いている場所を○で囲う。「ペッ(川)」「シリ(島など)」などの自然環境が由来の地名が多いことを読み取る。

北海道における鉄道建設ルートを色付けしてなぞり、資料から読み取ったことをまとめる。

鉄道建設ルート沿いに屯田兵村が作られ、開拓が進展していることを読み取る。

3．北海道の名前の由来を調べましょう。

北海道の名付け親である松浦武四郎がアイヌの長老から大地に生まれた人を「カイ」とよぶと聴き、「北加伊道」（北にあるアイヌの人たちが暮らす大地）と名付けたことから。

4．ウポポイ（民族共生象徴空間）の動画を観て、気付いたことを書きましょう。

服装・歌・踊り・言葉などから独自の文化が受け継がれていることが分かる。

5．①「ベッ（川）」「シリ（島など）」が付いている地名（アイヌ語）を○で囲いましょう。
② 鉄道の建設ルートを色付けしてなぞり、資料から気付いたことを読み取りましょう。

鉄道の路線に沿って屯田兵村が作られていき、北海道全域の開拓が進んでいった。

➡開拓の歴史とアイヌ語地名（北海道地名分類字典、ほか）

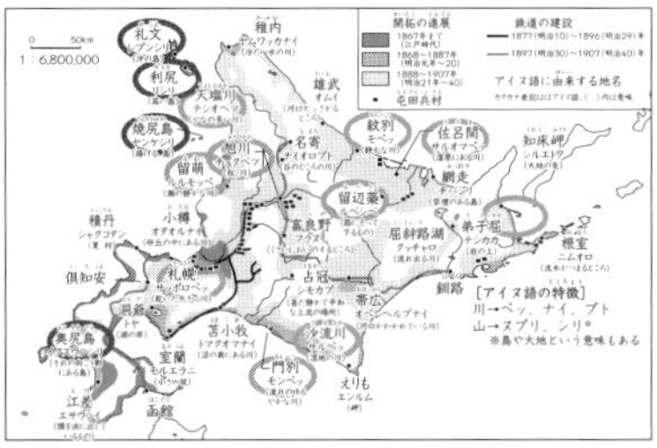

6．資料「アイヌの文化と伝統を理解するために」（東京都）と動画「北海道開拓」（NHK for school）から北海道開拓の影響を読み取りましょう。また、現在アイヌの人々に生じている課題は何か書きましょう。

アイヌの人々は、北海道を中心とした地域に古くから住んでいました。15～16世紀になると、多くの和人がこれらの地域に進出し、アイヌの人々の自由な交易活動は次第に制限され、生活の場が侵されるようになりました。
明治時代になり、政府の植民政策による移住者の急増や土地政策、狩猟の禁止などによって、少数者となったアイヌの人々の生活領域はよりいっそう狭められました。また、独自の風習は禁止され、教育の場などで日本語を使うことを強制されるなど同化政策が進められ、民族独自の文化が失われていきました。アイヌの人々に対する農業の奨励や教育なども十分でなく、苦しい生活を強いられました。

《開拓の影響》
開拓によって、アイヌの人々の土地は狭められ、アイヌ独自の文化が失われていった。

内閣府「人権擁護に関する世論調査」
（平成19年6月調査）から
アイヌの人々について、どのような問題が起きていると思いますか？

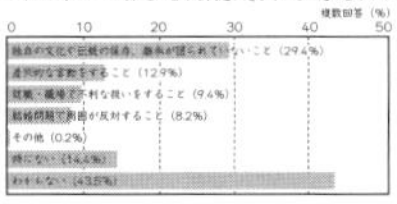

《課題》
差別・偏見や就職で不利な扱いを受けている。

《振り返り》
（例）今の北海道の発展は、明治期の開拓がきっかけになっていたことが分かった。一方で、その開拓によってアイヌの人々の土地は狭められ、独自の文化が失われた結果、今でも差別・偏見が残っている。

資料「アイヌの文化と伝統を理解するために」（東京都）と動画「北海道開拓」（NHK for school）から北海道開拓によるアイヌの人々や文化への影響を読み取る。

現在アイヌの人々に生じている課題を資料から読み取り、まとめる。

人権課題として、差別・偏見が残っていることを理解し、アイヌ文化振興法やアイヌ文化支援法などが成立した過程を理解する。

3　まとめ

授業で学んだ北海道地方の開拓に関する歴史的背景やアイヌ文化について、これから生かせると考えたこと、次回以降に学びたいこと、疑問などをまとめる。

ICT 活用のアイディア

2 札幌市の地図や写真と京都市の地図や写真を示し、街並みの特徴を捉えさせる。

3 北海道の名前の由来をタブレットなどを用いて調べさせ、アイヌ文化が背景にあることを捉えさせる。

4 ウポポイ（民族共生象徴空間）に関する動画を視聴することで、アイヌ文化に関する理解を深めさせる。

6 NHK for school の動画を活用し、アイヌ文化と北海道開拓の関連を捉えさせる。

7 感想やまとめをタブレットなどを用いて提出させ、生徒の考えの変容を捉えさせる。

対話のアイディア

1 追究課題に対して調査活動を行った少人数グループごとに、調査結果を発表させる。

2 札幌市と京都市の街並みを比較した内容を近くの生徒と共有させる。

3 北海道の名前の由来を近くの生徒と調べさせ、共有させる。

4 ウポポイに関する動画を観て、気付いたことを近くの生徒と共有させる。

5 鉄道の建設ルートを色付けして気付いたことを、近くの生徒と共有させる。

ワークシートの評価ポイント

・北海道地方は明治期の開拓により発展した一方で、アイヌの人々の生活や文化が失われ、現在においても差別・偏見が残っていることを課題として捉えさせる。

多面的・多角的に学ぶ —産業から追究

4/5

北海道地方の産業

本時の目標

北海道地方の自然環境が産業へ与える影響を資料から読み取り、観光との関連を理解できるようにする。

本時の評価

北海道地方の自然環境が産業に対して、どのような影響を与えているか、資料から読み取り、観光との関連を理解している。

日本地理プリント No.（　　）

単元を貫く問い「北海道の寒冷な自然環境をどのようにして克服し生かすことで観光地として発展してきたのだろう」

ミニテスト　北海道地方③【得点：3 /3】※
1 明治時代に北海道を開拓した人々を何というか。（ 屯田兵 ）
2 開拓によってアイヌの人々にどのような影響があったか。
（ 土地が狭められ、独自の文化が失われた。 ）
3 アイヌ民族支援法によってアイヌの人々はどのように規定されたか。（ 先住民 ）

(3) 日本の諸地域 教科書（ ～ ）ページ・資料集（ ～ ）ページ・ワーク（ ～ ）ページ
～北海道地方④補足２（農業・工業・漁業）～
≪本時の目標≫『北海道地方の自然環境が産業へ与える影響を資料から読み取り、観光との関連を考えよう！』

1

1．なぜ石狩や十勝平野などは開拓が必要だったのか、その理由と、どのような対策を行ったか考えましょう。

《理由》
冬の気温が低く植物が枯れ、また火山灰が積もるなど、農業には向かず、栄養分が少ない泥炭地だったから。

《対策》
・品種改良
・大型農業機械の導入
・交通網や輸送技術の発達
・輪作など

2

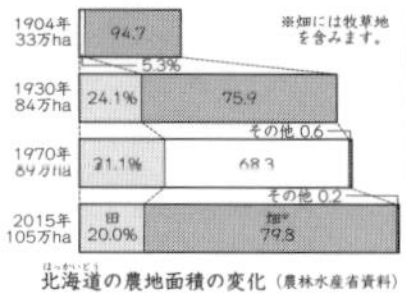

北海道の農地面積の変化（農林水産省資料）

開拓によって耕作可能な農地面積が広がり、田の面積も増加した。また、品種改良が進み、寒さに強い米が作られるようになったが、1970年代以降、国の減反政策によって転作を行う農家が増えたから。

3

2．日本の農家１戸あたりの耕地面積比較と農産物の全国生産に占める北海道の割合から読み取ることができる、北海道における畑作の特徴を書きましょう。

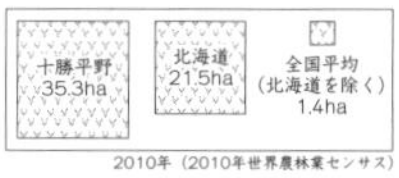

2010年（2010年世界農林業センサス）

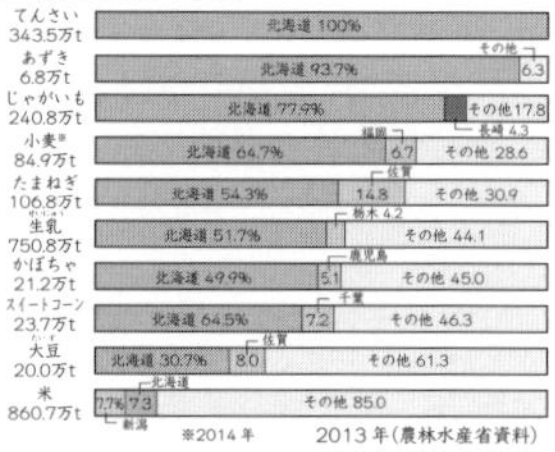

※2014年　2013年（農林水産省資料）

農家1戸あたりの耕地面積が広く、また、生産物の多くは、寒冷で乾燥している気候に強い豆類・てんさい・じゃがいも・小麦などが主である。

本時の授業展開

1　導入

前時の復習テスト（３問）を解く。

2　展開

石狩平野や十勝平野はなぜ開拓が必要だったのか、その理由と、どのような対策を行ったかそれぞれ考える。稲作に向かない自然環境であり、開拓が必要だったことを理解する。

北海道における田の面積割合は年代ごとに大きく変化しているのはなぜか、「品種改良・減反政策・転作」の語句を用いて説明する。

農家１戸あたりの耕地面積比較と農産物生産に占める北海道の割合から読み取ることができる、北海道における畑作の特徴を説明する。

広い耕地を生かし、自然環境に対応した作物を中心に生産していることに気付く。

農業や農村の多面的役割について、動画「知ろう！学ぼう！北海道の農業・農村」(北海道農政部)から読み取り、まとめる。

農業や農村は農作物の生産だけが役割ではなく、様々な役割があることを理解する。また、グリーンツーリズムやエコツーリズムが行われる場として、観光にも貢献していることを理解する。酪農の発展と工業の関係について、資料から考える。

釧路台地は、火山灰が堆積したやせた土壌で、夏でも冷涼な気候であるため、作物の栽培には適さず、酪農を発展させたことを理解させる。他方、自然豊かな北海道では、冷涼な気候で生産される農作物や酪農でつくられる牛乳を

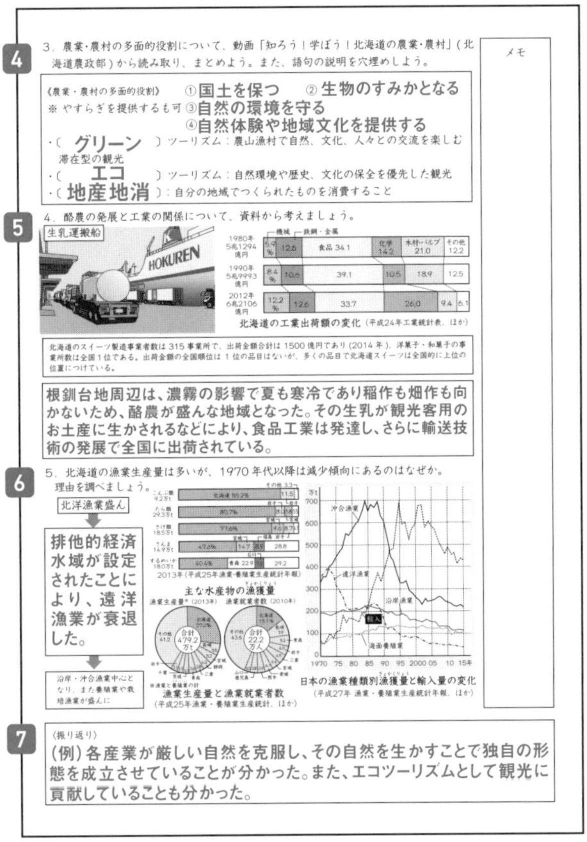

加工する食品工業が盛んで、観光客用のお土産としても多く生産されていることに気付く。

北海道の漁業生産量は多いが、1970年代以降は減少傾向にある理由を資料から読み取り、説明する。

排他的経済水域の設定により、遠洋漁業が衰退したものの、養殖業や栽培漁業が盛んに行われており、国内生産1位の水産物が多いことを理解する。

3　まとめ

授業で学んだ北海道地方の産業と自然環境の関係について、観光との関連も含めて、これから生かせると考えたこと、次回以降学びたいこと、疑問などを〈振り返り〉にまとめる。

ICT 活用のアイディア

2 北海道の農地面積の変化のグラフを示し、減反政策で転作が増加し畑作が発展したことを捉えさせる。

3 2つの資料を示し、広い耕地を生かし、自然環境に適した作物を生産していることを捉えさせる。

4 北海道農政部の動画から農業・農村の多面的役割を捉えさせる。

5 酪農に関する資料を示し、濃霧の影響で農業には向かないが、酪農によって食料品工業に貢献していることを捉えさせる。

7 感想やまとめをタブレットなどを用いて提出させ、生徒の考えの変容を捉えさせる。

対話のアイディア

1 前時の学習内容を基に、なぜ開拓が必要であったのかについて近くの生徒と意見交換させる。

2 北海道における田の面積割合の変化について、資料から読み取った内容を近くの生徒と説明し合う。

3 北海道における畑作の特徴について、資料から読み取った内容を近くの生徒と説明し合う。

5 酪農の発展と工業の関係について、資料から読み取った内容を近くの生徒と説明し合う。

6 漁業生産量の変化の要因について、資料から読み取った内容を近くの生徒と説明し合う。

ワークシートの評価ポイント

・農業や工業、水産業などの各産業が厳しい自然を克服し、その自然を生かすことで独自の産業形態を成立させていることが捉えられている。また、エコツーリズムなど自然環境が観光業にも生かされていることが捉えられている。

まとめる
―単元を貫く問いの追究

5/5

北海道地方における観光プランづくり

本時の目標

北海道地方の特徴や課題の克服を基にした観光プランをポスターにまとめ、発表できるようにする。

本時の評価

北海道地方の特徴や課題を自然環境を基に多面的・多角的に考察し、ポスターを作成した上で発表している。

北海道地方について、よりよい社会の実現を視野に持続可能な地域の在り方を主体的に追究しようとしている。

日本地理プリント No.（　　）

単元を貫く問い「北海道の寒冷な自然環境をどのようにして克服し生かすことで観光地として発展してきたのだろう」

ミニテスト　北海道地方④【得点：3 /3】
1 田の面積が減少している理由を政策面から説明しましょう。
（　減反政策が行われ、転作が増えたから。　）
2 自然環境や歴史、文化の保全を優先した観光を何というか。（　エコツーリズム　）
3 北海道の工業出荷額で最も多い工業は何か。（　食品工業　）

(3) 日本の諸地域教科書（　～　）ページ・資料集（　～　）ページ・ワーク（　～　）ページ
～北海道地 ⑤課題追究（観光プラン作成）～
≪本時の目標≫「北海道地方の特徴や課題の克服を基に観光プランをポスターにまとめ、ポスターセッションしよう!」

1 1．観光業の現状を資料から理解しましょう。

国内の路線別航空旅客数（数字でみる航空 2013）

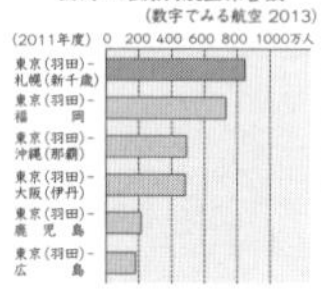

北海道を訪れる月別観光客数（延べ人数）（平成21年度 北海道観光入込客数調査報告書）

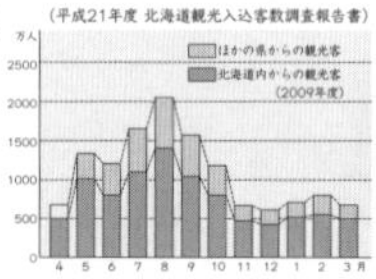

多言語の交通表記

北海道を訪れる外国人観光客数の変化

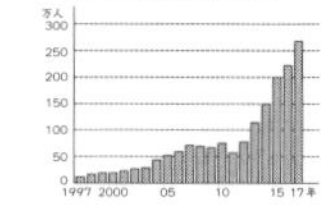

北海道における外国人観光客の出身国

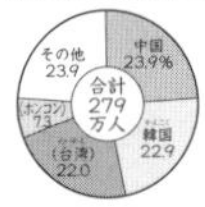

道内・国内の旅行者が多いが、近年はインバウンド需要（外国人が日本へ旅行へ来る）も増加傾向にある。一方で、観光客の増加による自然環境への影響や、保護されてきた動物による農作物の被害を受けるといった課題が生じている。

2．単元を貫く問い「北海道の寒冷な自然環境をどのようにして克服し生かすことで観光地として発展してきたのだろう」を追究してきた成果を観光プラン作成に生かしましょう！

あなたは北海道庁に就職して早３年となりました。北海道地方のよい面・課題等を学び、北海道を「よりよくしたい」、「みんなにもっと知ってもらいたい」と心から思うようになっています。そんなとき、あなたに「北海道地方の特徴や課題の克服を基にした今までにないオリジナルの観光プランを作成する組織」のメンバーに任命されたことを上司のキタキツネ先輩から言われました。北海道地方の明暗は、あなたにかかっています！ポスターの条件として、北海道地方を①地域的特色②課題③観光にまとめなさい。
①は、今までの授業・資料を大いに活用し、北海道の地域的特色を盛り込んでください。
②は、あなたが考える北海道地方の地域的課題を挙げ、その克服について策を練り、プランに盛り込みましょう。
③は、単元を貫く問いに対する考察を前提に、改めて多面的・多角的に考察し、北海道地方が持続可能でよりよい社会になっていくために、多様な人々にとって意義のある観光プランとして設定しましょう。ただし、必ずプランの根拠（実現可能性）を示しましょう。

本時の授業展開

1　導入

前時の復習テスト（３問）を解く。

2　展開

北海道地方における観光の現状について、資料から読み取る。

国内の路線別航空旅客数は、羽田空港と新千歳空港間が最も多く、また北海道内からの観光客も多いこと、さらに、近年では中国や韓国、台湾などからのインバウンド需要が増加しており、交通標記などを多言語対応にする取組も行われていることを理解する。

単元を貫く問いを追究してきた成果を生かし、観光プラン（ポスター）を作成する。

地域的特色・課題の克服・観光プランとしての実現可能性を示す。

ポスター作成に関して、説明内容はワークシートにまとめられているので、文字情報はキャッチフレーズなど、できるだけ少なくとどめるようにする。残りの部分は観光プランの意図が伝わるような資料や絵などにまとめるようにする。ポスター作成には、画用紙や模造紙などに直接書き込むか、もしくはタブレットでデータを作成する方法を用いる。授業内での完成が難しい場合は、家庭学習課題として資料の収集や下書きを作成しておく方法や、授業は観光プランのプレゼンをメインにして、ポスター作成を授業後の家庭学習課題とすることも考えられる。

完成した資料（ポスター）を基に、プレゼン

〈北海道地方ポスター（別紙）構想メモ〉

2

私が考える北海道の地域的課題として、自然や特産物は全国的に知られているが、歴史や文化についてあまり知られていない点にあると考えた。そこで私が提案する観光プランは、「北海道の歴史と自然を肌で感じ、魅力を知ってもらう３泊４日」である。（以下略）

（歴史:「北海道開拓の村」「ウポポイ（民族共生象徴空間）」/ 自然環境:「流氷」「根釧台地」「グリーンツーリズム」に触れるなど）

《観光プランポスターレイアウトメモ》

《観光プランプレゼンメモ》

《ポスターセッションに対するクラスメイトの感想》

《新たに調べたいと考えたこと》

<北海道地方ポスター評価（ルーブリック）>

評価Ａ	◇北海道地方の自然環境・産業などの地域の特色（よさ・課題）が今までの授業・資料を基に適切に生かされている。 ◇提案の根拠として具体的な手立てが論理的に述べられており、実現可能性があると考えられる。 ◇北海道地方をよりよくする、持続可能な発展を意識した観光プランである。
評価Ｂ	◇北海道地方の自然環境・産業や地域の特色（よさ・課題）が今までの授業・資料を基に生かされているが、一部間違いや説明不足な所がある。 ◇提案の根拠・具体的な手立てが述べられているが論理的ではない、もしくは実現可能性・効果が見取れない。
評価Ｃ	◇北海道地方の特色・課題が説明されている、もしくは提案がなされているが、全体的に説明不足である。
評価Ｄ	◇記述がない。もしくは課題に全く関係のない記述で満たされている。

3

〈振り返り〉

（例）自然環境に対して利雪など雪を生かす考え方や、乗り越える工夫など、多面的に捉えることができた。また、観光業に関して、時代の変容に対応し多様な人々に受け入れられるよう考えることができた。

テーション（ポスターセッション）を行う。

プレゼンの際は、教室内にブースを複数設置し、交代制で行うことで、１人の生徒が複数回プレゼンする形式とする。また、プレゼン後は質疑応答やアドバイスを行う。進行は全体にタイマーを掲示し、時間で区切る。

ポスター作成やポスターセッションを通じて、新たに調べたいことや考えたいと思ったことをまとめることによって、次回以降の学習における課題意識をもたせる。

3　まとめ

授業で学んだ北海道地方の自然環境と観光について、これから生かせると考えたこと、次回以降に学びたいこと、疑問などをまとめる。

ICT 活用のアイディア

1 北海道地方の観光業に関する資料を示し、インバウンド需要の高まりとその対応について捉えさせる。

2 北海道地方の観光プランポスターづくりに関して、必要な情報をタブレットなどを用いて調べさせ、出典を明らかにし、参考文献として活用させる。

3 感想やまとめをタブレットなどを用いて提出させ、生徒の考えの変容を捉えさせる。

対話のアイディア

1 北海道地方の観光業に関する資料じゃら読み取った内容を、少人数のグループで共有する。

2 北海道地方観光プランポスターを用いてポスターセッションを行い、生徒同士で互いの作品について感想やアドバイスを伝え合う。

ワークシートの評価ポイント

・北海道地方観光プランポスターに関して、第１時からの学習内容を基に、自然環境を多面的に捉えられ、また、観光業を多角的に捉えられることで、北海道地方をよりよくしようとする持続可能な発展を意識できている。

（3）関東地方：人口や都市・村落

7時間

単元の目標

東京を中心とした関東地方には、日本の政治、経済、文化、交通などの多くの機能が集中していることを捉える。また、日本の1／3の人口が集中している関東地方には、地価高騰、帰宅困難者の問題、交通渋滞、通勤ラッシュなど、様々な問題が生じていることに気付く。加えて、関東地方に生じている一極集中に伴う問題を解決するには、どうしたらよいかを考える。

単元を貫く問い

東京大都市圏を中心とした関東地方の過密問題を解決するにはどうしたらよいのだろう。

1・2時	2・3時
大観する	多面的・多角的に
（第1時） 関東地方を眺める 　東京を中心とした関東地方には、なぜ日本の1／3もの人口が集中しているのかを、位置や自然環境、社会環境などとの関係で考える。 **（第2時）** 東京はどんな役割の地域か 　東京の中心部の地図を見て、都心部にはどんな施設が多く分布しているのかを捉える。東京の中心部には、首都として国の政治の中心としての機能だけでなく、経済や文化、交通の中心としての機能をもった施設なども集中しているため、多くの人が通勤や通学に来ていることを捉える。	**（第3時）** 東京の都市問題 　東京の中心部は、日本の政治、経済、文化、交通などの中心としての機能が集中し、多くの人が利用するため、地価が高い。そのため、それらの施設を地価の安い東京の郊外や他県から通勤している人が多いため、通勤ラッシュ、帰宅困難者問題、交通渋滞など、様々な問題が起きていることを捉える。 **（第4時）** 盛んな近郊農業 　関東平野は温暖な気候で台地が多い。日本一の大消費地である東京大都市圏を抱え、生産した新鮮な野菜をすぐに輸送できるため、近郊農業が盛んである。しかし、人口が増えるにしたがって都市化が進展し、農地が減少していることを捉える。

単元を構造化する工夫

東日本大震災のときに、多くの帰宅困難者が発生した。それは、通勤・通学などで多くの人が、東京に働きに来ているからである。首都、東京は、日本の政治の中心としての機能だけでなく、経済や文化、交通などの中心としての機能をも有している。多くの機能が集中する東京には人口が集中し、過密化を招くとともに、地価高騰を引き起こした。人々は、地価の安い郊外や他県から東京に通勤・通学するようになり、農地が住宅地になったり、工場が郊外に移転し、その跡地が住宅になったりするなどして、東京を中心とした巨大な都市圏（東京大都市圏）が形成されたことを捉えさせる。

単元の評価

知識・技能	思考・判断・表現	主体的に学習に取り組む態度
○東京を中心とした関東地方は、日本の政治、経済、文化、交通などの中心として、多くの機能が集中していることを理解することができている。 ○地図や景観写真、グラフなどの資料を通して、東京を中心とした関東地方の地域的特色を捉えることができている。	○東京を中心とした関東地方には、なぜ多くの機能が集中しているかを多面的・多角的に考察することができている。 ○東京の一極集中による弊害を克服するために、どうしたらよいかを考えることができている。	○東京を中心とした関東地方には、多くの機能が集中していることによる弊害が生じていることや、これらの問題を解決するにはどうしたらよいかといったことを、主体的に考えようとしている。

4～6時	7時
学ぶ	まとめる
〔第5時〕 変化する工業地帯 日本の政治、経済、文化の中心のある都心部は出版、印刷工業が盛んである。臨海部は重化学工業、鉄道や高速道路の結節地点などでは、機械工業が発達していることに気付く。なぜこれらの地域では、それらの工業が発達しているのかを考える。また、人口増加に伴い地価が高騰し、工場よりも住宅地やサービス業が多くなったりして、工場が郊外などに移転していったことを捉える。 〔第6時〕 変化する東京大都市圏 東京の中心部に多くの機能が集中していることによって、地価高騰、通勤ラッシュ、交通渋滞、帰宅困難者問題など、様々な問題が生じていることに気付く。これらの問題を解決するには、どうしたらよいかを考える。	〔第7時〕 関東地方のまとめ 東京への一極集中が東京の中心部の地価高騰や過密問題を招いている。郊外では、都市化の進展などで自然や農地が失われ、地方では人口流出と高齢化で過疎化問題が起きている。東京への一極集中問題の解決策を考えることが、日本全体の様々な問題を解決することにつながることを捉える。

課題解決的な学習展開にする工夫

東日本大震災の際に、発生した帰宅困難者の問題を考えることから、東京を含む関東地方に多くの機能が集中していることを気付かせる。また、帰宅困難者の問題の解決策を考えることが、一極集中の問題を解決させることになることを気付かせる。個人で考えた解決策を、班やクラス全体でも話し合わせることで、よりよい解決策を見いださせるようにする。

大観する 1/7

関東地方を眺める

本時の目標

地図や雨温図などを見て、関東地方の位置や自然環境を捉えられるようにする。

本時の評価

日本一の関東平野を有する関東地方の位置を捉えている。

関東地方が日本の人口の1／3が集中し、人口密度が高いことを捉えている。

関東地方は太平洋岸気候が多く、日本海岸気候がないことに気付いている。

□ 関東地方を眺める

ねらい：①関東地方の地形や気候の特色を捉えよう。
　　　　②関東地方の人口の特色をグラフや地図から捉えよう。

1

1．下の地図を見て、A、Bの半島、Cの湾、Dの山地、Eの川、Fの平野の名前を書きなさい。

A（ 三浦半島 ）
B（ 房総半島 ）
C（ 東京湾 ）
D（ 関東山地 ）
E（ 利根川 ）
F（ 関東平野 ）

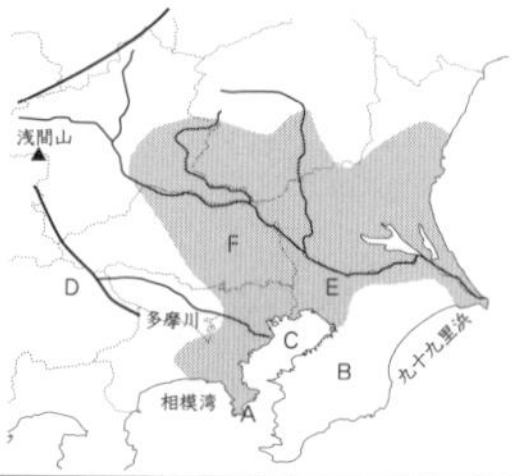

2．関東地方の地形の特色を書きなさい。

日本で最も大きな関東平野があり、西側と北側は山地で、東側と南側は海に面している。

2

関東地方の気候

1．右の雨温図は、すべて関東地方のものです。関東地方はどのような傾向の気候になっているか、簡潔に説明しなさい。

すべて夏から秋にかけて降水量の多い太平洋岸の気候になっている。

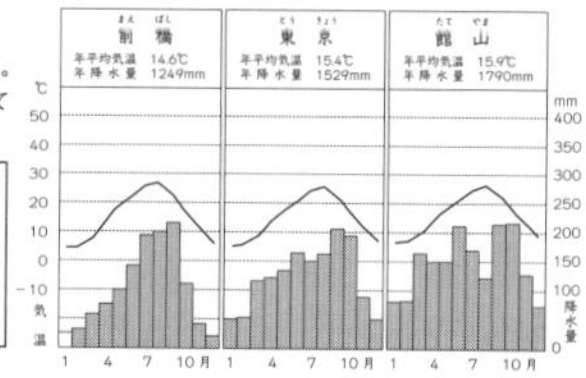

2．関東地方には、これまで学習した他の地方で見られる特色をもった雨温図が見られません。どんな特色の雨温図が見られないのか。また、なぜ見られないのか、理由を簡潔に説明しなさい。

どんな特色の雨温図か	見られない理由
日本海岸の気候	関東地方は日本海に面していない上に北西側に山脈があるため、日本海側と異なり冬にあまり雪は降らないから。

本時の授業展開

1　導入

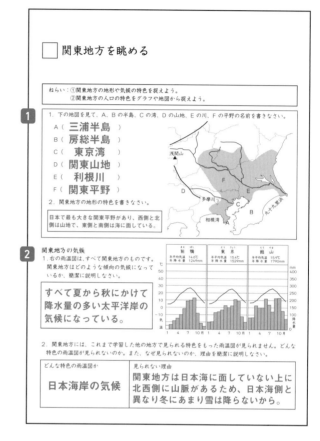

関東地方の主な半島、湾、河川、平野の名前を地図帳や教科書を参考に記入する。関東地方の地形の特色を捉える。

2　展開

関東地方の雨温図を見て、関東地方の気候がどんな特色なのかを考える。関東地方は、他の地方のように冬に降水量が多い日本海岸の気候がなく、夏から秋に降水量が多い太平洋岸の気候の地域ばかりであることに気付く。

それは、関東地方は太平洋に面しているが、日本海には面していないために、日本海岸の気候の地域がないからである。

「日本の面積・人口に占める関東地方の割合」のグラフを見て、関東地方の面積や人口にはどんな特色があるのかを捉える。

関東地方は、日本で最も面積が狭いが、人口は日本の1／3を占めるなど一番多い。そのため、日本一人口密度の高い地方であることに気付く。

関東地方の地図に凡例に沿って、色塗りをする。凡例に沿って色塗りをした地図を見て、人口密度が高いのは、どのあたりかを説明する。東京を中心に神奈川、千葉、埼玉など、東京湾や鉄道沿いに、人口密度が高い地域が広がっていることを捉える。

次に、東京を中心とした地域の人口密度が高い理由を考える。

東京は、日本の首都であり、重要な施設が多

3 3．下の地図やグラフを読み取ろう。

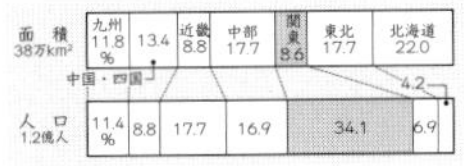

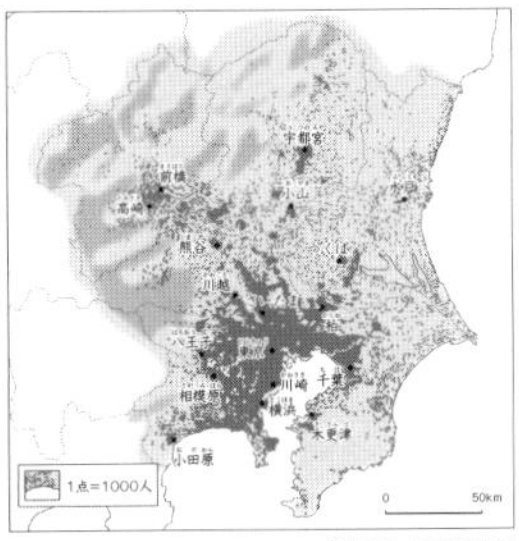

（平成27年　国勢調査報告）

4 4．上のグラフをみて、関東地方の人口と面積はどうなっているか、説明しなさい。

面積は日本で最も狭いが、人口は最も多いため、人口密度が日本一高い。

5．上の地図を見て、人口密度が高いのはどのあたりか、簡潔に説明しなさい。

東京を中心に神奈川、千葉、埼玉など、東京湾沿いや、鉄道沿いに人口密度の高い地域が広がっている。

6．どうして、人口密度が高いのか理由を考えてみよう。

東京周辺には、重要な施設が多いため、住んでいる人が多いから。また、東京周辺は経済活動が活発で、働く場所が多いため、住んでいる人も多いから。

（振り返り）

くあるから。また、東京周辺は経済活動が活発なため、働く場所も多くあるから。東京湾沿いは工場が多く、経済活動が活発だから。

このように、他の資料などを見て、自分なりの根拠をもって解答できるようにする。

3　まとめ

関東地方は、日本列島のほぼ真ん中に位置しており、日本で最も大きな関東平野を有していることや温暖で生活しやすい自然環境であることに気付く。

7地方と比較すると、面積が最も狭い関東地方には、日本の1/3の人口が集中するなど、人口密度が一番高い地域であることを捉える。

ICT 活用のアイディア

1の地図を提示し、地図帳の関東地方の地形を示した地図を参考に、半島、湾、山地、川、平野の名前を捉えさせる。

2の関東地方の3箇所の雨温図を示して、気候の特色を捉えさせる。
答えを説明する際に、冬に降水量の多い日本海岸気候の雨温図を示し、その雨温図と比較しながら、関東地方は冬に降水量が少ないことを説明する。

3のグラフを示し、最も面積の狭い関東地方に日本の人口の1/3が集中し、人口密度が最も高いことを気付かせる。

4の地図を示し、東京を中心とした関東地方の南部や東京湾沿岸、東京から外に広がる鉄道沿いに人口が集中していることを捉えさせる。

対話のアイディア

2の提示された3つの雨温図を見て、関東地方の雨温図の特色を近くの人と相談して考えさせる。

3 4の設問を個人では分からない場合は、近くの人と相談して解答させる。

ワークシートの評価ポイント

- 雨温図の読み取りと関東地方がすべて太平洋岸の気候で、日本海岸の気候の特色をもった地域がないことが捉えられている。
- 関東地方が面積が最も小さいのに人口が多いため、人口密度が高いことが捉えられている。
- 東京を中心とした地域に、人口が集中していることが捉えられている。

大観する

2/7

東京はどんな役割の地域か

本時の目標

東京が日本の中で、どのような役首都、東京には日本の政治の中心としての機能だけでなく、経済や文化、交通などの中心としての機能をもっていることを捉えられるようにする。

本時の評価

東京の中心部には、首都、東京としての機能である日本の政治の中心としての機能以外に、日本の経済、文化、交通などの中心としての機能を担う施設が、多く集中していることを捉えている。

□ 東京はどんな役割の地域か

ねらい：①東京は日本の中でどんな役割を果たしているかを捉えよう。
②東京には様々な機能が集中していることを捉えよう。

1

1．右のイラストは、東日本大震災の際の渋谷駅の様子です。なぜ多くの人がいるのだろう。

公共交通機関がストップしてしまい、帰宅困難な人がターミナル駅にあふれてしまったから。

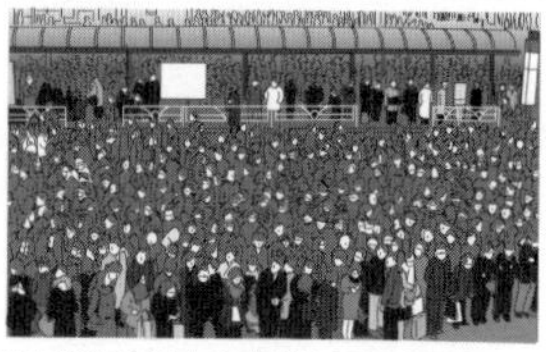

2．渋谷だけでなく、新宿や池袋でも上記と同様な状況が見られた。なぜ同様な状況が見られたのか、理由を説明しなさい。

渋谷と同様に新宿や池袋は、多くの鉄道が乗り入れるターミナル駅なので、乗降客が多いから。

2

なぜ、東京には人が多いのか

1．右のグラフを見て、どんなことが問題になっているのかを、簡潔に説明しなさい。

東京は、帰宅困難者が多い。

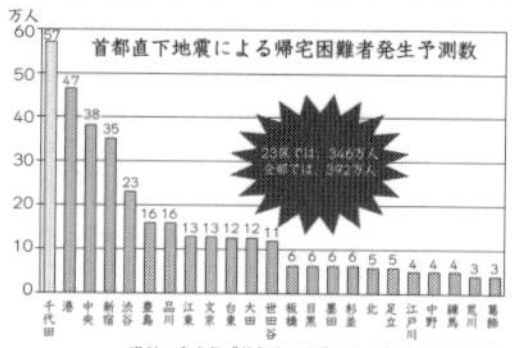

資料：東京都「首都直下地震による東京の被害想定」

2．どうして東京では、上記1のようなことが問題になるのか、理由を説明しなさい。

東京へは、公共交通機関を使って通勤・通学に来ている人が多いので、公共交通機関が止まってしまうと、帰宅できない人が大量に出てしまうから。

本時の授業展開

1　導入

東日本大震災や同じ年の9月の台風などで、公共交通機関が止まってしまい、大量の帰宅困難者が発生した。

渋谷、新宿、池袋等は多くの鉄道が乗り入れをしているターミナル駅なので、帰宅したい多くの人であふれてしまった。

2　展開

東京23区別の帰宅困難者の人数を見て、何区で多く帰宅困難者の問題が発生すると予想されているのかを捉える。千代田、港、中央の都心三区の帰宅困難者が多いことに気付く。

他の地域から、公共交通機関を使って東京に通勤・通学している人が多く、一度それらが止まってしまうと、帰宅できない人が大量に発生してしまうから。

東京が日本の首都であることを捉える。また、首都というのは、どのような役割を果たす地域なのかを考える。首都というのは、政治の中心としての都市であることを捉える。

東京の都心部には、首都として日本の政治の中心としての役割を果たす施設として、国会議事堂、首相官邸、各官庁、大使館などが集まっていることに気付く。

東京の中心部には、首都として日本の政治の中心としての機能を果たしているだけでなく、経済や文化、交通の中心など、多くの機能を担っている（一極集中）。

日本の（　首都　）、東京

3 1. 上の（　　　）に適する語句を記入しなさい。

2. イギリスのロンドンやフランスのパリと同様に、上記1の地域は、どんな役割を果たしている場所か、簡単に説明しなさい。

国の政治の中心としての役割

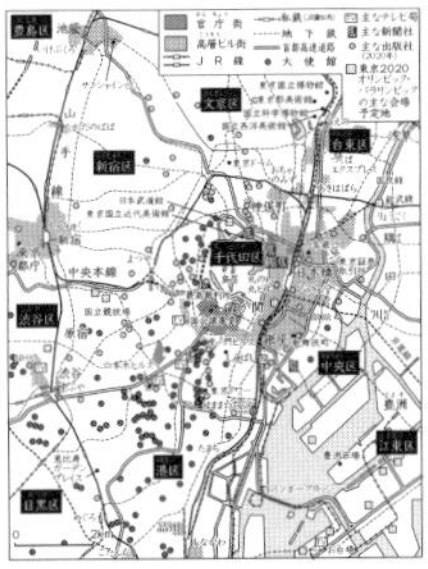

3. 右の地図を参考にして、上記1と関連する施設を2つ書きなさい。

国会議事堂
首相官邸（各官庁、大使館など）

4. 東京の中心部には、上記3に関連する施設以外にどんな施設が見られるか、3つ書きなさい。

新聞社、テレビ局、出版社など	博物館、美術館、劇場、国技館、武道館などの文化、運動施設	証券取引所、大企業の本社など

5. 上記の活動を通して、東京はどんな場所だと捉えられたか、捉えたことを簡潔にまとめなさい。

東京は、首都として政治の中心としての機能だけでなく、経済や文化、交通の中心など、多くの機能を担っている。

（振り返り）

3　まとめ

東京は、首都として日本の政治の中心としての役割だけでなく、日本の経済や文化、交通などの中心としての機能を果たすなど、一極集中しているために、様々な弊害を生じていることに気付く。

ICT 活用のアイディア

1 東日本大震災の際の、渋谷駅の帰宅困難者の様子を映像で流す。
渋谷駅だけでなく、新宿駅や池袋駅でも、同様の現象が見られた理由を説明させる。

2 の首都直下型地震の帰宅困難者の割合を示したグラフを示して、どんなことが問題になっているのかを発表させる。また、どうして、東京ではこのようなことが問題になるのか、理由を考えさせる。

3 東京の都心部の地図を提示し、首都としての機能を果たす施設を見付けさせる。また、首都としての機能を果たす施設以外の重要な施設を見付けて、3つ書き出させる。

対話のアイディア

2 のグラフから、どうして東京では帰宅困難者が多いのかを、近くの人と相談して考えさせる。

3 の地図を見て、東京はロンドンやパリとどのような点で、共通した役割を果たした地域なのかを、近くの人と相談して考えさせる。また、東京の中心部には、ロンドンやパリと共通した役割以外に、どのような役割を果たした地域なのかを、近くの人と相談して考えさせる。

ワークシートの評価ポイント

・東京の中心部には、首都、東京として、日本の政治の中心としての機能を担う施設があることを捉えている。
・東京には、日本の政治の中心としての機能以外に、日本の経済、文化、交通などの中心としての機能を担う施設も多く集中（一極集中）していることを捉えている。

多面的・
多角的に学ぶ

3/7

東京の都市問題

東京の都市問題
ねらい：①東京の都心部に、多くの人が通勤・通学していることを捉えよう。
②東京の帰宅困難者の問題を理解するとともに、この問題の解決策を考えよう。
1
1．首都直下型地震が襲った場合、帰宅困難者が多く発生する区を３つ書きなさい。
千代田区
港区
中央区
首都直下地震による帰宅困難者発生予測数
資料：東京都「首都直下地震による東京の被害想定」
60万人
2
2．上記の３区を右の地図で見付けて、印を付けなさい。
3
3．上記３区では、なぜ帰宅困難者が多く発生するのか、下の資料を見て、理由を書きなさい。
昼間の人口
夜間の人口
(2015年)
(2015年　国勢調査)
都心部は、夜間の人数が少なく、昼間の人口が多い。
4
東京の都市問題とその解決策
1．右の資料を見ると、どんなことが分かるか、簡潔に説明しなさい。
東京の郊外や、東京周辺の自治体から、23 区に通勤・通学する人が多い。
群馬県[99.8] 1.2万人
栃木県[99.0] 1.6万人
茨城県[97.5] 6.4万人
埼玉県[88.9] 84.4万人
東京23区以外 55.6万人
千葉県[89.7] 70.0万人
神奈川県[91.2] 92.0万人
・東京23区[129.8]
・東京都全体[117.8]
(2015年国勢調査)

本時の目標

東京の都心部に、多くの人が通勤・通学していることを捉えるとともに、東京の帰宅困難者の問題を理解し、この問題の解決策を考えられるようにする。

本時の評価

東京の中心部には、東京23区外や他県から多くの人が通勤・通学していることを捉えている。

東京の帰宅困難者の問題を理解するとともに、この問題の解決策を考えている。

本時の授業展開

1　導入

首都、直下型地震が発生した場合、帰宅困難者が多い区を捉える。帰宅困難者が多い３区を、地図中に印を付ける。都心３区では、どうして帰宅困難者が多いのかを考える。帰宅困難者が多いのは、都心３区に住んでいる人は少なく、夜は他の地域に帰宅する人が多いことに気付く。

2　展開

東京周辺の自治体から、23区に通勤・通学する人が多いことを捉える。

なぜ、神奈川・千葉・埼玉などの他県から通勤・通学している人が多いのかを考える。東京の地価が高いために、地価の安い郊外や他県から通勤・通学している人が多いことを捉える。

東京23区に、郊外や他県から通勤や通学に来ている人が多いために、どんな問題が起きているのかを考える。通勤ラッシュや交通渋滞の問題、地価高騰の問題、帰宅困難者の問題などが起きていることに気付く。

これらの問題は、東京に多くの機能が集中（一極集中）していることによって起きている。したがって、これらの問題を解決するには、どうしたらよいかを考える。個人で考えた後、班で話し合い、クラス全体で考える。

首都や首都機能を移転する。本社を地方に移転する企業に補助金を渡したり、税金を免除したりする。企業のテレワークや在宅勤務などを促進させるなどの考えを導く。

5 2. なぜ、上記1のような生活をしている人が多いのか、理由を簡潔に説明しなさい。

東京の中心部は地価が高いため、地価の安い東京の郊外や他県に住み、東京の中心部に通勤・通学する人が多い。

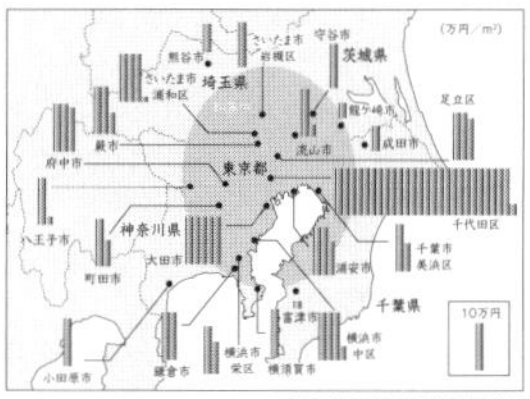

（2018年1月1日／国土交通省資料）

6 3. 東京には、どのような問題があるか、簡潔に書きなさい。

通勤・通学するためのラッシュや交通渋滞、地価高騰、帰宅困難者問題など

4. 上記3の問題を解決するには、どうしたらよいかを考えなさい。

個人の考え	班の考え
・東京に多くの機能が集中（一極集中）しているので、首都を移転する。 ・東京から首都機能を移転する。 ・本社を地方に移転する企業に補助金を渡したり、税金を免除したりする。 ・企業のテレワークや在宅勤務を促進させる。	

クラスの考え

〈振り返り〉

ICT 活用のアイディア

1 首都直下型地震の帰宅困難者の割合を示したグラフを提示して、帰宅困難者の多い上位3区を発表させる。

2 の都心の地図を示して、都心3区に印を付けさせる。

3 の都心3区の昼間人口と夜間人口を比較した資料を示して、昼間人口と夜間人口がどう変化するのかを捉えさせる。

4 の資料を提示して、23区内に通勤している人は、23区以外ではどこから通勤している人が多いのかを捉えさせる。

5 東京周辺の地価を示す地図を提示して、なぜ東京23区内に他県などから多くの人が通勤・通学しているのかを考えさせる。

6 東京にはどんな問題があるのかを考えさせ、通勤・通学ラッシュや交通渋滞、地価高騰、ゴミ問題、帰宅困難者問題など、様々な問題があることを映像などで確認させる。

対話のアイディア

2 で確認した問題の解決策を、個人で考えた後、班で話し合って発表させる。さらに、班ごとに出された内容をクラス全体で話し合わせる。

3 まとめ

東京には一極集中による様々な弊害があり、その問題をどう解決するかを考え、〈振り返り〉に記入する。

ワークシートの評価ポイント

・東京23区に、東京の郊外や周辺の自治体から、多くの人が通勤・通学していることを捉えることができている。
・東京の郊外や周辺の自治体から、通勤・通学している人が多いのは、東京の中心部の地価が高いことが原因であることを捉えることができている。
・帰宅困難者の問題の解決策を、一つでも考えることができている。

多面的・多角的に学ぶ　4/7

盛んな近郊農業

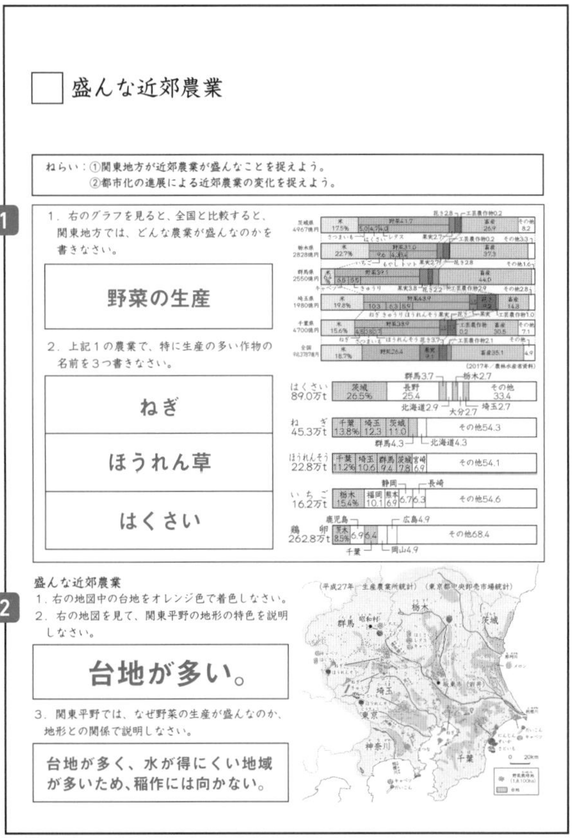

盛んな近郊農業
ねらい：①関東地方が近郊農業が盛んなことを捉えよう。
②都市化の進展による近郊農業の変化を捉えよう。
1
1. 右のグラフを見ると、全国と比較すると、関東地方では、どんな農業が盛んなのかを書きなさい。
野菜の生産
2. 上記1の農業で、特に生産の多い作物の名前を3つ書きなさい。
ねぎ
ほうれん草
はくさい
2
盛んな近郊農業
1. 右の地図中の台地をオレンジ色で着色しなさい。
2. 右の地図を見て、関東平野の地形の特色を説明しなさい。
台地が多い。
3. 関東平野では、なぜ野菜の生産が盛んなのか、地形との関係で説明しなさい。
台地が多く、水が得にくい地域が多いため、稲作には向かない。

本時の目標

関東地方が近郊農業が盛んなことを捉えるとともに、都市化の進展による近郊農業の変化を捉えられるようにする。

本時の評価

関東地方では、近郊農業が盛んなことを捉えている。

関東地方では近郊農業が盛んなことを、自然環境や社会環境から捉えている。

都市化の進展による近郊農業地帯の変化を捉えている。

本時の授業展開

1　導入

関東地方と全国の農産物の生産割合を示すグラフを比較して、関東地方ではどんな農産物の生産割合が高いのかを捉える。

関東地方では野菜の生産割合が高いことに気付く。全国の野菜の都道府県別生産割合のグラフを見て、関東地方の県の生産割合が高い野菜の種類を捉える。関東地方の都府県では、白菜、ねぎ、ほうれん草、キャベツなどの生産量が多いことを捉える。

2　展開

関東平野が地形の特色を読み取る。関東平野は台地の多い平野であることを捉える。

関東平野では、なぜ野菜の生産が盛んなのかを、地形との関係で考える。台地が多い関東平野では、水が得にくいため水田には向かない。そのため、野菜の生産が盛んなことを捉える。

関東地方が野菜の生産が盛んな理由を、人口との関係で考える。東京を含む関東地方は日本一の大消費地にあるため、新鮮な野菜をすぐに運ぶことができることに気付く。

関東地方の市街地が、どう変化しているのかを考える。関東地方では、東京を中心に鉄道に沿って市街地が拡大し、東京大都市圏を形成していることを捉える。

練馬区の景観写真を見て、地域の変化を読み取る。練馬区など東京の郊外では、都市化の進展で市街化区域が拡大し、それまで農地だったところに住宅が建つようになり、農地が減少し

3 4．関東地方で、野菜の生産が盛んな理由を右の地図と関連付けて説明しなさい。

東京などの大消費地に近く、新鮮な野菜をすばやく輸送することができるため、野菜の生産が盛んである。

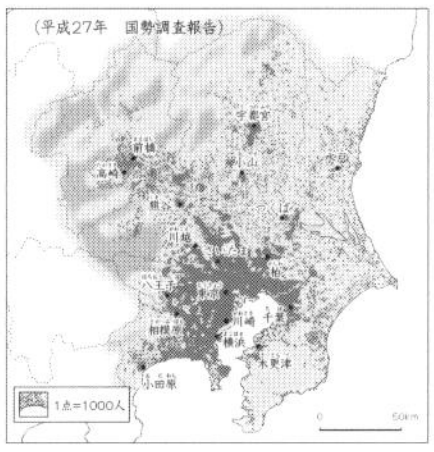

近郊農業地帯の変化

4 1．下の地図を見て市街地がどう変化しているのかを説明しなさい。

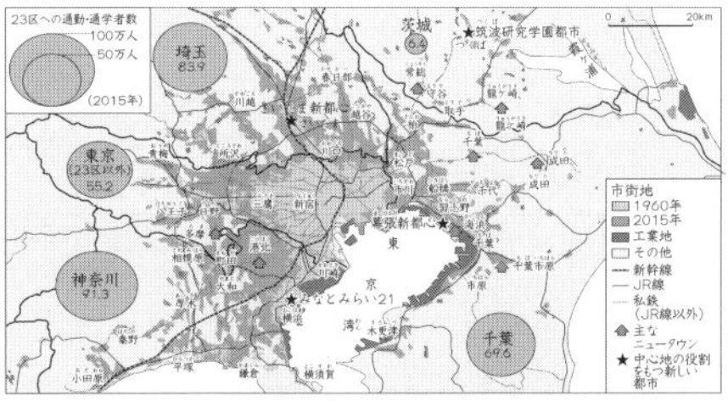

市街地が、鉄道に沿って拡大している。

5 2．右のイラストと上の地図と比較してどのような特徴が考えられるかを説明しなさい。

都市化の進展で、農地が減少し、住宅地が増えている。

〈振り返り〉

ていることに気付く。

3　まとめ

台地が多く、日本一の大消費地を抱え、生産した野菜をすぐに運ぶことができるため、関東地方では、野菜づくりが盛んである。都市化の進展で、農地が減少していることに気付く。

ICT 活用のアイディア

1 関東地方と全国の農産物生産の割合を比較したグラフを提示して、関東地方ではどんな農産物の生産が多いかを捉えさせる。また、その中で特に生産の多いものを3つ書き出させる。

2 の地図を提示して、関東平野が野菜の生産が盛んな理由を、地形との関係で捉えさせる。

3 の地図を提示し、関東地方で野菜の生産が盛んな理由を、人口との関係で捉えさせる。

4 の地図を提示し、市街地がどう変化したのかを捉えさせる。

5 の景観写真を示して、近郊農業地帯だったところが、どう変化しているのかを気付かせる。

対話のアイディア

2 3 の地図を提示し、市街地がどう変化したのかを捉えさせる。

5 の景観写真を提示し、近郊農業地帯がどう変化したのかを捉えさせる。

ワークシートの評価ポイント

- 関東平野が台地が多いため、稲作よりも畑作が多く、野菜の生産が多いことを捉えている。
- 関東地方は、日本一の大消費地を抱えているために、新鮮な野菜をすぐに運ぶことができるため、野菜を生産する近郊農業が盛んなことを捉えている。
- 都市化の進展で、市街地が増え、近郊農地が減少していることを捉えている。

多面的・
多角的に学ぶ

5/7

変化する工業地帯

□ 変化する工業地帯

ねらい：①関東地方の臨海部、都心部、内陸部、それぞれどのような工業が盛んなのかを捉えよう。
②北関東工業地域の変化を捉えよう。

1

1．東京は、日本の中でどのような役割を果たしている地域か。

日本の政治、経済、文化、交通などの中心としての役割を果たしている地域

2．下の関東地方の工業が盛んな地域を示した地図を見て、京浜工業地帯、京葉工業地域、北関東工業地域を○で囲みなさい。

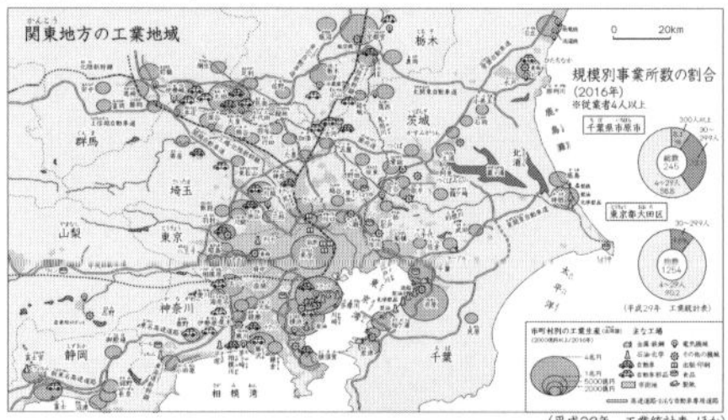

(平成29年　工業統計表，ほか)

2

東京の都市問題とその解決策

1．海岸沿いは、どんな工業が盛んなのか、書きなさい。

金属・鉄鋼業、化学工業、機械工業（重化学工業）

2．なぜ海岸沿いは、上記1の工業が盛んなのか理由を書きなさい

鉄鋼業の原料である鉄鉱石や化学工業の原料である原油などを海外から輸入するのに、海沿いに工場があると都合がいいから。

本時の目標

関東地方の臨海部、都心部、内陸部と、それぞれどのような工業が盛んなのかを捉えるとともに、北関東工業地域の変化を捉えられるようにする。

本時の評価

関東地方の臨海部では重化学工業が、都心部分は出版・印刷工業が、内陸部は機械工業が、それぞれ盛んなことを理由を含めて説明している。

北関東工業地域では、繊維工業中心だったのが、機械工業中心に変化したことを捉えている。

本時の授業展開

1　導入

東京は、日本の中でどのような役割を果たしている地域なのかを思い出す。東京は、日本の政治の中心だけでなく、経済や文化、交通の中心であることを思い出す。

関東地方の工業の盛んな地域の地図を見て、京浜工業地帯、京葉工業地域、北関東工業地域に印を付ける。

2　展開

東京湾沿岸は、どんな工業が盛んなのかを捉える。金属・鉄鋼、化学工業や機械工業（重化学工業）が盛んなことに気付く。

なぜ、東京湾沿岸で、重化学工業が盛んなのかを考える。金属・鉄鋼の原料である鉄鉱石、化学工業の原料である原料などを船で輸入するために、海沿いに工場があると便利なことに気付く。

東京の都心部では、どのような工業が盛んなのかを捉える。都心部分は、出版・印刷業がさかんなことに気付く。

都心部では、なぜ出版・印刷業が盛んなのかを考える。都心部は、日本の政治や経済、文化、交通などの中心としての施設が集中しているため、多くの情報が集まるから。また、できた製品を素早く日本中に輸送できることを捉える。

北関東の工業が、どう変化したかを捉える。かつては繊維工業が中心だったが、近年は機械工業が中心になったことを理解する。

北関東では、工場がどのような場所につくら

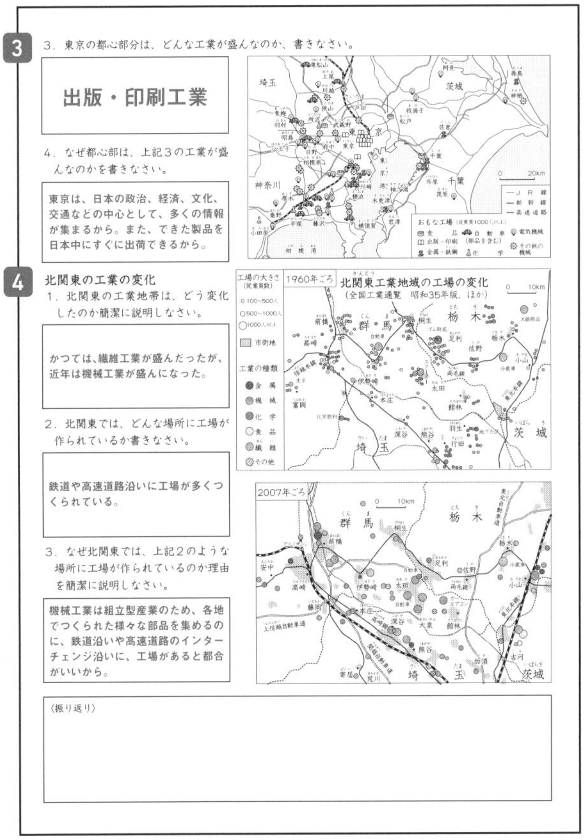

3 3．東京の都心部分は、どんな工業が盛んなのか、書きなさい。

出版・印刷工業

4．なぜ都心部は、上記３の工業が盛んなのかを書きなさい。

東京は、日本の政治、経済、文化、交通などの中心として、多くの情報が集まるから。また、できた製品を日本中にすぐに出荷できるから。

4 北関東の工業の変化

1．北関東の工業地帯は、どう変化したのか簡潔に説明しなさい。

かつては、繊維工業が盛んだったが、近年は機械工業が盛んになった。

2．北関東では、どんな場所に工場が作られているか書きなさい。

鉄道や高速道路沿いに工場が多くつくられている。

3．なぜ北関東では、上記２のような場所に工場が作られているのか理由を簡潔に説明しなさい。

機械工業は組立型産業のため、各地でつくられた様々な部品を集めるのに、鉄道沿いや高速道路のインターチェンジ沿いに、工場があると都合がいいから。

〈振り返り〉

れているのかを捉える。鉄道や高速道路のインターチェンジ沿いにつくられていることが分かる。

なぜ、鉄道や高速道路沿いに工場が多く立地しているのかを考える。機械工業は、多くの部品を組み立てることで製品化する。そのため、鉄道や高速道路のインターチェンジ沿いだと、様々な場所で作った製品を集めやすいことに気付く。

3　まとめ

関東地方の工業地帯は、海外から鉄鉱石や原油などの原料を輸入することから、それらを加工するために、東京湾沿いは重化学工業が発達した。

ICT 活用のアイディア

1 の関東地方の工業地域を示した主題図を提示し、京浜工業地帯、京葉工業地域、北関東工業地域の範囲を○で囲い、工業地域名を書かせる。

2 の景観写真を提示し、景観写真からどんな工業が盛んなのかを捉えさせる。

3 の関東地方の地域ごとに、盛んな工業の種類を示した地図を提示し、都心部ではどんな工業が盛んなのかを捉えさせるとともに、その工業が盛んな理由を考えさせる。

4 の北関東工業地域の年代の異なる２枚の地図を提示し、工業がどう変化したのかを捉えさせる。

対話のアイディア

2 の景観写真、3 4 の地図を見て、海岸沿い、都心部、北関東で、それぞれの工業が盛んな理由を班で話し合わせる。2 3 の地図を提示し、市街地がどう変化したのかを捉えさせる。

ワークシートの評価ポイント

・関東地方の臨海部では鉄鉱石や原油などの原料を海外からの輸入に依存しているため重化学工業が盛んである。都心部は日本の政治や経済、文化、交通などの中心にあり、情報が入手しやすいため出版・印刷工業が盛んである。内陸部の鉄道や高速道路の結節地点では、各地でつくった部品を集めやすいため、組み立て型の機械工業が盛んであることを理解することができている。

・北関東の工業地帯では、かつては繊維工業が中心だったが、機械工業中心に変わったことを捉えることができている。

多面的・多角的に学ぶ　6/7

変化する東京大都市圏

本時の目標

東京の中心部がどのように利用されているのかを捉えるとともに、一極集中した東京の機能がどう変化したのかを捉えられるようにする。

本時の評価

東京の中心部が集約的な土地利用が行われていることを捉えている。

一極集中している様々な機能を分散させていることを捉えている。

□ 変化する東京大都市圏

ねらい：①東京の中心部がどのように利用されているのかを捉えよう。
②一極集中した東京の機能がどう変化したのかを捉えよう。

1

1．右のイラストは、新宿駅周辺の景観を示している。新宿周辺はどんな建物が多いか。

超高層ビル

2

2．右のイラストは、地下鉄大江戸線の六本木駅のものである。このイラストから、どんなことが分かるか、簡単に説明しなさい。

地下深いところを地下鉄大江戸線が通っている。

3

集約的な土地利用が進む東京

1．右の図は、新宿駅の様子を示している。新宿駅はどんな構造になっているか。

多くの鉄道が乗り入れており、地上だけでなく、地下深くまで鉄道が通っている。

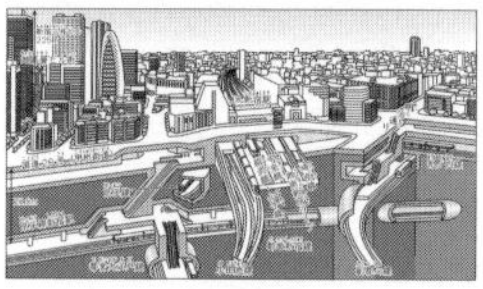

2．新宿駅周辺は、どうして上記1のような構造になっているのか、理由を簡潔に説明しなさい。

新宿周辺の地価が高いことや空いている空間がないため、地上は高層化し、地下は深くまで利用されている。

3．東京の中心部に多くの機能が集中しているために、様々な弊害が生まれた。どんな弊害が生まれたのかを書きなさい。

地価の高騰、住宅の不足、朝夕の通勤ラッシュ、長い通勤時間、交通渋滞、帰宅困難者の問題など

本時の授業展開

1　導入

新宿駅周辺の写真を見て、どんな建物が多いかを考え、超高層ビルが多いことを捉える。地下鉄大江戸線の六本木駅の写真を見て、分かることを考える。六本木駅は非常に深いところまでエスカレーターが伸びていることを捉える。

2　展開

新宿駅の模式図を見て、新宿駅がどんな構造になっているのかを考える。新宿駅は、多くの鉄道が乗り入れており、地上２階、地下７階までの構造になっていることを捉える。また、新宿駅周辺がなぜ高層化や地下化しているのかを考える。利用客が多く、地価の高い新宿駅周辺には新たに利用する土地がないため、地上には超高層ビルが、地下は深くまで利用されるなど、集約的に土地利用していることを捉える。

多くの機能が集中している東京の中心部では、どんな弊害が生まれているのかを考える。東京の中心部は、政治、経済、文化、交通など、国の中心としての機能が集中しているために、多くの人が集まってくる。そのため、地価の高騰、住宅不足、通勤ラッシュ、交通渋滞、帰宅困難者の問題など、様々な弊害が起きていることを捉える。また、1990年代以降、また東京オリンピック・パラリンピックなどを契機に、東京湾沿岸がどう変化しているかを考える。東京湾沿岸の倉庫や工場跡地、埋め立て地などが再開発され、オフィスや住宅などが建設されるようになったことを捉える。

変容する東京大都市圏

4 1. 1990年代以降、また東京オリンピック・パラリンピックなどを契機に、東京湾沿岸がどう変化しているかを説明しなさい。

東京湾沿岸の倉庫や工場跡地、埋め立て地などが再開発され、オフィスや住宅などが建設されるようになった。

5 2. 東京大都市圏の弊害を克服するためにどのようなことを行っているのか、下の地図を参考に、（　　　　　）に適する語句を書きなさい。

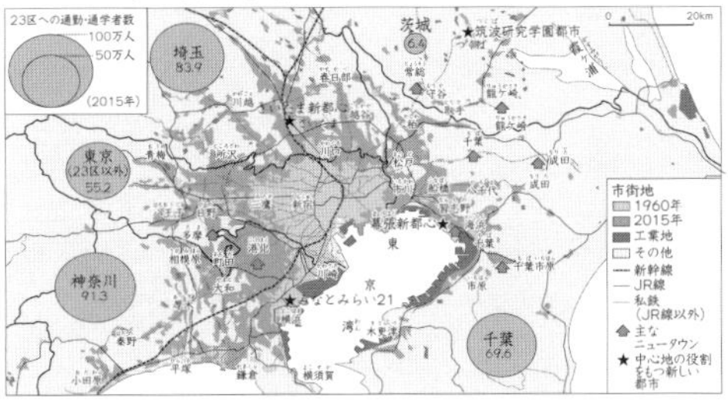

住宅不足を解消するために、都心から 30km ～ 50km くらいのところに、（A **ニュータウン**）を建設している。また、1970 年代には、東京の大学や研究機関を計画的に移転する（B **筑波研究学園都市**）が建設された。1980 年代からは、横浜に（C **みなとみらい21**）を、1990 年代からは、千葉に（D **幕張新都心**）、埼玉に（E **さいたま新都心**）を建設するなどして、様々な弊害を克服する試みが行われてきた。

〈振り返り〉

東京大都市圏における弊害克服のために行われているかを考える。都市機能の一極集中によって生じる弊害を克服するために、ニュータウンを建設、国の施設やオフィスなどを、新たな拠点都市に移すために、筑波研究学園都市、みなとみらい21、幕張新都心、さいたま新都心などがつくられたことを捉える。

3　まとめ

東京の中心部に多くの機能が集中（一極集中）しているために、高層化、地下化など、集約的な土地利用が行われている。また、住宅問題を解決したり、東京の中心部に集中している機能を分散させたりするために、ニュータウンを建設したり、新たな都心を設けたりしている。

ICT活用のアイディア

1 の景観写真を提示し、新宿駅周辺ではどのような建物が多いのかを捉えさせる。

2 六本木の地下鉄の画像を提示し、どのようになっているのかを捉えさせる。

3 新宿駅の構造を表した資料を提示し、新宿駅がどのような構造になっているのかを捉えさせる。
また、なぜそうなっているのかを考えさせる。

4 の東京湾沿岸の景観写真を示し、東京湾沿岸がどう変化したのかを捉えさせる。

5 の東京大都市圏の市街地を拡大した様子を示した地図を提示し、東京大都市圏の変化を捉えさせる。

対話のアイディア

3 新宿駅周辺がどんな構造になっているのか、またなぜそのような構造になっているのかを、近くの席の人と相談してその理由を考えさせる。

ワークシートの評価ポイント

- 東京の中心部に多くの機能が集中し地価が高騰した。限られた空間を有効に活用するため、建物は高層化し、鉄道は地下化するなど、集約的な土地利用が進んでいることを捉えている。
- 東京の中心部に集中している機能の分散、住宅不足の解消のため、新たな都心を建設したりニュータウンを建てたりしていることを理解している。

まとめる

7/7

関東地方のまとめ

本時の目標

東京を中心とした関東地方に多くの機能が集中しているため人口が集中し、様々な弊害を生じていることを捉え、東京に多くの機能が集中していることによる弊害を克服するには、どうしたらよいかを考えられるようにする。

本時の評価

東京を中心とした関東地方に、日本の政治や経済、文化、交通などの中心としての機能が集中しているため、過密に伴う様々な弊害が起きていることを捉えている。

東京に集中している多くの機能を分散する政策を考えている。

本時の授業展開

1　導入

関東地方の人口と面積との関係を、グラフや人口密度図を見て、考える。関東地方は、面積が小さい割に、人口が多い。特に東京を中心とした東京大都市圏に集中していることを捉える。

東京23区に、どこから通勤している人が多いのかを示した主題図を見て、分かることを考える。東京の郊外、神奈川県や埼玉県、千葉県などから、23区に多くの人が通勤していることを捉える。

2　展開

なぜ、他県や東京の郊外から東京23区に、多くの人が通勤しているのかを考える。東京の中心部には、首都東京として、日本の政治の中心としての機能だけでなく、日本の経済や文化、交通などの中心としての能が集中しており、それらの施設に働きに来る人が多いから。また、都心は地価が高いため、地価が安い郊外や他県から通勤している人が多いから。

都心に多くの機能が集中しているため都心の地価が高くなり、郊外や他県から通勤している人が多くなっている。都心に多くの機能が集中しているため、都心部や郊外、地方では、それぞれどんな問題が生じているのかを考える。

都心部では地価が高騰し、この地域に住むことが難しくなる。高層化、地下化が進むなど集約的な土地利用が進んでいることを捉える。

郊外では都市化が進展し、農地が減少するなど自然が少なくなる。通勤や通学などに時間が

4

2．上記１のような結果、都心部でも郊外でも、地方でも持続可能でない様々な問題が生じている。どんな問題が生じているのか、それぞれ簡潔に説明しなさい。

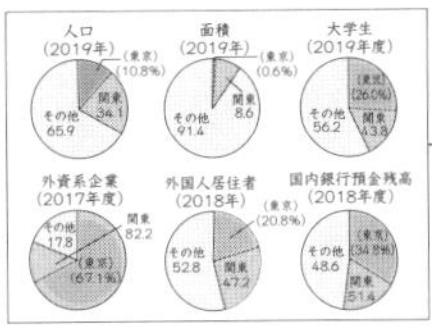

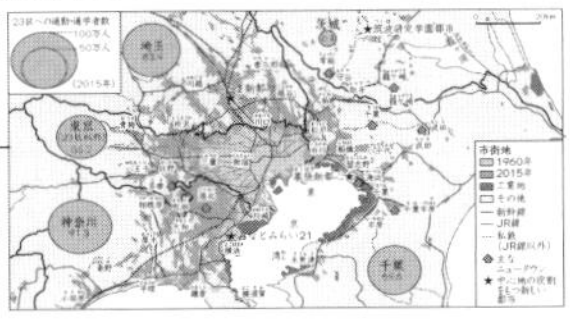

都心部　郊外　地方

2040年自治体削減マップ

問題	問題	問題
都心部では地価が高く、住むことが難しい。集約的な土地利用が進み、建設コストが高くなる。	都市化が進展し、農地が減少し、自然が少なくなる。通勤や通学に時間がかかる。	地方は、人口減少と高齢化で、過疎化が進み、地域経済を維持することが難しくなる。

3．都心部、郊外、地方を持続可能にするにはどうしたらよいか、自分の考えを書きなさい。

東京に集中している多くの機能を分散するか、首都の機能の一部を他の自治体に移す。また、地方への企業移転を促すために、補助金の拠出、減税措置、リモートワークの推奨を行う。

〈振り返り〉

かかることを捉える。

地方は、人口が流出し、高齢化で過疎化が進み、地域経済を維持することが難しくなることを捉える。

都心部、郊外、地方が持続可能にするには、どうしたらよいかを考える。

3　まとめ

東京に多くの機能が集中（一極集中）していることによって、様々な弊害を生じている。東京に集中している機能を地方に分散する。首都を東京以外のところに移す。東京にある企業の地方への移転を促す。リモートワークを促進させて、働き方の改革を促す。地方分権を勧める。

ICT 活用のアイディア

1の関東地方の面積と人口の関係を示したグラフを提示し、関東地方の面積と人口との関係をまとめさせる。

2の資料を提示し、東京23区へ通勤している人は、どのように通勤している人が多いかを捉えさせる。

対話のアイディア

3 2のような通勤行動をとっている人が多いのはなぜかを、同じ班の人と相談して、その理由を考えさせる。

4のグラフと東京大都市圏の地図を提示して、東京の都心部、郊外、地方では、それぞれどんな問題が生じているのかを、同じ班の人と相談して、その理由を考えさせる。また、それぞれの地域が持続可能になるにはどうしたらよいかを、同じ班の人と相談して、その解決策を考えさせる。

ワークシートの評価ポイント

・東京に多くの機能が集中（一極集中）していることが、様々な弊害を生じさせていることを捉えられている。

・東京に集中している機能を地方に分散する。首都を東京以外の所に移す。東京にある企業の地方への移転を促す。リモートワークを促進させて、働き方の改革を促す。地方分権を進めることなどが捉えられている。

(4) 地域の在り方

（10時間）

単元の目標

主に空間的相互依存作用、地域などに関わる視点に注目して、地域の在り方を地域的特色や地域の課題と関連付けて多面的・多角的に考察し、表現する。また、学習を通して課題解決に向けて構想したことを適切に表現する手法を理解する。地理的分野の学習の総仕上げとして、社会参画の視点から探究し、地域への参画意識とよりよい地域の実現に向けて取り組もうとする態度を育む。

単元を貫く問い

私たちの町の課題について、よりよい町の在り方と、私たちにできることを考えよう。

事前～1時	2～4時
大観する	多面的・多角的に
（事前準備） 授業に先立って、あらかじめ身近な地域に対するイメージや知識を確認するためのアンケートを実施しておく。 本単元では教師自身が地域の特性を一定以上理解しておく必要があるため、自治体もしくは対象地域の人口や産業、歴史的背景、災害の傾向などをある程度調べておく。必要に応じて役所から資料などを事前に入手しておきたい。 **（第1時）** 事前アンケートをもとに、「地域調査の手法」及び「日本の諸地域」を終えた段階の生徒たちが、地域に対する認識をどのように抱いているかを共有する。その中で生徒のアンケート結果から浮かんだ地域のイメージを揺さぶる資料や事例を提示し、地域への関心や課題意識を高め、調査・構想するテーマを具体化していく。	**（第2・3時）** 新旧の地形図や地理院地図などを活用し、テーマに沿った事項を地図から捉える。ドットマップを作成したり主要な交通に着色したりするなど、特性を浮かび上がらせる作業を行う。また、GISの活用により、必要な情報収集を行う方法を習得する。 「RESAS」および「jStat MAP」の活用方法を知る。統計データやグラフ、統計地図の作成方法を理解し、調査に活用できるようにする。 **（第4時）** 野外調査を実施する。1時間でテーマ（地域の課題）に沿った内容が調べられるよう、視点を絞って実施する。また、「地域調査の手法」の際と同様に、景観を観察してスケッチを行う。

単元を構造化する工夫

本単元では、既習した「地域調査の手法」「日本の地域的特色」「日本の諸地域」で習得した知識や技能を生かして、身近な地域の課題の解決策やよりよい在り方に向けて関わる姿勢や考える力を高める。「地域調査の手法」で高めた地域への関心や課題意識に加え、「日本の諸地域」の各地方で学習した視点を活用する。

地理的分野の総仕上げとして、本単元のみならず、学年を通した学習全体を構造化して計画することが必要である。

また、学習指導要領に「構想」という語句が地理的分野で登場するのは本単元のみであり、本単元で学習した内容が公民的分野の「地方自治」や「私たちと国際社会の諸課題」等の単元につながる意識をもち、授業計画や「単元を貫く問い」を構成する。

単元の評価

知識・技能	思考・判断・表現	主体的に学習に取り組む態度
○地域の実態や課題解決のための取組を理解している。 ○地域的な課題の解決に向けて考察・構想したことを適切に説明・議論し、まとめる手法について理解している。	○地域の在り方を、地域の結び付きや地域の変容、持続可能性などに着目し、そこで見られる地理的な課題について、多面的・多角的に考察・構想し、表現している。	○地域の在り方について、よりよい社会の実現を視野に入れ、そこで見られる課題を主体的に追究・解決しようとしている。

5～8時	9・10時
学ぶ	まとめる
〔第5時〕 地域の課題の要因や背景がどのようなものであるか、様々な資料やインターネット、野外調査の成果などを基にして考察する。 **〔第6時〕** 課題の解決策を構想する。よりよい地域の在り方に向けてどのような解決策が考えられるか、また、課題に対しては行政的な対応の案だけでなく、よりよい地域や社会の実現に向けて自分に取り組めることへの視点も含めて考える。 **〔第7・8時〕** 地域の課題の概要、課題の要因、その解決策など、考察・構想した内容を、発表のための作品にまとめる。模造紙に地図やグラフ、写真などを貼って説明を加えるなど、分かりやすい形式を工夫する。可能な場合は、プレゼンテーションソフトなどを活用することも考えられる。	**〔第9時〕** グループでの調べ作業・まとめの地図の作成作業でつくった発表資料をもとに、ワールドカフェ方式で発表会を実施する。互いに作品を説明し合い、意見交換や質問をすることで認識や理解を深める。 **〔第10時〕** 発表会や全体での共有を振り返り、単元全体の学習内容をまとめ、自身の学習の振り返りを行う。

課題解決的な学習展開にする工夫

地域の在り方を地域的特色や地域の課題と関連付けて考え、よりよい社会や地域の在り方を視野に入れて課題解決に向けて構想するには、地域の課題を「自分事」として捉えられる中心的な教材の活用と、「単元を貫く問い」の設定が不可欠である。生徒の生活経験や身の回りの地域の実情を追究の基盤としながら、教師の提示する教材や問いかけによりそれを揺さぶることで、課題意識を高め、意欲を高める。「地域調査の手法」での経験と既習知識を活用し、自然環境、人口、産業、交通と結び付き、歴史などの視点から地域的課題を捉え、様々な資料やGIS 等を活用して課題の解決について考察・構想する。課題の解決方法を考える中で、自分がよりよい地域の実現に向け取り組む意識を高め、公民的分野の学習へと意識をつなげていく。

事前準備

事前アンケートの実施、及び教師による事前準備

目的

地域調査に関する単元は、教科書等を用いて教材を準備することができないため、事前準備が重要となる。

アンケートの実施によって、学習対象となる身近な地域に対する生徒の認識を教師が事前に把握する。結果をもとに、生徒の認識を揺さぶる問いを設定したり、教材の準備につなげたりする。また、調査のテーマや解決すべき課題を効果的に絞り込むことができるようにする。

また、単元の学習後に生徒が振り返った際の認識の変容を捉えることが可能になる。

身近な地域に関する事前アンケート

地理の学習の総まとめとして、最後の単元「地域の在り方」を実施します。これまでの「世界の諸地域」「日本の地域的特色」「地域調査の手法」「日本の諸地域」で学んだことを生かして、身近な地域の課題をどうすれば解決していけるか、よりよい地域をつくっていくことができるか、考えていきます。学習をより意味のあるものにするために、地域に対する認識を知るための事前のアンケートに協力してください。

1．あなたは上里町が好きですか

a．好き　b．どちらかというと好き　c．あまり好きではない　d．好きではない

※aとbを選んだ人はどんなところが好きか、cとdを選んだ人はどんなところが好きでないか、具体的に書いてください。

(1)

2．あなたが上里町について、例えば外国の人など町について全く知らない誰かに紹介するとしたら、どのようなことが特色だと説明しますか、具体的に４つあげてください。

(2)

①	
②	
③	
④	

3．あなたは授業以外の場面で、身の周りの地域や町の現在のことや、身近な地域や町の歴史について自分で調べてみたり、誰かに話を聞いたりしてみたことはありますか

a．ある　b．ない

「a．ある」と答えた人は、どんなことか具体的に書いてください。

(3)

本時の授業展開

1　教員側の事前準備

地域調査に関する学習は、地域ごとに特色や地域的な課題が全く異なるため、どの学校でも共通する学習内容を準備することは難しい。取り扱う内容や題材について、教師自身がある程度勤務する地域の特色や歴史的背景について知っておく必要がある。

例として、次が挙げられる。

○学校の所在する市町村のホームページや役所（役場）にて入手できる基本的な案内や観光パンフレットなどを読む。

○行政の発行している広報誌やその WEB 版などを手に入れるなどして、財政などを確認しておく。またハザードマップを入手するか、ホームページなどで閲覧できる場合にはあらかじめ見ておく。

○地理院地図や RESAS、e-Stat や jSTAT MAP などの GIS や統計サイトを使って、地域のデータを収集する。

○地域の郷土資料館等があれば訪問して見学し、地域の歴史などを知る。

○学校周辺を自転車や徒歩で回って、地域の様子をあらかじめ確認しておく。

○地理院地図などを使い、必要な範囲の地形図を紙面の状態で用意できるようにしておく。

2　事前アンケートの活用

事前アンケートを生徒に提示することで、生徒の学習前の認識を共有したり、その認識を揺さぶる教材を提示したりすることに生かした

4．今の時点で、あなたが思う上里町の課題や、もっとよくしていったほうがいいと思う部分はどんなことですか？　できるだけ具体的に書いてください。

(4)

5．あなたは18歳になったら、選挙の時は投票に行こうと思いますか

a．とてもそう思う　b．どちらかというとそう思う
c．あまりそう思わない　d．そう思わない

6．あなたは身の周りの地域や世の中のことについて、もっと知りたい、考えてみたいと思いますか

a．とてもそう思う　b．どちらかというとそう思う
c．あまりそう思わない　d．そう思わない

7．あなたは身の周りや世の中をもっとよくしていくために、自分にできることがあれば関わっていきたいと思いますか

a．とてもそう思う　b．どちらかというとそう思う
c．あまりそう思わない　d．そう思わない

質問は以上です。ご協力ありがとうございました。

い。

したがって、第1時ではなく、集計することを考慮した適切なタイミングで事前にアンケートを実施しておくことが望ましい。

地域に対するここまでの生徒の認識や、生徒が地域的特色であると認識している事柄を軸にして、本当にそうであるのか、実際はどうなのかという問いかけをしながら、地域の課題やその解決方法を考察・構想することに対する生徒の意識を高めておく。

学校の ICT 環境によっては、Google Forms などを活用するなどして実施してもよい。

アンケートの記入例

(1)の記入に当たって

「地域調査の手法」の際と同様の質問であるが、その際の様子と比較してもよい。

(2)の記入例

・小麦などの特産品がある
・ショッピングモールがある
・高速道路と新幹線が通っている
・高速道路のインターチェンジ周辺が発展してきている
・田んぼや畑が多い
・工場が多く製造業が盛んだ
・大きな災害が少ない　等

(3)の記入例

・町内にある古墳に行ってみた
・旧中山道を実際に見てみた
・戦争中のことを近所の人に聞いた　等

(4)の記入例

・耕作放棄地が多くなっている
・高齢化が進んでいる
・川の近くは水害の心配がある　等

アンケートの評価ポイント

・自分の地域の「好き」「好きではない」について、感覚ではなく社会的事象の観点から理由を述べることができていること。
・自分の地域の特色について、これまで学習した「自然環境」「人口」「産業」「交通と結び付き」などの様々な観点から現時点の考えを書くことができていること。
・自分の地域のもっとよくしたい点について、身の回りの事と結び付けながら具体的に書けていること。
・事前の意識調査として、内容の正しさよりも様々な観点から具体的に書けていることを重視する。

大観する

1/10

テーマとする地域の課題を決め、必要な調査方法を考える

本時の目標

世界や日本の諸地域で学習してきた地域の課題をもとに、身近な地域の抱える課題を考え、テーマを設定できるようにする。

本時の評価

既習の学習内容と地域の課題を結び付けて、よりよい地域の在り方に向けた課題を考えている。

これまで学習した様々な課題から、地域の課題を見付けることで、よりよい地域に向けた取組の意欲を高めている。

地域の在り方① ～地域の課題を見付けよう～

ねらい…これまで学習した様々な地域的な課題を参考にして、身近な地域のかかえる課題はどのようなものかを考えよう。

1．地域の課題にはどんなものがあるかを整理してみよう

これまで学習してきた様々な地域に見られた課題や特色

※関係し合うものもあるので、様々な視点から考えて地域にとって重要なものを見付けよう

《自然環境》
環境保全
環境問題
自然災害
防災・減災

《人口と都市・村落》
過疎と過密
少子高齢化
都市機能の集中
人口減少

《産業》
産業の空洞化
電力・エネルギー
農業の課題
観光客の増加

《交通・通信》
交通網の整備
交通の格差
ストロー現象
通信網の整備

《伝統・文化》
伝統を伝える
新しい文化
地域の祭りや文化
伝統的な産業

自分が町にとって重要だと思う課題３つに○を付けてみよう。

上記の様々な課題を参考にして、わたしたちの地域の課題・もっとよくしたいことを、グループで考えてピラミッド状のランキングにしてみよう。

1

このように考えた理由（簡単な箇条書き）

[少子高齢化] 町の推計を見ると、高齢者が 40%を超える予想が出されていたから。
[自然災害と防災] 町の 2 つの境を川が流れており、洪水の起きる可能性があるから。
[交通網] 様々な便利な交通網が通っている町だから、うまく生かせばさらに発展できると考えたから。

本時の授業展開

1 導入

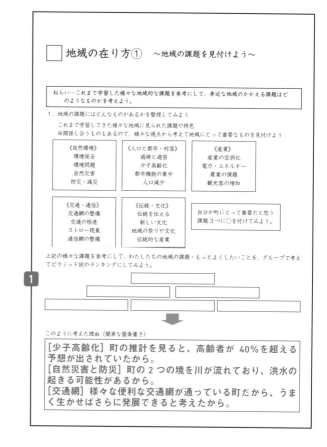

「地域調査の手法」と「日本の諸地域」の学習で学んできた様々な地域に見られた課題を再度確認する。そして、「地域調査の手法」の際に行った生徒のまとめや振り返りを生かし、生徒たちがどのような課題意識をもっているかを共有する。

2 展開

「日本の諸地域」の学習で見られた、地域の様々な課題をプリントに掲載したものから、グループ活動で話し合い、身近な地域に当てはまる課題をピラミッド状に順位付けする。

内容は「自然環境」「人口や都市・村落」「産業」「交通」「伝統や文化」の大項目ごとにそれぞれ「自然災害」や「少子高齢化」などの各地域及び日本全体に見られた課題を列挙する。

その際、市町村の広報誌、ハザードマップなどを活用し、また学習用タブレット（PC）で「地理院地図」や「RESAS」などのデータや資料を参照したり、市町村のホームページを閲覧したりするなどして、様々な視点から考える。

ランキングで考えた地域に見られる課題の中から上位の物を組み合わせ、調査して解決策を構想するテーマを話し合って決定する。

その際、「少子高齢化」など、単一の事柄でテーマを決定するのではなく、「少子高齢化と交通の問題」や「人口の減少と農業のおとろえ」「交通網の整備とまちの観光」など、複数の事柄を関連させてより具体的なテーマに練り

2．ランキングをもとに、グループで構想のテーマとなる地域の課題を決定しよう

◎テーマの決め方は、「少子高齢化」など１つだけでなく、関連する内容と合わせてより具体的にしてみよう。
例 「高齢化しておとろえる農業を活性化したい」
「高速道路など便利な交通を観光客増加につなげたい」
「高齢者の多い地域で、災害のときの被害を少なくしたい」 など
※課題は、上の例のように、「〇〇したい」という形で書くと、地域の解決策を考えやすいでしょう。

2 取り入れたい地域の課題（２つを目安に）

グループで考えた構想テーマ

・耕作放棄地が増えていく中で、どうすれば高齢化して担い手が減っている農業を盛り上げられるだろう。
・恵まれた交通網を生かして、どう町の外の人を呼び込めばいいだろう。
・高齢化が進む中で、どうすれば洪水の起きたときに避難できるだろう。

3．決定した構想のテーマに対して、どのような資料やグラフ、写真や地図などがあれば調査の役に立つか、またどのような資料が欲しいか、考えてみよう。

3

どのようなことを知ることができる資料が必要か	手に入れる方法など
例：地域の高齢化率のグラフ	RESAS から
人口ピラミッド	
産業別人口	
耕作放棄地の割合	
インターチェンジの利用台数	

上げられるようにする。

決定したテーマに対して、どのような資料や地形図、統計データなどがあれば調べることができるか、またどのようなことを知ることができればよいのかなどについて、分かる範囲で挙げる。

3 まとめ

本時の学習の振り返りを行う。また、次回から具体的に様々な方法で調査と構想を進めるため、できるだけ家庭でも町の発行物などを見てみること、家庭でも地域の課題等について話をしてみることなどを意識付ける。

ICT 活用のアイディア

1 1人1台のタブレットを活用して、これまで学習したGISや様々な統計資料、市町村のホームページ等から、地域的特色や地域の課題を調べたり確認したりしながらランキングを考える参考にする。

3 上記の 1 と同様、地理院地図などの主題図やRESASををはじめとした様々な統計資料、市町村のホームページその他を調べ、必要な資料及び使えそうな資料がないかをグループで調べる。

対話のアイディア

1「この地域の特色は何か」「この地域の課題は何か」について、既習事項をもとにグループで話し合う。日本の諸地域での学習内容がヒントになることを助言し、話し合いが具体的に進むようにする。

2 1 の内容をより具体的に深めるために、過去の学習をもとに複数の課題を関連させられるようにし、「構想のテーマ」をグループで話し合って決定する。

ワークシートの評価ポイント

・ランキングで考えた順位に対して、自分なりの理由をもって説明することができている。
・様々な地域の課題には、関係するものがあることを理解し、複数の課題の関係をもとに構想するテーマを考えることができている。
・自分たちの調べたい内容に対して、具体的に必要な資料を考えることができている。
・人口増減のグラフ、人口ピラミッド、土地利用を表す地形図、ハザードマップ、駅や高速道路の利用者などが活用できている。

多面的・
多角的に学ぶ　2/10

より幅広いGISの活用を身に付ける

本時の目標

過去に学習したGISのより幅広い活用法や、新たに有用なGISの活用法を理解し、調査の幅を広げられるようにする。

本時の評価

RESASの新たな活用法や、jSTAT MAPの活用法を理解し、地域を多面的・多角的に調査をする際に必要な資料を入手する手段を広げている。

□ 地域の在り方②　～より広いGISの活用を身に付けよう～

ねらい…より幅広いGISの活用方法を身に付け、地域の課題解決のために活用できるようになろう。

1．今回使用するGIS…「RESAS（リーサス）」「e-Stat（いーすたっと）」（「地理院地図」）
★「RESAS」で、任意の地域の昼夜間人口を調べよう
地域の特色や他地域との結び付きを知るために、昼夜間人口はとても有用です。
「昼間の人口」と「夜間の人口」、「日中の滞在先」からどんなことが分かるだろう？

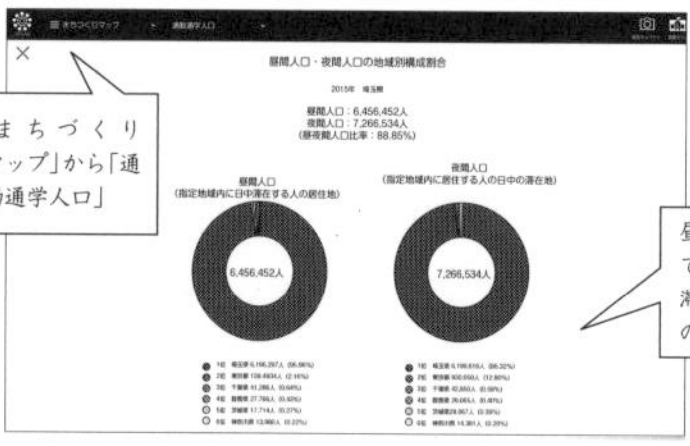

「まちづくりマップ」から「通勤通学人口」

昼夜間人口だけでなく、日中の滞在市町村などの情報が分かる

「まちづくりマップ」から「通勤通学人口」を表示して、分かることを書こう。
上里町の昼間の人口は？……（　　　　　　　　　　）人
上里町の夜間の人口は？……（　　　　　　　　　　）人
昼間人口と夜間人口のちがいと、昼間の滞在先から、どんなことが分かるだろう？

1 **隣の市に3000人以上の人が昼間には通勤・通学している。県をまたいで○○市と結び付きが強い。○○線沿線の都市に多く通勤・通学している。**

2．政府統計の総合窓口「e-Stat」を使ってみよう
「e-Stat」…様々な省庁の統計データを集めた政府の総合統計サイト。
・「統計ダッシュボード」から、「グラフで見る」を選び、上里町のデータを表示してみよう
・自分たちのテーマに沿ったデータあればメモしておこう

2 **農業生産がピーク時の半分以下になっていることが分かる。出生数が減り死亡数が増加して2010年に逆転している。人口は減少しているが世帯数は増加している。**

本時の授業展開

1　導入

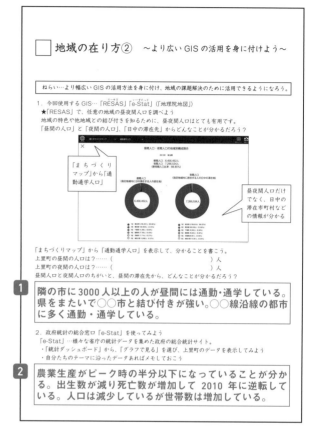

前時にテーマを決定し、必要な調査方法を考えたことを振り返り、各グループがどのような資料やデータ、地図が必要だったかを確認する。

その上で、「地域調査の手法」の単元で学習したGISをより有用に活用するため、RESASのより幅広い使用方法と、新たに「e-Stat」「jSTAT MAP」の操作方法を身に付けることを、この時間のめあてとして共有する。

2　展開

①RESAS

以前のRESASでの学習は、主に「人口マップ」と「産業構造マップ」を使用したが、今回は「まちづくりマップ」を活用する。

「まちづくりマップ」の項目中の「通勤通学人口」を活用することで、任意の県や市町村の昼間人口と夜間人口、また昼間の滞在先などを知る。地域間の結び付きや都市の拠点性などについて、資料の作成が可能なことを理解する。

②e-Stat、jSTAT MAP

「e-Stat（政府統計の総合窓口）」のWEBサイトの内容のうち、中学生でも活用可能な統計の一部を習得する。

トップページの「グラフ」から、「統計ダッシュボード」で「グラフで見る▼」の中の「市区町村へ」を選択することで、県名・市町村名を選択し、該当市町村の主要なデータを分かりやすいグラフで見ることができることを理解する。

トップページの「地図」を選択することで、

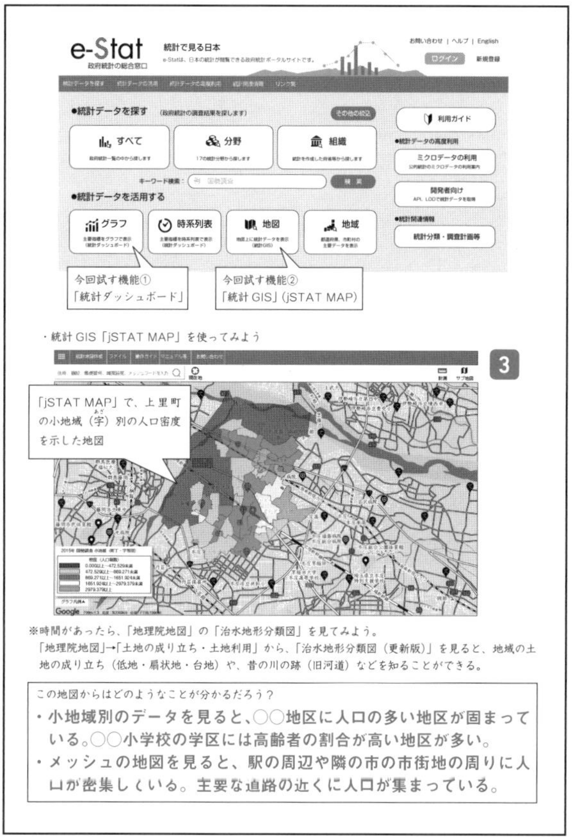

「統計 GIS（jSTAT MAP)」を活用することができる。「統計地図作成」から「統計グラフ作成」を選んで操作すれば、市町村の小地域（いわゆる字）単位や、メッシュ単位で地域内の人口分布や高齢化率を地図上に落とし込んで表示できることを理解する。

膨大なデータがあるため、ここでは「国勢調査」から人口総数や年齢別割合のデータが活用できれば十分とする。操作がやや難しいため、場合によっては教師が作成し印刷したものを生徒に活用させることも考えられる。

3　まとめ

RESAS や「e-Stat」「jSTAT MAP」などの活用法を振り返り、次回の調査につなげる。

ICT 活用のアイディア

1 1人1台のタブレットを活用し、「RESAS」の「まちづくりマップ」を閲覧する。任意の市町村の昼夜間人口を調べることができるようにする。余裕があれば、人口移動や人口動態のマップ等も閲覧できるようにする。

2「e-Stat」から、「統計ダッシュボード」を閲覧できるようにする。膨大な資料がある中で「統計ダッシュボード」は分かりやすいデータを抜き出して掲載している。任意の市町村のものを活用する。

3「jSTAT MAP」を活用することで任意の地区の統計を地図に落とし込めるため、「国勢調査」からの地図作成だけでも活用できるようにしておくことが望ましい。

対話のアイディア

3「jSTAT MAP」の地図をもとに、交通網や河川、土地の高低や土地利用などから人口密度や高齢化率などの関連についてグループで話し合わせる。

ワークシートの評価ポイント

・RESAS の「まちづくりマップ」を活用して、昼間人口と夜間人口の違いを理解できる。また、どの市町村と人口の移動が多く結び付きが強いかを理解できている。
・e-Stat の「統計ダッシュボード」を活用して、町の人口や農業生産、従事者など地域の統計を読み取って書けている。
・「統計 GIS（jSTAT MAP)」を活用して、町内の地区ごとの高齢化率が読み取れている。また人口メッシュで町のどのあたりに人口が多いのかを読み取れている。

多面的・
多角的に学ぶ

3/10

地形図やGIS、その他資料を活用し地域の課題を調べる

本時の目標

設定した地域の課題テーマに合わせて、これまで学習してきた様々な方法や用意した資料を活用して調査できるようにする。

本時の評価

様々な資料を通して、地域の課題を具体的に浮かび上がらせ、考察・構想のための材料を準備している。

地形図や資料、インターネットなどをもとに、設定した地域の課題の実態や実際について考察している。

□ 地域の在り方③　～地形図やGISなどで課題を調べよう～

ねらい…設定した地域の課題（構想テーマ）に基づいて、よりよい地域の在り方を考えるための資料やデータを調べよう

1人1台のタブレットなどを使って、設定した地域の課題について調べよう
前回グループで考えた構想テーマ（地域の課題）

このテーマについて、地域の現状を3つほどに大きく分けてつかんでみよう
《使用する主な調査方法の例》
◎紙の地形図（分布図、交通の様子など）
◎各種のGIS
・地理院地図（新旧空中写真、陰影起伏図、色別標高図、治水地形分類図、断面図、など）
・RESAS（人口、産業）　・今昔マップ
・e-Stat（jSTAT MAP）統計ダッシュボード、地区別の人口など
◎市町村発行の様々な資料（ハザードマップ、広報誌　他）
◎その他、市町村ホームページや様々な統計などのWEBサイト
《重要なこと》
◎どの資料から調べたか、「出典」がしっかり分かるようにしよう。
◎国や市町村などの公式な信用のおける情報源から資料を入手しよう。
※個人のWEBサイトや、だれでも編集が可能な情報源は注意する。
◎いつの調査年のデータなのか、データの「単位」は何かなどをしっかり確認する。

構想テーマ（地域の課題）についての現状を調べてみよう
構想テーマに対する地域の現状①

1
・高齢者の割合が高い地域は比較的交通が不便な地域となっている。どのように地域の足を確保すればいいのか。
・高齢者が多い地域はハザードマップで浸水の可能性が高い地域と重なっている。避難が課題。
・町の人口は5年後から減っていく予想になっているが、生産年齢人口や子供の人口の割合はそれより早く減少していく。
・高速道路を使って観光客がやってきても、インターチェンジの周囲だけにとどまって町全体に動いていない。
・耕作放棄地率が年々上がっており、農業従事者の平均年齢も67歳を超えている。

本時の授業展開

1　導入

本時は設定した地域の課題を具体的に明らかにしていく段階であることを確認する。

地域の課題の解決策を考えるためには、その課題が実際にどのような状態なのか、具体的な資料やデータをもとに明らかにすることが大切であることを共有し、活動に入る。

2　展開

1人1台のタブレットや学習用PCを準備する。

必要に応じて、教師側が各グループの課題の考察に必要な資料をあらかじめGIS等から印刷して用意しておく。

市町村発行の資料や広報誌、ハザードマップなども紙面で用意する必要があれば、事前に役所やインターネットで入手しておく。

①作業の手順を説明する

以前設定した解決すべき地域の課題に関して現状を大きく2つか3つに分けて、調べたことをまとめていくことを説明する。

②実際に調べる

テーマに沿って、使うことのできるあらゆる手段を活用して、課題の現状を把握するための調査活動を行う。

ここでは、解決策や原因には深入りせず、地域の課題の現状や実際の様子がどのようなものかを、客観的に捉える材料を多く集めることが主眼であると理解させる。そのために、できるだけ必要な資料を集め、紙の資料であればコピーやスキャンをしたり、タブレットで写真撮

情報源・活用できそうな資料①−1

構想テーマに対する地域の現状②−1

情報源・活用できそうな資料①−2

構想テーマに対する地域の現状②−2

情報源・活用できそうな資料①−3

構想テーマに対する地域の現状②−3

教室での調査だけでは分からない部分、直接確かめたいことを、野外調査に向けてメモしておこう。

2
・ハザードマップと実際の地形はどう関連しているのか。
・耕作放棄地はどれくらいの割合であるのか。

（振り返り）

影をしたりする。インターネット上の資料ならば画面キャプチャなどをして、少しでも多くの資料を手に入れるよう促す。

また、その際に資料の「出典」を必ず明記しておくことを確認する。

③野外調査へのつなぎ

文献調査を受けて、次回の野外調査でどのようなことを調べたいかを箇条書きにしておく。

3　まとめ

地域の課題を文献調査したことで、より実態を知る必要が出たと考える。次回はその必要性を踏まえて、野外調査を実施することや、その際に必要な持ち物等を確認しておく。

ICT 活用のアイディア

1 1人1台のタブレットを活用し、「地理院地図」「RESAS」「e-Stat」などの GIS や町のホームページなどを活用し、町の地形や統計データ等を調べる。これらから、構想テーマに沿ってより具体的に調べ、画面キャプチャなどで必要な資料を蓄積しておく。

2 Google アースや地理院地図を活用して、あらかじめ学校周辺や自宅周辺などの様子を確認しておき、野外調査に向けたイメージを立てておく。

対話のアイディア

1 設定した構想テーマに沿って、ICT を活用して地域の課題について具体的な現状を2つ程度グループで話し合ってまとめる。

2 農作物の種類や交通量、住宅の様子など、何を現地調査で確認すべきかをグループで話し合う。

ワークシートの評価ポイント

・テーマに沿った調査の根拠となる資料やデータを信用のおける情報源から見付け、その内容を正しく読み取れている。
例として、
・人口は減少するが高齢者の数は増えていく（RESAS）
・町の東部では1960年代以降、急速に住宅地が増えている（今昔マップ）
・洪水の浸水予想区域の中にいくつか避難所がある（ハザードマップ）
等の事象を読み取ることができている。

多面的・多角的に学ぶ 4/10

調査テーマに沿って、野外調査を実施する

本時の目標

設定したテーマに沿って実際に野外調査を行い、地域の特色を知り、それぞれの要因を考えられるようにする。

本時の評価

既習の地形図と風景の見方を生かして、設定したテーマについての必要な情報を読み取っている。

風景から読み取った情報をもとに、課題の現状とその要因について多面的・多角的に考察している。

□ 地域の在り方④　～テーマに沿って野外観察をしよう～

ねらい…自分たちの考えた課題について、様々な地図と実際の風景を見比べながら実際の様子を理解し、原因の考察や解決策のための情報を得よう

1．今回の調査で得られた必要な情報をメモしていこう。
プリントの地図に、情報を記録した場所をメモして分かるようにしておこう。

1
・治水地形分類図を見ると、川の流れている跡と台地の境目に大きな段差が残っている。そこがハザードマップでは浸水域とそうでない場所の境目になっている。
・耕作放棄地がコースの範囲だけで○○箇所もある。RESAS で調べた耕作放棄地率より多かった。耕作されている場所は、野菜が多く特に○○や○○が多く栽培されている。働いていた農家の人は高齢のようだった。

2．各グループのテーマに合わせて、自分の身の回りや通学路などで見付けた情報をメモしていこう。
場所や様子、日時などが分かるように、簡潔にメモをしよう。

2
・家の近くの工場では多くの外国の人が働いている。
・インターチェンジの近くの店舗には県外のナンバーの車が多く、○○、○○、○○などの地域のナンバー。
・駅から遠い自分の家の近くの地域循環バスは、2 時間に 1 本しか来ないため、ほとんど人が乗っていない。
・自分の家の近くに大きな段差があり、浸水域になっている。高齢者が居住。

〈振り返り〉

本時の授業展開

今回はグループごとに異なる課題を設定している事例のため、50分という限られた時間では十分に必要な要素を見いだすことが難しいグループも出てくることが予想される。よって、今回の事例では、「地域調査の手法」の際と同様に、テーマを設定して野外調査を実施する場合にどんな見方・考え方を働かせればよいかという視点で作成している。それを元に、各自が家の周辺や通学路周辺から必要な情報を収集して授業の際にもち寄ることも考えられる。

また、場合によっては第 1 時の時点で課題を「防災」などに大きく絞り込んで設定し、それに副次的に人口や産業などの要素を関連させることも可能である。その場合はそれに合ったコース設定で必要な野外調査を行うことができる。

※事前に用意するとよいもの
・1 人 1 枚のクリップボードやバインダー
・拡声器やハンドマイク
・デジカメ（可能なら班に 1 台を用意し、後のまとめ資料作成の材料とする。学校事情が許せば、生徒用タブレットでもよい）

1　導入

校門に集合し、本時の説明を行う。いくつかのテーマに沿って、課題に合わせた観察を行い、その背景にある要因をも考えることを指導する。また、安全面も重点的に指導する。

2　展開

例として、地理院地図で同じ範囲の「標準地

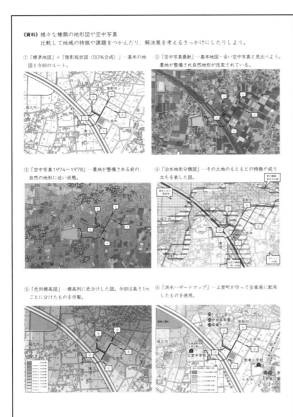

《資料》様々な種類の地形図や空中写真

比較して地域の特徴や課題をつかんだり、解決策を考えるきっかけにしたりしよう。

①「標準地図」+「陰影起伏図（50％合成）」…基本の地図と今回のルート。

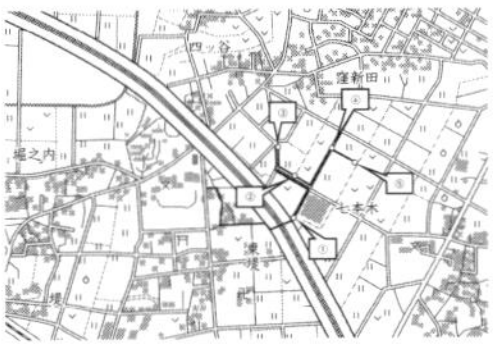

②「空中写真最新」…基本地図・古い空中写真と見比べよう。農地が整備され自然地形が改変されている。

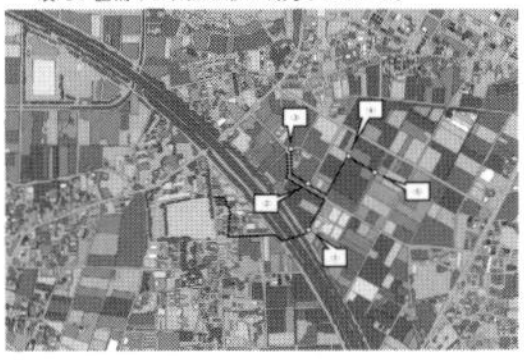

③「空中写真1974～1978」…農地が整備される前の、自然の地形に近い状態。

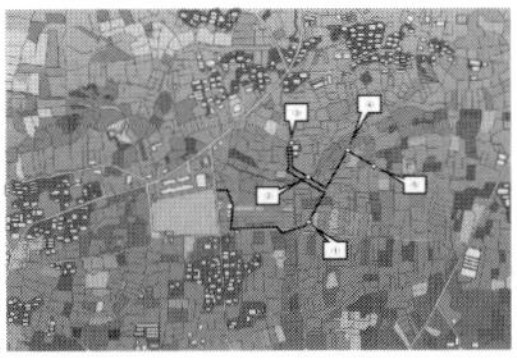

④「治水地形分類図」…その土地のもともとの特徴や成り立ちを表した図。

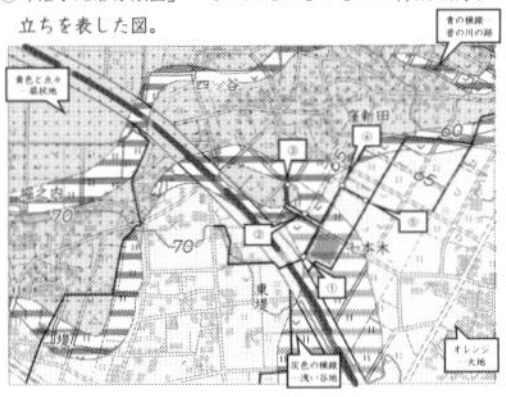

⑤「色別標高図」…標高別に色分けした図。今回は高さ1mごとに分けたものを作製。

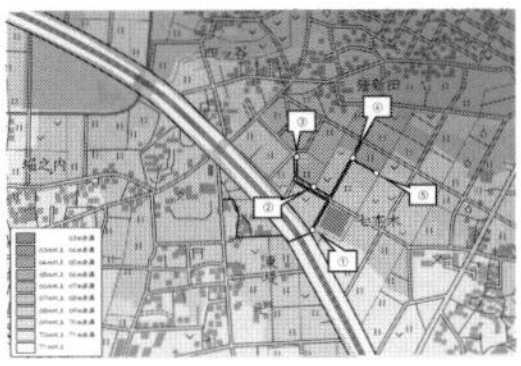

⑥「洪水ハザードマップ」…上里町が作って全家庭に配布したものを使用。

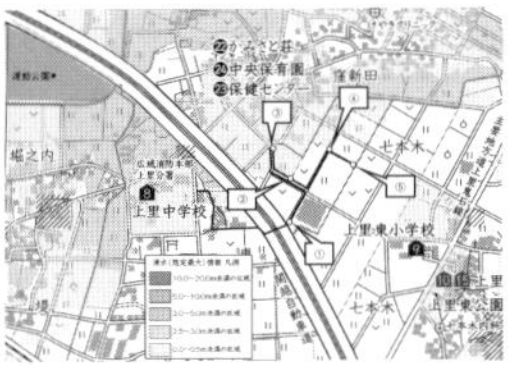

図」「最新の空中写真」「過去の空中写真」「治水地形分類図」「自分で作る色別標高図」そして自治体発行の「ハザードマップ」をプリントに用意し、必要に応じて風景と見比べながら、土地の段差とその成因（台地と旧河道）、利用方法（農地や住宅）、農地の状況（作物や耕作放棄地の位置や数）などをメモしていく。

※上記のプリントは誌面の関係で縮小しているが、必要なサイズで印刷して持たせたい。

3　まとめ

各グループの課題についてメモする欄を設け、今回の調査の経験を生かし、各自の課題に合わせて可能な範囲で地域の様子を観察して記録し、授業に持ってくるように伝える。

ICT 活用のアイディア

1 デジタルカメラ等を使用し、野外調査で撮影した写真データを学習用タブレットに移して使用する。その際に撮影場所の GPS 記録が可能なカメラであれば、GIS 上に読み込んで地図内に写真を置くことができる。または、タブレットの持ち出しが可能であればタブレットのカメラを使用してそのままデータとして使用することも考えられる。

対話のアイディア

2 グループの生徒や近くの生徒同士で話し合いながら、見るべきポイントでプリントの複数の地図を見比べて観察する。

土地の高低差と土地利用、昔の地形と今の地形の変化など、「見方」を活用できる地点では意図的に対話を促す。

ワークシートの評価ポイント

・事前に学習した内容や資料を現地の風景と結び付けて、調査内容をより具体的にしたり、課題をはっきりさせたりできている。

・構想テーマに即した複数の地形図を見比べながら、実際に現地を見て、地形や土地利用、道、建物や店などの様子などの現状がつかめている内容を書けている。

・学習した「見方」を通して自分の家の近くなどを観察し、グループの構想テーマについての事象を見いだせている。

多面的・多角的に学ぶ 5/10

地域的課題の要因を考察する

本時の目標

地域に見られる課題はどのような要因から生まれ、どのような影響を地域に与えているかを考えられるようにする。

本時の評価

地域に見られる課題に対して、なぜそのような課題が起こってきたのかを人々の活動や他地域との結び付き、時代の変化などの視点から多面的・多角的に考察している。

ある課題が地域にもたらす影響を、資料などをもとに、自身に関係ある事柄として具体的に考察している。

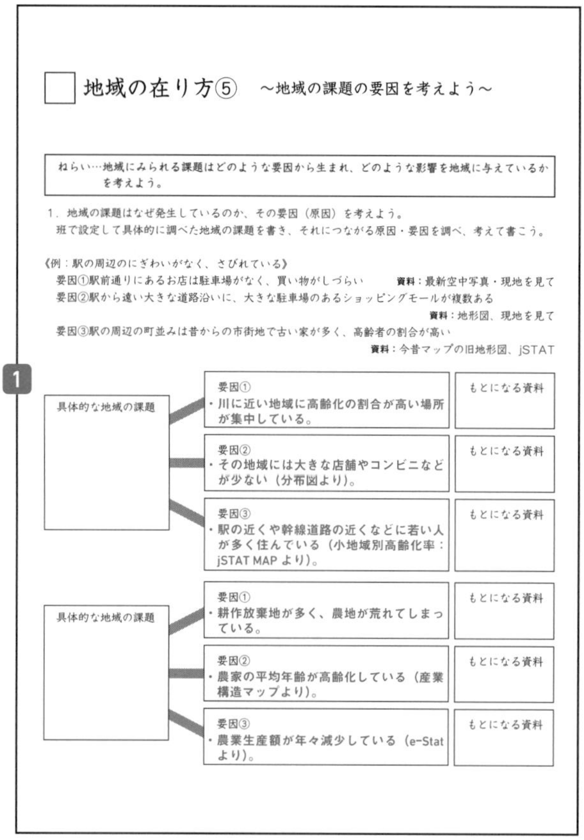

□ 地域の在り方⑤ ～地域の課題の要因を考えよう～

ねらい…地域にみられる課題はどのような要因から生まれ、どのような影響を地域に与えているかを考えよう。

1．地域の課題はなぜ発生しているのか、その要因（原因）を考えよう。
班で設定して具体的に調べた地域の課題を書き、それにつながる原因・要因を調べ、考えて書こう。

《例：駅の周辺のにぎわいがなく、さびれている》
要因①駅前通りにあるお店は駐車場がなく、買い物がしづらい　資料：最新空中写真・現地を見て
要因②駅から遠い大きな道路沿いに、大きな駐車場のあるショッピングモールが複数ある　資料：地形図、現地を見て
要因③駅の周辺の町並みは昔からの市街地で古い家が多く、高齢者の割合が高い　資料：今昔マップの旧地形図、jSTAT

1

具体的な地域の課題	要因	もとになる資料
	要因①・川に近い地域に高齢化の割合が高い場所が集中している。	
	要因②・その地域には大きな店舗やコンビニなどが少ない（分布図より）。	
	要因③・駅の近くや幹線道路の近くなどに若い人が多く住んでいる（小地域別高齢化率：jSTAT MAP より）。	

具体的な地域の課題	要因	もとになる資料
	要因①・耕作放棄地が多く、農地が荒れてしまっている。	
	要因②・農家の平均年齢が高齢化している（産業構造マップより）。	
	要因③・農業生産額が年々減少している（e-Stat より）。	

本時の授業展開

1　導入

地形図や GIS、インターネットや野外調査で具体的になってきた地域の課題を、いくつかのグループから発表する。

地域の課題を解決する方法を考えるためには、課題がなぜ起こってくるのか、そして課題は地域にどんな影響を与えるのかを考える必要があることを共有する。

そのために本時では、課題の要因や与える影響について考え、次回の解決策の構想につながることを意識付けする。

2　展開

①課題の要因の考察

テーマに沿ってグループで考えたいくつかの具体的な課題について、話し合って要因を考えていく。１人１台の学習用 PC 端末を活用して、GIS や統計サイトを利用する。

あらかじめワークシートに例として１つの課題と要因の関係を載せ、考察の手助けとする。具体的な課題を挙げ、その要因として考えられることを列挙していく。

文章と共に地図やグラフ、画像などの資料があれば、根拠として画面をキャプチャーする。ワークシートにどのサイトの出典か明記する。紙面の資料であれば写真を撮り、資料にアクセスできるようにする、といったことをしておくことで、この後のまとめで活用しやすくしたい。

②課題が与える影響を考察

課題が地域に与える影響について、このまま

2

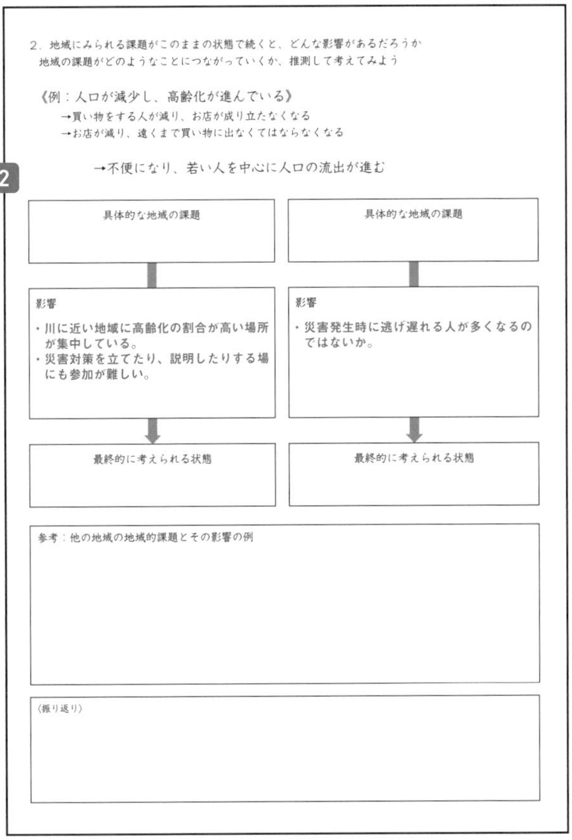
2. 地域にみられる課題がこのままの状態で続くと、どんな影響があるだろうか
地域の課題がどのようなことにつながっていくか、推測して考えてみよう

《例：人口が減少し、高齢化が進んでいる》
→買い物をする人が減り、お店が成り立たなくなる
→お店が減り、遠くまで買い物に出なくてはならなくなる

→不便になり、若い人を中心に人口の流出が進む

具体的な地域の課題	具体的な地域の課題
影響 ・川に近い地域に高齢化の割合が高い場所が集中している。 ・災害対策を立てたり、説明したりする場にも参加が難しい。	影響 ・災害発生時に逃げ遅れる人が多くなるのではないか。
最終的に考えられる状態	最終的に考えられる状態

参考：他の地域の地域的課題とその影響の例

〈振り返り〉

課題の状態が継続するとどうなるか、グループで考察する。事前に具体的な事例を用意しておくなどして、考察がしやすいようにしたい。例えば「日本の地域的特色」で学習した過疎の悪循環のような例を挙げながら考察することも考えられる。

影響については推測になるが、他地域における同様の事例などを参考にさせるためにインターネット等で調べることも視野に入れたい。

3　まとめ

課題の要因や影響を考察することによって、解決策を具体的に考えることができることを踏まえ、本時の学習で地域のどのような課題が明確になってきたのかを振り返る。

ICT 活用のアイディア

1 1人1台のタブレットを活用し、「地理院地図」「RESAS」「e-Stat」などの GIS や町のホームページなどを活用する。必要に応じて、似た課題を抱える他の地域ではどのような要因や原因があるのかを調べるよう助言する。

2 1よりも具体的に、他の地域に見られる地域的課題とその影響についてインターネットを活用して調べる。予想にあたりできるだけ実際の事例をもとにできるように助言したり、大画面で事例を示したりする。

対話のアイディア

1「地域に見られる課題にはどのような要因があるのか」については、タブレットを活用しながらグループで話し合わせる。

2「地域に見られる課題は地域にどんな影響を与えているのか」については、具体的な例を参考にグループで話し合わせる。

ワークシートの評価ポイント

・地域に見られる課題に対して、ある程度の根拠をともなって要因が考察できていること。
・地域に見られる課題がどのような影響を地域にもたらしているかを、様々な GIS や統計などをもとに考え、予想として挙げられる。
・地域の課題がもたらす影響については、ただの予想だけではなく、他地域の同様の事例を調べ、それをもとに根拠をもって推測できている。

多面的・
多角的に学ぶ

6/10

地域的課題の解決策を構想する

本時の目標

身近な地域の課題を解決するための方策を考え、よりよい地域の在り方を構想できるようにする。

本時の評価

似たような課題を抱える他地域の事例や取組を参考にして、地域の実情に合わせた解決策を考え、よりよい将来の地域の在り方を構想している。

□ 地域の在り方⑥　～課題の解決策を考えよう～

ねらい…地域にみられる課題に対する解決策を、地域の特色に合わせて考えよう。
よりよい地域の将来の在り方を考え、様々な案を出してみよう。

1．地域の課題の解決策を、様々な資料や他の地域の事例をもとに構想しよう。

テーマとした地域の課題

他の地域では、同様な課題に対して、どのような取組を行って解決を目指しているのだろう？
インターネットなどで調べて参考にしてみよう。

1

地域・市町村名	課題の内容	対策の取組
		○○市では、農業従事者の高齢化に対して、移住して農業をする世帯に補助金を出している　等

2

2．地域の課題の解決策を出し合って、どんどん書き出そう

※テーマに沿って多様な観点から思い付くままに列挙する。

本時の授業展開

1　導入

ここまでの学習で具体化した地域の課題と、前時で考察したその要因及び影響を踏まえ、悪い影響を防ぐには対策が必要であること、対策には前時で考察した要因を改善することができればよいことを押さえる。

そのうえで、地域に住む一員として、よりよい地域の姿を実現するために、自分事として解決策を考えていけるようにする。

2　展開

1人1台の学習用タブレット（PC）を用意する。

自分のグループの課題に対して、同様の課題をもつ他地域の取組の例について学習用PCを利用してグループで調べ、プリントにまとめていく。どのような点が自分の地域の課題と似ているのか、また異なるのかを比較・検討し、解決策の構想に生かせるようにする。

他地域の取組を参考に、考えられる地域の課題の解決策のアイディアをグループで出し合い、書き出していく。

グループで出し合った様々なアイディアの中から、地域の実情に適した解決策を2つか3つ選び、それぞれのよい点と問題点とを比較して考察する。

それぞれの検討を行ったら、最も地域の特色や実情にふさわしい解決策をグループで話し合って1つに絞り、具体的な内容を考える。また、まとめの制作に向けてどのような資料を

3

3．地域の課題の解決策をより詳しく考えてみよう（タブレットなどを活用しよう）
先ほど自由に出し合ったアイディアの中からよいものをいくつか選んで具体的に調べ、まとめの制作に向けて解決策を比較してみよう

解決策のアイディア	このアイディアのよい点	このアイディアの問題点
高齢者の交通対策として循環バスのルートを増やし増便する。	駅から遠い人も医者や買い物に行くことができる。	ルートが複雑で時間がかかり、費用も増える。

グループで話し合って、地域の特色や実態に合った解決策を決定しよう
決定した解決策と具体的な内容

農業の活性化
耕作放棄地と農家の高齢化を解決するために、活用されていない農地を調べて余裕のある農家に積極的に貸し、大型機械を町が保有して貸し出す　等

まとめをつくるのに必要な資料

〈振り返り〉

活用するか、どのような方法で調べるかを考えてメモしておく。

3　まとめ

次回からのまとめの作成に向けて、本時の学習内容を振り返るとともに、家庭でも必要な資料や写真、地図等があれば調べて印刷するなどしておくよう伝える。

また、本時の学習を通して、自分の身の回りのことに地域の課題をつなげて考えることが重要であることを意識付ける。

ICT 活用のアイディア

1 タブレットを使って、「地理院地図」「RESAS」「e-Stat」、各地の市町村のホームページなどを活用する。教師が大画面で調べ方などの事例を提示し、それを参考に調べさせる。

3 たくさん出し合ったアイディアについて、実際に取り組んでいる他地域の事例をインターネットを使って探す。
その事例をもとに、どのようなよい結果や課題が現れてきているかを調べる。

対話のアイディア

1 類似する課題をもった他地域の解決策の例を参考に、自分たちの地域に合った対策や取組をグループで話し合わせる。

2 参考例をもとに、グループで解決策をたくさん出し合う。

3 アイディアのメリットとデメリットを比較して話し合い、グループとしての解決策を決める。

ワークシートの評価ポイント

- 他地域の事例を参考に、地域の課題に内容を合わせて考えている。
- 課題のどの部分に対して効果のある対策なのかが明らかである。
- どの資料や地図などを使うのか、出典や調査方法などが明らかにされている。

※この段階では、行政やインフラなどに関わるコストや実現可能性などについてはある程度寛容であってよい。そこまで含めての構想は、3学年での地方自治などの単元での構想にて加味される要素であると考える。

多面的・多角的に学ぶ　7・8/10

調査や考察・構想した内容を、提案資料としてまとめる

本時の目標

ここまでの調査・考察・構想をもとに、思考力・判断力・表現力と技能を発揮し、提案資料をグループで作成できるようにする。

本時の評価

地域の課題と要因、その解決策を多面的・多角的に考察・構想し、伝わりやすい形で提案資料として表現している。

基本的な資料の活用方法やまとめ方を理解し、根拠を明確にして分かりやすくまとめている。

提案資料

構想テーマ
・若い農家の人を増やして、耕作放棄地を減らし農業を活性化したい。
・駅前商店街を活性化して、歩行者でにぎわいのある場所にしたい。
・洪水に備えて、高齢者の人たちが安全に避難できるようにしたい。
・高崎線や高速道路のインターチェンジをさらに生かして多くの県外の人を町全体に呼び込みたい。

テーマ設定の理由等

1 提案に活用するための写真やグラフ、地図などを必要に応じて載せ、適切な説明文を付ける。

(記入に当たって)
解決策を聞いている人に分かりやすく伝えるための材料として、土地利用や分布を示した地図、農家の後継者不足を示したグラフ、駅前の実態を撮影した写真などを載せる。
それを加工して強調したり、必ず隣に説明を付け加えるなどして、自分たちの考えを適切に伝える。

本時の授業展開

1　導入

まとめに入るに当たり、４人グループで作業をする上で守ることと、重要な点を説明した上で活動に入らせる。具体的には、次のとおりである。

・１枚の模造紙を半分に切った大きさの紙で作成する。
・課題と解決策を明確に書く。
・必ず何らかの地図や統計などの資料を活用する。地図には分布を示すドットを打つ、交通機関に着色する、土地利用ごとに色を付けるなど、何らかの加工を施す。
・行政が発行している資料やハザードマップなど、紙の資料を用意して活用する。
・PC やタブレット端末を活用し、インターネットでの調査を行うことも可とする。
・個人のインターネットサイトではなく、公式の情報を取得するよう注意する。
・また、地理院地図を活用しての色別標高図や jSTAT MAP、RESAS の主題図など、必要なものは印刷して使用する。
・人口ピラミッドや産業構造図、人口流動図など、グラフや表などを活用する。
・切って貼り付けた資料や地図の周辺に、調べた内容や補足の説明を付け加える。

2　展開

４人グループで作業を行い、資料を中心に分かりやすくまとめる。なかなか進まないグループには教師がアドバイスを行う。また、教

模造紙の半分サイズの紙での制作を想定。
プレゼンテーションソフトも考えられる。

解決策

(記入に当たって)
それぞれ課題に対し、解決策を短い文章で明確に示す。

2 グラフや説明などとともに、具体的な内容を文で書いたりする等、様々な方法で分かりやすい提案となるようにする。

師側でもそれぞれのテーマに合わせた資料をあらかじめいくつか用意しておき、必要な場合にはそれを活用してもよいこととする。

着眼点がよい場合は作業中に積極的に褒め、誤った方向性の場合はそのつどヒントを与えながら指導する。

第９時でワールドカフェ方式での発表を行うことを伝え、準備しておくようにする。

3　まとめ

活動時間の終末に、次回の発表に向けて班ごとに十分に準備をしておくことを伝え、意欲的な発表を促す。

ICT 活用のアイディア

1 タブレットを活用し、「地理院地図」「RESAS」「e-Stat」「jSTAT MAP」などの GIS や町のホームページなどを使って調べる。地域の課題について、現状やその要因など蓄積してきた資料を分かりやすく配置する。

2 1と同様の様々な情報ツールを活用して、解決策の提案を具体的にできるような資料を探す。他地域でうまくいった事例などを根拠として活用したり、自分の地域で予想されることなどを地図や図などで示せるとよい。

対話のアイディア

1 グループで話し合いながら地域の特色・課題に合った構想テーマに対する解決策を表現する。前時までに話し合ってきた解決策のメリットやデメリットを踏まえながら、どうすれば分かりやすく伝わるかをグループで吟味する。

ワークシートの評価ポイント

・構想テーマとして設定した課題に対して、解決策がしっかりと正対したものになっている。
・解決策が、地域の実態や特色に合わせたものになっている。
・地形図をはじめとした地図や、グラフ、写真、統計表などの資料を必ず活用し、内容に裏付けをもたせることができている。
・解決策の具体的な内容が、どんな人（もの）を対象にして、だれが、どのようなことをするのかを明らかにして、分かりやすく説明されている。

まとめる

9/10

各班で製作したまとめを互いに発表する

本時の目標

グループでの追究の成果を分かりやすく伝え、他グループの発表を聞くことで考察・構想を深められるようにする。

本時の評価

各班のテーマや内容と自分の班の内容とを比較したり関連を考えたりしながら、地域の課題や解決策を多面的・多角的に考察・構想している。

単元の学習を振り返り、地域の特色や課題に関心をもち、よりよい地域の発展に関わろうとしている。

□ 地域の在り方⑦　～各班のまとめから考えを深めよう～

単元を貫く課題「私たちの町の課題について、よりよい町の在り方と、私たちにできることを考えよう」

1

これまでグループで調べ、まとめてきた課題とよりよい地域の在り方について、分かりやすく伝えよう。
また話に耳を傾け、積極的に聞いてみよう。
他の班のまとめを回って、自分の班の内容と比べながら、交流して考えを深めよう。

★1人が班に残り、ほかの班から来た人に自分たちの見付けた課題や考えた案を伝える。
★1回5分で、全部で3周おこなう。回る人は3つのテーマが聞けるように動く。
★話を伝える人が伝え終わったら、5分の中で質問や聞きなおしする、メモをとる。
★3周終わったら、自分の班へ戻って他の班で聞いてきた内容を伝え合って考えを深めよう。(10分)

自分が話を聞きに行くグループ
1回目（　　　）班　2回目（　　　）班　3回目（　　　）班

2

上段：他のグループへ行って話を聞いてきたこと
下段：自分のグループへ戻ってきて仲間と共有する中で出てきたこと

班	特色や課題	それに対する取組の案など
1回目 （　　）班 テーマ （人口の課題）	埼玉県全体に比べるとやや少子高齢化が進んでいる。2050年には人口が半数近くまで減少する。	対策として、土地の安さと交通網の充実、ショッピングセールの便利さをアピールし、住宅の誘致を進める。
2回目 （　　）班 テーマ （産業の課題）	大きな工場があり製造業が盛んな一方で、農業の従業者数の減少や高齢化、農地に耕作放棄地が多い等の課題がある。	対策として、耕作されていない土地を安く集めてほしい人に貸し出す。大型機械を買う費用を町が支援するなどのサポートをする。

本時の授業展開

1　導入

本時の発表の手順と、説明を聞きに行く班の順番を確認する。説明を担当する生徒については、資料を示しながら分かりやすい内容で説明すること、聞き手となる生徒には、自分の班の内容と照らし合わせながら丁寧に傾聴すること、また質問や意見等を積極的に行うことが重要であることを伝える。

2　展開

「ワールドカフェ」方式で発表を行う。

4人グループのうち1人が自分の班の場所で説明を担当し、他の3人は他の班に説明を聞きに行く。説明と質問や意見交換を含め、1回5分の説明を合計3周行う。

可能な限り違うテーマの説明を聞けるよう、事前に聞きに行く班については教師側で考えておき、導入の段階で伝えることが望ましい。

すべての班の発表を全体の前で行わないのは、時間的制約と、積極的な対話を促すには少人数での場のほうが相応しいからである。

3周の発表が終了したら、もとのグループに戻り、メンバーが聞いてきたことをそれぞれ伝える。その後、グループ内で話し合いを深め、自班の内容と比較したり、新しい視点を確認したり、他班の考えを参考によりよい解決策を考えたりする（約10分間を想定）。

次に、グループ形態を解除し、話し合いの中で出てきたことをクラス全体で共有する。その中で、近いテーマの班の意見を比べたり、違う

班	特色や課題	それに対する取組の案など
3回目 (　　)班 テーマ (自然災害)	海や山がなく大きな災害は少ないが、そのため住民に災害が起こる意識が低い。水害が起こると大きな被害が出る危険性がある。	浸水が多い地域に高齢者が多いため、日頃から私たちが地域の高齢者を把握しておく。

それぞれのメンバーからの報告を、自分が聞いてきた内容に付け加えてメモを充実させよう

★クラス全体で内容を共有し、様々な考えを取り入れて深めよう（10分）
グループごとに考えたことを、クラス全体で共有しよう。全体の中で出てきたことを以下の空白にメモして、内容をよりふくらませて深めよう。

3

〈振り返り〉

テーマの班の間に関連性がないかなど、全体で内容を深める。出てきた内容はプリントにメモを取る。

また、まとめた作品の中で着眼点や資料の活用方法が優れていた作品について生徒同士で意見を交流したり、教員が評価したりすることで、見方や考え方を底上げできるようにする。

3　まとめ

次回に個人で単元のまとめを行うことを予告し、学習の振り返りを行う。

ICT 活用のアイディア

1 導入の場面で、大画面を活用して本時の発表に関する注意点や手順などを表示し、分かりやすく説明する。また、どの班がどのテーマかを画面に表示し、発表の際に移動の順が一目で分かるようにしておくとよい。

2 場合によっては作品を模造紙ではなくGoogle スライドやPowerPoint 等で作成することも考えられる。その場合は各グループでタブレット等を活用してより視覚的に発表することができる。

対話のアイディア

2 グループの発表を聞く際は、しっかりと傾聴するとともに質問や意見等をできる時間を確保する。また、発表する側は資料を指し示しながら伝えるなどの対話が生まれるような伝え方をする。

3 元のグループに戻った後は、自分のグループの内容との比較や共通点などを出し合いながら、互いに聞いてきた内容を伝え合う。

ワークシートの評価ポイント

・他のグループの発表を聞き、その内容を適切に取捨選択してメモを取ることができている。
・自分のグループと他のグループの構想した内容を比較して、すぐれた点や改善できる点などを考えられている。
・グループ発表や全体での共有の時間を通して、地域の課題に対して関心を深めて、より自分自身に関わる問題として捉え、意欲を高められている。

まとめる　10/10

単元の学習を振り返り、まとめる

本時の目標

グループでの追究活動から前時の発表と意見交換を受けて、最後に個人としての考えをまとめ、単元を振り返られるようにする。

本時の評価

地域の課題に対する解決策や自分に取り組めることを、学習内容をもとに考察・構想している。

地域的課題の解決策を考えることを通して、よりよい地域の実現に向けて主体的に参画していく意欲や、地域への愛着・関心を深めている。

□ 地域の在り方⑧　学習のまとめ・振り返り

「地域の在り方」の単元全体を通して、まとめや発表を終えて、あなたの考えたことをまとめましょう。
・上里町の特色や課題について分かったこと・気付いたこと
・上里町は実際にどんな対策や対応をとっているのか、他の市町村の例は？
・課題を解決し、よりよい地域のために、どのような解決策が考えられるか
・よりよい地域の在り方に向けて、自分自身にできることはどんなことがあるか　などから書いてみよう。

↑10行

【評価のポイント】　それぞれA／B／Cで評価し、総合のA／B／Cとする　　総合(　　　　)
・町の特色や課題に対し、根拠とともに具体的な解決策を挙げ、地域の在り方を考えられている　(　　　　)
・自分の身の回りの生活やより広い社会への関わりをもとうとし、自分に取り組めることを考えている　(　　　　)
・説明として分かりやすい内容、説得力をもった書き方である　(　　　　)

【学習の振り返り】単元の学習を振り返り、自分の学びを見つめましょう。

1.「地域の在り方」の学習を通して、学習の前と後で、あなたの中で「以前に比べこんなことができるようになった」とか、「こんなふうに物事の見方や考え方が変わった」とか、「こんなことが今後に生かせる」などと思ったことを、具体的に書きましょう。

(1)

本時の授業展開

1　導入

前時の発表と全体での共有内容を振り返る。本時ではそれを受けて、個人でこれまでの学習を振り返り、まとめを書くことを伝える。地理的分野の学習の総仕上げとして公民的分野の学習につながる意識をもたせる。

2　展開

グループでの追究活動を受けて、最終的なまとめとして個人でのまとめを記述する。このまとめは評定に用いる評価の材料とし、主に「思考・判断・表現」の観点に使用する。

具体的に課題を捉え、その解決策がまとめられていること、自分の身の回りや地域の様子に関心をもち、よりよい地域の実現に向けて自分にできることを考えている等の観点を事前に説明し、それに基づいて記述するように指導する。記述内容は必ずしもグループで定めたテーマだけでなくてもよいとする。

次に、自身の学習を振り返り、知識や技能、地域への関心、参画意欲など自身の変容について確かめる。時間的に可能なら、いくつかの項目で何名かの生徒に発言させ、全体で共有する。

特に、どのように地域に対する見方が変わったか、自身がどのようによりよい地域の実現に向けて関わっていきたいと思ったか、地域の特色についてどのように捉えているか、といった点はしっかりと考えて書かせたい。

また、自分の地域が好きかどうか、という点については、学習の中で様々な課題が見えたこ

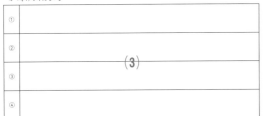

2. あなたは上里町が好きですか
a. 好き　b. どちらかというと好き　c. あまり好きではない　d. 好きではない
※aとbを選んだ人はどんなところが好きか、cとdを選んだ人はどんなところが好きでないか、具体的に書きましょう。

(2)

3.「地域の在り方」の学習を通して、上里町の地域的な特色はどんなことだと感じましたか。具体的に4つ挙げてください。

	(3)
①	
②	
③	
④	

4. 今、あなたは、身の周りの地域や上里町の現在のことや、身の周りの地域や上里町の歴史について、自分で調べてみたり、誰かに話を聞いたりしてみたいと思いますか。
a. 思う…どんなことですか　(4)
b. 思わない

5. あなたは、「地域の在り方」の学習で取り組んだことや学んだことが、これから社会科の学習を進めたり、授業以外で色々なことを調べたりしていく上で、役立つと思いますか?
a. そう思う　b. どちらかというとそう思う　c. あまり思わない　d. 思わない

6. あなたは18歳になったら、選挙の時は投票に行こうと思いますか
a. とてもそう思う　b. どちらかというとそう思う　c. あまり思わない　d. 思わない

7. あなたは身の周りの地域や世の中のことについて、もっと知りたい、考えてみたいと思いますか
a. とてもそう思う　b. どちらかというとそう思う　c. あまり思わない　d. 思わない

8. あなたは身の周りや世の中をもっとよくしていくために、自分にできることがあれば関わっていきたいと思いますか
a. とてもそう思う　b. どちらかというとそう思う　c. あまり思わない　d. 思わない

これで中学校の地理の授業は終了です。学んだことを、次の学習に生かしていきましょう!

とによって「好き」の数値が下がることも考えられる。単に数値ではなく、記述内容をよく分析することで学習の深まりを見取りたい。

教師としても単元を通した学習の成果の検証として、学習前後の変容を確認する機会とする。

3　まとめ

自分の地域に関心をもつこと、できることから取り組むことが地域をよりよくしていくための第一歩である。公民的分野の学習を視野に、選挙権を得る18歳に向けて周囲の社会への関心を深め、しっかりとした調査のもとで自分の考えをもつことが大切であることなどを意識付け、単元の終末とする。

ワークシートの記入例

(1)の記入例

田畑の活用がどのようにされているか考えるようになった。住宅の立つ土地の高さや避難場所等を考えるようになった。地域の高齢者のいる家を気にするようになった。

(2)の記入に当たって

「地域調査の手法」の際の「好き」「嫌い」の理由と比較することが可能であれば、その変容を確かめたい。

(3)の記入に当たって

第1時で提示した事前アンケートとの比較を行いたい。
災害の可能性とその対策や、交通網と産業の関連、歴史的な背景などの内容にも言及できるとよい。

(4)の記入例

ハザードマップを見て家族と話し合う。町の広報誌をよく読んでみる。家の周囲の地形と土地利用を調べてみる。地域の歴史を調べてみる。

ワークシートの評価ポイント

(農業をテーマとした場合の例)

・「農業の従業者数が年々減少し、耕作放棄地が増えている。町の特徴の1つである農業が衰退し土地が荒れてしまう」など、町の現状と課題を具体的に挙げられている。
・「農業に興味をもってもらえるような町のPR活動や、使われていない農地をまとめて紹介する取組」など具体策が挙げられている。
・「地域でとれた野菜やお米などを進んで食べる」「家の周りの畑の様子に関心をもちたい」など、自分のこととして課題を捉え、取り組もうとしている。

編著者・執筆者紹介

[編著者]

池下　誠（いけした・まこと）　　　元東京都公立中学校主幹教諭

1959年、東京都生まれ。広島大学大学院 教育学研究科 後期博士課程単位取得退学。
Fieldwork in Japan 副会長、全国中学校地理教育研究会研究副部長、全国地理教育学会評議委員、日本地理学会地理教育専門委員

主な著書等
『小中 社会科の授業づくり』（共著、東洋館出版社、2021年）、『システム思考で地理を学ぶ』（共著、古今書院、2021年）、『社会科 中学生の地理　世界の姿と日本の国土』（共著、帝国書院、2020年）、『ESD の視点を入れた社会科の授業開発に関する研究―「社会的な見方・考え方」の考察を通して―』（「教育学研究」第１号、pp.391-400. 2020）、『中学校学習指導要領（平成29年告示）解説』（文部科学省、作成協力者）、『中学校教育過程実践講座』（共著、ぎょうせい、2018年）、『新学習指導要領の展開』（共著、明治図書出版、2017年）、『学校における持続可能な発展のための教育（ESD）に関する最終報告書』（共著、国立教育政策研究所、2013年）、『社会参画の授業づくり～持続可能な社会にむけて～』（共編著、古今書院、2012年）、『地理教育カリキュラムの創造』（共著、古今書院、2008年）、『国際関係と平和をめぐる論点・争点と授業づくり』（共著、明治図書出版、2006年）など多数。

Iowa（USA）の Weber Elementary School と Solon Middle School で授業を行う（2005年）
Conference on Best Practices in Education for Sustainable Development で発表（USA Portland, 2009年）
NHK for school 10min ボックス出演「身近な地域の調査」の授業放映（2012年）
European Geosciences Union General Assembly 2014で発表（Austria Vienna、2014年）
International Geographical Union Regional Conference 2014で発表（Poland, Cracow、2014年）

[執筆者] ＊執筆順。所属は令和４年３月現在

		[執筆箇所]
池下　誠	元東京都公立中学校主幹教諭	(1)世界の人々の生活と環境／関東地方／A 世界と日本の地域校正（分担）／(2)日本の地域特色と地域区分（分担）
東野　茂樹	東京都葛飾区立水元中学校主幹教諭	北アメリカ州／近畿地方
白澤　保典	東京都東村山市立東村山第四中学校主任教諭	ヨーロッパ州／東北地方
泉宮　一喜	東京都墨田区立桜堤中学校主任教諭	アフリカ州／中国・四国地方
西川路　蘭奈	東京都新宿区立新宿中学校主任教諭	オセアニア州／九州地方
村木　龍太郎	東京都立桜修館中等教育学校教諭	南アメリカ州／北海道地方
岩田　哲哉	埼玉県上里町立上里中学校教諭	(1)地域調査の手法／(4)地域の在り方
渡邊　智紀	お茶の水女子大学附属中学校教諭	アジア州／中部地方
小坂　千明	東京都府中市立府中第八中学校教諭	A 世界と日本の地域構成（分担）／(2)日本の地域的特色と地域区分（分担）

『ワークシートで見る全単元・全時間の授業のすべて　社会　中学校　地理』付録資料について

本書の付録資料は、東洋館出版社ホームページ内にある「マイページ」からダウンロードすることができます。なお、本書のデータを入手する際には、会員登録および下記に記載しているユーザー名とパスワードが必要になります。入手の方法は以下の手順になります。

【東洋館出版社 HP】

URL https://www.toyokan.co.jp　　東洋館出版社　検索

❶「東洋館出版社」で検索して、「東洋館出版社オンライン」へアクセス

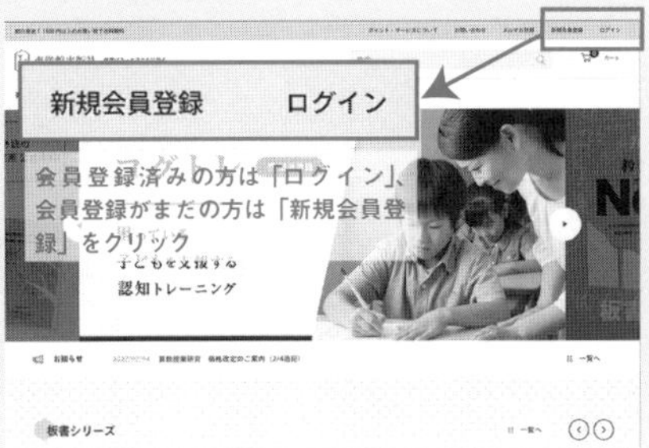

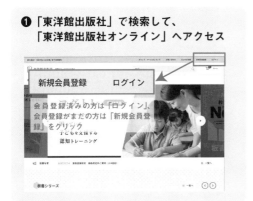

❷会員者はメールアドレスとパスワードを入力後「ログイン」。非会員者は必須項目を入力後「アカウント作成」をクリック

❸マイアカウントページにある「ダウンロードギャラリー」をクリック

❹対象の書籍をクリック。下記記載のユーザー名、パスワードを入力

ユーザー名：shakai_chiri
パスワード：bNaP2yHZ

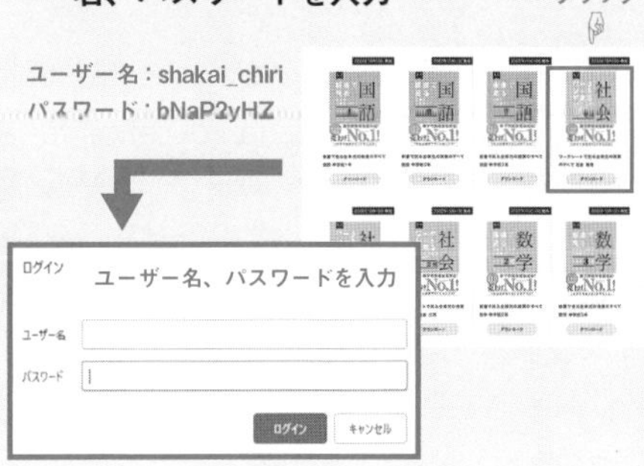

【使用上の注意点および著作権について】

- リンク先にはパソコンからアクセスしてください。スマートフォンではファイルが開けないおそれがあります。
- PDFファイルを開くためには、Adobe AcrobatまたはAdobe Readerがインストールされている必要があります。
- PDFファイルを拡大して使用すると、文字やイラスト等が不鮮明になったり、線にゆがみやギザギザが出たりする場合があります。あらかじめご了承ください。
- 収録されているファイルは、著作権法によって守られています。
- 著作権法での例外規定を除き、無断で複製することは法律で禁じられています。
- 収録されているファイルは、営利目的であるか否かにかかわらず、第三者への譲渡、貸与、販売、頒布、インターネット上での公開等を禁じます。
- ただし、購入者が学校での授業において、必要枚数を生徒に配付する場合は、この限りではありません。ご使用の際、クレジットの表示や個別の使用許諾申請、使用料のお支払い等の必要はありません。

【免責事項・お問い合わせについて】

- ファイル使用で生じた損害、障害、被害、その他いかなる事態についても弊社は一切の責任を負いかねます。
- お問い合わせは、次のメールアドレスでのみ受け付けます。tyk@toyokan.co.jp
- パソコンやアプリケーションソフトの操作方法については、各製造元にお問い合わせください。

ワークシートで見る全単元・全時間の授業のすべて
社会 中学校 地理
～令和３年度全面実施学習指導要領対応～

2022（令和４）年３月10日　初版第１刷発行
2022（令和４）年10月11日　初版第２刷発行

編 著 者：池下　誠
発 行 者：錦織　圭之介
発 行 所：株式会社東洋館出版社
〒101-0054　東京都千代田区神田錦町２丁目９番地１号
コンフォール安田ビル２階
代　　表　電話 03-6778-4343　FAX 03-5281-8091
営 業 部　電話 03-6778-7278　FAX 03-5281-8092
振　　替　00180-7-96823
U　R　L　https://www.toyokan.co.jp

印刷・製本：藤原印刷株式会社

装丁デザイン：小口翔＋後藤司（tobufune）
本文デザイン・イラスト：藤原印刷株式会社

ISBN978-4-491-04781-2　　Printed in Japan